MW01675436

40 leçons pour parler arabe

Nouvelle édition, comprenant
une section d'initiation à l'arabe dialectal

Langues pour tous

Collection dirigée par Jean-Pierre Berman, Michel Marcheteau et Michel Savio

ARABE

- ❑ Pour débuter (ou tout revoir) :
  - **40 leçons pour parler arabe** (CD)
- ❑ Pour se débrouiller rapidement :
  - **L'arabe tout de suite !** (CD)
- ❑ Langue des affaires :
  - **Faire des affaires tout de suite en arabe !** (CD)
- ❑ Pour prendre contact avec des œuvres en version originale :
  - **Série bilingue :**

➡ Niveaux : □ facile (1er cycle) □□ moyen (2e cycle) □□□ avancé
• **Nouvelles arabes du Proche-Orient** □□ • **Nouvelles arabes du Maghreb** □□ • **Les Mille et Une Nuits** □□

(CD) = Existence d'un coffret : Livre + K7 et/ou CD.
Attention ! Les cassettes ne peuvent être vendues séparément du livre.
➡ Le livre seul est disponible.

Autres langues disponibles dans les séries
de la collection **Langues pour tous :**
ALLEMAND - ANGLAIS - AMÉRICAIN - CHINOIS - ESPAGNOL
FRANÇAIS - GREC - HÉBREU -OCCITAN - ITALIEN
JAPONAIS - LATIN - NÉERLANDAIS - POLONAIS - PORTUGAIS
RUSSE - TCHÈQUE - TURC - VIETNAMIEN

Le Code de la propriété intellectuelle n'autorisant aux termes de l'article L. 122-5 (2e et 3e a), d'une part, que les « copies ou reproductions strictement réservées à l'usage privé du copiste et non destinées à une utilisation collective » et, d'autre part, que les analyses et les courtes citations dans un but d'exemple ou d'illustration, « toute représentation ou reproduction intégrale ou partielle faite sans le consentement de l'auteur ou de ses ayants droit ou ayants cause est illicite » (art. L. 122-4).
Cette représentation ou reproduction, par quelque procédé que ce soit, constituerait donc une contrefaçon sanctionnée par les articles L. 335-2 et suivants du Code de la propriété intellectuelle.

© 2009 Langues pour Tous, département d'Univers Poche,
Pocket, pour cette nouvelle édition

ISBN : 978-2-266-18910-1

40 leçons
pour parler
arabe

Nouvelle édition, comprenant
une section d'initiation à l'arabe dialectal

par

Boutros Hallaq
Agrégé de l'Université
Professeur à l'université
de la Sorbonne nouvelle Paris III

à ma mère, مريم
à la mémoire de mon père, جِرجِس

(CD)

3e édition revue et augmentée

POCKET

Sommaire

40 leçons pour parler arabe est un outil d'auto-apprentissage complet appelé « tout-en-un », car il propose à son utilisateur.

- **une présentation méthodique, déjà mise au point avec succès dans sa précédente version, pour acquérir les bases de la langue, accompagnée d'une série d'exercices calibrés avec corrigés destinés à ancrer solidement les connaissances ;**
- **une batterie de tests permettant de mesurer les acquisitions :**
- **une ensemble de repères géographiques, historiques et culturels pour mieux connaître et comprendre le monde arabe et donc mieux communiquer avec lui ;**
- **des dialogues vivants pour l'entraînement à la compréhension ;**
- **un guide pratique pour la vie de tous les jours ;**
- **une initiation à l'arabe dialectal.**
- **une grammaire et un lexique bilingue.**

À qui s'adresse cet ouvrage ?

- à ceux, en premier lieu, qui *commencent à zéro* l'étude de l'arabe, et qui pourront progresser à leur rythme, avec une totale autonomie ;
- à ceux qui n'ont pu accorder à l'étude de l'arabe le temps nécessaire, avec pour conséquence *un manque de structuration de leur apprentissage* ;
- enfin à ceux qui ont étudié l'arabe dans de bonnes conditions *mais n'ont pu pratiquer* pendant des années et ont besoin de rafraîchir leurs connaissances.

L'auteur a donc choisi :

- d'assurer *la connaissance claire et nette des bases principales* de la langue, en veillant à ce que tous les éléments présents soient définitivement assimilés ;
- d'illustrer les mécanismes décris par des *formules de grande fréquence* et d'une utilisation courante ;
- d'éveiller *l'intérêt pour la langue* et les pays de ceux qui la parlent.
- de faciliter la communication immédiate par une initiation au parler dialectal.

Ces caractéristiques font également de **40 leçons pour parler arabe** *un ouvrage de complément*, tant pour les élèves et les étudiants, que pour les participants aux sessions de formation continue.
La description et les conseils qui suivent vont vous permettre d'utiliser au mieux cette méthode et d'organiser votre travail de façon efficace.

Plan des leçons

Vous retrouverez dans toutes les leçons une **organisation identique** destinée à faciliter l'auto-apprentissage ; elle comportent quatre, puis, à partir de la leçon 7, cinq parties :
Parties **A**, **B**, **C**, **D** et **E** : 2 pages chacune.
Ainsi vous pourrez travailler **au rythme qui vous conviendra**. Même si vous n'avez pas le temps d'apprendre l'ensemble d'une leçon, vous pourrez l'aborder et en **étudier une partie seulement**, sans perdre pied ni avoir le sentiment de vous disperser.

→ **A** et **B** présentent les éléments de base.
→ **C** propose des exercices avec corrigés et des points de civilisation.
→ **D** offre des dialogues en situation et un guide pratique.
→ **E** propose un « plus » pour une communication immédiate en parler dialectal.

■ Parties **A** et **B** :
Elles se subdivisent en 4 sections :

A 1 et **B 1** – PRÉSENTATION
Cette 1re section vous apporte les matériaux de base nouveaux (*grammaire, vocabulaire, prononciation*) qu'il vous faudra connaître et savoir utiliser pour construire des phrases.

A 2 et **B 2** – APPLICATION
À partir des éléments présentés en **A 1** et **B 1** vous est proposée *une série de phrases modèles* (qu'il faudra par la suite vous entraîner à reconstruire par vous-même).

A 3 et **B 3** – REMARQUES
Diverses *remarques* portant sur les phrases de **A 2** et **B 2** précisent tel ou tel point de grammaire, vocabulaire ou prononciation.

A 4 et **B 4** - TRADUCTION
Cette dernière section apporte la *traduction intégrale* de **A 2** et **B 2** avec la transcription.

■ Partie **C** :

elle est subdivisée en 3 sections :

C 1 – EXERCICES

Ils servent à contrôler l'acquisition des mécanismes appris en **A** et **B**.

C 2 – CORRIGÉS

On y trouve la solution complète des exercices de **C 1**, ce qui permet une auto-correction.

C 3 – CIVILISATION

Rédigée en français, cette section permet de prendre contact avec des informations géographiques, historiques et culturelles, afin de mieux connaître et comprendre vos futurs interlocuteurs. Elle peut être lue en dehors de la progression imposée par les parties A et B.

■ Partie **D** :

également subdivisée en 4 parties :

D 1 et **D 3**

Proposent un dialogue vivant reprenant le vocabulaire acquis en **A** et **B**, tout en l'enrichissant de termes nouveaux.

D 2 et **D 4**

Sont consacrés à la vie pratique et offrent du vocabulaire, des expressions et des informations utiles pour la vie quotidienne.

■ Partie **E** :

Elle comporte deux parties :

E 1 Offre un supplément d'information et d'expressions utiles ; elle propose aussi quelques règles (de lecture non-vocalisée) pour un accès plus rapide au publications courantes, comme la presse.

E 2 Introduit aussi quatre grands types de dialectes pratiqués dans le monde arabe.

→ **Les dialogues et la partie E ne débutent qu'à partir de la leçon 7.**

0 Présentation et conseils

■ Leçons 10 bis, 20 bis, 30 bis, 40 bis

- Effectuez chaque série de 10 tests sans vous reporter aux leçons, et en moins de cinq minutes.
- Reportez-vous au corrigé et étudiez les points sur lesquels vous repérez des erreurs.

→ Si vous n'êtes pas débutant faites l'ensemble des 40 tests *sans vous reporter au livre*, en 10 à 15 minutes, et établissez votre diagnostic.

■ Précis grammatical et lexique bilingue

- Le **précis** vous donne un résumé d'ensemble des problèmes grammaticaux de base.
- Le **lexique bilingue** reprend tout le vocabulaire nouveau rencontré en A, B et D.

Conseils généraux

- **Travaillez régulièrement** : étudier 20 à 30 minutes par jour sur une leçon est plus profitable que de survoler plusieurs leçons tous les 10 jours.
- **Programmez l'effort** : ne passez pas en **B** sans avoir bien retenu **A**.
- **Revenir en arrière** : n'hésitez pas à refaire plusieurs fois les exercices :

  → pour les parties **A** et **B** : après avoir pris connaissance de **A 1** ou **B 1**, bien lu **A 2** ou **B 2**, reportez-vous aux remarques **A 3** ou **B 3**. Essayez de reconstituer les phrases **A 2** ou **B 2** en partant de **A 4** ou **B 4**.
- **Partie C 3** (CIVILISATION) : vous pouvez la lire au fur et à mesure, ou plutôt au hasard si cela peut stimuler votre intérêt.
- **Partie C** (EXERCICES) : faites les exercices par écrit avant de regarder le corrigé (10 minutes par leçon).
- **Partie D** (DIALOGUE) : voir **Version sonore.**
- **Partie E** entraînez-vous à la lecture non vocalisée.
- **La transcription** : c'est un soutien dont il faut se détacher rapidement. **Reportez-vous au tableau** p. 409.

0 Présentation et conseils

VERSION SONORE

Le coffret **40 leçons** comporte un enregistrement réalisé en son numérique sur 2 CD. Vous y trouverez :

– l'intégralité des parties **A2**, **B2**, **D2** ;

– une sélection des exercices **C1** précédés de CD.

• Cet enregistrement vous permettra de travailler chez vous comme en déplacement (voiture, métro, etc).

(CN) Le **CD** vous facilite l'accès rapide à ce que vous souhaitez ré-écouter, grâce aux index qui correspondent à chaque leçon, et vous permettra un bon entraînement à la compréhension orale. Il ne comporte pas de blanc pour la répétition, mais, en utilisant la touche «pause», vous pouvez vous entraîner à répéter.

Conseils : Dans un premier temps, suivez l'enregistrement en vous aidant du livre ; puis essayez de répéter et de comprendre sans votre livre.

Abréviation

accus.	=	accusatif	indét.	=	indéterminé
adj.	=	adjectif	masc.	=	masculin
adv.	=	adverbe	nomin.	=	nominatif
attrib.	=	attribut	phr.	=	phrase
cf.	=	se refaire à	pl.	=	pluriel
compl.	=	complément	pron.	=	pronom
fém.	=	féminin	sing.	=	singulier
Gram.	=	Grammaire	subj.	=	subjonctif
inacc.	=	inaccompli	cf.	=	se référer à

(ون) = obéit au pluriel régulier masculin ; (ات) = obéit au pl. régulier fém. ; (R), pluriel régulier ; (m) = nom masculin ; (f) = nom féminin.

Signes

entre parenthèses ( )			mot à mot		
Entre crochets [ ]			formulation propre au français		
↔	:	antonymes	=	:	synonymes
☞	:	Notez bien	→	:	se transforme en

A 1 PRÉSENTATION

←

ici	[hunā]	هُنا
Maha (prénom féminin)	[mahā]	مَها
Siham (prénom féminin)	[sihām]	سِهام

L'arabe se lit de droit à gauche. Le sens de la lecture est indiqué ici par les flèches

■ **Prononciation :**

• Le premier mot هُنا [huna], est composé de trois lettres et non pas de quatre comme la transcription le suggère :

[ā] ـا .3 [n] ـنـ .2 [hu] هُـ .1

Il y a là deux consonnes (1 et 2) et une voyelle longue (3). La voyelle brève [*u*], écrite en italique et prononcée *ou*, est représenté par la petite virgule ـُـ placée au-dessus de la première lettre ; elle ne constitue pas une lettre. Donc هُـ [h*u*] se compose d'une consonne affectée d'une voyelle :

ـُـ + هُـ = هـ

• Le هـ [h] se prononce comme un **h** très expiré.

• La troisième lettre ـا [ā] est une voyelle longue ; penser au *â* de âme en plus long.

A 2 APPLICATION (CD)

هُنا. .1 مَها .2 سِهام .3

A 3 REMARQUES

• Le mot مها [m*a*ha] se compose lui aussi de trois lettres :

[ā] ـا .3 [h] ـهـ .2 [m*a*] مَـ .1

La voyelle brève [*a*] correspond, dans l'écriture arabe, au trait oblique ـَ au dessus de la consonne.

Notez bien : la 2e lettre هـ [h] change de forme en milieu de mot pour s'écrire ـهـ (cf. 2A).

Dans سِهام [s*i*hām], le ـِ qui est sous la 1re lettre correspond à la voyelle brève [*i*].

Il y a donc trois voyelles brèves : ـُ [*u*], ـَ [*a*] et ـِ [*i*].

☞ [u] se prononce comme un *ou* français.

■ **Vocalisation.** Les voyelles brèves accompagnant les consonnes se prononcent mais ne s'écrivent que rarement (par exemple dans le manuels scolaires). Le fait de les écrire s'appelle **vocalisation.**

A 4 TRADUCTION

1. Ici. [h*u*nā]
2. Maha (prén. féminin). [m*a*hā]
3. Siham (prén. féminin). [s*i*hām]

B 1 PRÉSENTATION

[mahā hunā] مَها هُنا

■ **La phrase nominale** : Le verbe *être* est généralement sous-entendu en arabe. Pour *Maha est gentille* ou *Maha est ici*, l'arabe dit *Maha gentille* et *Maha ici*. Cette tournure, courante en arabe, s'appelle **phrase nominale.**

[hunāka]	*là-bas*	هُناكَ
[hanā]	*Hana (prén. féminin)*	هَنا
[kamāl]	*Kamal (prén. féminin)*	كَمال

• Les trois voyelles brèves de l'arabe sont :

ـَ [a], appelée **kasra.**

ـُ [u] (pronom **ou**), appelée **damma.**

ـِ [i], appelée **kasra.**

B 2 APPLICATION (CD)

1. مَها هُنا.
2. هَنا هُناكَ.
3. سِهام هُناكَ.
4. كَمال هُنا.

B 3 REMARQUES

■ Écriture.

Le mot هُنا [hunā], *ici*, se compose de trois lettres :

[ā] ـا .3 [n] ـنـ .2 [hu] هُـ .1

Elles s'écrivent d'un seul trait liées l'une à l'autre. La 1re est en position initiale (**PI**), la 2e en position médiane (**PM**) et la 3e en position finale (**PF**). Chaque lettre a donc trois positions possibles dans un mot.

• Dans le mot هُناكَ [hunāka], *là-bas*, la dernière lettre كَ [ka] est séparée des trois premières. En effet, elle se trouve placée après une lettre, le ـا [ā], qui ne se lie pas à ce qui suit (elles sont six à fonctionner ainsi). Cette lettre se trouve donc en position autonome (**PA**).

• Chaque lettre peut se trouver, selon le mot, en position **initiale**, **médiane**, **finale** ou **autonome**. D'une position à l'autre, elle prend une forme légèrement différente.

B 4 TRADUCTION

1. Maha est ici. [ma*h*ā hunā]
2. Hana est là-bas. [*h*anā hunāka]
3. Siham est là-bas. [si*h*ām hunāka]
4. Kamal est ici. [kamāl hunā]

C 1 EXERCICES

A. Identifier les voyelles suivantes :

1. ـُـ 2. ـِـ 3. ـُـ

4. ـَـ 5. ـِـ 6. ـَـ

B. Lire les lettres vocalisées (portant la voyelle) **:**

1. هَـ 2. هِـ 3. هُـ 4. هِـ

1. كُ 2. كَ 3. كِ 4. كُ

C. Isoler les lettres dans les mots suivants :

1. هُناكَ 2. سِهام 3. مَها

Attention : Désormais les voyelles brèves ne seront plus signalées, dans la transcription, par l'italique.

C 2 CORRIGÉ

A. 1. [u] 2. [i] 3. [u] 4. [a] 5. [i] 6. [a]

B. 1. [ha] 2. [hi] 3. [hu] 4. [hi]
1. [ku] 2. [ka] 3. [ki] 4. [ku]

C. 1. هُ/ن/ا/كَ 2. سِ/ه/ا/م 3. مَ/ه/ا

C 3 QU'EST-CE QUE LA LANGUE ARABE ?

• La langue arabe est la langue officielle de 250 millions de personnes. Étant la langue de la révélation du Coran, elle est également utilisée (et plus ou moins comprise) par plus d'un milliard de musulmans **non arabes** dans leur prière.

• L'arabe est une langue sémitique de la même famille que l'**akkadien**, l'**araméen** ou le **cananéen** dont est issu l'**hébreu**.

• Les premières inscriptions arabes remontent au 4e siècle avant notre ère. Des textes plus élaborés ont vu le jour vers le 2e et le 3e siècles après J.C. Mais ils sont assez rares, la culture étant alors essentiellement orale. La codification systématique de l'écriture n'a eu lieu qu'à partir de l'an 656 de notre ère au moment où la rédaction du Coran fut entreprise à l'initiative du 3e **calife** (successeur du Prophète) **Othman**. Celui-ci voulut en effet fixer le texte coranique une fois pour toutes pour couper court aux différentes versions orales qui commençaient à proliférer. Mais ce processus de codification ne s'achèvera qu'un siècle plus tard. Quand à la ponctuation, elle ne fut introduite que vers la fin du 19e siècle.

• Au 8e siècle, les grammairiens fixent le corpus de l'arabe. La morphologie et la syntaxe sont régies par des règles strictes mais peu nombreuses. Le vocabulaire s'est considérablement enrichi au fil des siècles avec le développement du savoir : scientifique, culturel, juridique...

• L'arabe est une langue très musicale aux nombreux accents toniques. Il s'écrit et se lit **de droite à gauche**. L'écriture dérive de l'écriture **syriaque**, issue elle-même de l'écriture phénicienne et comporte **28** lettres (auxquelles il faut ajouter la **hamza**), dont 25 consonnes et 3 voyelles longues (et diphtongues à la fois).

1 LE MONDE ARABE

D 2 CARTE

1 CIVILISATION

D 2 PAYS MEMBRES DE LA LIGUE ARABE [(1)]

Pays	Capitale	Superficie en km²	Population en millions	Revenu par habitant [(2)]
Algérie	Alger	2 381 741	30,8	2 270
A. saoudite	Riyad	2 240 000	21	10 140
Bahrein	Manama	691	0,652	14 370
Comores	Moroni	2 170	0,65	465
Djibouti	Djibouti	23 200	0,644	950
Égypte	Le Caire	1 001 449	69	1 250
EAU	Abou-Dhabi	83 600	2,3	33 770
Irak	Bagdad	440 000	23,5	2 236
Jordanie	Amman	89 411	5	2 190
Koweit	Koweit	17 820	2	22 470
Liban	Beyrouth	10 452	3,5	6 010
Libye	Tripoli	1 775 500	5,4	5 630
Maroc	Rabat	710 850	30,4	1 570
Mauritanie	Nouakchott	1 030 000	2,7	530
Oman	Mascate	320 000	2,6	9 070
Palestine	plus de 6 millions, dont 2,8m. en Cisjordnaie, Gaza et Jérusalem-est			
Qatar	Doha	11 437	0,57	11 590
Somalie	Mogadiscio	637 657	9,15	161
Soudan	Khartoum	2 505 813	31,8	530
Syrie	Damas	185 180	16,6	1 230
Tunisie	Tunis	164 150	9,5	2 650
Yémen	Sanaa	536 869	19	550

- Dans tous ces pays, l'arabe est la langue officielle, mais elle cohabite parfois avec d'autres langues.

- La ligue Arabe, fondée en 1946, a maintenant son siège au Caire.

---

(1) Statistiques de 2006.

(2) En dollars.

A 1 PRÉSENTATION

Est-ce que ? [hal] هَل ؟

■ **L'interrogation** par *est-ce que* ?
Pour former ce genre d'interrogation, l'arabe met en début de phrase l'interrogatif هَل [hal].

☞ Notez la forme du point d'interrogation en arabe : ؟

Rappel : **Prononciation** : le هـ [*h*] doit se prononcer comme un **h** très expiré.
– Chaque lettre peut se trouver dans une position **initiale**, médiane, finale ou autonome. À chaque position correspond une forme légèrement différente.

[hunā]	*ici*	هُنا
[hunāka]	*là-bas*	هُناكَ

■ **Soukoun :** L'absence de voyelle est indiquée par le signe ـْـ, appelé **soukoun :** هَلْ [hal].

A 2 APPLICATION (CD)

1. هَل مَها هُنا ؟
2. هَل مَها هُناك ؟
3. هَل كَمال هُناكَ ؟
4. هَل سِهام هُناكَ ؟

A 3 REMARQUES

■ **Écriture.**

Le mot هُنا [hunā] se compose de trois lettres (+ la voyelle) : en position initiale (PI), médiane (PM) et finale (PF). Nous donnons la 4e forme pour être complet :

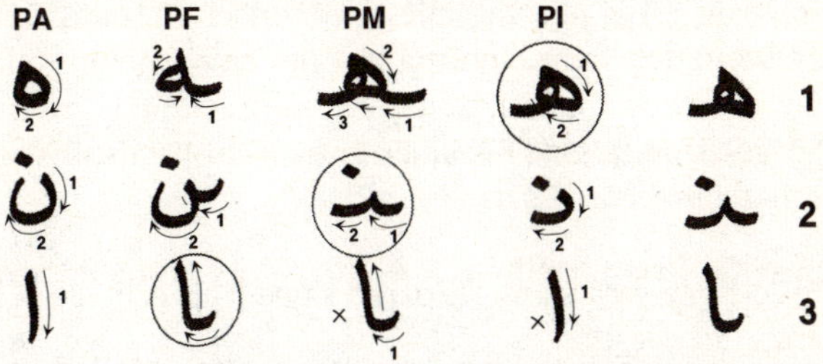

• Le mot s'écrit en reliant 1 (PI) à 2 (PM) à 3 (PF), sans lever la plume هنا. Dans certaines lettres, les formes **finales** et **autonomes** changent légèrement par pure esthétique.

On ajoute ensuite la voyelle brève : هُنَا.

• Le mot هل ne montre que deux positions de lettres :

Relions 1 (PI) à 2 (PF) : هل Vocalisons : هلْ

• L'absence de voyelle peut être indiquée par le signe ـْـ, appelé **soukoun** : هَلْ [hal].

A 4 TRADUCTION

1. Est-ce que Maha est ici ? [hal mahā hunā] ?
2. Est-ce que Maha est là-bas ? [hal mahā hunāka] ?
3. Est-ce que Kamal est là-bas ? [hal kamāl hunāka] ?
4. Est-ce que Siham est là-bas ? [hal sihām hunāka] ?

B 1 PRÉSENTATION

oui [na[c]am] نَعَم

■ Prononciation :

Dans ce mot, la deuxième lettre ـعـ, sans équivalent en français, est la plus difficile à prononcer de tout l'alphabet arabe. Pour le faire, ouvrir la bouche comme pour prononcer un **a** très profond, attaquer en contractant le fond de la gorge et en faisant résonner le haut du palais. Il s'agit du son qui précède le *a* de *Ali*, [[c]alī].

• Ce signe sera transcrit par le signe [[c]] proche de la lettre arabe en question.

[hunāka]	*là-bas*	هُناكَ
[lā]	*non*	لا

B 2 APPLICATION (CD)

1. نعم، مَها هُنا.
2. نعم، سِهام هُناك.
3. لا، كَمال هُنا.

B 3 REMARQUES

■ Le mot نَعَم [na^c^am], *oui*, se compose de trois lettres :

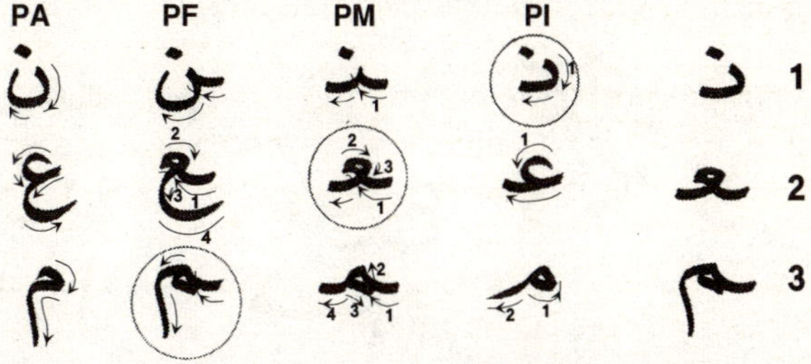

Noter : en PF et PA, le point du ن [n] est déporté vers le milieu par souci de symétrie : نعم. Vocalisation : نَعَم.

■ Le mot هُناكَ [hunāka], *là-bas*, se décompose en quatre lettres :

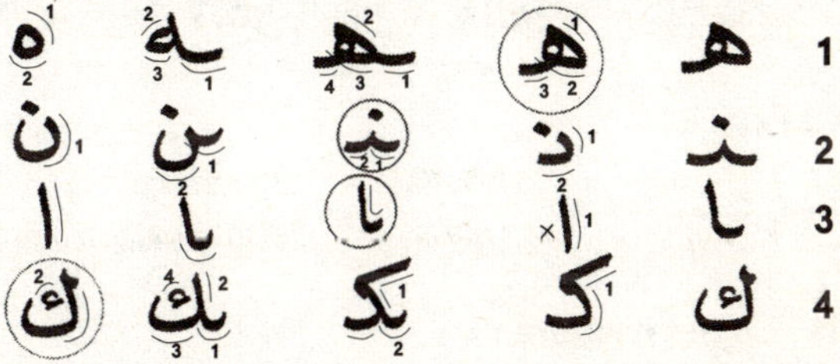

• Le mot s'écrit en reliant 1 (PI), 2 (PM), 3 (PF ou PM) et 4 (PA) : هناك. Vocalisation هُناكَ.

• Remarquer que le ـا [ā] , qui ne se lie pas à ce qui suit, n'a en fait que deux formes, puisque PA ressemble à PI et PF à PM.

• لا [lā], composé de : ـل, suivi de ـا devrait s'écrire ـلـا . Mais, par souci esthétique, la 2ᵉ lettre se place obliquement sur la première : لا

B 4 TRADUCTION

1. Oui, Maha est ici.	[na^c^am mahā hunā]
2. Oui, Siham est là-bas.	[na^c^am sihām hunāka]
3. Non, Kamal est ici	[lā kamāl hunā]

2 EXERCICES

C 1 EXERCICES

A. Recopier plusieurs fois les lettres ci-dessous (en suivant le mouvement indiqué par les flèches) :

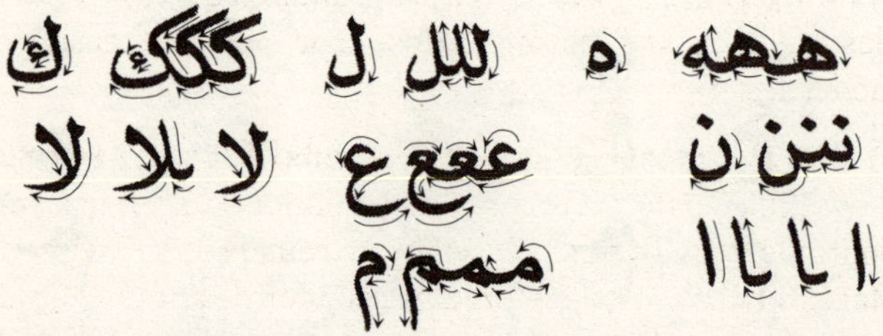

B. Lire : (CD)

1. عَمَل 2. عَامِل 3. مَعْمَل 4. مَانَع

1. كانَ 2. مَكَان 3. هَلَكَ 4. مَنام

C. Écrire :

1. [hunā] 2. [Mahā] 3. [hunāka] 4. [na^{c}am]

1. [malik] 2. [makān] 3. [ma^{c}mal] 4. [^{c}amal]

D. Lire et traduire :

1. نَعَم، مَها هُنا. 2. نَعَم، كَمال هُناك.

C 2 CORRIGÉ

B. 1. [kāna] 2. [makān] 3. [halaka] 4. [manām]

1. [^{c}amal] 2. [^{c}āmīl] 3. [ma^{c}mal] 4. [māna^{c}a]

C. 1. هُنا 2. مَها 3. هُناكَ 4. نَعَم

1. مَلِك 2. مَكان 3. مَعْمَل 4. عَمَل

D. [na^{c}am mahā hunā] 1. Oui, Maha est ici.

[na^{c}am kamāl hunāka] 1. Oui, Kamal est là-bas.

C 3 LES TROIS NIVEAUX DE L'ARABE

Il existe trois niveaux en langue arabe :

1) Le littéraire. C'est le niveau des grandes œuvres littéraires classiques. Il est parfois utilisé par certains écrivains modernes.

2) L'arabe moderne ou arabe standard (cf. p. 81 et 89). Il est utilisé pour écrire une lettre, un journal, un discours politique ou religieux... Beaucoup de romanciers l'adoptent. Mais on l'utilise également pour discuter de choses plus ou moins savantes (interviews, tables rondes, colloques...). Il ne varie guère d'un pays arabe à un autre, puisqu'on le trouve dans les manuels scolaires, la presse et les différents médias du monde arabe. On l'appelle arabe standard. C'est ce niveau qui vous est présenté ici.

3) Le dialectal. Il est utilisé oralement dans la vie quotidienne. Il n'est pas écrit. Il varie d'un pays à l'autre (Maroc, Syrie, Yémen...) et même quelque fois d'une région à l'autre dans le même pays (le Nord marocain, l'Atlas...). On l'appelle couramment **dialecte** : dialecte marocain du nord ou de l'Atlas, dialecte syrien... Il est utilisé aussi par certains poètes populaires.

• Il y a donc plusieurs dialectes et un **seul arabe standard**. Les deux niveaux ont beaucoup de choses en commun, puisque le grand public utilise son dialecte dans la vie courante, mais lit le journal (s'il est alphabétisé) et écoute la radio et la télévision (même s'il est analphabète) en arabe standard. Souvent la différence entre les deux niveaux se réduit à l'usage que l'un et l'autre fait des voyelles (**la vocalisation**).

2 LA PÉNINSULE ARABIQUE

D 1 CARTE

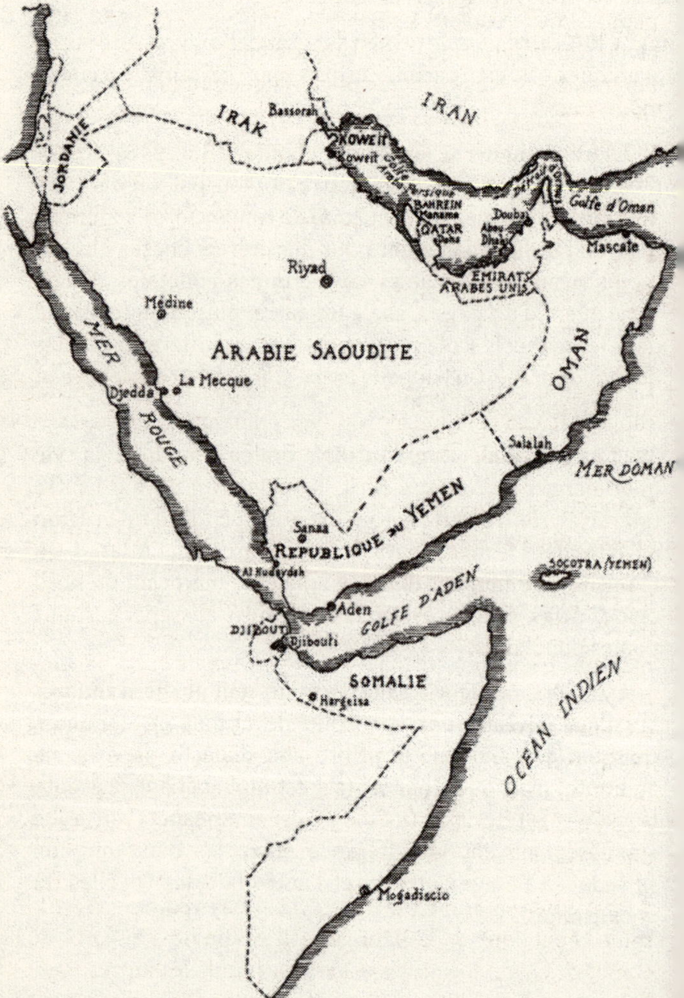

D 2 LA PÉNINSULE ARABIQUE

• Berceau de la culture arabe et lieu d'origine de nombreux peuples qui fondèrent, en émigrant vers le nord, des civilisations prestigieuses (**Phéniciens**, **Assyriens**...), la Péninsule s'étend actuellement de l'Océan Indien jusqu'aux frontières jordaniennes. Le relief est marqué par une chaîne montagneuse sur le pourtour maritime, de grandes étendues désertiques parsemées d'oasis au centre et un espace où rien ne vit (d'où le nom **al-rub^{c} al-ḫālī**, *le quart vide*) au sud-est.

• La Péninsule est dominée géographiquement, économiquement et politiquement par un royaume, l'**Arabie Saoudite**, fondée par *Ibn Saoud* en 1932 et dirigée depuis par sa dynastie. Il tire sa puissance des Lieux Saints de l'Islam, **La Mecque** et **Médine**, et des richesses de son sous-sol. Sa capitale **Riyad** compte deux millions d'habitants et son port maritime **Jeddah** un million et demi.

• À l'est, les principautés du **Koweit**, du **Bahrein**, du **Qatar** et des **Émirats Arabes Unis** (nés d'une fédération de petites principautés en 1971) sont, avec l'Arabie Saoudite, les pays les plus riches du monde arabe, grâce à leurs exportations de pétrole et de gaz (au moins 90% de l'ensemble). Ils sont marqués par le libéralisme économique mais aussi par une rigidité sociale qui culmine en Arabie Saoudite. Le Sultanat d'**Oman**, moins riche, est dirigé par le *Sultan Qabous* depuis 1970. Tous ces pays mènent une grande politique de modernisation au niveau de l'économie et de l'éducation et essaient de diversifier la production, et certains s'essaient à une certaine ouverture démocratique.

• Le **Yémen**, réunifié en 1990, est un pays pauvre. C'est la seule république de la Péninsule. Il essaie de s'intégrer au *Conseil de Coopération Économique* qui réunit les autres pays. Mais son différend frontalier avec l'Arabie Saoudite et son passé révolutionnaire l'en empêchent pour l'instant.

A 1 PRÉSENTATION

Où ['ayna] أَيْنَ؟

■ Prononciation :

La 1re lettre de أين ['ayna], أ, se prononce avec un coup de glotte (cette façon d'attaquer les mots commençant par une voyelle, comme en français : *attendre, ici, où ?*). Ce son, auquel ne correspond en français aucune représentation graphique, est en arabe une consonne à part entière. Elle peut se trouver en début, en milieu ou en fin de mot (ex. سَأَل [sa'al] ou نَبَأُ [naba'u] et peut recevoir toutes les voyelles. Elles s'appelle **hamza**, هَمزَة, et sera transcrite par [**'**].

[huwa]	*lui*	هُوَ
[hiya]	*elle*	هِيَ

■ Les pronoms personnels هُوَ [huwa], *lui*, et هِيَ [hiya], *elle*, ont dans une phrase nominale la même fonction que le nom : هِيَ هُنا [hiya hunā], *elle est ici*, est équivalent à مَها هُنا [mahā hunā], *Mahā est ici*.

A 2 APPLICATION (CD)

1. أين كمال؟

2. كمال هُنا، هُوَ هنا.

3. أين سِهام؟

4. سِهام هُنا، هِيَ هنا.

A 3 REMARQUES

■ **Écriture** :

• Le mot أَيْنَ comprend trois lettres :

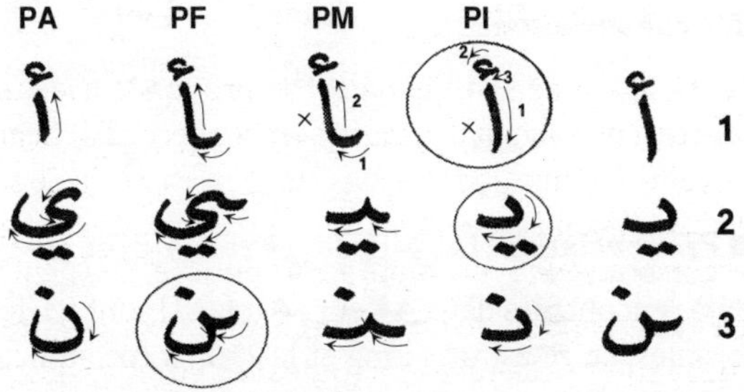

Écrivons : أين . Vocalisons : أَيْنَ.

• Le mot هُوَ [huwa], *lui*, comprend deux lettres :

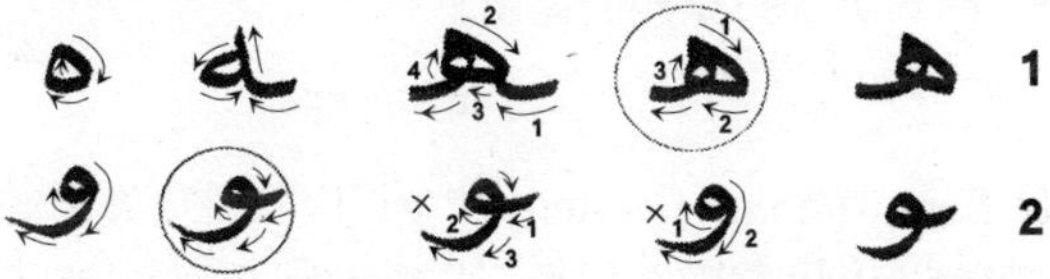

Il s'écrit en **un seul mouvement** : هو . Vocalisons : هُوَ.

• Le mot هِيَ [hiya], *elle*, se compose de deux lettres :

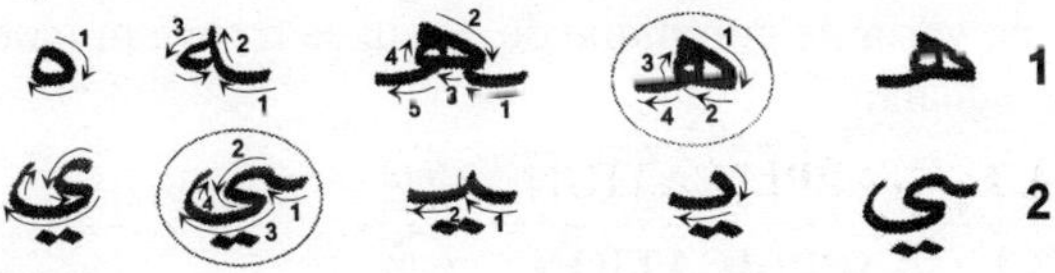

هي . Vocalisons : هِيَ.

A 4 TRADUCTION

1. Où est Kamal ?	['ayna kamāl ?]
2. – Kamal est ici, il est ici	[kamāl hunā, huwa hunā].
3. Où est Siham ?	['ayna sihām ?].
4. – Siham est ici, elle est ici	[sihām hunā, hiya hunā].

B 1 PRÉSENTATION

dans	[fī]	في
Tunis	[tūnis]	تونِس
Fès	[fās]	فاس
Leila	[laylā]	لَيْلى

■ **Prononciation :** Le ـي [ī] de **في** et le و [ū] de **تونس**, formes déjà rencontrées dans **هُوَ** et **هِيَ** (cf. A1) sont ici des voyelles longues. Le 1re est un *i* long et le 2e un *u* (prononcé *ou*) long. Ces deux lettres peuvent donc avoir, selon le contexte, une valeur de consonne (diphtongue) ou de voyelle longue.

- Les voyelles longues sont :

ا	[ā]	=	ـَـ	[a] *allongé*
و	[ū]	=	ـُـ	[u] *allongé (prononcé ou)*
ي	[ī]	=	ـِـ	[i] *allongé*

■ Dans **ليلى** [laylā], la dernière lettre est un *a* long. C'est une variante graphique de [ا] qui se trouve uniquement en fin de mot.

B 2 APPLICATION (CD)

1. أين كَمال؟ - هُوَ في تونِس.

2. أين لَيْلى؟ - هِيَ في فاس.

3. أين مها؟ - هِيَ في فاس.

B 3 REMARQUES

■ **Écriture** :

• Le mot في [fī], *dans*, se compose de deux lettres, une consonne et une voyelle longue :

• La vocalisation est ici inutile : في

• Le mot تونِس [tūnis], se compose de quatre lettres :

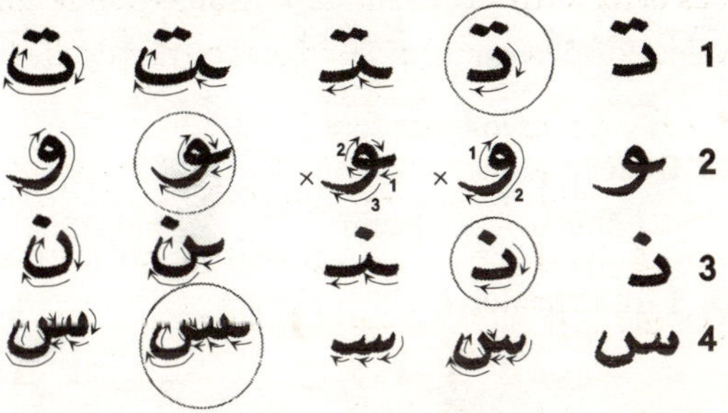

Il s'écrit en deux mouvements : تونس. Vocalisation تونِس.

Rappel : le ى dans ليلى، est une variante de la voyelle longue ا qui ne se rencontre qu'en fin de mot.

Attention : la virgule en arabe s'écrit comme une virgule française inversée, [،] pour ne pas être confondue avec la lettre و (cf. A2).

B 4 TRADUCTION

1. Où est Kamal ? - Il est à Tunis. ['ayna kamāl ? huwa fī tūnis].
2. Où est Leila ? - Elle est à Fès. ['ayna laylā ? hiya fī fās].
3. Où est Maha ? - Elle est à Fès. ['ayna mahā ? hiya fī fās].

3 EXERCICES

C 1 EXERCICES

A. Recopier plusieurs fois ces lettres (bien suivre le mouvement indiqué par les flèches :

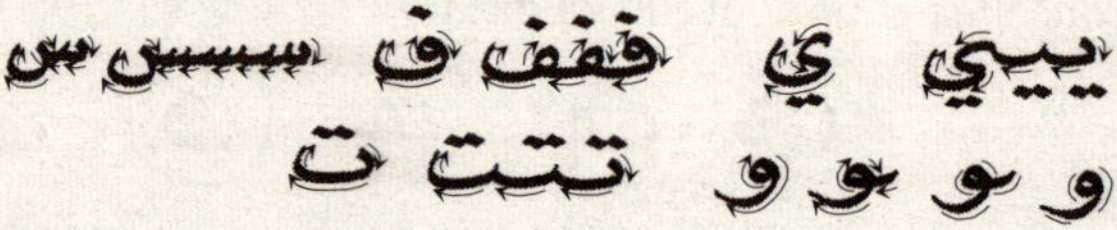

Attention : Le [ه] médiane s'écrira désormais des deux façons ـهـ ici ـهـ.

B. Lire : (CD)

1. مَعمول   2. عالِي   3. عالِم   4. تَميم

1. وَسْم   2. وَعْل   3. يَعمَل   4. يَعي

1. مَلاك   2. عَلام   3. مَوْسِم   4. يَسيل

C. Dictée :

1. [ᶜālim]   2. [samīᶜ]   3. [makān]   4. [nasūl]

D. Lire et traduire :

1. هَل عُمَر في فاس؟   2. لا، هُوَ في تونس.

E. Traduire :

1. Est-ce que Leila est ici ?   2. Oui, elle est ici.

C 2 CORRIGÉ

B. 1. [maᶜmūl]   2. [ᶜālī]   3. [ᶜālim]   4. [tamīm]
1. [wasm]   2. [waᶜl]   3. [yaᶜmal]   4. [yaᶜī]
1. [malāk]   2. [ᶜalām]   3. [mawsim]   4. [yasīl]

C. 1. عَالِم   2. سَميع   3. مَكان   4. نَسول

D. 1. [hal ᶜumar fī fās], Est-ce que Omar est à Fès ?
2. [lā huwa fī tūnis], Non, il est à Tunis.

E. 1. هَل لَيْلى هُنا؟   2. نَعَم، هِيَ هُنا

C 3 ORIGINES ET EXPANSION D'UNE CULTURE

• Berceau des Arabes, la Péninsule arabique connut de grandes civilisations depuis le premier millénaire avant notre ère, notamment au Yémen (les royaumes de **Saba** et de **Ma'in**) et au nord (les royaumes de **Pétra** et de **Palmyre**).

• La culture arabe proprement dite y connut son âge classique au 5e siècle de notre ère. L'apparition de l'Islam, au 7e siècle, fut non seulement un événement religieux capital, mais également un moment **fondateur de l'arabité**. Unifiant les tribus arabes, le Prophète **Muhammad** (570-632) leur donna la possibilité de constituer un grand empire.

• L'expansion qui commença dès 635 permit à l'État arabe de dominer en moins d'un siècle un territoire allant des confins de la Chine à l'Espagne. Après la période initiale – celle de Muhammad et de ses quatre successeurs immédiats – on peut distinguer dans l'histoire arabe trois périodes importantes :
– **Le Califat omeyyade** (661-750), Fondé par **Moawiya** (cf. p. 127) qui transféra la capitale de l'empire de Médine (en Arabie) à Damas (Syrie). Il paracheva l'expansion géographique, organisa l'administration et commença l'œuvre d'assimilation des cultures des pays conquis (grecque, syriaque, égyptienne, persane, indienne....).
– Le **Califat abbasside** (750-1258). Installé à Bagdad, il porta la civilisation arabe à son apogée. Simultanément prospérait de son côté la civilisation arabe d'Andalousie, qui prit fin en 1491. L'empire éclaté à partir du 10e siècle donna naissance à une multitude de dynasties un peu partout, dont les Fatimides en Égypte.
– La période dite de **décadence**. Préparée par les Croisades (11e-12e siècles), elle commence avec la destruction de Bagdad par les Mongols (1258). Elle fut marquée par la domination ottomane (1515- 1914) et la colonisation européenne à partir du 18e siècle.
À partir du 19e siècle, commence la **Nahda**, *cette renaissance* qui aboutit au milieu du 20e siècle à la décolonisation et la constitution du **mouvement national arabe**.

3 LE MACHREQ

D 1 CARTE

D 2 LE MACHREQ

• Le mot **Machreq**, qui signifie *pays du lever de soleil*, désigne les cinq pays qui se situent au nord de la Péninsule : **Iraq**, **Syrie**, **Liban**, **Palestine** et **Jordanie**, dont les frontières furent dessinées par les pays mandataires après la première Guerre Mondiale. Le paysage est marqué par un arc de chaînes montagneuses allant du nord de l'Iraq au sud de la Palestine, bordées de plaines et de plateaux fertiles irrigués par les grands fleuves comme l'*Euphrate*, le *Tigre* et l'*Oronte*, et d'autres moins importants coulant vers la Méditerranée ou l'intérieur syrien. Ce grand arc qui se prolonge vers le port irakien de Bassorah est également désigné par le nom de *Croissant Fertile*, où prospérèrent les grandes civilisations antiques (**phénicienne**, **babylonienne**, **assyrienne**, **hébraïque**...). Celles-ci donnèrent naissance aux plus grandes découvertes historiques, matérielles aussi bien que symboliques : *l'alphabet, l'agriculture, la ville, le monothéisme...*

• **Indépendants** au lendemain de la Deuxième Guerre (le cas de la Palestine étant à part, voir : 6 D1), ces pays sont dotés de régimes politiques différents. Liban et Syrie optèrent pour le système **républicain**, mais la Jordanie est toujours une **royauté** (constitutionnelle par moments) et l'Iraq n'est devenu une république qu'après la chute de la monarchie hachémite en 1958. Le conflit avec Israël a largement déterminé leur évolution : révolutions et coups d'état, en Iraq et en Syrie, guerre civile au Liban et révoltes en Jordanie : sans parler de la guerre Iran-Iraq et les deux guerres du Golfe. La région est marquée traditionnellement par une grande ouverture sociale et un pluralisme humain réel, dus à une économie équilibrée servie par une importance classe moyenne relativement cultivée et ouverte à l'Occident. Pourtant, l'absence d'une vraie paix pèse lourd sur l'évolution économique et politique de la région. Cela tire actuellement l'idéologie sociale vers la fermeture, phénomène renforcé par la rancune suscitée contre l'Occident par les **guerres du Golfe** et leurs conséquences. Promoteurs, avec l'Égypte, du mouvement de modernisation, appelé *Nahda*, ces pays sont actuellement au croisement des chemins.

A 1 PRÉSENTATION

■ **L'interrogation** par *qui* ? est rendue par : من؟ [man].

■ **Pronoms personnels** : l'arabe distingue dans la 2e personne entre un *toi* masculin et un *toi* féminin (comme pour la 3e pers. cf. 3 A1).

toi (fém.)	['anti]	أَنتِ
toi (masc.)	['anta]	أَنتَ

À la différence du français, ces pronoms sont toujours sujet, notamment dans la phrase nominale.

Habib (prén. masculin)	[ḥabīb]	حَبيب
Maryam	[maryam]	مَرْيَم

■ **Prononciation**

• Dans حَبيب [ḥabīb], la première lettre est حـ, un son sans équivalent en français. Pour le réaliser, prononcer un *h* plus **expiré** que le *h* normal en arabe en serrant le haut de la gorge. Une référence : le premier son du prénom Habib. Il sera transcrit par [ḥ].

• Dans مريم [maryam] la 2e lettre est un *r* très **roulé**, à l'italienne. Transcription : [r].

A 2 APPLICATION (CD)

1. مَن هُوَ؟ – هو حَبيب.

2. مَن هِيَ؟ – هي مَريَم.

3. هَلْ أَنتَ كَريم؟

4. أَنتِ لَيْلى؟

A 3 REMARQUES

■ **Écriture :**

• Dans حَبيب [ḥabīb] les quatre lettres s'écrivent en **un seul mouvement** :

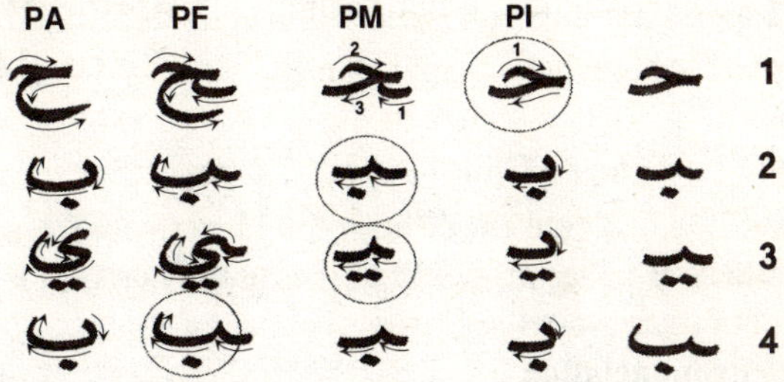

حبيب . Vocalisons : حَبيب.

☞ La différence entre le ـبـ [b] et le ـيـ [ī] est dans le nombre des points.

• Le mot مَريَم [maryam] s'écrit en **deux mouvements** :

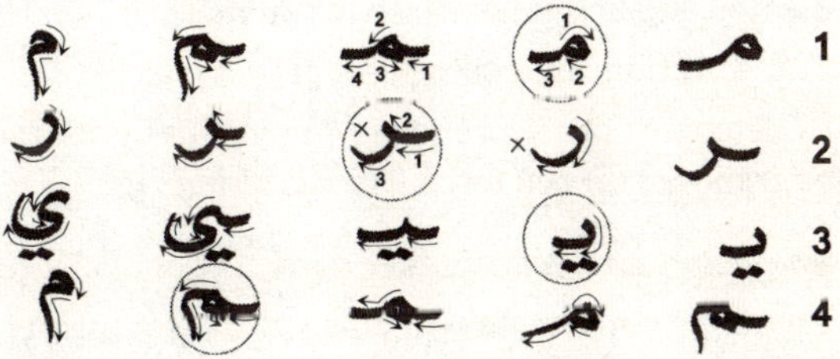

مريم . Vocalisons : مَريَم.

☞ Comme en français, l'interrogation peut être aussi rendue par la seule intonation de la voix (phr. 4) sans mot interrogatif.

A 4 TRADUCTION

1. Qui est-il ? – C'est Habib. [man huwa ? huwa ḥabīb].
2. Qui est-elle ? – C'est Maryam. [man hiya ? hiya maryam].
3. Es-tu Karim ? [hal 'anta karīm ?].
4. Tu es Leila ? ['anti laylā].

B 1 PRÉSENTATION

grand	[kabīr, kabīra^t]	كبير، كبيرة
joli(e)	[ǧamīl, ǧamīlat]	جَميل، جَميلة
petit(e)	[ṣaġīr, ṣaġīra^t]	صَغير، صَغيرة
ouvrier	[^{c}āmil, ^{c}āmila^t]	عامِل، عامِلة

☞ **Le signe du féminin :** pour mettre au fém. un adjectif, il suffit le plus souvent de lui accoler la lettre ة / ـة appelée **ta marbouta**. Il se prononce [ah] et se transcrit : [a^t].

■ Prononciation.

Dans صَغير [ṣaġīr], *petit*, la première lettre est صـ [ṣ] et la deuxième ـغـ [ġ]. La première se prononce comme un *s* dit « emphatique » (prononcer un *s* en arrondissant le haut du palais, ce qui a pour conséquence de mettre une note d'emphase sur les autres lettres du mot).

Transcription : un *s* avec point en-dessous [ṣ].

La deuxième ـغـ se prononce comme un *r* grasseyé (comme en français) un peu forcé. Transcription : [ġ].

☞ Veiller à bien distinguer dans la prononciation entre le *r* roulé (comme en italien) et le *r* grasseyé : ر [r] et غ [ġ].

B 2 APPLICATION (CD)

1. أنا كَبير، أنا كَبيرة.
2. حَسَن جَميل، ليلى جَميلة.
3. هو صَغير، هي صَغيرة.
4. هو عامِل، هي عامِلة.

B 3 REMARQUES

■ **Écriture :**

- Le mot صغيرة [ṣaġīraᵗ] : cinq lettres, en 2 **mouvements** :

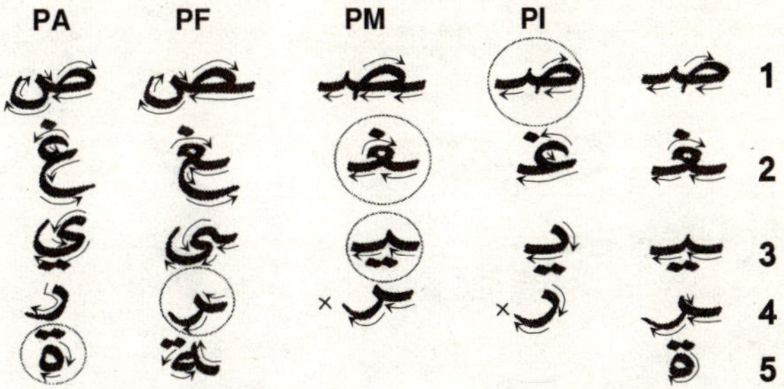

صغيرة. Vocalisons صَغيرة.

- Le mot جميلة [ǧamīlaᵗ] : cinq lettres, en un **mouvement** :

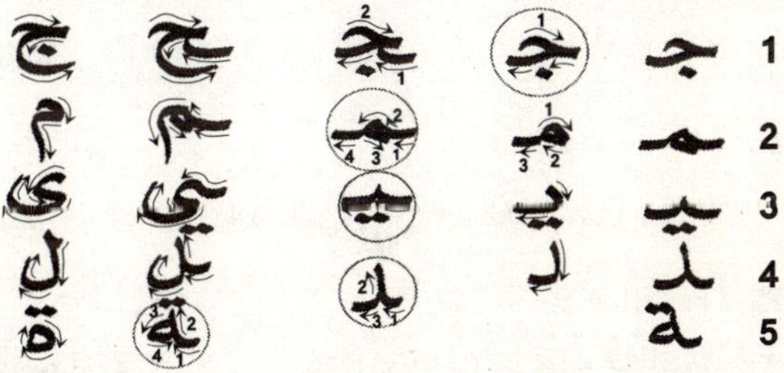

جميلة et جَميلة.

☞ La différence entre le ج [ǧ] et le ح [ḥ] (cf. A3) est dans le point.

Notez : la **ta marbouta** a deux formes ـة ou ة, selon qu'elle se lie ou non à ce qui précède.

B 4 TRADUCTION

1. Je suis grand, je suis grande. ['ana kabīr, 'ana kabīraᵗ].
2. Hassan est beau, Leila est belle. [ḥasān ǧamīl, laylā ǧamīlaᵗ].
3. Il est petit, elle est petite. [huwa ṣaġīr, hiya ṣaġīraᵗ].
4. Il est ouvrier, elle est ouvrière. [huwa ᶜāmil, hiya ᶜāmilaᵗ].

4 EXERCICES

C 1 EXERCICES

A. Recopier plusieurs fois les lettres suivantes :

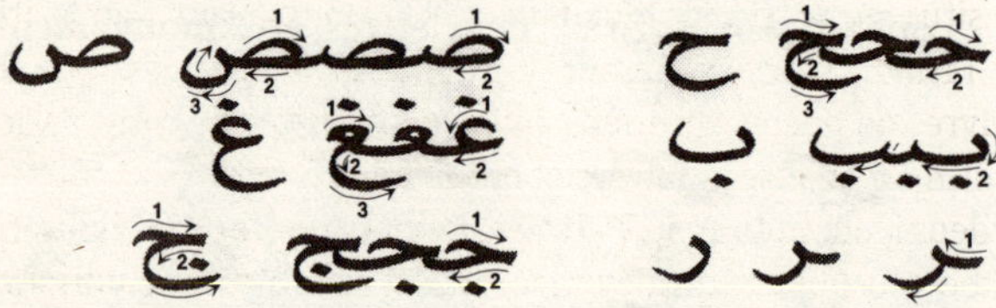

B. Lire : (CD)

1. صَغير   2. صِغار   3. غَريب   4. نُصِرَ

1. أصبَحَ   2. نَبأٌ   3. سَأَلَ   4. أُمِرَ

1. تَبْغ   2. جِبْص   3. إجْماع   4. عَتِبَ

C. Écrire :

1. [yas'al]   2. [ġarīb]   3. [ṣi^{c}āb]   4. [muǧtama^{c}]

D. Lire et traduire :

1. حَبيب كَبير   2. أَنا صَغيرة   3. نَعَم، أنتِ جَميلة

E. Traduire :

1. Est-ce que tu es ouvrière ?   2. Oui, tu es beau !

C 2 CORRIGÉ

B. 1. [ṣaġīr]   2. [ṣiġār]   3. [ġarīb]   4. [nuṣira]
1. ['aṣbaḥa]   2. [naba'u]   3. [sa'ala]   4. ['umira]
1. [tabġ]   2. [ǧibṣ]   3. ['iǧmā^{c}]   4. [^{c}atiba]

C. 1. يَسأَل   2. غَريب   3. صِعاب   4. مُجْتَمَع

D. 1. [ḥabīb kabīr], *Habib est grand.* 2. ['ana ṣaġīra^{t}], *Je suis petite.* 3. [na^{c}am 'anti ǧamīla^{t}], *Oui, tu es belle.*

E. 1. هَل أنتِ عامِلة؟   2. نَعَم، أنتَ جَميل!

C 3 LES GRANDS MOMENTS DE LA CIVILISATION ARABE

• La civilisation arabe connut trois moments forts. Le premier se situe au **6e siècle**, plus d'un siècle donc avant l'apparition de l'Islam. La poésie arabe y atteint sa forme classique. Les œuvres de poètes chrétiens, juifs ou animistes de cette période continuent à être admirées et enseignées.

Le deuxième, autour du **9e-10e siècle**, vit l'apogée de la civilisation arabo-musulmane qui devint le creuset de toutes les civilisations connues à l'époque. Au niveau littéraire, cela donna naissance à un néo-classicisme très riche. Dans les autres domaines, notamment en **médecine**, **mathématiques** et **philosophie**, il marqua une étape décisive de l'évolution des sciences. Plus tard ceci contribua puissamment à la Renaissance européenne, grâce aux relations entre celle-ci et l'Espagne arabe.

• Deux cités brillèrent alors : **Bagdad** qui, sous le calife **Haroun al-Rachid** (785-809), contemporain de Charlemagne, comptait plus d'un million d'habitants. La ville reste illustre pour sa « *maison de la sagesse* », la plus grande bibliothèque de l'époque, détruite par les Mongols au 13e siècle. L'autre grande cité fut **Cordoue** en Andalousie, célèbre par son art de vivre, sa convivialité et ses philosophes, tel **Averroès** (cf. p. 57), maître à penser des hommes de la Renaissance européenne. Ces deux villes ont gardé une place de choix dans la symbolique arabe, figurant une sorte de paradis perdu.

• Après plusieurs siècles de repli, appelés en arabe إنْحِطاط ('inḥiṭāṭ), *décadence*, dû aux invasions et à la domination ottomane, le monde arabe amorce à partir du 19e siècle sa renaissance politique et culturelle, en renouant aussi bien avec son propre passé qu'avec la culture européenne. Après avoir modernisé son outil linguistique, sans se couper de sa civilisation classique, il pratique des genres littéraires nouveaux, notamment le genre **romanesque**. Simultanément, il entreprend d'introduire les **technologies nouvelles** et de moderniser ses **institutions**. Si dans ce dernier domaine, beaucoup reste à faire, il a incontestablement réussi à produire une littérature vigoureuse et créative.

4 LA VALLÉE DU NIL

D 1 CARTE

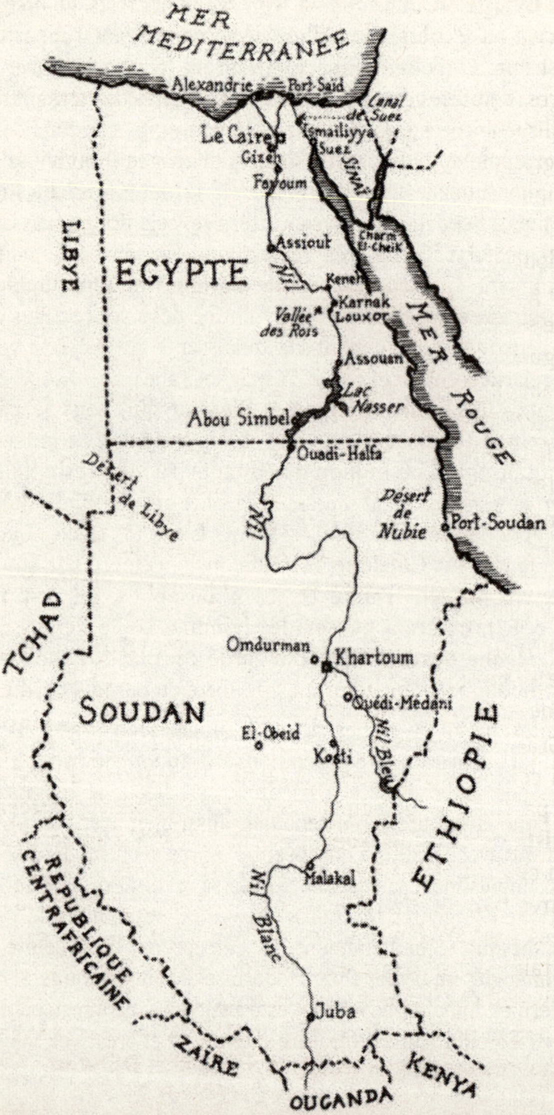

D 2 LA VALLÉE DU NIL

• **L'Égypte** et le **Soudan** n'existent pratiquement que grâce à cette traînée fluviale qui les traverse du sud au nord. C'est autour d'elle que se concentrent la population et les terres arables cultivées. Développant historiquement une civilisation prestigieuse, dont la spécificité soudanaise fut longtemps éclipsée par la splendeur des pyramides et des temples égyptiens, ces deux pays furent toujours très liés.

• **Le Soudan**, pays riche et connu traditionnellement pour la douceur de ses mœurs, se débat depuis des années dans une guerre civile entre le nord, plutôt arabe et musulman, et le sud à majorité chrétienne et animiste, parlant d'autres langues que l'arabe.

• Par l'importance de sa population et par son poids politique et culturel, l'**Égypte**, elle, constitue le centre du monde arabe. Elle fut le foyer à partir duquel s'est propagée la Renaissance arabe au 19e siècle, et le modèle de la lutte pour l'indépendance, aussi bien pour le Machreq que pour le Maghreb (cf. son rôle dans la guerre de Libération en **Algérie**). Elle mena avec **Nasser** (mort en 1970) une expérience majeure de politique d'indépendance nationale qui la mit au rang des grands leaders du tiers-monde. L'Unité que Nasser réalisa avec la Syrie, entre 1958 et 1961, reste une référence pour l'histoire du monde arabe dans sa recherche d'une certaine intégration politique et économique.

• Grâce au dynamisme de sa grande métropole, le **Caire**, qui compte actuellement quelque 19 millions d'habitants, ce pays est le principal centre de production **littéraire**, **artistique** et **cinématographique** du monde arabe. Grâce à son cinéma, le dialecte égyptien est très répandu dans les autres pays arabes. Malgré les grands problèmes sociaux créés par une politique de libéralisation économique que certains considèrent comme imprudente, le pays connaît actuellement une bonne croissance.

• Dans le prolongement de la vallée du Nil, deux pays sont membres de la Ligue arabe : **la Somalie** et **Djibouti**.

A 1 PRÉSENTATION

■ [hāḏā] هَذا et [hāḏihi] هَذه sont des **pronoms démonstratifs singuliers** : *celui-ci, celle-ci, ceci, ça.*

☞ هذا s'emploie aussi pour le neutre : هذا جميل [hāḏā ǧamīl], *c'est beau.*

femme	['imra'at]	اِمرأة	*garçon*	[ṣabiyy]	صَبِيّ
homme (humain)	['insān]	إنْسان	*et*	[wa]	وَ
Khaled	[ḫālid]	خالِد	*fille*	[bint]	بِنْت
content	[masrūr]	مَسْرور	*homme*	[raǧul]	رَجُل

■ **Pronciation.**

• Pour réaliser le ذ de هذا, on prononce un *z* zézayé, en mettant la langue entre les dents (penser au [th] anglais de *the*). Transcription : [ḏ].

• **La fatha** sur le هَـ dans ces pronoms se prononce comme la voyelle longue ا [ā], *alif*. Ce phénomène exceptionnel sera signalé, à titre provisoire par le soulignement du هَـ.

• Dans خالِد [ḫālid], la lettre خـ se prononce comme un raclement de gorge. Pensez au *cr* de *âcre*, ainsi qu'au *j* du mot espagnol *Juan*, ou au *kh* de l'allemend *auch*, *Bach*...

A 2 APPLICATION (CD)

1. هَذا صَبيّ، وهَذِهِ بِنت.
2. هَذا رَجُل، وهَذه اِمْرَأة .
3. هَذا خالِد، هُو إِنسَان.
4. خالِد مَسْرور؟

A 3 REMARQUES

■ **Écriture** :

• Dans هذا [hāḏā], trois lettres plus le trait vertical :

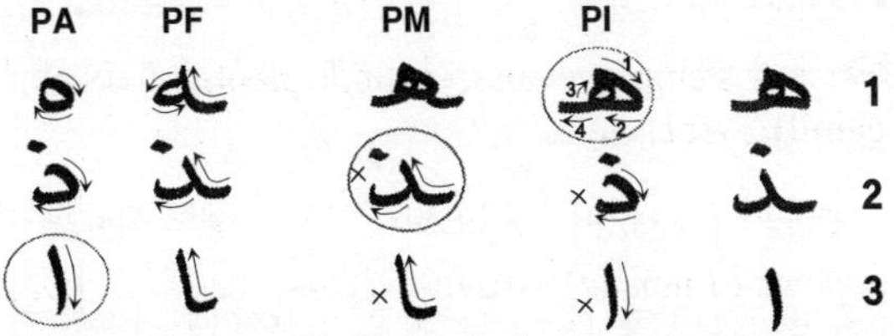

هذا . N'oublions pas que la fatha de la première lettre se prononce comme un alif : هٰذا.

• Dans خالد [ẖālid], quatre lettres en deux mouvements :

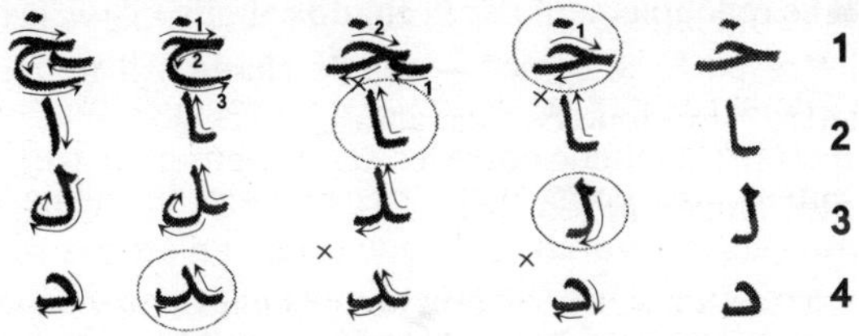

خالد . Vocalisons : خالِد.

☞ Le خ [ẖ] se distingue du ج [ğ] par la place du point.

• Dans هذه ٱمرأة (phr. 2), le ٱ initial de ٱمرأة ne se prononce pas. Cela est indiqué par le signe appelé **wasla** (cf. 6B).

• Le وَ [wa], *et*, fait corps avec le mot suivant. Un trait l'en sépare dans la transcription (cf. phr. 1 et 2).

A 4 TRADUCTION

1. C'est un garçon, et c'est une fille.
[hāḏā ṣabiyy wa-hāḏihi bint].
2. C'est un homme, et c'est une femme.
[hāḏā rağul wa-hāḏihi 'imra'a^{t}].
3. C'est Khaled, c'est un être humain (un homme).
[hāḏā ẖālid, huwa 'insān].
4. Khaled est content [ẖālid masrūr].

B 1 PRÉSENTATION

Qu'est-ce que c'est ? [mā hāḏā] ما هَذا؟

• Pour connaître l'identité d'une personne, on utilise l'interrogatif مَن, *qui (est-ce qui) ?* S'il s'agit d'un objet ou d'un animal, on utilise ما, *qu'est-ce que ?*

arbre	[šağara[t]]	شَجَرة	*livre*	[kitāb]	كِتاب
fleur	[zahra[t]]	زَهْرة	*cahier*	[daftar]	دَفْتَر
voiture	[sayyāra[t]]	سَيَّارة	*maison*	[bayt (m)]	بَيْت

■ Le redoublement par la **chadda** : Dans سيّارة, la deuxième lettre porte le signe ـّ appelé **chadda**. Il indique que la lettre est redoublée : [sayyāra[t]].

Noter : Les noms n'ont pas toujours le même genre en français et en arabe. Lorsque celui-ci n'est pas suggéré par le sens ou par la forme (la **ta marbouta**), nous l'indiquerons par un **m** pour le masculin et un **f** pour féminin.

B 2 APPLICATION (CD)

1. ما هَذا ؟
2. هَذا كِتاب، وهَذا دَفْتَر.
3. هَذا بَيْت.
4. ما هَذا ؟
5. هَذهِ شَجَرة وهَذهِ زَهْرة.
6. هَذه سَيَّارة.

B 3 REMARQUES

■ Écriture :

- Dans شجرة [šağara[t]], quatre lettres, en **deux mouvements** :

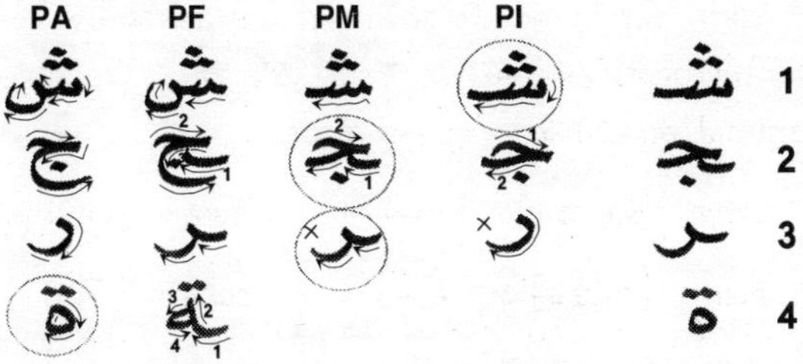

شجرة. Vocalisons : شَجَرَة.

☞ Le ش [š] se distingue du س [s] par les trois points.

- Dans زهرة [zahra[t]] : quatre lettres, en **trois mouvements** :

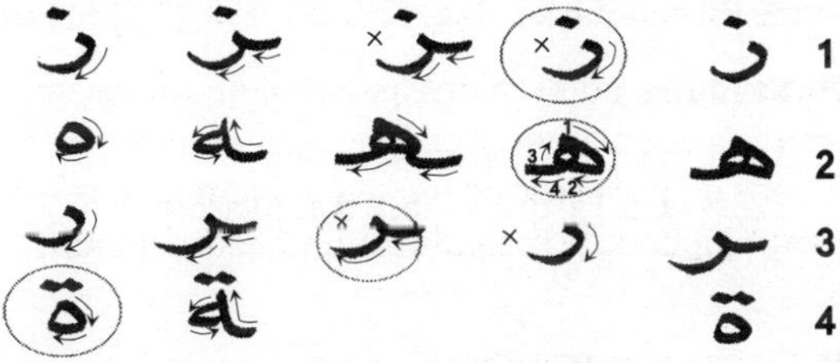

زهرة. Vocalisons : زَهْرَة.

☞ Le ز [z] se distingue du ر [r] par le point.

B 4 TRADUCTION

1. Qu'est-ce que c'est ? [mā hāḏā].
2. C'est un livre, et c'est un cahier.
   [hāḏā kitāb wa-hāḏā daftar].
3. C'est une maison. [hāḏā bayt].
4. Qu'est-ce que c'est ? [mā hāḏā].
5. C'est un arbre et c'est une fleur.
   [hāḏihi šağara[t] wa-hāḏihi zahra[t]].
6. C'est une voiture. [hāḏihi sayyāra[t]].

5 EXERCICES

C 1 EXERCICES

A. Recopier ces lettres plusieurs fois :

ذ ذ ذ ذ ششش ش

خخخ خ ززز ز

د د د د

B. Lire et traduire : (CD)

1. هذا رَجُل — 2. هذه ٱمرَأة

3. هَل هذا خالِد؟ — 4. نَعَم هذَا خالِد

5. ما هذا؟ — 6. هذه شَجَرة

C. Écrire :

1. [hāḏihi sayyāra^{t}] — 2. [hāḏā ğayyid] (bien)

3. [hāḏā ṣabiyy] — 4. [hāḏihi bint]

D. Traduire :

1. Qui est-ce ? C'est une femme.
2. Est-ce un arbre ? Oui, c'est un arbre.
3. Qu'est-ce que c'est ? C'est un livre.

C 2 CORRIGÉ

B. 1. [hāḏā rağul], C'est un homme. 2. [hāḏihi 'imra'a^{t}], c'est une femme. 3. [hal hāḏā ẖālid], Est-ce Khaled ? 4. [na^{c}am hāḏā ẖālid], Oui, c'est Khalid. 5. [mā hāḏā], Qu'est-ce que c'est ? 6. [hāḏihi šağara^{t}], C'est un arbre.

C. 1. هذه سَيّارة. — 2. هذا جَيِّد.

3. هذا صَبِيّ. — 4. هذه بِنْت.

D. 1. مَن هذه؟ ـ هذه ٱمْرأة.

2. هل هذه شَجَرة؟ ـ نَعَم هذه شَجَرة.

3. ما هذا ؟ ـ هذا كِتاب.

C 3 L'IDENTITÉ ARABE

Contrairement à un cliché trop répandu, l'identité arabe est essentiellement marquée par la diversité.

• **Diversité religieuse**. Tous les musulmans ne sont pas arabes (1 milliard de musulmans pour 250 millions d'Arabes), et tous les Arabes ne sont pas musulmans ! Le monde arabe compte à peu près 7 à 8% de chrétiens et d'autres petites communautés comme les **zoroastriens** (adeptes de Zarathoustra) ou les **bahaïs** (croyance éclectique ouverte). Il comptait aussi une forte communauté **juive** qui a malheureusement fondu par l'émigration depuis la création d'Israël. Les Arabes chrétiens et juifs jouèrent un rôle de première importance dans l'épanouissement de la civilisation arabe classique et même moderne.

• **Diversité linguistique**. À côté de l'arabe, langue officielle, il y a un grand nombre de langues toujours utilisées : le **syriaque**, l'**araméen**, le **turc**, l'**arménien**... sans parler du **kurde** et de l'**amazig**.

• **Diversité ethnique**. Du fait du grand mélange de populations depuis la plus ancienne antiquité et jusqu'aux temps modernes, les Arabes ne se sont jamais considérés comme une race ou une ethnie spécifique.

• **Diversité communautaire.** À l'intérieur même de l'Islam, à côté d'une majorité **sunnite**, on trouve des communautés **chiites**, **alaouites**, **druzes**, **ismaéliennes**...

En fait, « est arabe celui qui parle arabe, qui se veut arabe et qui se dit arabe » ; telle est la définition donnée par un pionnier du nationalisme arabe, Sati al-Husari (mort en 1970), lui-même d'origine turque. La modernité arabe est fondée sur ce principe, même si une certaine tendance **centralisatrice** refuse indûment aux Kurdes ou aux Kabyles une reconnaissance culturelle, tandis qu'une tendance **islamiste** voudrait tout enrôler sous la bannière de l'Islam. Cela n'est pas sans rapport avec les interférences étrangères, qui depuis la période coloniale, essaient d'utiliser cette diversité culturelle comme levier de domination.

5 LE MAGHREB

D 1 CARTE

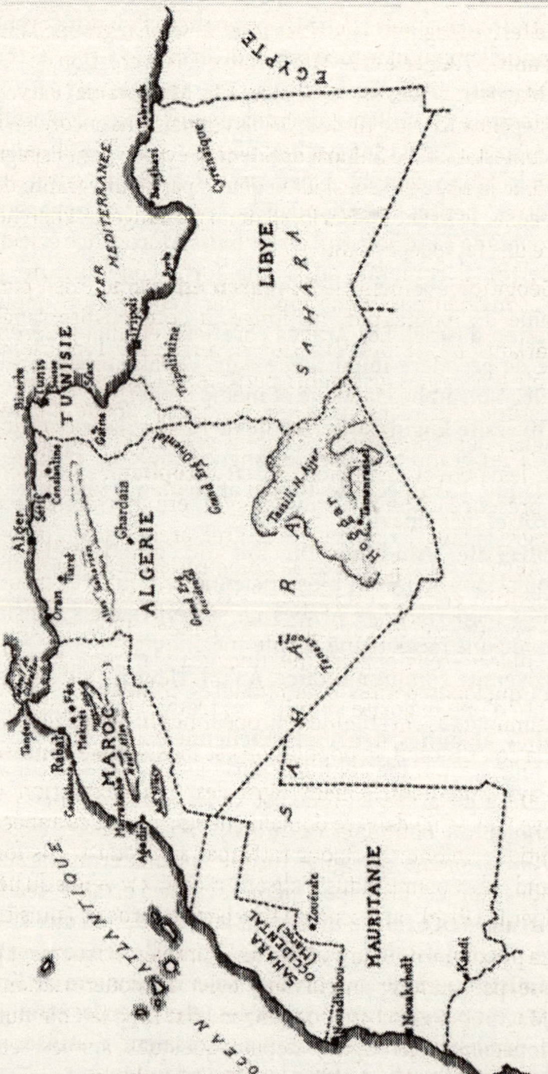

D 2 LES PAYS DU MAGHREB

• Le terme Maghreb, *pays du coucher du soleil*, regroupe la **Libye**, la **Tunisie**, l'**Algérie** et le **Maroc**, auxquels la création de l'Union du Maghreb arabe, en 1983, ajouta **la Mauritanie**. Parvenus à l'indépendance à partir de 1956, ils connaissent encore un foyer de contestation : le **Sahara occidental**, évacué par l'Espagne en 1975. Si le Maroc le considère comme partie intégrante de son Royaume, le **Front Polisario**, soutenu par l'Algérie, cherche à en faire un état indépendant.

• Géographiquement, le **Maghreb** est caractérisé par une chaîne de montagnes qui longe la côte méditerranéenne et atlantique, et une étendue désertique à l'intérieur, qui recèle d'énormes gisements pétroliers. Humainement, il est constitué de deux groupes linguistiques : l'**arabe** et l'**amazig**, langue qui commence, heureusement, à être reconnue par les pouvoirs officiels. La **francophonie** imposée par la présence coloniale française a été harmonieusement intégrée dans le paysage culturel arabe, sauf, peut-être, en Algérie, où le poids de la colonisation créa un problème d'identité, encore perceptible dans les soubresauts tragiques qui secouèrent le pays dans les années 1990 notamment. Au niveau religieux, règne une grande homogénéité : à part quelques petites communautés chiites et le reste des communautés chrétiennes européennes installées à la faveur de la colonisation, la population est musulmane **sunnite**.

• Pays traditionnellement agricoles – à l'exception de la Libye, qui mène dans ce domaine depuis quelques années une politique volontariste pour rattraper son retard – ils font un grand effort pour s'industrialiser, grâce aux revenus du **pétrole** (Algérie, Libye), ou à ceux du **tourisme** (Maroc et Tunisie).

• La proximité de l'Europe, qui fut si problématiquement par le passé, peut devenir un puissant levier de modernisation pour le Maghreb. Des accords de **partenariat** avec la Communauté européenne sont signés depuis quelques années, et une certaine intégration méditerranéenne semble en cours.

A 1 PRÉSENTATION

la maison ['al-bayt] ٱلْبَيت

■ **L'article défini** الـ [al-] est invariable. Il correspond en français à : *le*, *la*, *l'*, *les*. Il fait corps avec le nom. Dans la transcription, nous l'en séparerons par un petit tiret.

■ **Prononciation.** L'article ٱلـ ['al] est composé de deux lettres :

1. ٱ ['a] 2. لـ [l]

La première se prononce comme une **hamza** normale [أ] donc un coup de glotte (cf. 3A1), bien qu'elle s'écrive autrement (on en verra les raisons en 5B). Elle s'appelle وَصلة [waṣla[t]], **wasla.**

lointain	[ba^{c}īd]	بَعيد	*gare*	[maḥaṭṭa[t]]	مَحطّة
aéroport	[maṭār]	مَطار	*proche*	[ḳarīb]	قَريب
livres	[kutub]	كُتُب	*ville*	[madīna[t]]	مَدينة

• **Le** ق [ḳ] dans قريب est un *k* dit emphatique : prononcer un *k* mais en arrondissant le haut du palais. Transcription : [ḳ].

• **Le** ط [ṭ] de مَطار et de مَحطّة est un *t* **emphatique** : prononcer un *t* en arrondissant le haut du palais.

Transcription : [ṭ]. Dans le 2e mot, le ط est redoublé.

• Quand une lettre redoublée porte la **kasra**, celle-ci se place non sous la lettre, mais juste sous la **chadda** : جيِّد [ǧayyid], *bon.*

A 2 APPLICATION (CD)

1. ٱلمَحطَّة قَريبة.
2. ٱلـمَطار بَعيد.
3. ٱلـمَدينة بعيدة.
4. ٱلكُتُب هنا.

A 3 REMARQUES

■ **Écriture** :

- Dans قريب [ḳarīb], quatre lettres, en **deux mouvements** :

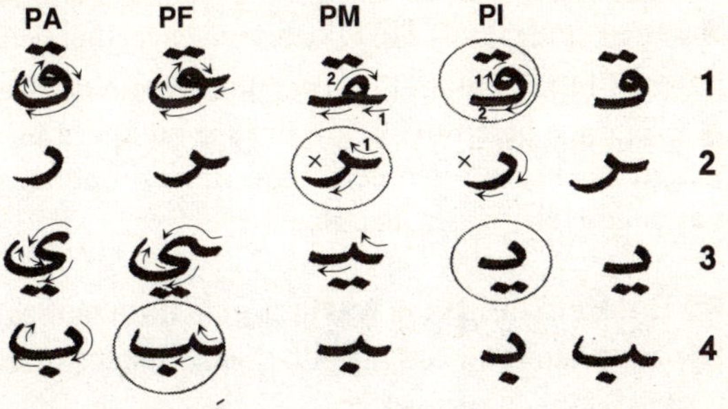

قريب . Vocalisons : قَريب.

- Dans مطار [maṭār], 4 lettres **en 2 mouvements** :

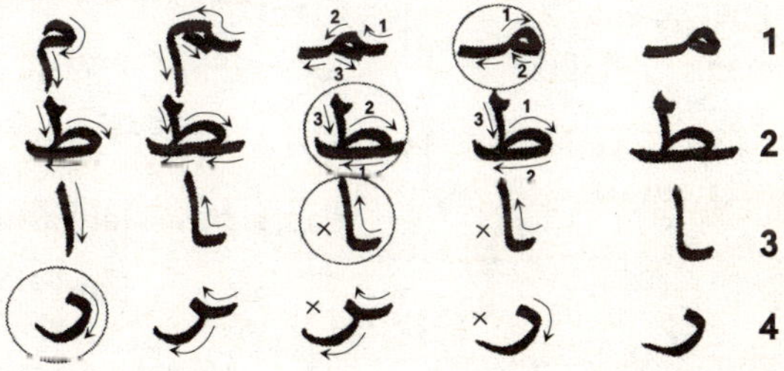

مطار . Vocalisons : مَطار.

■ L'**article indéfini** (un, une, des) est signifié par l'absence de ألـ : وَلَد [walad], *un enfant* ; مَدينة [madīna^{t}], *une ville* ; مُدُن [mudun], *des villes*.

A 4 TRADUCTION

1. La gare est proche. ['al-maḥaṭṭa^{t} ḳarība^{t}].
2. L'aéroport est loin. ['al-maṭār baʿīd].
3. La ville est loin. ['al-maīnat baʿīda^{t}].
4. Les livres sont ici. ['al-kutub hunā].

B 1 PRÉSENTATION

Près de la maison [ḳurba-l-bayt] قُرْبَ ٱلبَيْت

■ Cette expression s'écrit [ḳurba 'al-bayt] mais se prononce [ḳurba-l-bayt]. En effet, la première partie de l'article ٱ ne se prononce qu'en **début de phrase** ou **après un arrêt**. En milieu de phrase, elle s'écrit mais ne se prononce pas. Aussi s'appelle-t-elle **wasla**, *liaison*.

☞ Différence entre la **wasla**, ٱ, et la **hamza**, أ : la seconde se prononce toujours, quelle que soit sa position dans le mot ou dans la phrase.

■ **Noter** : La transcription tient compte de la prononciation uniquement.

sous	[taḥta]	تَحْتَ	*devant*	['amāma]	أمَامَ
l'école	['al-madrasa[t]]	ٱلـمَدرَسة	*la porte*	['al-bāb]	m ٱلباب
derrière	[warā'a]	وَراء	*le crayon*	[al-ḳalam]	ٱلقَلَم
			sur	[fawḳa]	فَوقَ

B 2 APPLICATION (CD)

1. هو أمامَ ٱلباب.
2. ٱلقَلَم فَوْقَ ٱلكِتاب.
3. ٱلكتاب تَحتَ ٱلقَلَم.
4. ٱلـمَدرَسة وَراءَ ٱلـمَحَطّة.

B 3 REMARQUES

■ **Écriture** :

• La **hamza** proprement dite est représentée par le signe ء ['']. Celui-ci peut s'écrire seul (سَماء [samā'], *ciel*), ou bien sur un support qui peut être :

– le **alif** [أ] : أَنا ['anā], *moi.*

– le **waw** [ؤ] : مَسؤُول [mas'ūl], *responsable.*

– le **yā'** [ئ] (privé de ses deux points) : مائِل [mā'il], *penché.*

☞ Le choix du support dépend du **contexte vocalique** et est régi par des règles strictes. Il n'a aucune incidence sur la prononciation de la **hamza**.

■ Les lettres qui ne se lient pas à la lettre suivante sont :

و، ا، ر، ز، د، ذ

Ainsi dans le mot وراء [warā'], *derrière*, toutes les lettres sont en position autonome, séparées les unes des autres.

B 4 TRADUCTION

1. Il est devant la porte. [huwa 'amāma-l-bāb].
2. Le crayon est sur le livre. ['al-ḳalam fawḳa-l-kitāb].
3. Le livre est sous le crayon. ['al-kitāb taḥta-l-ḳalam].
4. L'école est derrière la gare. ['al-madrasa^{t} warā'a-l-maḥaṭṭa^{t}].

C 1 EXERCICES

A. Recopier ces lettres plusieurs fois :

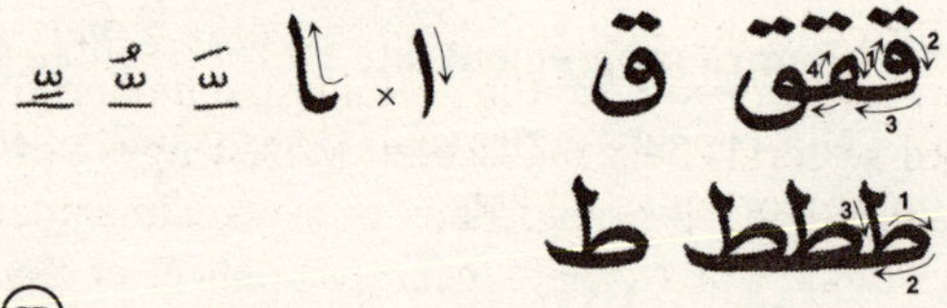

B. Lire : (CD)

1. سَفَر   2. مُسافِر   3. قَليل   4. وَرَقة

1. تَدْمُر   2. دَمَّرَ   3. قَلَّبَ   4. أُمّ

1. ٱلبَاب وَٱلمِفْتَاح*   2. ٱلكِتاب وٱلقَلَم

C. Écrire :

1. [ḳurba-l-bāb]   2. [film]   3. [daftar]   4. [maddāh]

D. Lire et traduire :

1. ٱلقَرْيَة** وَٱلمَدِينة   2. تُونس وَبَيْروت   3. قُرْبَ ٱلغُرْفة***

C 2 CORRIGÉ

B. 1. [safar]. 2. [musāfir]. 3. [ḳalīl]. 4. [waraḳa[t]].
1. [tadmur]. 2. [dammara]. 3. [ḳallaba]. 4. ['umm]
1. ['al-bāb wa-l-miftāḥ]. 2. ['al-kitāb wa-l-kalam].

C. 1. قُربَ ٱلبَاب.   2. فِلْم.   3. دَفتَر.   4. مَدَّاح.

D. 1. ['al-ḳarya[t] wa-l-madīna[t]], *le village et la ville.*
2. [tūnis wa-bayrūt], *Tunis et Beyrouth.*
3. [kurba-l-ġurfa[t]], *près de la chambre.*

---

*la clé ['al-miftāh] **le village ['al-karya[t]] ***la chambre ['al-ġurfa[t]]

C 3 ANDALOUSIE : AVERROÈS ET ZIRYAB

• L'Andalousie fait bien sûr partie intégrante de l'Espagne. Elle continue pourtant de fonctionner dans l'imaginaire arabe comme un **mythe** : celui d'une modernité conviviale qui se serait déjà réalisée au Moyen Âge. Des sept siècles passés par les Arabes dans ce pays, l'imaginaire garde la nostalgie d'une société inventive, policée et ouverte.

• **Inventive**, car elle a fortement contribué à l'élaboration des sciences et de la philosophie. La figure de proue en est **Averroès** (1126-1198), dont l'œuvre philosophique, enseignée à l'université de Paris puis critiquée par Thomas d'Aquin, a modifié toute la pensée philosophique et théologique de l'Occident.

• **Policée**, car le savoir-vivre y était lié aux arts et à la culture. **Ziryab** (mort en 845) en est le symbole : musicien, il inventa de nouveaux instruments ; inventeur de mode avant le terme, il imposa de nouvelles façons de s'habiller ; fin gourmet, il a largement amélioré l'art culinaire, sans parler de ses dons poétiques.

• **Ouverte**, car elle a intégré les différents apports humains et culturels : arabes, berbères, ibériques... mais aussi chrétiens, musulmans et juifs, dont la figure du grand philosophe **Maïmonide** (1135-1204), médecin personnel de **Saladin** (cf. p. 129). La fin de la présence arabe coïncida avec l'Inquisition et l'expulsion des musulmans et des juifs.

• Mais le mythe andalou n'est pas seulement dû à ces qualités, qui caractérisent aussi la **Bagdad** de la grande période abbasside (800-950). Il s'explique aussi par sa fin tragique et le contraste avec le régime obscurantiste et intolérant qui s'ensuivit.

L'Andalousie est devenu rapidement une sorte de paradis perdu ; la **Nahda** (cf. p. 33 et 41), y a trouvé un mythe et un modèle mobilisateur dans sa quête de la modernité.

6 LA PALESTINE-ISRAËL

D 1 CARTE

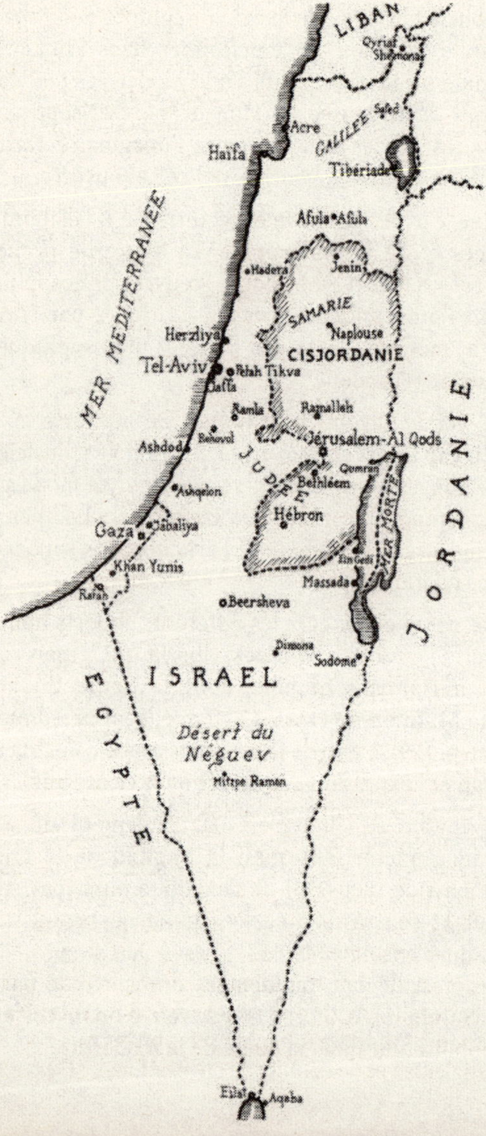

D 2 LA PALESTINE, C'EST OÙ ?

La **Palestine historique** fut habitée par plusieurs populations, dont les Hébreux qui connurent leur apogée au 10° siècle avant J.C. Invoquant ce lien historique, le mouvement « sioniste » (1894), choisit d'y établir une patrie pour les juifs persécutés en Europe ; choix auquel la **Shoah** donnera un argument de poids.
Choix dramatique : loin d'être une « Terre sans Peuple », la Palestine est habitée par une population, arabisée à partir du 7° siècle, formée de musulmans, chrétiens et juifs (les Palestiniens). Aussi la création d'un État juif (1948), après l'expulsion massive de cette population, fut-elle ressentie comme une injustice absolue annonçant le retour du colonialisme au Proche-Orient. Le partage décidé par l'ONU (1947) fut rejeté par les Palestiniens et ignoré par Israël. S'ensuivit une guerre endémique, instrumentalisée par les grandes puissances, qui aboutit à l'occupation totale de la Palestine (1967) et la naissance de l'OLP.
La visite de Sadate à Jérusalem ouvre la voie à la paix avec l'Égypte (Camp David, 1978). L'OLP reconnaît l'existence d'Israël et une Autorité administrative palestinienne s'installe à Ramallah (accords d'Oslo,1993). Le **« processus » de paix** ainsi initié vise la création d'un État palestinien sur les Territoires occupés de Cisjordanie et Gaza. Mais il est remis en cause après l'assassinat du Premier Ministre Yitzhak Rabin par un extrémiste juif. **La colonisation de la Cisjordanie** s'accélère, moyennant un retrait militaire de Gaza. L'offre de la Ligue arabe de **reconnaissance totale** d'Israël (2002) reste sans effet. L'occupation sape l'Autorité palestinienne et met Hamas en selle. La violence reprend : mur de séparation et destruction des institutions politiques et culturelles ainsi que de l'infrastructure économique par les uns ; résistance armée et terrorisme par les autres.
Si l'extrémisme triomphe au niveau des stratégies politiques, les peuples palestinien et israélien rêvent de paix. La seule solution réaliste, déjà admise au niveau international : un **État palestinien souverain** vivant en harmonie avec un **Israël pacifique**. La paix s'étendra alors à l'ensemble du monde arabe, et une solution « citoyenne » pour les Palestiniens d'Israël sera facilitée. À défaut d'une telle solution, **le cauchemar des croisades** et de la ségrégation continuera à hanter les esprits, avec son lot de guerres religieuses et de conflits de civilisations.

A 1 PRÉSENTATION

(le temps [est] beau) ['aṭ-ṭaḳs] ٱلطَّقس جَميل

■ **Assimilation de l'article.** Le mot طَقْس [ṭaḳs], *temps*, précédé de l'article ٱلـ ['al], ne se prononce pas ['al-taḳs], mais ['at-taḳs]. Par commodité phonique, la deuxième partie de l'article, le لـ [l], s'efface, et cet **effacement** est compensé par le **redoublement** de la lettre suivante. En effet, la lettre ط [ṭ], qui suit ici l'article, est redoublée, ce qu'indique la présence de la **chadda** ـّـ.

Tout se passe comme si, dans la prononciation, le لـ [l] de l'article s'était **assimilé** au ط.

habit	[ṯawb]	ثَوْب	*médecin*	[ṭabīb]	طَبيب
propre	[naẓīf]	نَظيف	*aujourd'hui*	['al-yawm]	ٱلِيَوْم
froid	[bārid]	بارِد	*neuf*	[ǧadīd]	جَديد

■ **Prononciation.**

• Le ظ [ẓ] de نَظيف, est un ذ [ḏ] **emphatique** : prononcer un ذ [ḏ] mais en arrondissant le haut du palais.

• Le ث [ṯ] de ثَوب, *habit*, est interdental : prononcer un *s* zézayé, la pointe de la langue entre les dents.

A 2 APPLICATION (CD)

1. ٱلطَّبيب هنا ٱليَوْم.
2. ٱلثَّوْب نَظيف .
3. ٱلسيَّارة جديدة.
4. ٱلطَّقس بارِد.

A 3 REMARQUES

■ **Écriture** :

• Dans نظيف [naẓīf], quatre lettres, un **mouvement** :

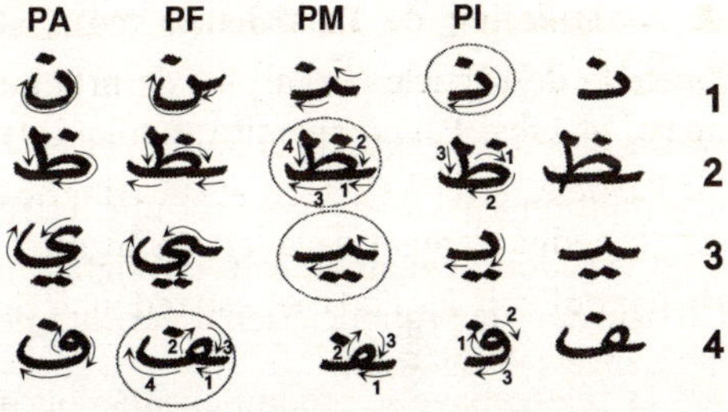

نظيف . Vocalisons : نَظيف.

☞ Le ظ [ẓ], s'écrit comme le ط [ṭ] avec un point au-dessus :

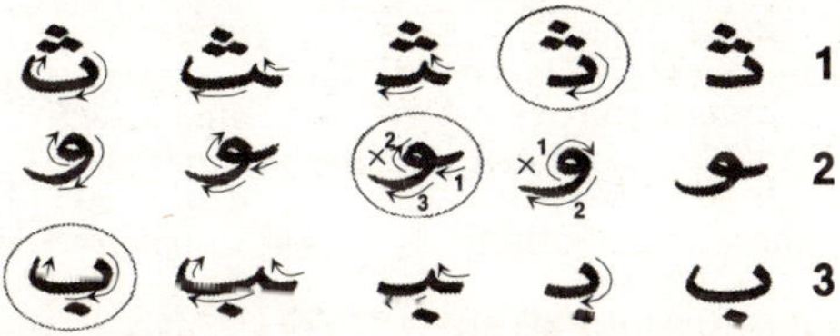

• Dans ثوب [ṯawb], trois lettres.

ثوب. Vocalisons : ثَوب : Le ث est un ت avec trois points.

■ **Lettres lunaires et lettres solaires**. Ce phénomène d'assimilation se produit uniquement devant certaines lettres dites **solaires** (cf. 9B3 et Gram. 411), les autres étant dites lettres **lunaires**.

☞ Nous signalons par une **chadda** (ـّـ) toute **lettre solaire** placée après l'article.

A 4 TRADUCTION

1. Le docteur est là aujourd'hui.	[aṭ-ṭabīb hunā-l-yawm].
2. L'habit est propre.	[aṯ-ṯawb naẓīf].
3. La voiture est neuve.	[as-sayyāra^{t} ǧadīda^{t}].
4. Il fait froid.	[aṭ-ṭaḳs bārid].

B 1 PRÉSENTATION

(Comment est le temps ?) [kayfa-ṭ-ṭaḳs] كَيفَ ٱلطَّقس ؟

■ « **Télescopage** » **de l'article**. Dans cette expression, l'article ٱلـ ['al], n'apparaît plus dans la **prononciation** : **la wasla** ٱ tombe à cause de la liaison, et le لـ [l] disparaît par assimilation avec le ط [ṭ] qui est une lettre **solaire** (cf. A1). C'est le **redoublement** du ط [ṭ] qui signale ici la présence de l'article dans la prononciation. L'écriture ne change pas.

☞ Le télescopage se produit chaque fois que l'article suivi d'une lettre **solaire** se trouve lié dans la prononciation au mot précédent.

monsieur	['as-sayyid]	ٱلسَّيِّد	*table*	[ṭāwila[t]]	طاوِلة
malade	[marīḍ]	مَريض	*chaise*	[kursiyy] m	كُرْسِيّ
chez	[[c]inda]	عِنْدَ	*fenêtre*	[nāfiḏa[t]]	نافِذة
maintenant	['al-'ān]	ٱلآن	*avec*	[ma[c]a]	مَعَ

B 2 APPLICATION (CD)

1. ٱلكِتاب فَوقَ ٱلطّاوِلة.
2. ٱلكُرسِيّ قُربَ ٱلنّافِذة.
3. أنا مَعَ ٱلسَّيِّد شامي.
4. ٱلمَريض عِندَ ٱلطَّبيب، ٱلآن.

B 3 REMARQUES

■ **Écriture** :

• Dans مريض [marīḍ], quatre lettres, en deux **mouvements** :

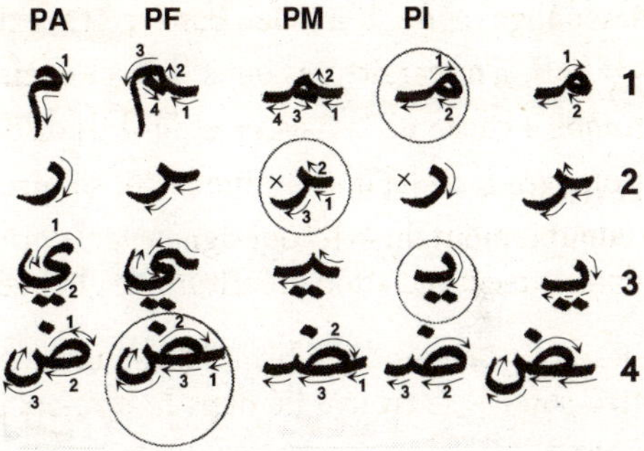

مريض. Vocalisation مَرِيض.

■ Prononciation. Le ض [ḍ] de ٱلأَرض ['al-'arḍ], *la terre*, est dit **emphatique** : prononcer un *d* en arrondissant le haut du palais. Transcription : [ḏ].

☞ **Le** ض [ḍ] s'écrit comme le ص [ṣ], mais avec un point au-dessus.

• Le mot ٱلآن ['al-'ān], *maintenant*, est composé de l'article ٱلـ et du mot آن ['ān]. La première lettre de آن ['ān] est آ. Elle se prononce comme une **hamza** suivie du *alif* [ā]. Ce signe s'appelle **madda**.

B 4 TRADUCTION

1. Le livre est sur la table. ['al-kitāb fawḳa-ṭ-ṭāwila^{t}].
2. La chaise est près de la fenêtre. ['al-kursiyy ḳurba-n-nāfiḏa^{t}].
3. Je suis avec Monsieur Chami. ['anā ma^{c}a-s-sayyid šāmī].
4. Le malade est chez le médecin maintenant. ['al-marīd ^{c}inda-ṭ-ṭabīb-l-'ān].

7 EXERCICES

C 1 EXERCICES

A. Recopier ces lettres plusieurs fois :

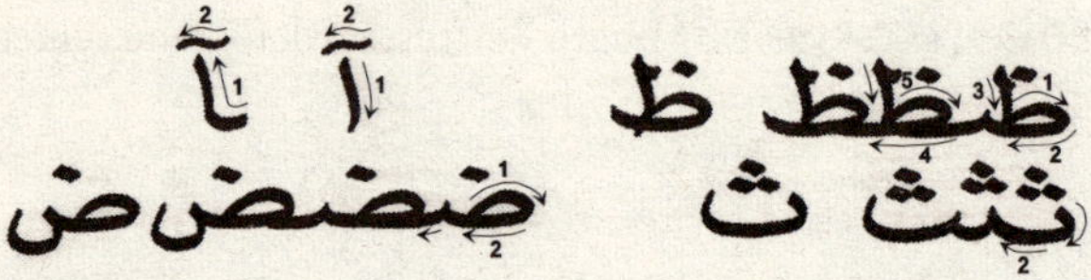

B. Lire et traduire : (CD)

1. ٱلطَّبيب عِندَ ٱلمَريض، ٱلآن.

2. كيف ٱلطَّقس ٱليَوم ؟

3. أينَ ٱلطِّفْل* ؟

C. Traduire : (CD)

1. L'habit est propre. 2. La table est derrière la porte.

3. Le crayon est sur la table.

4. Il est triste (حَزين [ḥazīn]).

C 2 CORRIGÉ

B. 1. ['aṭ-ṭabīb ᶜinda-l-marīḍ 'al-'ān], *Le docteur est chez le malade, maintenant*. 2. [kayfa-ṭ-ṭaḳs 'al-yawm], *Quel temps fait-il aujourd'hui* ? 3. ['ayna-ṭ-ṭifl], *Où est le bébé ?*

C.

1. ٱلثَّوْب نَظيف.

2. ٱلطَّاوِلة وَراءَ ٱلباب.

3. ٱلقَلَم على ٱلطّاولة.

4. هو حَزين.

---

*طِفْل [ṭifl] *petit enfant, bébé*

C 3 LA LANGUE DU DAD

• Le **Coran** étant le livre le plus célèbre écrit (un Musulman dirait : révélé) dans cette langue, l'arabe est appelé souvent **la langue du Coran**.
Les premiers grammairiens arabes, qui connaissaient les grandes langues de l'époque (notamment le persan), lui donnèrent une autre appellation : la langue du *ḍāḍ*. Ils étaient persuadés en effet que le son ض (le « d » emphatique), appelé ضاد [ḍāḍ] en arabe, était spécifique à cette langue. Curieux paradoxe : dans certains pays du Maghreb, le ض se prononce comme le ظ [ẓ] ou le « z » emphatique.

• La spécificité de ces deux sons, c'est qu'ils sont **emphatiques**, comme d'ailleurs le ط et le ق, une première difficulté pour la prononciation. Une seconde difficulté est l'importance en arabe du sons **gutturaux** : ع (ᶜ), ح (ḥ), خ (ẖ) et la **hamza**. Ces sons ne peuvent se prononcer correctement qu'au prix d'un long entraînement. Il est conseillé, pour cela, d'écouter autant de fois que nécessaire la version sonore, de s'enregistrer pour comparer, et mieux encore, de se faire corriger par un connaisseur.

• **L'orthographe** en revanche ne présente aucune difficulté, une fois les sons bien identifiés. Il n'y a pratiquement pas de lettres muettes, comme en français, à part dans l'article défini الـ (les lettres solaires et les liaisons entre l'article et le mot précédent).

• Il y a plusieurs styles d'écriture en arabe. Celle utilisée dans ce livre est l'une des plus courantes. Elle est proche de l'écriture manuscrite, qui comporte quelques spécificités que l'on verra plus loin. Quant à la **calligraphie**, c'est un des arts les plus pratiqués et les plus perfectionnés dans la civilisation arabe (cf. 19 C3).

7 **DIALOGUE**

D 1 (CD) ■ هو عَرَبيّ

1. عُمَر مَن هِذا ؟

2. لَيْلى هِذا صَدِيق.

3. عُمَر هل هُوَ عربيّ ؟

4. لَيْلى نعم، هو عربيّ.

5. عُمَر مَن هِذِه ؟

6. لَيْلى هِذه صَديقة.

7. عُمَر هل هي عربيّة ؟

8. لَيْلى لا، هي فَرَنسِيّة ؟

D 2 VOCABULAIRE

■ Ta marbouta, comme marque du féminin.

amie	[ṣadīḳa^{t}] صديقَة –	*ami*	[ṣadīḳ]	صَديق
arabe	[^{c}arabiyya^{t}] عَرَبِيَّة –	*arabe*	[^{c}arabiyy]	عرَبِيّ
française	[faransiya^{t}] فرَنسِيّة –	*français*	[faransiyy]	فرَنْسِيّ

7 DIALOGUE

D 3 Il est arabe

1. Qui est-ce ?	[man hāḏā].
2. C'est un ami.	[hāḏā ṣadīḳ].
3. Est-il arabe ?	[hal huwa ^{c}arabiyy].
4. Oui, il est arabe.	[Na^{c}am huwa ^{c}arabiyy].
5. Qui est-ce (f) ?	[man hāḏihi].
6. C'est une amie.	[hāḏihi ṣadīḳa^{t}].
7. Est-elle arabe ?	[hal hiya ^{c}arabiyya^{t}].
8. Non, elle est française.	[lā hiya faransiyya^{t}].

D 4 EXPRESSIONS UTILES

C'est bon, c'est bien,	[hāḏā ǧayyid]	هذا جَيِّد
C'est bon (au goût),	[hāḏā ṭayyib]	هذا طَيِّب
C'est excellent,	[hāḏā mumtāz]	هذا مُمْتاز
C'est mauvais,	[hāḏā sayyi']	هذا سَيِّء
C'est possible,	[hāḏā mumkin]	هذا مُمْكِن
Le matin,	[aṣ-ṣabāḥ]	ٱلصّباح
Midi,	[aẓ-ẓuhr]	ٱلظُّهْر
Le soir,	[al-masā']	ٱلمَساء

7 VIE PRATIQUE

E 1 AU QUOTIDIEN

Ici commence une nouvelle rubrique qui se poursuit jusqu'à la fin de l'ouvrage. Vous trouverez les éléments les plus utiles pour pratiquer la langue au quotidien et, dans la page d'en face, quelques indications qui vous aideront, si vous le souhaitez, à vous sensibiliser aux dialectes arabes des différentes régions.

■ **Chiffres arabes et chiffres indiens.** (CD)

Les chiffres utilisés presque partout dans le monde sont dits « chiffres arabes », l'Occident les ayant empruntés au Moyen Âge à la culture arabe à côté des chiffres romains utilisés jusque là. Mais à leur tour, les Arabes empruntèrent les chiffres indiens, toujours en vigueur au Machreq et dans les pays de la Péninsule, où les chiffres arabes commencent pourtant à s'imposer de plus en plus. En revanche, les pays musulmans d'Asie et d'Asie centrale continuent à utiliser exclusivement les chiffres indiens.

[sitta^{t}]	6	ستّة	٦	[wāḥid]	1	وَاحد	١
[sab^{c}a^{t}]	7	سَبْعة	٧	['iṯnān]	2	إثنان	٢
[ṯamāniya^{t}]	8	ثَمانية	٨	[ṯalāṯa^{t}]	3	ثَلاثة	٣
[tis^{c}at]	9	تِسْعَة	٩	['arba^{c}a^{t}]	4	أَرْبَعة	٤
[^{c}ašara^{t}]	10	عَشرة	١٠	[ẖamsa^{t}]	5	خَمْسة	٥
[ṣifr]	0	صِفْر	٠				

Attention : à ne pas confondre [٠] et [٥] (0 et 5), et donc [١٠] et [١٥] (10 et 15). Noter que les chiffres se lisent dans l'ordre du français : ١٠٠/100, etc...

E 2 PARLER DIALECTAL

■ **Prononciation diversifiée.**

Dans l'arabe standard, la prononciation des sons est sensiblement la même partout, sauf pour les lettres suivantes :

- le [ج], [ğ] se prononce [g], notamment en Égypte ; **جمال** se dit alors [gamāl] ;
- ce même [ج], se prononce [dğ], notamment en Iraq et en Algérie : **جمال** se dit alors [dğamāl]
- le [ض], [ḍ] se prononce [ẓ] (comme le [ظ]), notamment en Tunisie ; **ضلّ**, *errer*, se dit [ẓalla] (comme **ظلّ**, *rester*).

Quant au dialectal, il connaît une grande diversité, chaque région ayant son type propre. Globalement, les consonnes « dures », comme les interdentales et certaines emphatiques, perdent leur spécificité, et les voyelles se diversifient.

■ **Les consonnes** qui changent de prononciation selon les régions sont :

- [ث] → [ت] : **ثوب**, *habit* [ṭawb] → **توب** [tawb].
- [ذ] → [د] : **ذهب**, *or*, [ḏahab] → **دهب** [dahab].
  [ظ] › [ض] : **ظهر**, *midi*, [ḏahr] › **ضهر** [ḍahr].
- [ص] → [ز] : **صغير**, *petit*, [ṣağīr] → **زغير** [zağīr].
- [ق] → [ء] au Proche-Orient (**قلب**, *cœur*, [ḳalb] → **ألب** ['alb]), ou [g] dans la Péninsule (**قلب**, *cœur*, [ḳalb] → [galb]).
- les possessifs [ka] et [ki] se prononcent respectivement [ak] et [ik].
- la hamza peut, en position médiane, se transformer en [ā] (**رأس** , *tête*, [ra's] → **راس** [rās] ou en [y] (**عائلة**, *famille*, [ʿā'ila] → **عايلة** [ʿayla]), et en position finale disparaître complètement (**سماء**, *ciel*, [samā'] → **سما** [samā]).

■ **Le système vocalique**, réduit à trois voyelles (**a**, **i** et **u**) à l'écrit, se diversifie pour couvrir tout l'éventail du français : **e**, **é**, **è**, **ê**, **ai**..., l'important étant **d'éviter les ambiguïtés** de sens. En revanche, **certaines voyelles à l'intérieur** du mot peuvent disparaître : **جَمل** [ğamal], *chameau*, se prononce [ğmal] au Maghreb, et **كَبير** [kabīr], *grand*, devient[kbīr] au P-O. et en Égypte.

A 1 PRÉSENTATION

Mon nom est Omar ['ismī ᶜumar] ٱسمي عُمَر

■ **Le possessif .** Dans ٱسمي ['ismī], *mon nom*, c'est le ي [ī] final qui est la marque de la possession.

ـي correspond à : *mon, ma, mes.*

mon frère أخي , *ma sœur* أُخْتي , *mes frères* إخوتِي

■ Il est courant d'ajouter après le démonstratif le هو [huwa], *lui*, ou هي [hiya], *elle.* Il en résulte une légère note d'insistance (phrases 7 et 8).

rue	[šāriᶜ]	m شارع	*montre, heure*	[sāᶜaᵗ]	ساعة
fils	['ibn]	ٱبْن	*sur*	[ᶜalā]	عَلى
fille	['ibnaᵗ]	ٱبْنة	*dans*	[fī]	في

A 2 APPLICATION (CD)

1. عمر صَديقِي.
2. ليلى صديقَتي.
3. ساعَتي على ٱلطّاوِلة.
4. سيّارتي في ٱلشّارِع.
5. هَذا ٱبْني.
6. هذهِ ٱبنَتي.
7. هذا هو أخي.
8. هذه هي أُختي.

A 3 REMARQUES

■ La **ta marbouta** : lorsqu'elle est suivie de la marque du possessif, la **ta marbouta ة** [a[t]] s'écrit et se prononce comme un ت normal : **صَديقة** [ṣadīḳa[t]] → **صَديقتي** [ṣadīḳatī] (phr. 2-4, 6 et 8).

■ **Liaison** : placée devant l'article, une voyelle longue se prononce comme si elle était brève. Il en est ainsi de **في** [fī], *dans*, et **على** [ᶜalā], *sur*, (phr. 3 et 4).
Il en va de même devant la **wasla**. C'est le cas de **هذا** et **هذه**, devant ['ibn], *fils*, et ['ibna[t]], *fille* (phr. 5 et 6).

■ **Les pronoms personnels isolés :**

elle	[hiya]	هِيَ	*moi*	['anā]	أنا
nous	[naḥnu]	نَحنُ	*toi, m*	['anta]	أنتَ
vous	['antum]	أَنتُم	*toi, f*	['anti]	أنتِ
eux	[hum]	هُم	*lui*	[huwa]	هوَ

Ils occupent toujours la fonction de sujet (ou d'attribut). Ces pronoms sont dits **personnels isolés.**

A 4 TRADUCTION

1. Omar est mon ami.	['umar ṣadīḳī].
2. Leila est mon amie.	[laylā ṣadīḳatī].
3. Ma montre est sur la table.	[sāᶜatī ᶜalā-ṭ-ṭāwila[t]].
4. Ma voiture est dans la rue.	[sayyāratī fī-š-šāriᶜ].
5. C'est mon fils.	[hāḏa-bnī].
6. C'est ma fille.	[hāḏihi-bnatī].
7. Voici (Celui-ci est) mon frère.	[hāḏā huwa 'aḫī].
8. Voici (Celle-ci est) ma sœur	[hāḏihi hiya 'uḫtī]

B 1 PRÉSENTATION

Son nom (lui) est Salim ['ismuhu salīm] اِسْمُه سَليم

Son nom (elle) est Salmā ['ismuhā salmā] اِسْمُها سَلْمى

■ **Le possessif.** Pour exprimer le possessif à la 3e personne, l'arabe tient compte du possesseur : pour le masculin il utilise la forme هُ [hu], et pour le féminin ها [hā], et ce quels que soient le genre ou le nombre du nom lui-même.

• Les possessifs هُ [hu] et ها [hā] correspondent donc en français à : *son*, *sa*, *ses*, le premier pour le possesseur masculin et le deuxième pour le possesseur féminin.

père	['ab]	أَب	*époux*	[zawǧ]	زَوْج
âge	[ᶜumr]	عُمْر	*épouse*	[zawǧaᵗ]	زَوْجة
vingt	[ᶜišrūn]	عِشرون	*gentil*	[laṭīf]	لَطيف
année	[sanaᵗ]	سنة	*mère*	['umm]	أُمّ

B 2 APPLICATION (CD)

1. زَوجُها صَديقِي.
2. زَوجَتُهُ لطيفة.
3. أُمُّها من لُبنان.
4. أَبوها طبيب.
5. أَبوهُ مَريض.
6. عُمرُهُ ٢٠ سَنة.

B 3 REMARQUES

■ **La déclinaison** : إِسْمُ ['ismu] *nom*, porte une voyelle finale ـُ [u], qui ne fait pas partie du mot. Elle désigne la fonction, ici sujet de la phrase nominale. Si ce même nom se trouvait être, dans une autre phrase, complément direct, ou complément de nom, sa voyelle finale serait différente. Ce phénomène, connu également en allemand, en latin ou en russe par exemple, s'appelle **déclinaison** (cf. Gram. 417).

• Le français, qui ne connaît pas ce phénomène de déclinaison, indique la fonction d'un nom soit par sa place dans la phrase (le sujet est normalement au début de la phrase), soit par des prépositions placées avant le nom (le complément de nom est toujours précédé par *de*).

• Les mots formés de 2 lettres comme أب (Phr. 4 et 5), le ـُ final s'allonge pour devenir و [ū].

■ Il y a cinq lettres emphatiques :

ط [ṭ], ق [ḳ], ظ [ẓ], ص [ṣ] et ض [ḍ].

Elles correspondent respectivement à ت [t], ك [k], ذ [ḏ], س [s] et د [d], prononcés en relevant le palais.

B 4 TRADUCTION

1. Son époux est mon ami. [zawǧhā ṣadīḳī]
2. Son épouse est gentille. [zawǧatuhu laṭīfa^{t}].
3. Sa mère est du Liban. ['ummuhā min lubnān].
4. Son père (à elle) est médecin. ['abūhā ṭabīb].
5. Son père (à lui) est malade. ['abūhu marīḍ].
6. Il a vingt ans. [^{c}umruhu 'išrūna sana].

8 EXERCICES

C 1 EXERCICES

A. Lire et traduire : (CD)

1. مُحَمَّد صَديقي.　　2. أَيْنَ أُمِّي ؟

3. هلِ ٱسْمُهُ مَروان ؟　　4. أين مكتَبُه* ؟

B. Écrire et traduire : (CD)

1. [sayyāratuhu fī-š-šāri^{c}]
2. [’uḫtuhu ṣadīḳatī]

C. Traduire :

1. Mon bureau est proche de ma maison. 2. Où est sa montre ? 3. Où est sa sœur (m) ? 4. Qui est son ami (m) ?

C 2 CORRIGÉ

A. 1. [muḥammad ṣaḳīqī], *Mohamed est mon ami.*
2. [’ayna ’ummī] *Où est ma mère ?*
3. [hal ’ismuhu marwān], *Est-ce que son nom est Marwan ?*
4. [’ayna maktabuhu], *Où est son bureau ?*

B. 1. Sa voiture est dans la rue. سيّارتُه في ٱلشّارِع.
2. Sa sœur est mon amie. أُختُه صديقَتي.

C. 1. مكْتَبي قُرْبَ بَيْتي.　　2. أين ساعَتُه ؟

3. أين أُختُه ؟　　4. مَن صديقُه ؟

---

* مكتب *bureau.*

C 3 LA POLITESSE : GESTES ET PAROLES

Dans les sociétés arabes où la vie sociale est très développée traditionnellement, comme dans beaucoup de pays méditerranéens ou asiatiques, les manifestations de la politesse sont complexes et largement codifiées, même si certaines d'entre elles tendent maintenant à tomber en désuétude.

• **Paroles.** Le *vouvoiement* n'existe pas, traditionnellement, en arabe. Tout le monde est tutoyé, même le calife ou le roi. En revanche, certaines expressions sont de rigueur pour marquer la dérérence : *majesté,* فَخامة [faẖāma^t], pour un chef d'état ; *éminence,* سَعادة [sa^{c}āda^t], pour un ministre ou un personnage de haut rang ; *vertu,* فَضيلة [faḍīla^t] pour un dignitaire religieux musulman; *béatitude,* غِبْطة [ġibṭa^t], pour un dignitaire chrétien... Pour les personnes du commun, on utilise plutôt حَضْرة [ḥaḍra^t], *présence*, et certains alignent سيادة [siyāda^t] *(seigneurie)* avec d'autres termes.

• Plus familièrement, on s'adresse à quelqu'un de même âge en l'appelant : أخ [aẖ], *frère ou* أخت ['uẖt], sœur. S'il est plus âgé : عمّ [^{c}amm] ou خال [ẖāl], *oncle* (au fém. : عمّة [^{c}amma^t] ou خالة [ẖāla^t])...

Le lexique des salutations est, lui aussi, bien fourni. Notons cependant qu'on ne dit pas comme en français « *toi et moi* », mais « *moi et toi* ». Le roi et moi se dira : أنا وٱلمَلك.

• **Gestes.** La gestuelle est également très développée. On embrasse la main, l'épaule ou le front d'un plus âgé. On dit *merci,* شُكْراً [šukr^{an}], en levant la main droite sur le front d'abord, ensuite sur la poitrine. Dans certains milieux, on ne fume pas devant ses parents ; on ne nomme jamais directement la femme ou les filles de quelqu'un... Bref, tout un art de vivre convivial, mais qui paraît parfois artificiel. Aussi a-t-on tendance actuellement à en simplifier le code.

8 DIALOGUE

D 1 (CD) ■ لِقاء

1. نَبيل مَرْحبا، يَا مَرْيَم.
2. مَريم مَرْحبا، يا نَبيل.
3. نَبيل هذا ٱلسَّيِّد شامي، هذهِ ٱلسَّيِّدة شامي
4. وهذه ٱلآنِسة نور.
5. مَريم تشَرَّفْنا !
6. نَبيل هُم مِن حَلَب.
7. مَريم من حَلَب ! حَلب مَدينة جَميلة.
8. نَبيل كَيْفَ ٱلطَّقْس في حلب، ٱليَوْم ؟
9. مَريم ٱلطَّقْس حارّ.

D 2 VOCABULAIRE

salut, bonjour	[marḥabā]	مَرْحَبا
ô !	[yā] Ce terme se place devant le nom, le prénom ou le titre de la personne à laquelle on s'adresse.	يا
enchanté ! (nous sommes honorés), invariable	[tašarrafnā]	تَشَرَّفنا
monsieur	[as-sayyid]	ٱلسَّيِّد
madame	[as-sayyida^{t}]	ٱلسَّيِّدة
mademoiselle	[al-'ānisa^{t}]	ٱلآنِسة

D 3 Une rencontre

1. Salut Maryam ! [marḥabā yā maryam].
2. Salut, Nabil ! [marḥabā yā nabīl].
3. (C'est) Monsieur Chami, (c'est) Madame Chami.
[hāḏa-s-sayyid šāmī hāḏihi-s-sayyida^{t} šāmī].
4. et (c'est) Mademoiselle Nour !
[wa hāḏihi-l-'ānisa^{t} nūr].
5. Enchantée. [tašarrafnā].
6. Ils sont d'Alep. [hum min ḥalab].
7. D'Alep ! Alep est une belle ville (ville belle).
[min ḥalab ! ḥalab madīna^{t} ḥamīla^{t}]
8. Quel (comment est le) temps [il fait] à Alep aujourd'hui ?
[kayf aṭ-ṭaḳs fī ḥalab al-yawm].
9. Il fait (il est) chaud ! [aṭ-ṭaḳs ḥārr].

D 4 EXPRESSIONS UTILES

bonjour	[ṣabāḥu-l-ḫayr]	صَباحُ ٱلْخَيْر
bonsoir	[masā'u-l-ḫayr]	مَساءُ ٱلْخَيْر
bonne (heureuse) journée	[nahār saʿīd]	نَهار سَعيد
bonne nuit	[layla^{t} saʿīda^{t}]	لَيْلَة سعيدة

E 1 AU QUOTIDIEN

■ **Monsieur, Madame**. L'usage de سَيِّد [sayyid] سَيِّدة [sayyida[t]], correspondant à *Monsieur* et *Madame*, remonte à la fin du siècle dernier. Auparavant, des titres d'origine étrangère comme : أَفَندي ['afandī], *effendi*, بك [bek], *bey*, خَواجة [ẖawāǧa[t]] ou سِتّ [sitt], pour une femme.

• Au **Maghreb** : *Monsieur* سي [sī]

– *Comment ça va, Mohamed ?* لا باس سي مُحمَّد؟ [lā bās sī muḥammad].

■ **Pour libeller une lettre :**

– Placer le nom entre les deux termes de cette expressions :

Monsieur... (M. ... le respectable) [al-muḥtaram]

ٱلسَّيِّد... ٱلمُحْتَرَم

Madame... (Mme ... la respectable) [al-muḥtarama[t]]

ٱلسَّيِّدة... ٱلمُحْتَرَمة

– Mettre avant le nom, en fonction du sexe :

Monsieur/Madame [ḥadrat] حَضْرةُ ٱلسَّيِّد/حَضْرةُ ٱلسَّيِّدة

■ **Formules traditionnelles** de salutations avec la réponse adéquate :

La paix soit sur (avec) vous [as-salāmu-[c]alaykum]

ٱلسَّلام عَلَيْكُم

Et sur (avec) vous soit la paix [wa-[c]alaykom-s-salām]

– وعَلَيْكُم ٱلسَّلام

• Autre formule (utilisée en milieu chrétien) :

Dieu soit avec vous ['allā ma[c]ak] ٱللّٰه مَعَك

Que Dieu vous garde ['allā yiḥfaẓak] – ٱللّٰه يَحْفَظَك

E 2 PARLER DIALECTAL

■ Transcription spécifique au dialectal.

Dans les pages E 2 qui vont suivre, nous retenons trois types principaux de dialecte : le **syro-libanais** (accent de Damas), l'**égyptien** (accent du Caire), l'**algérien** (accent d'Alger), en plus parfois de l'**iraqien** (accent de Bagdad). Ils seront signalés respectivement par **D**, **C**, **A** et **B**.

• Pour la transcription, il convient d'ajouter à la liste de transcription adoptée ici (cf. p. 409) les sons suivants :

- Voyelles : **e** muet, **é**, **o**, **ē** pour un *é* allongé, et **ō** pour un *o* allongé.
- Consonnes : *g* (dans *guerre*), *dǧ* (Algérien et iraqien)

■ Prononciation des pronoms personnels isolés.

	D	C	A	B
أنا	anā	anā	anā	ānī
أنت	inta	enta	enta	inté
أنت	inti	enti	enti	intī
هو	huwwi	howwa	huwwa	hiwwa
هي	hiyyi	heyya	hiyya	hiyya
نحن	neḥna	éḥna	ḥna	iḥné
أنتم	intu	ento	entoma	intum
هم	hinni	homma	huma	humma hinna

■ Expressions :

Je suis ici	anā hōn	anā henā	anā hnā	ānī henā
Vous êtes là-bas	intū hōnīk	ento henā	entoma hnāk	intum hnāk

A 1 PRÉSENTATION

Le train moderne est rapide ['al-ḳitāru-l-ḥadīṯ sarīc]

■ **Attribut et épithète.** Cette phrase est composé d'un groupe nominal (**nom** + **épithète**) + **attribut.**

• L'adjectif se place toujours après le nom.

• L'épithète s'accorde avec le nom, non seulement en genre et en nombre, mais en **détermination** : après un nom déterminé, il porte l'article, comme ici ٱلحديث (m. à m. *le moderne*).

• L'attribut s'accorde avec le nom sujet en genre et en nombre, mais il reste indéterminé. C'est le cas ici سَريع [sarīc].

assis	[ǧālis]	جالِس	*oriental*	[šarḳiyy]	شَرْقِيّ
café (lieu)	[maḳhā]	مَقْهى	*spacieux*	[wāsic]	واسِع
famille	[cā'ilat]	عائلة	*cher*	[ġālī]	غالِي
très	[ǧiddan]	جِدّاً	*vieux*	[cağūz]	عَجوز

A 2 APPLICATION (CD)

1. ٱلبَيتُ ٱلشَّرْقِيّ واسِع.
2. ٱلسَّيّارة ٱلجَديدة غالِيَة .
3. ٱلرَّجُلُ ٱلعَجوز مَريض.
4. مُحَمَّد جالِس في مَقْهى.
5. عائِلَتُها كبيرة جدّاً.

A 3 REMARQUES

■ **Le sujet de la phrase nominale** :

• Devant l'article, le nom doit porter la voyelle finale sa fonction. Étant sujet, أَلْقِطَارُ est affecté de la **damma** finale ـُـ.

• Si ce nom sujet se termine par une **ta marbouta** (ة), celle-ci, en arabe standard, ne se prononce pas. La liaison se fait alors entre la lettre qui précède la (ة) et l'article (phr. 2).

• Le sujet de la phrase nominale (à part le nom propre, phr. 4) doit être **déterminé** : par l'article (phr. 1-3) ou par le possessif (phr. 5).

■ **Le tanwin.** Dans جداً [ğidd[an]], *très*, c'est la double fatha [ـً] qui se prononce [an], le alif [ا] étant purement graphique. L'ajout de ce [n] final (appelé en arabe tanwin) signale le redoublement de la voyelle finale d'un nom, adjectif ou adverbe (cf. 20B) : [[un]], [[in]] et [[an]].

Ainsi doublée, les **damma** [ـٌ] se prononce [un], la kasra [ـٍ] [in] et la fatha [ـاً] [an]. Ce phénomène sera indiqué dans la transcription par un [n] en exposant.

■ جدّاً [ğidd[an]] se place toujours après l'adjectif (phr. 5).

☞ **Lettres solaires.** Noter que dans les phrases de cette leçon, les lettres ش [š], س [s] et ر [r] sont solaires, alors que ب [b], ج [ğ], ع [ᶜ] sont lunaires.

A 4 TRADUCTION

1. La maison orientale est spacieuse. ['al-bayt 'a-š-šarḳī wāsiᶜ].
2. La voiture neuve est chère. ['a-s-sayyārat 'al-ğadīda[t] ġāliya[t]).
3. Le vieil homme est malade. ['a-r-rağulu-l-ᶜağūz marīḍ].
4. Mohamed est assis dans un café. [muḥammad ğālis fī-l-maḳhā].
5. Sa famille (à elle) est très grande. [ᶜā'ilatuhā kabīra[t] ğidd[an]].

B 1 PRÉSENTATION

(Lui [est] non marié) [huwa ġayr mutzawwiğ]

■ La négation par غير [ġayr].

Placé devant un adjectif, quel qu'en soit le genre ou le nombre, le terme invariable غير [ġayr] marque la négation.

élevé	[murtafi^c]	مُرْتَفِع	*sûr*	['akīd]	أَكيد
présent	[mawğūd]	مَوْجود	*vrai*	[ṣaḥīḥ]	صَحيح
affaire	['amr]	أَمْر	*fermé*	[muġlak]	مُغلَق
responsable	[mas'ūl]	مَسْؤول	*température*	[ḥarāra^t]	حَرارة

B 2 APPLICATION (CD)

1. هذا غير أَكِيد.
2. هذا غير صَحيح.
3. ٱلبابُ غير مُغلَق.
4. ٱلحَرارة غير مُرتَفِعة ٱليَوم.
5. ٱلسَّيِّد فاسي غير مَوجود ٱلآن.
6. هذا أمْر غير مُمكِن.
7. هو إنسان غير مَسؤول.

B 3 REMARQUES

■ Le plus souvent غير [ġayr], est utilisé pour mettre à la forme négative une phrase nominale dont l'attribut est un adj. (phr. 1 à 5). Mais placé devant certains adj. (phr. 6 et 7), il correspond au préfixe **privatif** placé devant l'adj. français : *irresponsable, impossible.*

• L'expression هو مَوجود [huwa mawǧūd], *lui existant,* correspond à *il est là.* Donc هو غير مَوجود *il n'est pas là* (phr. 5).

• **Rappel** :

- les lettres **interdentales**, dont la prononciation oblige à mettre la langue entre les dents, sont :
  ث [ṯ], ذ [ḏ], ظ [ẓ]
- **chadda**, شَدَّة, ـّـ, redoublement de la lettre.
- **madda**, مَدَّة, آ, allongement de la lettre أ.
- **tanwin**, تنوين, اً, redoublement de la voyelle finale.

B 4 TRADUCTION

1. Ce n'est pas sûr (ceci est non sûr).
   [hāḏā ġayr 'akīd].
2. Ce n'est pas vrai. [hāḏā ġayr ṣaḥīḥ].
3. La porte n'est pas fermée.
   ['al-bāb ġayr muġlaḳ].
4. La température n'est pas élevée aujourd'hui.
   ['al-ḥarāra[t] ġayr murtafi[c]a al-yawm].
5. M. Fassi n'est pas là maintenant.
   ['as-sayyid fāsī ġayr mawǧūd al-'ān].
6. Ce n'est pas (c'est une chose non) possible.
   [hāḏā 'amr ġayr mumkin].
7. C'est (lui est) un homme irresponsable (non responsable).
   [huwa 'insān ġayr mas'ūl].

9 EXERCICES

C 1 EXERCICES

A. Lire : (CD)

1. آمال 2. مَآل 3. آلام 4. ٱلآمال

5. آن 6. مَثَلاً 7. كثيراً 8. جَيِّداً

B. Écrire :

1. ['al-'ān] 2. ['ālām] 3. ['al-'amal] 4. [maṯala^{n}]

C. Lire et traduire :

1. ٱلطَّقْس غَيْر بارِد ٱلآن. 2. هَل ٱلبِنْت ٱلصَّغيرة نائِمة؟

3. مُحَمَّد جالِس في مَقْهَى. 4. عائلتُه غير كبيرة.

D. Traduire :

1. Il fait très froid. 2. Tunis est une jolie ville.
3. Mohammed est couché maintenant.
4. Je suis assis sur une chaise.

C 2 CORRIGÉ

A. 1. ['āmāl] 2. [ma'āl] 3. [‘ālām] 4. ['al-'āmāl]
5. ['ān] 6. [maṯala^{n}] 7. [kaṯīra^{n}] 8. [ğayyida^{n}]

B. 1. ٱلآن 2. آلام 3. ٱلآمال 4. مثَلاً

C. 1. ['aṭ-ṭaḳs ġayr bārid 'al-'ān], *Il ne fait pas froid maintenant.* 2. [hali-l-bintu-ṣ-ṣaġīra^{t} nā'ima^{t}], *La petite fille est-elle couchée ?* 3. [muḥamad ğālis fī maḳhā], *Mohammed est assis dans un café.* 4. [^{c}ā'ilatuhu ġayr kabīra^{t}], *Sa famille n'est pas grande.*

D. 1. ٱلطَّقْس بارِد جدًّاً. 3. مُحَمَّد نَآئِم ٱلآن.

2. تونِس مَدينة جَميلة. 4. أنَا جالِس عَلى كُرْسِيّ.

C 3 POURQUOI L'ARABE STANDARD ?

Pourquoi apprendre d'abord l'arabe **standard** plutôt qu'un **dialecte** ?

• La réponse est simple : par économie d'efforts et de temps. En effet, il y a quatre grands groupes de dialectes : le **proche-oriental** (comprenant le syro-libanais, le palestino-jordanien et l'irakien), le **dialecte de la Péninsule**, l'**égyptien** et le **maghrébin**. Or apprendre un dialecte, le maghrébin ou l'égyptien par exemple, exige au moins autant d'effort que d'apprendre le standard.

Mais, dans ce cas, on s'enferme dans un seul dialecte, sans pouvoir communiquer directement ni avec ceux qui parlent les autres dialectes ni avec ce qui s'exprime par l'arabe standard (livres, presse, mass-médias...).

• Dans l'autre cas, en revanche, on communique **tout de suite** avec ce qui est exprimé en arabe standard ; ce qui couvre en fait tout ce qui est écrit ou exprimé par les mass-médias. De plus, on peut passer, avec un nombre limité d'expressions et de règles grammaticales, à chacun des dialectes existants.

Bien plus, l'arabe standard permet d'accéder, au prix d'un certain effort grammatical, à l'**arabe classique** qui est le véhicule de toute la culture arabe, vieille de quelque vingt siècles.

Bref, en apprenant l'arabe standard, on se place à un **point stratégique** de la communication et de la culture dans le monde arabe depuis ses origines jusqu'à nos jours.

En vue de sensibilisation le lecteur aux différents dialectes, nous proposons en E2 (à partir de la leçon 7) quelques procédés spécifiques et les expressions dialectales les plus courantes.

9 DIALOGUE

D 1 (CD) ■ كَيفَ الصِّحّة ؟

1. نَسيم كيفَ ٱلحال، يا سُعاد ؟

2. سعاد ٱلحَمدُ لِلّٰه، بِخَيْر. وأنتَ، كيف ٱلصِّحّة ؟

3. نَسيم لا بَأْس، شُكراً.

4. سعاد هل أنتَ مريض ؟

5. نَسيم قليلاً، صِحَّتي غير جيِّدة ٱلآن.

6. سعاد أنا آسِفة.

7. نَسيم أنا مُسْتَعجِل، إلى ٱللِّقاء، يا سُعاد !

8. سعاد إلى ٱللِّقاء، يا نَسيم !

D 2 VOCABULAIRE

santé	[ṣiḥḥa^{t}]	صِحَّة
(*Comment est l'état ?*)	[kayfaf-l-ḥāl]	كَيْفَ ٱلحال
grâce à Dieu !	['al-ḥamdu-llāh]	ٱلحمدُ لله
(*en bien*)	[bi-ẖayr]	بخَيْر
pas mal	[lā-ba's]	لا بَأْس
merci	[šukr^{an}]	شُكْراً

D 3 Comment [va] la santé ?

1. Comment ça va, Souad ? [kayfa-l-ḥāl yā su^{c}ād]
2. Grâce à Dieu, bien (en bien), et toi , comment [va] la santé ?
   ['al-ḥamdu-li-llāh bi-ẖayr wa-'anta kayfa-ṣ-ṣiḥḥa^{t}]
3. Pas mal, merci. [lā ba's šukr^{an}]
4. Es-tu malade ? [hal 'anta marīḍ]
5. Un peu, ma santé n'est pas bonne maintenant.
   [ḳalīl^{an} ṣiḥḥatī ġayr ğayyida^{t}-l-'ān]
6. Je suis désolée ! ['anā 'āsifa^{t}]
7. Je suis pressé. Au revoir, Souad !
   ['anā musta^{c}ğil, 'ilā-l-liḳā' yā su^{c}ād]
8. Au revoir, Nassim ! ['ilā-l-liḳā' yā nasīm]

D 4 EXPRESSIONS UTILES

Expressions adverbiales se terminant par le tanwin :

par exemple	[maṯal^{an}]	مَثَلاً
beaucoup	[kaṯīr^{an}]	كَثيراً
peu, un peu	[ḳalīl^{an}]	قَليلاً
mes (nos) excuses	[^{c}uḏr^{an}]	عُذراً
bien	[ğayyid^{an}]	جَيِّداً
pas de quoi, de rien	[^{c}afw^{an}]	عفْواً

9 VIE PRATIQUE

E 1 AU QUOTIDIEN

■ **Pour prendre congé :**

Au revoir (avec notre agrément) [bi-ẖāṭirkum] بِخَاطِرِكُم -

(dans la paix/en sécurité) [ma^{c}a-s-slāma^{t}] مَعَ ٱلسَّلامة -

• Réponse à شُكراً [šukr^{an}], *merci* : عَفْواً [^{c}afw^{an}], *pas de quoi.*

■ **Indiquer la direction :**

à droite	['ilā-l-yamīn]	إلى ٱليَمين
à gauche	['ilā-l-yasār]	إلى ٱليَسار
en avant, à l'avant	['ilā-l-'amām]	إلى ٱلأمام
en arrière, à l'arrière	['ilā-l-warā']	إلى ٱلوَراء
arrière, derrière	[warā']	وراء

■ Pourquoi « **lunaires** » et « **solaires** » ?

Parce que les lettres solaires fonctionnent, après l'article, comme le ش [š] de شَمْس [šams], *soleil* : elles se prononcent redoublées pour indiquer la présence de l'article. Ainsi *sous le soleil* تَحْت ٱلشّمْس se prononce [taḥtā-š-šams], avec assimilation de l'article. En revanche, les lettres lunaires, qui restent telle quelle après l'article, se comportent comme le ق [ḳ] de قَمَر [ḳamar], *lune* : *sous la lune,* تَحْتَ ٱلقَمَر se prononce شُكراً [šukr^{an}] sans assimilation.

E 2 PARLER DIALECTAL

■ **Prononciation de l'article.**
En dialectal, l'article [al] se réduit au seul [l], parfois [el] : الباب [al-bāb] se prononcera [l-bāb] ou [el-bāb]. Devant une lettre solaire, il disparaît complètement : الشمس [aš-šams] se prononce [š-šams] ou [eš-šams].

■ **Vocalisation finale.** Le dialectal n'en tient pas compte. La liaison avec le mot suivant ou le suffixe se fait de plusieurs manières.

• **Devant l'article**, la voyelle de la déclinaison est systématique-ment remplacée par un **e** muet qui peut tirer vers le **i** ou vers le **é** : المكتب الجديد [al-maktabu-l-ğadīd], *le nouveau bureau*, se prononcera [l-maktabe-l-ğadīd] :

	D	**C**	**A**	**B**
comment ça va	kīfe-l-ḥāl	ezzaye-l-ḥāl	wašra-l-ḥāl	šlawnak/itš
quel temps fait-il ?	kīe-ṭ-ṭa's gaww	ezzaye-l-	kišrah-l-ḥāl	
جيد *bien*	mlīḥ/ kwayyis	gayyid	mlīḥ	zēn
نعم *oui*	ēh/aywah	aywa	nᶜam	'ī
لا *non*	lā/la'	lā/la'ā	lala	lā
قليلاً *un peu*	šwayy		šwiyya	'ulayal

■ **Expressions :**

كريم غير موجود	**D** K. muš/ mū mawǧūd
Karim n'est pas là	**C** K. miš mawgūd
	A K. marahš hnā
	B K. mākū
كريم لطيف جدا	**D** K. laṭīf ktīr
Karim est très gentil	**C** K. laṭīf awī
	A K. lṭīf bezzāf
	B K. killiš laṭīf

A 1 PRÉSENTATION

Quelle est ton opinion (Omar) ? [mā ra'yuka ?] ما رأيُكَ ؟

Quelle est ton opinion (Leila) ? [mā ra'yuki ?] ما رأيُكِ ؟

■ **Le possessif.** La première phrase s'adresse à un homme, la deuxième à une femme. Ainsi le possessif كَ [ka], renvoie à un homme, et كِ [ki] à une femme, quels que soient le genre ou le nombre du nom lui-même.

■ ما [mā] suivi d'un nom correspond, en français, à *quel* ou *quelle* est (phr. 2 et 4).

• Il est courant d'intercaler entre l'interrogatif et le nom, et selon le genre de celui-ci, le pronom هو [huwa] ou هي [hiya], pour introduire une note d'insistance (phr. 4).

adresse	[ᶜunwān]	m عُنْوان
appartement	[šaḳḳaᵗ]	شَقَّة

A 2 APPLICATION (CD)

1. أينَ مَكْتبُكَ، يا سَليم ؟
2. ما ٱسمُكَ ؟
3. كَيفَ صِحَّتُكِ، يا ليلى ؟
4. ما هو عُنوانُكَ، يا عمر ؟
5. كم عُمْرُكِ، يا سلْمى ؟
6. هل شَقَّتُكَ واسِعة ؟

A 3 REMARQUES

■ **La déclinaison de l'attribut**. رأيٌ [ra'yu] est, en arabe, attribut de la phrase nominale. Ce nom porte la voyelle finale ـُ [u] appelé **damma** ضَمَّة, marque du nom sujet (cf. 8 B3).

• **Le cas**. Le sujet et l'attribut de la phrase nominale portent la même voyelle finale [ـُ], chaque fois que la prononciation l'exige (comme ici, à cause du possessif).

Nous disons qu'ils sont au même cas, appelé cas **nominatif** (cf. Gram. 418), ou, en arabe, مرفوع [marfū^c]

■ **Liaison**. Le nom اْسم ['ism], *nom*, commence par une **wasla**, qui disparaît dans la liaison. De plus si cette wasla est précédée par une voyelle longue, celle-ci se prononce comme brève.

■ **L'interpellation**. Pour interpeller quelqu'un, on met souvent يا [yā] devant son nom ou prénom (phr. 1 et 3-5).

☞ Les noms ne relèvent pas toujours du même genre en arabe et en français.

A 4 TRADUCTION

1. Où est ton bureau, Salim ? ['ayna maktabuka yā salīm].
2. Quel est ton nom (m) ? [mā-smuka]
3. Comment vas-tu (est ta santé), Leila ? [kayfa ṣiḥḥatuki yā laylā].
4. Quelle est ton adresse, Omar ? [mā huwa ^{c}inwānuka yā ^{c}umar].
5. Quel âge as-tu (combien est ton âge), Salmā ? [kam ^{c}umruki yā salmā]
6. Ton appartement (m) est-il spacieux ? [hal šaḳḳatuka wāsi^{c}a^t]

B 1 PRÉSENTATION

Il est égyptien [huwa miṣriyy] هو مِصْرِيّ

Pour former un adjectif à partir d'un substantif, il suffit d'y ajouter le suffixe ـِيّ [iyy], pour le masculin et ـِيّة [iyya[t]] pour le féminin.

☞ Si le nom est affecté d'une ta marbouta, celle-ci tombe devant ce suffixe.

■ **Liaison** : Dans la phrase 1, مِنْ [min], *de*, est devenu مِنَ [mina], en acquérant un ـَـ [a] final pour faciliter la liaison devant l'article. Sans cette voyelle il y aurait une succession de **soukoun** (نْ de la préposition et le لْـ de l'article) difficile à prononcer. Pour la même raison, هلْ (phr. 4) devient هلِ devant ٱبْراهيم dont la **wasla** ne se prononce pas.

touristique	[siyāḥiyy]	سياحيّ	*l'Algérie*	['al-ǧazā'ir]	ٱلجَزائِر
congé	[ᶜuṭla[t]]	عُطْلة	*aussi, encore*	['ayḍ[an]]	أَيْضاً
semaine	['usbūᶜ]	أُسْبوع	*Ibrahim*	['ibrāhīm]	ٱبْراهيم

B 2 APPLICATION (CD)

1. هل مُحَمّد منَ ٱلجزائِر ؟
2. نعم هو جَزائِري.
3. ليلى أيْضاً جَزائِريّة.
4. هل ٱبراهيم مِن مِصر ؟
5. أين ٱلمكْتَبُ ٱلسّياحِيّ ؟
6. ٱلعُطْلة ٱلأُسبوعيّة ٱليَوْم.

B 3 REMARQUES

■ **Déclinaison** : المَكتبُ (phr. 5), placé devant l'article, doit porter la voyelle qui correspond à sa fonction, d'où la **damma** (cas **nominatif**, cf. A1 et phr. A3 et Gram. 419).

☞ La **ta marbouta** se prononce en arabe standard devant le possessif (cf. A1 et phr. 3 et 6).

■ **Accord** : L'adjectif s'accorde avec le nom en genre (phr. 2-3, cf. 9 A1) mais aussi en **détermination**. Si le nom est déterminé, l'adjectif prend l'article (phr. 5 et 6).

■ Le **tanwin.** أيضاً ['ayḍ^{an}] est marqué par le tanwin comme جِدّاً [ǧidd^{an}] (cf. 9 A3)

■ Les **adjectifs possessifs** sont en fait en arabe des pronoms personnels dits affixes. Ce sont :

Plur.	Sing.	
notre, nos [nā] نا	mon, ma, mes [ī] ي	1re
votre, vos [kum] كُم	ton, ta, tes [ki] كَ كِ	M F 2^{e}
leur, leurs [hum] هُم	son, sa, ses [hu] ـهُ / هُ ـها	M F 3^{e}

B 4 TRADUCTION

1. Mohamed est-il d'Algérie ? [hal muḥammad mina-l-ǧaza'ir]
2. Oui, il est algérien. [na^{c}am huwa ǧazā'irī].
3. Leila est également algérienne. [laylā 'ayḍ^{an} ǧazā'iriyya^{t}].
4. Ibrahim est-il d'Égypte ? [hal ibrāhīm min miṣr].
5. Où est le bureau de tourisme ? ['ayna-l-maktabu-s-siyāḥiyy].
6. Le congé hebdomadaire est aujourd'hui ? [al-^{c}uṭla^{t}-l-'usbū^{c}iya^{t} al-yawm].

10 EXERCICES

C 1 EXERCICES

A. Lire et traduire :

1. هل مُحَمَّد صديقُكَ ؟　　2. أيْن أُختُكَ ؟

3. كَيف صِحَّتُكَ ؟　　4. ما ٱسمُكَ ؟

B. Lire et traduire : (CD)

1. [hāzihi 'uẖtī] 2. [hal hiya ṣadīḳatuka].

C. Lire, traduire et écrire plusieurs fois à la main :

مدينتي جميلة　　أمي مريضة

D. Traduire :

1. Mon bureau est près de ma maison. 2. Où est ta maison (f) ? 3. Est-ce ta sœur (m) ? 4. Qui est dans l'appartement ?

C 2 CORRIGÉ

A. 1. [hal muḥammad ṣadīḳuka], *Mohammed est-il ton ami ?* 2. ['ayna 'uẖtuka], *Où est ta sœur ?* 3. [kayfa ṣiḥḥatuka], *comment [va] ta santé ?* 4. [ma-smuka], *Quel est ton nom ?*

B. 1. C'est ma sœur. — هذه أُختي.

2. Est-elle ton amie ? — هل هي صديقَتُكَ ؟

C. 1. [madīnatī ǧamīla^{t}], *Ma ville est jolie.* 2. ['ummī marīḍa^{t}], *Ma mère est malade.*

D. 1. مكتَبي قُربَ بَيْتي.　　2. أَيْن بيتُكِ؟

3. هل هذه أُختُكَ؟　　4. مَن في ٱلشَّقَّة؟

C 3 ARABE STANDARD ET ARABE LITTÉRAIRE

• La différence majeure entre l'arabe littéraire et l'arabe standard, c'est l'usage que l'un et l'autre font de la **déclinaison**, l'apparition de la voyelle finale correspondant à la fonction du mot dans la phrase. Dans le premier, en effet, la déclinaison est totale et obligatoire. Dans l'arabe standard, par contre, elle n'est respectée qu'en cas de **nécessité de prononciation** ; par exemple avant l'article ou le possessif (cf. 8 B et 9 A). Là, en effet, la liaison ne peut se faire aisément que si l'article ou le possessif est précédé par une voyelle.

• Le dialecte, lui, ne connaît pas la déclinaison. La liaison se fait alors entre les mots par des voyelles finales imposées par l'usage local, qui peut donc varier d'une région à une autre (cf. 7 E2 et 9 C3).

• La délinaison concerne les noms et les adjectifs. Ceux-ci sont donc **déclinables**.

• Les « **non-déclinables** ». Les prépositions et les adverbes ne sont pas déclinables : leur voyelle finale ne change pas. Elle fait partie intégrante du mot. C'est ainsi que le ـَ dans أنتَ ('anta), *toi* (masc.), ou تَحتَ (taḥta), *sous*, le, ـِ dans أنتِ ('anti), *toi* (fém.), le ـُ dans نَحنُ (naḥnu), *nous*, font partie de ces mots et sont, à ce titre, absolument invariables.

• Les « non-déclinables » peuvent cependant perdre leur voyelle finale, lorsqu'il n'y a pas de laison ; عِندَ (^{c}inda) peut se prononcer alors : عِند (^{c}ind) (cf. Gram. 421).

• « **Déclinable** » se dit en arabe مُعرَب (mu^{c}rab), et « **non-déclinable** » مَبنِيّ (mabniyy).

10 DIALOGUE

D 1 (CD) ■ مَوعِد

1. ٱلـمَريض هل ٱلطَّبيب مَوْجود، مِن فضْلِكِ؟

2. ٱلسَّكرَتيرة لا، هو غير مَوْجود بَعْد. متى مَوْعِدُكَ؟

3. ٱلـمَريض مَوعِدي ٱلسّاعة عَشرَة ونِصْف.

4. ٱلسَّكرَتيرة أنتَ مُستَعجِل جِدًّا.

5. ٱلـمَريض لِماذا ؟ كمِ ٱلسَّاعة الآن؟

6. ٱلسَّكرَتيرة ٱلسَّاعة عَشرَة إلّا رُبْع.

7. ٱلـمَريض آسِف.

8. ٱلسَّكرَتيرة بَسيطة، غير مُهِمّ.

D 2 VOCABULAIRE

rendez-vous	[maw^{c}id]	مَوعِد
secrétaire	[sikritīra^{t}]	سِكرِتيرة
s'il te/vous plaît (de ta bonté)	[min faḍlika]	مِن فَضْلِكَ
quand ?	[matā]	مَتى ؟
(*combien est l'heure ?)*	[kami-s-sā^{c}a^{t}]	كم ؟
(*simple*), pas grave	[baṣīṭa^{t}]	بَسيطَة
(*non-important*)	[ġayr muhimm]	غَير مُهِمّ

D 3 Un rendez-vous

1. Est-ce que le médecin est là, s'il vous plaît ?
   [hali-ṭ-ṭabīb mawǧūd min faḍliki].
2. Non, il n'est pas encore là.
   [lā huwa ġayr mawǧū ba^{c}d].
   Quand est-ce, votre (ton) rendez-vous ?
   [matā maw^{c}iduka].
3. Mon rendez-vous est à dix heures et demie.
   [maw^{c}idī 'as-sā^{c}a^{t} ^{c}ašra^{t} wa-niṣf].
4. Vous êtes (tu es) très pressé !
   ['anta musta^{c}ǧil ǧidd^{an}].
5. Pourquoi ? Quelle heure est-il maintenant ?
   [li-māḏā ? kami-s-sā^{c}a^{t} al-'ān].
6. Il est (l'heure est) dix heures moins le quart.
   ['as-sā^{c}a^{t} ^{c}ašra^{t} illā rub^{c}].
7. Désolé ! ['āsif].
8. Pas grave, (ce n'est) pas important.
   [basīṭa^{t} ġayr muhimm].

D 4 EXPRESSIONS UTILES

c'est important,	[hāḏā muhimm]	هذا مُهِمّ
j'ai tort,	['anā muḫṭi']	أنا مُخطِئ
tu as raison,	['anta muṣīb]	أنتَ مُصيب
désolé, désolée,	['āsif/'āsifa^{t}]	آسِف / آسِفة
il n'est pas encore là,	[huwa ġayr mawǧūd ba^{c}d]	هو غَيْر مَوْجود بَعْد

E 1 AU QUOTIDIEN

■ Pour dire l'heure :

quart	[rub^c]	رُبع	*demi*	[niṣf]	نِصف
moins	['illā]	إلا	*tiers (20')*	[ṯulṯ]	ثُلث

4h20 = ['a-s-sā^{c}at 'arba^{c}a^t wa-ṯulṯ] ٱلسّاعة أَربَعة وثُلث

4h30 = ['a-s-sā^{c}at 'arba^{c}a^t wa-niṣf] ٱلسّاعة أَربَعة ونِصف

3h45 = ['a-s-sā^{c}at 'arba^{c}a^t 'illā rub^c] ٱلسّاعة أَربَعة إلّا رُبع

3h40 = ['a-s-sā^{c}at 'arba^{c}a^t 'illā ṯulṯ] ٱلسّاعة أَربَعة إلّا ثُلث

4h25 = ['a-s-sā^{c}at 'arba^{c}a^t wa-niṣf 'illā ẖamsa^t] ٱلسّاعة أَربَعة ونِصف إلّا خمسة

4h35 = ['a-s-sā^{c}at 'arba^{c}a^t wa-niṣf wa-ẖamsa^t] ٱلسّاعة أَربَعة ونِصف وخمسة

■ Expressions :

avant midi	[ḳabla-ẓ-ẓuhr]	قبل ٱلظُّهر
après midi	[ba^{c}da-ẓ-ẓuhr]	بَعدَ ٱلظُّهر
avant manger	[ḳabla-l-'akl]	قبل ٱلأَكل
après manger	[ba^{c}da-l-'akl]	بَعدَ ٱلأَكل
avant de dormir	[ḳabla-n-nawm]	قبل ٱلنَّوم
après avoir dormi	[ba^{c}da-n-nawm]	بَعدَ ٱلنَّوم

E 2 PARLER DIALECTAL

■ Devant le **possessif**, la voyelle de la déclinaison se transforme en fonction du pronom indiquant la personne, dont la prononciation peut elle-même être simplifiée.

	D	C	A	B
اسمي	ismī	esmī	esmnī	ismī
اسمكَ	ismak	esmak	esmek	ismak (mas.)
اسمكِ	ismik	esmik	esmek	ismitš
اسمه	ismu	esmoh	esmū	ismah
اسمها	ismā	esmahā	esemhā	isimhé
اسمنا	isemnā	esménā	esemnā	isimné
اسمكم	isemkun	esmokom	esemkum	isimkum/isimtšan
اسمهم	ismun	esmohom	esemhum	isimhum/isimhin

■ **Le pronom démonstratif**, (*c'est un livre*, هذا كتاب) se réduit à la deuxième syllabe du mot en Égypte et à la première ailleurs :

هذا مكتب
C'est un bureau
D hāda maktab
C dā maktab
A hāde-l-buro
B hāḏa maktab

هذه غرفة
C'est une chambre
D hādi ġerfi
C dī 'ōḍa
A hādi bīt
B hāḏī ḥiğra

هؤلاء أولاد
Ce sont des enfants
D hōl wlad
C dōla wlād
A hādū wlād
B ḏawla awlād

ما هذا؟
Qu'est-ce que c'est ?
D šū hāda
C ēh dā
A waš hāda
B šinū hāḏā

من هذه/من هذا؟
Qui est-ce (m)/(f) ?
D mīn hāda/ hādi
C mīn dā/ dī
A škūn hāda/hādi
B minū hāḏā/ minī hāḏā

TESTS DE CONTRÔLE – LEÇONS 1 À 10

Compléter avec a, b ou c (il y a une seule réponse par phrase) :

1.

– هوَ... [huwa ...]

a· مَريض [marīḍ]

b· مها [mahā]

c· كبيرة [kabīra^t]

2.

– هيَ... [hiya ...]

a· كبيرة [kabīra^t]

b· خالِد [ḫālid]

c· جَميل [ǧamīl]

3.

– ... مها هنا ؟ [... mahā hunā]

a· أنتِ ['anti]

b· هَل [hal]

c· أنا ['anā]

4.

– ... خالِد ؟ [... ḫālid]

a· هل [hal]

b· هي [hiya]

c· أين ['ayna]

5.

– ... في تونس ؟ [... fī tūnis]

a· هل [hal]

b· فاس [fās]

c· كمال [kamāl]

Voir **corrigé**, page 445.

6.

– ٱلطَّبيب... ٱلمريض... ['aṭ-ṭabīb ... 'al-marīḍ]

a· فَوقَ [fawḳa]

b· عِندَ [^{c}inda]

c· تحتَ [taḥta]

7.

– تشرفنا، يا ... نور [tašarrafna yā ... nūr]

a· سَيِّد [sayyid]

b· أخي ['aẖī]

c· آنِسة ['ānisa^t]

8.

– ... ليلى [... laylā]

a· سيّارتي [sayyārati]

b· ٱسمي ['ismī]

c· شَارِع [šāri^c]

9.

– خالِد جالِس في ... [ẖālid ğālis fī ...]

a· حسَن [ḥasan]

b· هِيَ [hiya]

c· ٱلمَقْهى ['al-maḳhā]

10.

– ... رأيُكَ يا عمر ؟ [... ra'yuka yā ^{c}umar]

a· ما ؟ [mā]

b· هل ؟ [hal]

c· أين ؟ ['ayna]

Voir **corrigé**, page 445.

11 ماذا تشرَب يا عُمر ؟ ١١

A 1 PRÉSENTATION

Qu'est-ce que tu bois ? [māḏā tašrab]

■ **Conjugaison du verbe.** Comme le pronom personnel, le verbe conjugué distingue entre un *tu* masculin et un *tu* féminin.

je bois	['ašrab]	أَشْرَب
tu bois (m)	[tašrab]	تَشْرَب
tu bois (f)	[tašrabīn]	تَشْرَبين

• À **l'inaccompli** (présent), la désinence de la personne se place en début de verbe (أ ['a] et تـ [ta-]) et la marque du féminin en fin de verbe (ين [-īn]).

☞ Notez que la voyelle de la consonne qui suit la désinence est le **soukoun** sauf si elle est suivie d'une voyelle longue comme dans أُريد ['urīd] ou (أَقول ['aḳūl]).

je dis	['aḳūl]	أَقول	*je connais*	['a^{c}rif]	أَعْرِف
je travaille	['a^{c}mal]	أَعْمَل	*j'entends*	['asma^{c}]	أَسْمَع
			je veux	['urīd]	أُريد

A 2 APPLICATION (CD)

1. هل تَعرِف مها ؟
2. نعم أَعرِف مها.
3. هل تَسمَعين جيِّداً ؟
4. نعم أسمَع جيِّداً.
5. ماذا تُريد، يا عُمَر ؟
6. ماذا تُريدين، يا مها ؟
7. ماذا تقول، يا عُمَر ؟
8. هل تَعمَلين كثيراً، يا ليلى؟

A 3 REMARQUES

■ **Les temps du verbe**. En arabe, il n'y a que deux grandes conjugaisons : **l'accompli** et **l'inaccompli**. Le premier correspond globalement au passé et le deuxième au présent. Mais nous verrons que de ces deux formes (appelées **aspects**), combinées avec différents auxiliaires et particules, donnent toute la gamme des temps connus en français.

■ **Conjugaison**. À **l'inaccompli** مُضارِع [muḍāri^{c}], le préfixe désigne le sujet (أ correspondant à *je* et تـ à *tu*), et le suffixe marque le genre (ين marquant le fém.).

['a^{c}rif] أَعْرِف	[ta^{c}rif] تَعْرِف	[ta^{c}rifīn] تَعْرِفين
['urīd] أُريد	[turīd] تُريد	[turīdīn] تُريدين

☞ La voyelle du préfixe, ـَـ ou ـُـ dépend du verbe. Toutefois elle reste stable dans chaque verbe.

■ ماذا [māḏā], *qu'est-ce que,* ne s'emploie qu'avant le verbe (phr. 5, 6, 7).

A 4 TRADUCTION

1. Connais-tu Maha ? (Est-ce que tu connais Maha ?) [hal ta^{c}rif mahā].
2. Oui, je connais Maha. [na^{c}am 'a^{c}rif mahā]
3. Est-ce que tu entends bien ? [hal tasma^{c}īn ǧayyid^{an}].
4. Oui, j'entends bien ? [na^{c}am 'asma^{c} ǧayyid^{an}].
5. Que veux-tu, (ô) Omar ? [māḏā turīd yā ^{c}umar]
6. Que veux-tu (ô) Maha ? [māḏā turīdīn yā mahā]
7. Que dis-tu, Omar ? [māḏā taḳūl yā ^{c}umar]
8. Travailles-tu beaucoup, Leila ? [hal ta^{c}malīn kaṯīr^{an} yā laylā]

B 1 PRÉSENTATION

Omar ne boit pas (de) café [ᶜumar lā-yašrab ḳahwaᵗ]

■ La forme négative du verbe à **l'inaccompli** :

> لا [lā], *ne... pas* + le verbe
> le tout prononcé comme un seul mot.

Pour signaler cela, nous mettons dans la transcription et à titre provisoire un tiret entre لا [lā] et le verbe conjugé.

■ **Conjugaison à la 3ᵉ personne.**

il boit	[yašrab]	يَشرب
elle boit	[tašrab]	تَشرَب

faire	[yafᶜal]	يَفْعَل	*habiter*	[yaskun]	يَسكُن
café (boisson)	[ḳahwaᵗ]	قَهْوَة	*dormir*	[yanām]	يَنام
aimer	[yuḥibb]	يُحِبّ	*manger*	[ya'kul]	يَأْكُل
			tôt	[bākirᵃⁿ]	باكراً

B 2 APPLICATION (CD)

1. أين يسكُن عُمَر ؟ 2. أين تسكُن ليلى ؟

3. متى تنام يا عُمَر ؟ 4. هل عُمَر يأكل، ٱلآن؟

5. لا، عُمَر لا يأكُل، ٱلآن.

6. هل تنامين باكراً يا ليلى ؟

7. لا، لا أنام باكراً.

8. ماذا تفعَل زَوجَتُكَ ٱلآن ؟

9. مَن يُريد قهوة ؟

10. مَن لا يُحِبّ باريس ؟

B 3 REMARQUES

■ **Conjugaison du verbe** à l'inaccompli singulier :

je veux	['urīd]	أُريد	*je connais*	[a'rif]	أَعْرِف
tu veux (m)	[turīd]	تُريد	*tu connais* (m)	[ta'rif]	تَعْرِف
tu veux (f)	[turīdīn]	تُريدين	*tu connais* (f)	[ta'rifīn]	تَعْرِفين
il veut	[yurīd]	يُريد	*il connaît*	[ya'rif]	يَعْرِف
elle veut	[turīd]	تُريد	*elle connaît*	[ta'rif]	تَعْرِف

☞ La forme du verbe à la 2e personne du masc. sing. et à la 3e pers. du fém. est identique. Seul le contexte permet de les distinguer (phr. 2 et 3).

■ Le sujet du verbe (comme celui de la phrase nominale) porte la **damma** finale (phr. 8), marque du nominatif.

Rappel : لا [lā], *ne... pas*, doit se prononcer lié au verbe. Suivi d'un temps d'arrêt, le même terme signifie *non*. Les deux emplois du لا [lā] peuvent se rencontrer dans une même phrase (phr. 7).

B 4 TRADUCTION

1. D'où habite Omar ? ['ayna yaskun 'umar].
2. Où habite Leila ? ['ayna taskun laylā].
3. Quand dors-tu, Omar ? [matā tanām yā 'umar].
4. Est-ce que Omar mange maintenant ? [hal 'umar ya'kul al-'ān].
5. Non, Omar ne mange pas maintnant.
   [lā 'umar lā-ya'kul al-'ān].
6. Est-ce que tu te couches tôt, Leila ?
   [hal tanāmīn bākir[an] yā laylā].
7. Non, je ne me couche pas tôt. [lā, lā-'anām bākir[an]].
8. Que fait ta femme maintenant ?
   [māḏā taf'al zawǧatuka 'al-'ān].
9. Qui veut (du) café ? [man yurīd ḳahwa[t]].
10. Qui n'aime pas Paris ? [man lā-yuḥibb bārīs].

11 EXERCICES

C 1 EXERCICES

A. Lire et traduire : (CD)

1. هل تعرِف زَوجَتي ؟
2. ماذا تُريد ؟
3. هل تَعمَلين كثيراً ؟
4. لا أُحِبّ مَدينَتي ؟
5. ماذا تعملَ زَوجَتُك ؟
6. هل تُحبِّين قَهوتي ؟

B. Lire, traduire et écrire plusieurs fois à la main :

ماذا تفعلَين الآن يا ليلى

C. Conjuguer à toutes les personnes du singulier :

Je m'assois ['ağlis] أَجلِس *Il dort* [yanām] ينام

D. Traduire :

1. Hassan dort beaucoup. 2. Je travaille beaucoup. 3. Fatima travaille bien. 4. Est-ce que tu travailles (f) bien ?

C 2 CORRIGÉ

A. 1. [hal ta^{c}rif zawğatī], *Connais-tu ma femme ?*
2. [māḏā turīd], *Que veux-tu ?*
3. [hal ta^{c}malīn kaṯīr^{an}], *Travailles-tu (f) beaucoup ?*
4. [lā-'uḥibb madīnatī], *Je n'aime pas ma ville.*
5. [māḏā ta^{c}mal zawğatuka], *Que fait ta femme ?*
6. [hal tuḥibbīn ḳahwatī], *Aimes-tu (f) mon café ?*

B. Que fais-tu maintenant, Leila ?

C.
- أَجلِس، تجلِس، تجلِسين، يجلِس، تجلس.
- أَنام، تَنام، تَنامين، يَنام، تَنام.

D.
1. حَسن يَنام كثيراً.
2. أعمَل كثيراً.
3. فاطمة تَعمل جيّداً.
4. هل تعمَلين جيّداً ؟

C 3 LES MOTS FRANÇAIS EMPRUNTÉS À L'ARABE

• Si traditionnellement, on a insisté surtout sur la confrontation entre l'Occident et le monde arabe (Charles Martel et la bataille de Poitiers en 732, Saint-Louis et les Croisades, l'armée turque aux portes de Vienne...), la symbiose fut au moins aussi importante, surtout notamment au niveau culturel. L'Europe est redevable à la civilisation arabe de lui avoir fourni les moyens intellectuels de sa Renaissance dès la fin du Moyen Âge. Recueillies et transformées par la pensée arabe, la philosophie et les sciences de l'Antiquité grecque, et des civilisations proche et extrême-orientales, ont considérablement enrichi la pensée occidentale, comme en témoigne le lexique. Parmi les centaines de mots d'origine arabe, citons, notamment :

• **mathématiques** : *algèbre*, de ٱلْجَبر ['al-ǧabr] ; *algorithme* de ٱلخَوارِزمي ['al-ẖawārizmī], nom du mathématicien qui l'a inventé (mort en 849) ; *chiffre*, de صِفْر [ṣifr] ; *zéro*, les Arabes ayant perfectionné le système décimal...

• **astronomie** : *l'astrolabe*, أَسطُرلاب ['asṭurlāb]... et les noms de beaucoup d'étoiles, comme *Altaïr*, ٱلطّائِر [aṭ-ṭā'ir] (oiseau) et de constellations...

• **cuisine** : *café*, قهوة [ḳahwa[t]] ; *sucre*, سُكَّر [sukkar], *alcool*, ٱلكحول ['al-kuḥūl], sans compter tous les noms d'épices...

• **chimie** : *chimie* et *alchimie*, ٱلكيمياء ['al-kīmyā'], *alambic*, ٱلإنبيق ['al-inbīḳ]...

• **marine** : *amiral*, أمير ٱلبحر ['amīru-l-baḥr], *le prince de la mer.*

• **textile** : *coton*, قُطْن [ḳuṭn], *mohair*, ٱلمهير ['al-mahīr].

• **agriculture** : *abricot*, ٱلبَرقوق [al-barḳūḳ], *cerise*, كَرَز [karaz], *banane*, مَوْز ٱلبِنان [mawz al-binān]...

D 1 (CD)

■ أين ٱلمَحَطة ؟

1. هي صباحُ ٱلخَيْر يا أَخ !
2. هو أهلاً وسَهْلاً يا آنِسة !
3. هي هل تعرِف أينَ ٱلمَحَطّة ؟
4. هو نعم، أَعرِف. هي في شارع طَنْجة.
5. هي ماذا أفعَل ؟
6. هو تذهَبين أوَّلاً إلى ٱليَمين، ثُمَّ إلى ٱليَسار.
7. هي تجِدين ٱلمحطَّة، مُقابِل ٱلسّينما.
8. هو شُكراً جَزيلاً.
9. هي عَفْواً.

D 2 VOCABULAIRE

- مَحَطَّة [maḥaṭṭa^t] *gare, station*
- أوَّلاً ['awwal^an] *d'abord*
- يَذهَب إلى [yaḏhab 'ilā] *il va* ↔ يَرجِع [yarǧi^c] *il revient*
- مُقابِل [muḳābil] *face à*
- شُكراً جَزيلاً [šukr^an ǧazīl^an] *merci bien*
- إلى ٱليَمين ['ila-l-yamīn] *à droite*
- إلى ٱليَسار ['ila-l-yasār] *à gauche*

D 3 Où est la gare ?

1. Bonjour, Monsieur ! (frère)
   [ṣabāḥu-l-ḫayr yā 'aḫī].
2. Bienvenue, Mademoiselle.
   ['ahl^{an} wa-sahl^{an} yā 'ānisa^{t}].,
3. Savez-vous (sais-tu) où est la gare ?
   [hal ta^{c}rif 'ayna-l-maḥaṭṭa^{t}].
4. Oui, je sais. Elle est dans la rue de Tanger.
   [na^{c}am 'a^{c}rif hiya fī šāri^{c} ṭanǧa^{t}].
5. Qu'est-ce que je fais ? [māḏa 'af^{c}al].
6. Vous allez (tu vas) d'abord à droite, ensuite à gauche.
   [taḏhabīn 'awwal^{an} 'ila-l-yamīn ṯumma ila-l-yasār].
7. Vous trouverez la gare, en face du cinéma.
   [taǧidīna-l-maḥaṭṭa^{t} muḳābila-s-sinamā].
8. Merci bien ! [šukr^{an} ǧazīl^{an}].
9. Pas dc quoi ! [^{c}afw^{an}].

D 4 EXPRESSIONS UTILES

- **Expression lyrique de bienvenue :** أَهلاً وسَهلاً ['ahl^{an} wa-sahl^{an}] (*de la famille et de la plaine*). Dans le désert, l'hospitalité impliquait subsistance (donc le secours d'une famille) et sécurité (plaine par opposition aux dangers de la montagne).

- Deux consonnes françaises ne sont pas connues en arabe : *p* et *v*. Elles se transforment respectivement en b et f :

Paris	[bārīs]	باريس
télévision	[talfizyūn]	m تَلِفْزيون

11 VIE PRATIQUE

E 1 AU QUOTIDIEN

■ Lecture non vocalisée

Pour maîtriser cette lecture, il faut connaître quelques règles. Voici celles qui régissent le verbe composé de trois lettres, (sans compter la désinence-sujet), qui appartient à la **forme simple :**

		3	2	1	
il boit	[ya-š ra-b]	ب	ـرَ	ـشْـ	يَـ
il connaît	[ya-ᶜ-ri-f]	ف	ـرِ	ـعْـ	يَـ
il habite	[ya-s-ku-n]	ن	ـكُـ	ـسْـ	يَـ

Sa vocalisation est simple :

- la voyelle de la désinence-sujet est toujours ـَـ
- la première lettre est toujours affectée d'un ـْـ
- la voyelle de la troisième lettre est pour l'instant inexistante.
- seule change celle de la deuxième lettre (avant-dernière).

Il nous suffira donc d'indiquer la voyelle de cette lettre pour que la lecture soit possible. Ex يسمَع se lira forcément [yasmaᶜ].

☞ Contrairement aux apparences les verbes dont la désinence-sujet est ـُـ, comme يُريد , *il veut*, ne font pas partie de la forme simple.

■ Exercice : Vocaliser les verbes suivants, puis vérifier dans le corrigé :

يعمَل – يأكُل – يجلِس – يسمَع

[يَعْمَل – يَأْكُل – يَجْلِس – يَسْمَع]

E 2 PARLER DIALECTAL

■ **Conjugaison du verbe à l'inaccompli**. Elle est simplifiée : au **pluriel**, féminin masculin ont la même forme (sauf en iraqien), le [n] final du féminin et du pluriel tombe, et le système vocalique est réduit. Avant la désinence-sujet, le syro-libanais ajoute : ***b/be***.

	D	**C**	**A**	**B**
أسمع	besma^{c}	basma^{c}	nesma^{c}	asma^{c}
تسمع	btesma^{c}	betésma^{c}	tesma^{c}	tisma^{c}
تسمعين	btesma^{c}ī	betésma^{c}ī	tessem^{c}ī	tisim^{c}īn
يسمع	byesma^{c}	beyésma^{c}	yesma^{c}	yisma^{c}
تسمع	btestam^{c}	betésma^{c}	tesma^{c}	tisma^{c}
نسمع	bnesma^{c}	benésma^{c}	nessem^{c}u	nisma^{c}
تسمعون	btesma^{c}ū	betésma^{c}ū	tessem^{c}ū	tisim^{c}ūn
يسمعون	byesma^{c}ū	byésma^{c}ū	yessem^{c}ū	yisim^{c}ūn

■ La négation simple se fait ainsi : **mā besma^{c}** (D) ; **ma besma^{c}š/ma esma^{c}š** (C) ; **ma nesma^{c}š** (A) ; **mā asma^{c}** (B).

■ Pour indiquer **une action en cours** (*je suis en train de*), le dialecte ajoute en préfixe certains segements :

– **^{c}am**, au Proche-Orient : **^{c}am esma^{c}**, **^{c}am tesma^{c}**... La négation se fait alors en plaçant **mā** avant : **mā ^{c}am esma^{c}**, **mā ^{c}am tesma^{c}**...

– **rā** conjugué, en Algérie : **rānī nesma^{c}**, **rāk tesma^{c}**, **rāki tessem^{c}ī**, **rāhu yesma^{c}**, **rāhā tesma^{c}**, **rāna nessem^{c}u**, **rākum tessem^{c}ū**, **rāhum yessem^{c}u**.

■ La négation se fait ainsi : **ma rānīš nesma^{c}**, **ma rakš tesma^{c}**, **ma rakiš tessem^{c}ī**, **ma rāhuš...** , **ma rāhiš...**, **ma rānaš...**, **ma rākumš...**, **ma rāhumš...**

■ **Expressions** :

Que dis-tu ?	šū ^{c}am t'ūl ?	bit'ūl éh	waš rak tqūl
Qui *habite* ici ?	mīn b-yeskun hōn	min sākén henā	škūn yeskun hnā
K. dort maintenant	K. ^{c}am ynām halla'	K. beynām delwa'tī	K. rahu rāqed durk
Je me couche tôt	b-nām bakkīr	bnām badrī	nerquḍ bekrī

A 1 PRÉSENTATION

(*Chez moi une question)* [ᶜindī su'āl]

■ L'idée de possession, correspondant en français au verbe *avoir*, est le plus souvent rendue en arabe par une phrase nominale ainsi construite :

nom + affixe + عِنْدَ

■ Pour obtenir la forme **négative**, il suffit de mettre ما [mā] ou لَيس [laysa] en tête de la construction.

Rappel : le pronom affixe est celui qui se lie au mot. Il exprime entre autres le possessif (10 B3).

temps	[waḳt]	وَقْت	*chance*	[ḥaẓẓ]	حَظّ
sentiment	[ᶜāṭifaᵗ]	عاطِفة	*appétit*	[šahiyyaᵗ]	شَهِيَّة
espoir	['amal]	أَمَل	*beaucoup de*	[kaṯīr min]	كثير من
monnaie	[ṣirāfaᵗ]	صِرافة	*argent*	[māl]	مال

A 2 APPLICATION (CD)

1. عِندَكم حَظّ ؟
2. يوسُف عندَهُ شَهيَّة كبيرة.
3. عندَهُم كثير مِن ٱلمال.
4. ما عندي وَقت، عُذراً.
5. مَن عندَه سُؤال ؟
6. هذا إنْسان لَيْس عندَهُ عاطِفة.
7. هل لَك أَمَل؟
8. هل معكَ صِرافة.

A 3 REMARQUES

■ L'équivalent du verbe *avoir* conjugué est :

	3e pers.		2e pers.		1re pers.
	F.	M.	F.	M.	
sing.	عندَها elle a	عندَهُ il a	عندَكِ tu as	عندَكَ tu as	عندي j'ai
plur.	عندَهُنَّ elle ont	عندَهُم ils ont	عندَكُنَّ vous avez	عندَكم	عندَنا nous avons

• Si le sujet réel du verbe est un nom, il se place avant عند + affixe (phr. 2 et 6).

• مَعَ [ma^{c}a], *avec*, peut remplacer عِند [^{c}inda], mais avec une nuance précise : *avoir sur soi* (phr. 8).

• La préposition لِـ, *à*, *pour*, fonctionne également comme عند (phr. 7).

• مال [māl], *argent* (*monnaie*) ↔ فِضَّة [fiḍḍa^{t}], *argent* (*métal*).

A 4 TRADUCTION

1. Vous avez [de la] chance (chez vous chance).
2. Youssef a un grand appétit.
3. Ils ont beaucoup d'argent.
4. Je n'ai pas (le) temps, mes excuses.
5. Qui a une question [à poser] ?
6. C'est un homme [qui] n'a aucun sentiment.
7. As-tu [de l'] espoir ?
8. As-tu [de la] monnaie ?

1. [^{c}indakum ḥaẓẓ] 2. [yūsuf ^{c}indahu šahiyya^{t} kabīra^{t}]. 3. [^{c}indahum kaṯīr mina-l-māl]. 4. [mā ^{c}indi wakt ^{c}udr^{an}]. 5. [man ^{c}indahu su'āl]. 6. [hāḏā 'insān laysa ^{c}indahu ^{c}āṭifa^{t}]. 7. [hal laka 'amal]. 8. [hal ma^{c}aka ṣirāfa^{t}].

B 1 PRÉSENTATION

Avec qui parles-tu ? [ma^{c}a man tatakallam]

■ Comme en français, **l'interrogation** peut se faire avec un interrogatif simple : من [man], *qui ?*, ماذا [māḏā], *quoi ?*, ou composé : مع من [ma^{c}a man], *avec qui... ?* Dans ce cas, comme en français, on place avant l'interrogatif la préposition ou l'adverbe appropriés (phr. 1-10).

■ Conjugaison de l'inaccompli au pluriel :

nous habitons	[naskunu]	نَسكُن
vous habitez	[taskunūn]	تَسكُنون
ils habitent	[yaskunūn]	يَسكُنون

il vient	[ya'tī]	يأتي	*il entre*	[yadḫul]	يدْخُل
il cherche	[yabḥaṯ ^{c}an]	يَبحَث عن	*il se passe*	[yaḥduṯ]	يحْدُث
il demande	[yas'al ^{c}an]	يسأَل عن	*depuis*	[munḏu]	مُنذُ
il a peur de	[yaḫāf min]	يخاف من	*il écrit*	[yaktub]	يَكتُب

B 2 APPLICATION (CD)

1. مَن يدخُل ٱلآن ؟
2. ماذا يحدُث ؟
3. مُنذُ متى ينام ؟
4. عند مَن تسكُنون ؟
5. لمَن تكتُبين ؟
6. إلى أين تذهَب ؟
7. مِن أين تأتي ؟
8. عَمَّن تسأَل ؟
9. عَمّا تبحَث ؟
10. مِمّا تخاف ؟

B 3 REMARQUES

■ Les verbes qui se construisent avec une préposition, comme يخاف من [yaẖāf min], *avoir peur de,* se mettent à la forme interrogative selon le procédé indiqué en B1.

☞ Certains verbes commandent une prépos. en arabe, mais non en français : *chercher* se dit en arabe يبحث عن [yabḥaṯ ᶜan].

■ Lorsque مَن [man], *qui ?* ou ما [mā], *que ?*, est précédé des prépositions مِن [min], *de*, ou عن [ᶜan], le ن [n] final de celles-ci se change en م, pour faciliter la prononciation. عَن مَن [ᶜan, man] *de qui*, devient alors عمَّن [ᶜamman], عن ما [ᶜan mā], عَمَّا [ᶜammā], et مِن ما [min mā], مِمَّا [mimmā] (phr. 8-10).

■ Pour rendre l'expression *ce crayon appartient à...* ou *ce crayon est à...*, l'arabe utilise uniquement la préposition لِـ [li], *à*, dans une phrase nominale : هذا ٱلقلَم لِمَها [hāḏā-l-ḳalam li-mahā], *ce crayon est à Maha.* Son interrogatif serait لِمَن هذا ٱلقَلَم ؟ [li-man hāḏa-l-ḳalam], *à qui est ce crayon ?*

Rappel : مَن s'utilise pour l'humain (phr. 1, 5 et 8) et ما pour le non-humain (phr. 9 et 10).

B 4 TRADUCTION

1. Qui entre maintenant ?
2. Que se passe-t-il ?
3. Depuis quand dort-il ?
4. Chez qui habitez-vous ?
5. À qui écris-tu (f) ?
6. Où vas-tu (m.) ?
7. D'où viens-tu (m.) ?
8. (Après) Qui demandes-tu (m.) ?
9. Que cherches-tu (m.) ?
10. De quoi as-tu peur (m.) ?

1. [man yadẖulu-l-'ān]. 2. [māḏā yaḥduṯ]. 3. [munḏu matā yanām]. 4. [ᶜinda man taskunūn]. 5 'ilā 'ayna taḏhab]. 7. [min 'ayna ta'tī]. 8. [ᶜamman tas'al]. 9. [ᶜammā tabḥaṯ]. 10. [mimmā taẖāf].

12 EXERCICES

C 1 EXERCICES

A. Lire et traduire :

1. عندي سيّارة، لَكِن* ليس هنا.

2. من عنده دَفتَر وقَلَم ؟

3. لِمَن تكتُب ؟

B. Écrire plusieurs fois à la main :

من يعرف؟

مَع من تتكلّمين يا سُعاد ؟

C. Traduire :

1. Je n'ai pas grand espoir.
2. Avez-vous beaucoup d'argent ?
3. Cherchez-vous un crayon ?
4. Je ne cherche pas de crayon.

C 2 CORRIGÉ

A. 1. [^{c}indī sayyāra^{t} lākin laysa hunā], *J'ai une voiture, mais pas ici* 2. [man ^{c}indahu daftar wa-ḳalam], *Qui a un cahier et un crayon* ? 3. [liman taktub], *À qui écris-tu ?*

B. 1. Qui sait ?
2. Avec qui parles-tu, Souad ?

C. 1. ليس عندي أَمل كبير. 2. هل عندك مال كثير ؟

3. هل تبحث عن قَلَم ؟ 4. لا، لا أبحَث عن قلَم.

---

* لَكِن se prononce [lākin] (cf. هذا)

C 3 L'ISLAM

L'Islam, l'une des trois religions du Livre, est née au 7e siècle. Il a été révélé à **Muhammad** (en français, *Mahomet*, né en **570** à la Mecque) à partir de 610 de notre ère. Persécuté par les siens qui pratiquaient le paganisme, le Prophète se réfugie à **Médine**, ville située à une centaine de kilomètres au nord de la Mecque, où il crée le premier État inspiré par la religion nouvelle. Le nombre de fidèles croit rapidement. En 630, Muḥammad entre à la Mecque à la tête de son armée : c'est le début d'une conversion massive des Arabes à l'Islam. Muḥammad meurt en 632.

- Le livre de la Révélation, le **Coran**, est écrit en arabe. Reçu par Muḥammad de l'Ange **Gabriel** pendant 20 ans, le Coran est composé de 114 *sourates* (chapitres). Son interprétation est complétée par la **Sunna**, ensemble de traditions reprises de la vie de Mahomet et de ses compagnons, et le **ḥadīṯ**, propos tenus par le Prophète.

- **Islam**, signifie *soumission* à un seul Dieu, **Allah**. Il se caractérise par la relation directe du croyant à Dieu, sans la médiation d'un quelconque clergé. L'*imam* se contente de diriger la prière. Le croyant se doit de respecter cinq obligations fondamentales, considérées comme les **piliers** de l'Islam : la *profession* de foi monothéiste, les *cinq prières*, le *jeûne*, l'*aumône* et le *pèlerinage* à la Mecque pour celui qui en a les moyens.

- Ces obligations sont complétées par des prescriptions qui régissent la vie quotidienne : interdiction de consommer de l'*alcool* ou de la viande de *porc*, par exemple.

DIALOGUE

D 1 (CD) ■ هل عِندَك أَوْلاد ؟

1. فاطِمة هل عِندك أولاد ؟
2. محمود نعم عِندي ثلاثة أَوْلاد.
3. فاطِمة ماذا يفعَلون ؟
4. محمود ٱلصَّبيُّ الكبير في ٱلجامعة،
5. وٱلصَّبي ٱلصَّغير في ٱلـمَدرَسة.
6. وٱلبِنْتُ ٱلصّغيرة في ٱلـمدرسة أيضاً.
7. فاطِمة أنا عندي بِنت واحِدة.
8. محمود كم عُمرُها ؟
9. فاطِمة عِشرون سنة، وتسكُن مع صديقة في ٱلمدينة.

D 2 VOCABULAIRE

enfant/enfants	[walad/awlād]	• وَلَد / أَوْلاد
université	[ǧāmiᶜaᵗ]	• جامِعة

☞ Lorsque le nombre ordinal est placé après le nom, il fonctionne comme un épithète qui s'accorde avec le nom: **واحدة** [wāḥidat] (phr. 7) signifie ici *une seule.*

• **Correspondance** :

question [su'āl] (m) **سُؤال** ↔ **جَواب** [ǧawāb] (m), *réponse*

poser une question [yas'al] **يسأَل** ↔ **يُجيب** [yuǧīb], *répondre*

D 3 Avez-vous des enfants ?

1. Avez-vous (as-tu) des enfants ?
2. Oui, j'ai trois enfants.
3. Que font-ils ?
4. Le grand garçon est à l'université.
5. Et le petit garçon est à l'école.
6. Et la petite fille est aussi à l'école.
7. Moi, j'ai une fille unique (une fille seule).
8. Quel âge a-t-elle (combien est son âge) ?
8. [Elle] a vingt ans, et elle habite avec une amie en ville.

1. [hal ^{c}indaka 'awlād] 2. [na^{c}am ^{c}indī ṯalāṯat 'awlād]. 3. [māḏā yaf^{c}alūn]. 4.['aṣ-ṣabiyyu-l-kabīr fi-l-ǧāmi^{c}a^{t}]. 5.[wa-ṣ-ṣabiyyu-ṣ-ṣaġīr fi-l-madrasa^{t}]. 6. [wa-l-bintu-ṣ-ṣaġīra^{t} fi-l-madrasa^{t} ayḍ^{an}]. 7. ['anā ^{c}indī bint wāḥida^{t}]. 8. [kam ^{c}umruhā]. 8. [^{c}išrūna sana^{t} wa-taskun ma^{c}a ṣadīḳa^{t} fi-l-madīna^{t}].

D 4 EXPRESSIONS UTILES

rien (pas une chose)	[lā šay']	• لا شَيْء
rien ne se passe	[lā šay' yaḥduṯ]	• لا شيء يحدُث
personne (pas quelqu'un)	[lā 'aḥad]	• لا أَحَد
personne ne sait	[lā 'aḥad ya^{c}lam]	• لا أحد يعلَم
je ne demande (après) personne	[lā 'as'al ^{c}an aḥad]	• لا أسأَل عن أحَد
je ne cherche personne	[lā 'abḥaṯ ^{c}an aḥad]	• لا أبحَث عن أحَد

12 VIE PRATIQUE

E 1 AU QUOTIDIEN

■ **Les dizaines :**

10	١٠	**عَشرة**	[^{c}ašra^{t}]
20	٢٠	**عِشرون**	[^{c}išrūn]
30	٣٠	**ثَلاثون**	[t̠alāt̠ūn]
40	٤٠	**أَرْبَعون**	[’arba^{c}ūn]
50	٥٠	**خَمْسون**	[h̠amsūn]
60	٦٠	**سِتّون**	[sittūn]
70	٧٠	**سَبعون**	[sab^{c}ūn]
80	٨٠	**ثَمانون**	[t̠amānūn]
90	٩٠	**تِسعون**	[tis^{c}ūn]
100	١٠٠	**مئة**	[mi’ā^{t}]

• Pour **dire les nombres** de 21 à 99, l’arabe procède à l’inverse du français (mais comme l’allemand) : **خمسة وعشرون** [h̠amsa^{t} wa-^{c}išrūn], « cinq et vingt », et non « vingt (et) cinq ».

• **Concernant le temps :**

nuit, [layl] m **لَيْل** ↔ *journée* [nahār] m **نَهار**

minuit, [niṣfu-l-layl], **نِصف اللّيل** ↔ *midi,* [’aẓ-ẓuhr] **ٱلظُّهْر**

↔ *matin* (*avant-midi*), [ḳabla-ẓ-ẓuhr] **قبل ٱلظُّهْر**

بَعْدَ الظُّهر [ba^{c}da-ẓ-ẓuhr], *après-midi.*

E 2 PARLER DIALECTAL

■ Comment prononcer la **ta marbouta** ? Comme un *a* légèrement aspiré à la fin (pareillement au littéraire) : **sayyāra**, *voiture* ; **sāᶜa**, *heure/montre.* Mais elle peut, après certains sons (lettres labiales, dentales, interdentales), se prononcer comme un [i] : **ğamīli**, *belle* ; **maktabi**, *librairie*, **saᶜīdi**, *heureuse.*

■ Le verbe *vouloir*, أريد , est exprimé de plusieurs façons :
- Au Proche-Orient par une **locution verbale** comportant le pronom affixe (comme dans) : **baddī, baddak, baddik, baddū, baddā, baddnā, baddkun, baddun.**
- En Égypte, en mettant **ᶜāwez/ᶜāyez** avant le pronom personnel : **anā ᶜāwez, enta ᶜāwez...**

■ **Expressions :**

ماذا تريد؟
Que veux-tu ?

D šū baddak
C enta ᶜāyez ēh
A wāš tḥabb
B štī tarīd

متى يأكل ؟
Quand dors-tu ?

D émtā byékol
C émtā byekul
A weqtāš yākul
B yamta yākul

منذ متى ينام؟
Depuis quand dort-il ?

D min emtā binām
C min émtā binām
A min waqtāš yerquḍ
B min yamta ynām

أين تعمل؟
Où travailles-tu ?

D wēn btešteġel
C beteštaġal fēn
A wēn teḫdem
B fén tešteġel

A 1 PRÉSENTATION

Ce soir [hada-l-masā']

■ **L'adjectif démonstratif** : *ce/cet, cette.*

هذا [hāḏā] + article = *ce*

هذه [hāḏihi] + article = *cette*

• Même construction pour ذَلِك [ḏālika], *ce, celui-là* et تِلك [tilka] *cette, celle-là.*

☞ Devant l'article, le **alif** final de هذا se prononce comme une voyelle brève (cf. 8 A3).

porter	[yaḥmil]	يَحمل	*occupé*	[mašġūl]	مَشغول
valise	[ḥaḳība^t]	حَقيبة	*passer*	[yaḳḍī]	يَقضي
préférer	[yufaḍḍil]	يُفَضِّل	*fin* (n)	[nihāya^t]	نِهاية
gâteau	[ḥalwā]	حَلوى	*ouvert*	[maftūḥ]	مَفتوح

Noter : Désormais, comme dans les dictionnaires, le verbe sera donné à l'infinitif en français et à la 3e pers. du masculin singulier en arabe.

A 2 APPLICATION (CD)

1. أَنا مشغول جدّاً هذا ٱلأُسبوع.
2. أين تَقضون هذه ٱلعُطلة ؟
3. أَعود في نِهاية هذه ٱلسَّنة إلى لُبنان.
4. هذا ٱلباب مَفتوح وذَلِك ٱلباب مُغلَق.
5. أنا أحمِل هذه ٱلحَقيبة وأنتَ تحمِل تِلكَ.
6. هل تُفَضّل هذه ٱلحَلوى أَم تِلكَ ؟

A 3 REMARQUES

■ **Pronoms et adjectif démonstratifs** ont la même forme en arabe. La seule différence est que l'adj. démonstratif est suivi immédiatement par l'article :

هذا ٱلمساء [hāḏa-l-masā'] = *ce soir*

هذا مساء [hāḏā masā'] = *c'est un soir, ceci est un soir...*

■ **Le proche et l'éloigné**. Pour quelque chose de proche on utilise هذا et هذه (هذا ٱلبَيت [hāḏa-l-bayt], *cette maison-ci*). S'il est éloigné, on utilise ذٰلك [ḏālika] pour le masc. et تِلْكَ [tilka] pour le fém. (phr. 4-6)

☞ Le trait vertical sur la 1re syllable de ذٰلك se prononce comme un **alif** [ḏālika].

☞ L'inaccompli (en arabe, مُضارِع [muḍāri^{c}]) peut exprimer aussi le futur (phr. 3).

☞ En position médiane, le ه [h] peut s'écrire de deux manières : ـهـ ou ـﻬـ .

A 4 TRADUCTION

1. Je suis très occupé cette semaine.
2. Où passez-vous ces vacances (cette vacance) ?
3. Je retourne(rai) à la fin de cette année au Liban.
4. Cette porte[-ci] est ouverte et celle-là est fermée.
5. Moi, je porte cette valise[-ci] et toi celle-là.
6. Préfères-tu ce gâteau[-ci] ou ce gâteau-là ?

1. ['anā mašġūl ǧidd^{an} hāḏa-l-'usbū^{c}]. 2. ['ayna taḳḍūn hāḏihi-l-^{c}uṭla^{t}] 3. ['a^{c}ūd fī nihāyat hāḏihi-s-sana^{t} 'ilā lubnān]. 4. [hāḏa-l-bāb maftūḥ wa-ḏālika-l-bāb muġlaḳ]. 5. ['ana 'aḥmil hāḏihi-l-ḥaḳība^{t} wa 'anta taḥmil tilka]. 6. [hal tufaḍḍil hāḏihi-l-ḥalwā 'am tilka]

B 1 PRÉSENTATION

(C'est lui le chemin) [hāḏā huwa-ṭ-ṭarīḳ]

■ Ici, le sujet de phrase nominale هذا, et l'attribut, ٱلطَّريق, sont séparés par هو, pour éviter la confusion. هذا ٱلطّريق signifierait, en effet, *ce chemin*, sans former une phrase

• Si, dans une phrase nominale dont le sujet est un démonstratif, l'attribut est déterminé par l'article, l'arabe ajoute هو (ou هي, selon le cas) entre les deux.

chose, affaire	['amr]	m أَمر	*problème*	[muškila[t]]	مُشكِلة
important	[muhimm]	مُهِمّ	*travail*	[[c]amal]	عَمَل
parc	[ḥadīḳa[t]]	حديقة	*agréable*	[mumti[c]]	مُمتِع

B 2 APPLICATION (CD)

1. هذا هو ٱلسَّيِّد شامي.
2. تلك هي ٱلسَّيِّدة سُعاد.
3. هذا هو ٱلسُؤال.
4. تِلك هي ٱلمُشكِلة*.
5. هل هذا عَمل مُمتِع ؟
6. نعم هذا ٱلعَمل مُمتِع.
7. هذا أمر مُهِمّ.
8. هذه ٱلحديقة ٱلصَّغيرة جَميلة جدّاً.

☞ Souvent, la lettre [م] précédée de [ل] s'écrit : لمـ (ٱلمشكلة)

B 3 REMARQUES

■ Remarquez les frontières entre le **sujet** (démonstratif) et l'**attribut** dans ces phrases nominales :

c'est/ [cela] la question	هذا/هو ٱلسُّؤال.
c'est/ [cela] le problème	تِلك/هي ٱلمُشْكلة.
c'est/ un travail agréable	هذا/عَمل مُمْتع.
c'est/ une affaire importante	هذا/أمْر مُهمّ.
ce travail/ est important	هذا ٱلعَمل/مُمتع.
ce petit parc/est très beau	هذه ٱلحدِيقة ٱلصَّغيرة/جَميلة جدًّا.

• Dans les deux dernières phrases le démonstratif est devenu un adjectif, alors qu'il est pronom dans les phrases précédentes.

☞ Dans la dernière phrase le groupe sujet est formé de :

> adjectif démonstraif + nom + adjectif épithète

B 4 TRADUCTION

1. C'est (ou : voici) M. Chami (le monsieur Chami).
2. C'est (ou : voici) Mme Souad (la dame Souad).
3. C'est (là) la question.
4. C'est (là) le problème.
5. Est-ce un travail agréable (est-ce que celui-ci [est] un travail agréable) ?
6. Oui, ce travail est agréable.
7. C'est une affaire (une chose) importante.
8. Ce petit jardin (parc) est très joli.

> 1. [hāḏā huwa-s-sayyid šāmī]. 2. [tilka hiya-s-sayyida^{t} su^{c}ād]. 3. [hāḏā huwa-s-su'āl]. 4. [tilka hiya-l-muškila^{t}]. 5. [hal hāḏā ^{c}amal mumti^{c}]. 6. [na^{c}am hāḏā-l-^{c}amal mumti^{c}]. 7. [hāḏā 'amr muhimm]. 8. [hāḏihi-l-ḥadīḳa-ṣ-ṣaġīra^{t} ğamīla^{t} ğidd^{an}].

EXERCICES

C 1 EXERCICES

A. Lire et traduire :

1. أين تقضين هذه ٱلعُطلة، يا آنِسة ؟

3. هل تُحبّين هذه ٱلمدينة، يا سيِّدة ؟

3. هذا لأمْر مُهِمّ جداً.

4. هذا أمْر مُهِمّ جداً.

B. Écrire plusieurs fois à la main :

عندي صبي وبنت .

D. Traduire : (CD)

1. Ce soir, je vais chez mon ami.
2. C'est un monsieur très important.
3. Je connais cette dame très importante.

C 2 CORRIGÉ

A. 1. ['ayna taḳḍīna hāḏihi-l-ᶜuṭla^{t} yā 'anisa^{t}], *Où passez-vous (passes-tu) ces vacances, Mademoiselle ?* 2. [hal tuḥibbīna hāḏihi-l-madīnat, yā sayyidat] ? *Aimez-vous (aimes-tu) cette ville, Madame ?* 3. [hāḏa-l-'amr muhimm ǧidd^{an}], *Cette affaire est très importante.* 4. [lhāḏā 'amr muhimm ǧidd^{an}], *C'est une affaire très importante.*

B. J'ai un garçon et une fille.

C.

1. هذا ٱلمساء أذهَب إلى بيت صديقي.

2. هذا سيِّد مُهمّ جداً.

3. أعرف هذه ٱلسَّيِّدة ٱلمُهمّة جدّاً.

C 3 SUNNITES ET CHIITES

• Le troisième **calife** (ou *successeur de Mahomet*), **Othman** عُثْمان fut tué en 656 au cours d'une révolte populaire. Son successeur **Ali,** عَليّ, homme de droiture et de foi, fut accusé d'être à l'origine de cet assassinat par **Moawiya** مُعاوِيَة, qui revendiqua la succession du calife assassiné. La guerre qui s'en suivit tourna à l'avantage de **Moawiya**. Celui-ci mit fin au régime inspiré par le Prophète, celui des quatre premiers califes, dits « *les bien guidés* » et fonda le premier état arabe, en formant une administration sur le **modèle byzantin**. Il transféra la capitale de Médine à Damas, où sa dynastie, les **Omeyyades**, se maintint au pouvoir pendant un siècle.

• Son accession au pouvoir consacra la division entre les **sunnites** (les *tenants de la tradition du Prophète*) et les **chiites** (les *partisans de Ali*).
Au cours de l'histoire, les différentes contrées musulmanes furent (presque) toutes tantôt sunnites, tantôt chiites. Le partage actuel n'eut lieu que vers les XVe-XVIe siècles, la plupart des pays arabes se trouvant du côté du sunnisme, courant majoritaire et le chiisme s'implantant surtout en **Perse**, mais aussi dans un pays comme le **Yémen**.
Si les sunnites ont maintenu une certaine unité tout en suivant différentes **écoles** juridiques, les chiites se subdivisèrent en plusieurs branches. Mais outre ces deux branches, l'Islam comprend d'autres communautés plus restreintes, comme les **Alaouites** installés sur le littoral syrien et les **Druzes** répartis au Proche-Orient.

D 1 (CD) ■ أذهَب إلى عمَلي

1. أمين إلى أين تذهَبين، آنسة زينة ؟

2. زينة أذهَب إلى عمَلي، في مكتَب سِياحيّ.

3. أمين أين يَقع هذا ٱلمكتب ؟

4. زينة أُنظُر، هو في ذَلِك ٱلشّارِع.

5. أمين شارِع صلاح ٱلدين ؟

6. زينة لا، ٱلشّارع ٱلآخَر. رقم ٤٥.

7. أمين آه، أَرى. ماذا تفعَلين هذا ٱلمسَاء.

8. زينة أنا مَشغولة قليلاً، تأتي صديقَتي
عِندي. ثُمَّ نذهب معاً إلى ٱلسّينما.

9. أمين ما عِندي حَظّ، إلى مُناسَبة أُخرى !

D 2 VOCABULAIRE

- *il se situe* [yaḳa^{c}] يقَع
- *regarde* (en s'adressant à un *tu* masc.) ['unẓur] أُنظُر
- *autre,* f ['uẖrā] أُخرى ، *autre,* m ['āẖar] آخَر
- *je vois* ['arā] أَرى
- *ensemble* [ma^{c}an] معاً
- *occasion* [munāsaba^{t}] مُناسَبة

D 3 Je vais à mon travail

1. Où allez-vous (vas-tu), mademoiselle Zayna ?
2. Je vais à mon travail, dans un office du tourisme (bureau touristique).
3. Où se trouve ce bureau ?
4. Regarde, il est dans cette rue-là.
5. Rue Saladin ?
6. Non, l'autre rue, au numéro 45.
7. Ah, je vois. Que faites-vous ce soir ?
8. Je suis un peu occupée, mon amie vient chez moi.
9. Puis nous allons ensemble au cinéma.
10. Je n'ai pas de chance, à une autre occasion !

1. ['ilā 'ayna taḏhabīn 'ānisa^{t} zayna^{t}]. 2. ['aḏhab 'ilā ^{c}amalī fī maktab siyāḥiyy]. 3. ['ayna yaḳa^{c} hāḏa-l-maktab]. 4. ['unẓur huwa fī ḏālika-š-šari^{c}]. 5. [šāri^{c} ṣalāḥi-d-dīn]. 6. [lā 'aš-šāri^{c}u-l-'āẖar raḳam 45]. 7. ['āh 'arā māḏā taf^{c}alīn hāḏa-l-masa']. 8. ['anā mašġūla^{t} ḳalīl^{an} ta'tī ṣadīḳatī ^{c}indī]. 9. [ṯumma naḏhab ma^{can} 'ila-s-sinamā]. 10. [mā ^{c}indī ḥaẓẓ 'ilā munāsaba^{t} 'uẖrā].

D 4 EXPRESSIONS UTILES (CD)

■ **Saladin**, en arabe صلاح ٱلدّين, est l'une des figures les plus adulées de l'histoire arabo-musulmane, notamment pour avoir repris **Jérusalem** aux Croisés. Par son esprit chevaleresque et sa magnanimité, il en imposait même à ses ennemis.

• **Les points cardinaux** :

nord	[šamāl]	شمال	*est*	[šarḳ]	شَرق
sud	[ğanūb]	جَنوب	*ouest*	[ġarb]	غَرب

E 1 AU QUOTIDIEN

■ Les Nombres De 11 À 19

['aḥad ᶜašar]	أَحَد عَشَر	١١	11
['iṯnā ᶜašar]	إثنا عَشَر	١٢	12
[ṯalāṯata ᶜašar]	ثلاثَة عشر	١٣	13
['arbaᶜata ᶜašar]	أربَعَة عشر	١٤	14
[ḫamsata ᶜašar]	خمسة عشر	١٥	15
[sittata ᶜašar]	ستَّة عشر	١٦	16
[sabᶜata ᶜašar]	سبعة عشر	١٧	17
[ṯamāniyata ᶜašar]	ثَمانية عشر	١٨	18
[tisᶜata ᶜašar]	تِسعة عشر	١٩	19

☞ Pas de و [wa] de coordination entre les deux termes.

■ Noms de pays et de villes arabes :

Rabat	['ar-rabāṭ]	ٱلرَّباط	*Maroc*	['al-maġrib]	ٱلْمَغْرِب
Beyrouth	[bayrūt]	بَيْروت	*Liban*	[lubnān]	لُبْنان
Le Caire	['al-ḳāhiraᵗ]	ٱلْقاهرة	*Égypte*	[miṣr]	مِصْر
Jérusalem	['al-ḳuds]	ٱلْقُدْس	*Palestine*	[filasṭīn]	فلَسْطين

• L'arabe utilise ٱلشَّرْق [aš-šarḳ] et ٱلْغَرْب ['al-ġarb] pour dire l'**Orient** et l'**Occident**. Il réserve ٱلْمَشرِق ['al-mašriḳ] et ٱلْمَغْرب ['al-maġrib], pour désigner l'**Orient arabe** et l'**Occident arabe**, c'est-à-dire le **Proche-Orient** d'une part et l'**Afrique du Nord** de l'autre, à laquelle il rattache l'Espagne d'autrefois.

E 2 PARLER DIALECTAL

■ **L'adjectif démonstratif** (comme dans **ce livre**) se réduit à **ha** au Proche-orient, et **dā**, **dī**, **dōl** en Égypte :

هذا المكتب	**D**	ha-l-maktab
Ce bureau	**C**	el-maktab dā
	A	hāde-l-bīro
	B	hāḏa-l-maktab
هذه الغرفة	**D**	hal-ġerfi/'ūḍa
Cette chambre	**C**	el-'ōḍa dī
	A	hāde-bīt
	B	hāḏi-l-ḥiğra
هؤلاء الأولاد	**D**	hale-wlād
Ces enfants	**C**	el-'awlād dōl
	A	hāde-l-wlād
	B	ḏawla-l-awlād

■ **Enfant/garçon**. Bien que le mot ولد [**walad**] désigne en littéraire un *enfant*, garçon ou fille, il est utilisé dans certains dialectes pour *garçon*. D'où le cocasse de l'expression : **ᶜindī walad w-'arbaᶜ banāt**, *j'ai un garçon (un enfant) et 4 filles.*

■ **Expressions** :

ما اسمك؟	**D**	šū ismak
Quel est ton nom ?	**C**	esmak ēh
	A	waše-smek
هذا غير مهم	**D**	hādā muš/mū muhimm
Ce n'est pas important	**C**	dā miš mohemm
	A	hādā māšī/ma rahš muhemm
ماذا يحدث؟	**D**	šū ᶜam yeṣīr
Que se passe-t-il ?	**C**	fīh ēh/ḥaṣal ēh
	A	wāš kāyen

A 1 PRÉSENTATION

[un] verre [d']eau [ka's mā'] كَأس ماء

■ **L'annexion**. Nom + Compl. de nom forment un bloc solidaire qu'on appelle une annexion.

> En français : article + nom + *de* + compl. de nom.
> En arabe : nom + compl. de nom décliné (cf. 14B).

• Le complément de nom peut porter l'article ou le possessif, jamais le nom.

capitale	[ᶜāṣimaᵗ]	عاصِمة	*jus*	[ᶜaṣīr]	عَصير
intelligent	[ḏakiyy]	ذكيّ	*pomme*	[tuffāḥ] m	تُفّاح
téléphone	[hātif] m	هاتِف	*bon*	[ṭayyib]	طَيِّب
voix, son	[ṣawt] m	صَوْت	*photographie*	[ṣūraᵗ]	صورة

A 2 APPLICATION (CD)

1. هل تشرَب عَصير تُفّاح ؟
2. نعم، عصيرُ ٱلتُّفّاح طَيِّب.
3. هذه صورة أمِّي.
4. ما هي عاصِمَة ٱلمَغرِب ؟
5. صَديق مها لَطيف.
6. أُخت عُمَر ذكيّة.
7. هل تعرف رقَم هاتِفي.
8. أسمَع صَوْت وَلد.

A 3 REMARQUES

■ Pour dire *un jus de pomme*, l'arabe dit *jus pomme* (pas d'article). Mais pour dire *le jus de pomme*, il met l'article devant le complément de nom (« *jus la pomme* ») et non devant le nom comme en français (phr. 2 et 4).

• De même c'est le complément de nom qui portera le possessif. Ex. : *mon numéro de téléphone* sera rendu par « *numéro mon téléphone* » (phr. 7).

• Lorsque le nom (qui est suivi d'un compl. de nom) se termine par une **ta marbouta, ة**, celle-ci se prononce obligatoirement (phr. 3, 4). Elle sera transcrite alors comme un *t* normal.

Rappel : noter l'apparition devant l'article de la marque du nominatif (ـُ) dans عصيرُ (phr. 2), sujet de la phrase nominale, et عاصمةُ (phr. 4), attribut.

A 4 TRADUCTION

1. Est-ce que tu bois un jus de pomme (jus pomme) ?
2. Oui, le jus de pomme (jus la pomme) est bon.
3. C'est la photo de ma mère (photo ma mère).
4. Quelle est la capitale du Maroc (capitale le Maroc) ?
5. L'ami de Maha (ami Maha) est gentil.
6. La sœur de Omar (sœur Omar) est intelligente.
7. Connais-tu mon numéro de téléphone (numéro mon téléphone.
8. J'entends une voix d'enfant (voix enfant).

1. [hal tašrab ᶜaṣīr tuffāḥ]. 2. [naᶜam ᶜaṣīru-t-tuffāḥ ṭayyib] 3. [hāḏihi ṣūrat 'ummī]. 4. [mā hiya ᶜāṣimatu-l-maġrib]. 5. [ṣadīḳ mahā laṭīf] 6. ['uḫt ᶜumar ḏakiyyaᵗ] 7. [hal taᶜrif raḳam hātifī]. 8. ['asmaᶜ ṣawt walad]

B 1 PRÉSENTATION

[le] numéro [de] ton téléphone [raḳam hātifika]

■ **Déclinaison** ou **vocalisation finale** du nom (cf. 8 B3). Placé devant un possessif, le mot هاتِف [hātifi], *téléphone*, porte la voyelle finale par nécessité de liaison. Cette voyelle est la kasra ـِـ car ce mot est compl. du nom رَقَم [raḳam], *numéro.*

> Le compl. de nom se met toujours au **génitif** dont la marque est la kasra ـِـ (cf. Gram. 418-20).

Rappel : devant un compl. de nom, la ta marbouta se prononce **t** (phr. 1 et 2).

clé	[miftāḥ]	m مِفتاح	*cousine*	['ibnat ᶜamm]	ٱبنَة عمّ
date	[tārīẖ]	**m** تاريخ	*cousin*	['ibn ᶜamm]	ٱبن عمّ
naissance	[wilādaᵗ]	وِلادة	*secrétaire*	['amīn sirr]	أَمين سِرّ
passeport	[ǧawāz safar]	جَواز سَفَر	*ministre*	[wazīr]	وَزير

B 2 APPLICATION (CD)

1. هل ليلى ٱبْنة عمِّكَ ؟
2. هذه صورة ٱبْن عمِّك.
3. كيفَ حال أخيكَ ؟
4. هو ٱلآن أَمين سِرِّ ٱلوَزير.
5. عِندي مِفتاح بيتِها.
6. مَا عِندي رَقم غُرفَتِه.
7. لا أعرف تاريخ وِلادَتِكَ.
8. جَواز سَفَرِك ، من فَضلِكَ.

B 3 REMARQUES

■ **Les « cinq noms »**. Dans la phr. 3, le mot أخ ['aẖ], *frère*, est compl. de nom. Il devrait s'écrire ici أخِـ+ك ['aẖi+ka]. Mais la voyelle brève ـِ est devenue longue, ي [ī]. Il en est de même pour أب, *père*, et 3 autres noms ; d'où « les cinq noms ».

■ Il existe en arabe certains mots composés qui forment une **annexion**, comme جَواز سَفَر, *passeport* (m. à m. : *un permis de voyage*), أمين سِرّ, *secrétaire* (m. à m. : *confident de secret*). Ils fonctionnent exactement comme un nom et un compl. de nom : c'est ce dernier qui prend l'article ou le possessif. *Le passeport* : جَواز ٱلسَّفر [ǧawāzu-s-safar], *ton passeport* : جَواز سَفَرِك [ǧawāzu safarika] (phr. 8). Il en est de même de certaines expressions : *date de naissance* (phr. 7), *numéro de téléphone* (phr. 7, dans 14 A).

• Un complément de nom peut être lui-même suivi d'un **autre compl.** de nom (phr. 2 et 4). Seul le dernier peut, selon le sens, prendre l'article (ou le possessif).

• Le possessif ـهُ [hu], devient ـهِ [hi] après une **kasra** (phr. 6).

B 4 TRADUCTION

1. Est-ce que Layla est ta cousine ?
2. C'est la photo de ton cousin.
3. Comment va (est l'état de) ton frère ?
4. Il est maintenant secrétaire du ministre.
5. J'ai la clé de sa maison (f).
6. Je n'ai pas le numéro de sa chambre.
7. Je ne sais pas ta date de naissance (date [de] ta naissance).
8. Ton passeport, s'il te plaît (de ta grâce).

1. [hal laylā 'ibnat ᶜammika]. 2. [hāḏihi ṣūrat 'ibn ᶜammika]. 3. [kayfa ḥāl 'aẖīka]. 4. [huwa-l-'ān 'amīn sirri-l-wazīr]. 5. [ᶜindī miftāḥ baytihā]. 6. [mā ᶜindī rakam ġurfatihi]. 7. [lā 'aᶜrif tārīẖ wiladatika]. 8. [ǧawāz safarika min fadlika].

C 1 EXERCICES

A. Lire et traduire :

1. أخي يذهَب إلى ٱلعَمَل باكراً.

3. كريم صَديق ٱبن وَزير ٱلسِّياحة (1).

3. ما عِندي رَقَم هاتِفِكَ.

B. Lire, traduire et écrire plusieurs fois à la main :

متى تذهب إلى عَمَلِكَ ؟

D. Traduire :

1. J'habite à côté du bureau de poste (2).
2. Il rentre chez lui (il revient à la maison) (3) maintenant.
3. Connais-tu notre numéro de téléphone ?

C 2 CORRIGÉ

A. 1. ['aẖī yaḏhab 'ila-l-^{c}amal bākir^{an}], *Mon frère va au travail tôt.* 2. [karīm ṣadīḳ 'ibn wazīri-s-siyāḥa^{t}] ? *Karim est l'ami du fils du ministre du Tourisme.* 3. [mā ^{c}indī raḳam hātifika], *Je n'ai pas ton numéro de téléphone*

B. *Quand vas-tu à ton travail ?*

C.

1. أسكُن قُربَ مكتَبِ ٱلبَريد.

2. يعود إلى ٱلبَيت ٱلآن.

3. هل تعرف رَقَم هاتِفِنا ؟

---

(1) سِياحة [siyāḥa^{t}] *tourisme* (2) البَريد ['al-barīd] *la poste*

(3) يَعود إلى [ya^{c}ud 'ilā] *revenir*

C 3 LA PARENTÉ

■ Bien que la société arabe préislamique ait connu le système matriarcal, c'est évidemment le **patriarcat** qui prédomine ensuite, régissant les rapports à l'intérieur comme à l'extérieur de la tribu. Cela n'impliquait pas l'infériorisation de la femme, puisque des **poétesses** éminentes et de célèbres meneuses d'hommes s'y illustrèrent. Cependant, c'est ce système qui a donné naissance à une terminologie complexe désignant la parenté. Celle-ci distingue rigoureusement entre **lignée paternelle** et **lignée maternelle**, tant pour l'ascendance que pour la descendance.

• **L'ascendance et les collatéraux** :

– L'arabe désigne **oncle et tante paternels**, par عمّ [ᶜamm] et عمّة [ᶜammaᵗ] ; les **maternels** étant خال [ẖāl] et خالة [ẖālaᵗ]. Il en découle une terminologie précise pour désigner les cousins et les cousines selon leur place exacte dans la famille :

fils ou fille	de l'oncle paternel	de la tante paternelle	de l'oncle maternel	de la tante maternelle
cousin	اَبن عمِّي ['ibn ᶜammī]	اَبن عَمَّتي ['ibn ᶜammtī]	اَبن خالي ['ibn ẖālī]	اِبن خالَتي ['ibn ẖālatī]
cousine	اَبنة عمِّي ['ibnat ᶜammī]	اَبنة عَمَّتي ['ibnat ᶜammī]	اَبنة خالي ['ibnat ẖālī]	اَبنة خالَتي ['iɔnat ẖālatī]

• **La descendance** : *mon neveu* et *ma nièce*

– **Côté frère** : اَبْن أَخي ['ibn 'aẖī], اَبْنَة أخي ['ibnat 'aẖī]

– **Côté sœur** : اِبن أختي ['ibn 'uẖtī], اَبنة أختي ['ibnat 'uẖtī]

De même pour *mon petit-fils* et *ma petite-fille* :

– **Côté fils** : اَبن اَبْني ['ibn 'ibnī], et اَبنة بِنْتي ['ibnat bintī]

– **Côté fille** : اَبن بنتي ['ibn bintī] et اَبنة بِنتي ['ibnat bintī]

Pour *grand-père* et *grand-mère*, comme en français, les termes sont les mêmes des deux côtés : جَدّ [ğadd] et جَدّة [ğaddaᵗ].

14 DIALOGUE

D 1 (CD) ■ **مع ٱلشُرْطِيّ**

ٱلشُرْطِيّ	حسّان
1. – ٱلاسم ؟	– حَسّان.
2. – ٱلشُّهرة ؟	– ٱلحدّاد.
3. – ٱسم ٱلأب ؟	– رَفيق.
4. – ٱسم ٱلأُمّ ؟	– زَنّوبيا.
5. – تاريخُ ٱلوِلادة ؟	– ١٩٧٥/٧/١٥
6. – مكانُ ٱلوِلادة ؟	– بَغْداد.
7. – ٱلعُنْوان ؟	– ٤٥ ، شارعُ ٱلرَّشيد.
8. – ٱلمِهْنة ؟	– تاجِر.
9. – ٱلجِنْسِيَّة ؟	– عِراقيّ.

D 2 VOCABULAIRE

- مَكان [makān] *lieu*
- مِهْنة [mihna[t]] *profession*
- جِنسِيّة [ğinsiyya[t]] *nationalité*

☞ Parfois, on utilise aussi pour *prénom* **الاسم الشخصيّ** [al-'ismu-l-šaḫṣiyy], *nom indiviudel*, et pour *nom* **الاسم العائليّ** [al-'ismu-l-ᶜā'iliyy], *nom de famille*.

D 3 Avec le policier

1. Prénom ? – Hassan.
2. Nom ? – Al-Haddad.
3. Prénom du père ? – Rafiq.
4. Prénom de la mère ? – Zannoubiya.
5. Date de naissance ? – 15/7/1975
6. Lieu de naissance ? – Bagdad.
7. Adresse ? – 45, rue al-Rachid.
8. Profession ? – Commerçant.
9. Nationalité ? – Irakien.

1. ['al-'ism – ḥassān]. 2. ['aš-šuhra^{t} – 'al-ḥaddād]. 3. ['ismu-l-'ab – rafīḳ]. 4. ['ismu-l-'umm – zannūbyā]. 5. [tārīẖu-l-wilāda^{t} – ẖamsata ^{c}ašar, sab^{c}a^{t}, 'alf wa-tis^{c}imi'a^{t} wa-ẖamsa wa-sab^{c}ūn]. 6. [makānu-l-wilāda^{t} – baġdād]. 7. ['al-^{c}unwān – ẖamsa^{t} wa-'arba^{c}ūn šāri^{c} 'ar-rašīd]. 8. ['al-mihna^{t} – tāǧir]. 9. ['al-ǧinsiyya^{t} – ^{c}irākiyy].

D 4 EXPRESSIONS UTILES

■ **Al-Rachid**, ٱلرَّشيد, ['ar-rašīd], (*le bien guidé*), est le titre que portait le grand calife abbasside, هارون ٱلرَّشيد [hārūn 'ar-rašīd]. Contemporain de Charlemagne, il est le symbole de l'apogée de la civilisation arabe. Sa capitale, Bagdad, بغداد, [baġdād], comptait alors plus d'un million d'habitants. Sous son fils al-Ma'moun, المَأمون, fondateur d'une bibliothèque prestigieuse, دار الحكمة, [dār 'al-ḥikma^{t}], *la maison de la sagesse*, l'empire atteint son apogée.

14 VIE PRATIQUE

E 1 AU QUOTIDIEN

■ Lecture non vocalisée

En **11 E1**. Nous avons donné une règle de lecture pour les verbes trilitères (formés de 3 lettres, sans compter la désinence du sujet) et composés uniquement de consonnes. Quant aux verbes trilitères ayant une **voyelle longue** comme 2e lettre (**يعود**, [yaᶜūd], *revenir*) ou 3e lettre (**يَأْتي**, [ya'tī], *venir*), ils se lisent sans aucune indication vocalique : la voyelle de la désinence sujet est toujours ـَـ, et le reste est déterminé par la voyelle longue. **ينام** se prononce forcément **يَنام**, [yanām], **يقضي** se prononce toujours **يَقْضي**, [yaḳḍī]

• **Exercice :** Vocalisez puis vérifiez :

أقول – يخاف – يكون – يجيء

يأتي – يسعى – يرجو

أَقُول – يَخَاف – يَكُون – يَجِيء

يَأْتي – يَسْعَى – يَرْجُو

• La vocalisation des verbes composés seulement de 2 lettres + la désinence (forme particulière) est simple : mettre une **kasra** sur la lettre qui suit la désinence :

يجد, **يَجِد** [yağid], *il trouve.*

E 2 PARLER DIALECTAL

■ **S'adresser à quelqu'un.**

Pour s'adresser à un homme ou une femme mariés, on les appelle non par leur prénom, mais par la formule *père de*, *mère de*, suivi du prénom du **fils aîné** : **Abou Karim**, **Umm Hassan.** Mais que faire si l'aîné de la famille est une fille, que les enfants sont tous des filles ou que le couple est resté sans enfant ? Dans le premier cas, on utilise le prénom du premier parmi les garçons ; dans le second, on utilise le prénom de la fille. Mais quelle gêne ! Heureusement que les mentalités changent ; d'ailleurs, de plus en plus, on s'adresse au gens en employant leurs prénoms.

■ **Expressions** :

هل تريد كأس ماء
Veux-tu un verre d'eau
D baddak kās may
C enta 'āyez kobayyet mayya
A tḥabb kās mā

يذهب إلى السينما
Il va au cinéma
D birūḥ ʿa-s-sīnémā
C yerūḥe-s-sīma
A yerūḥe-s-sīnimā

متى يأتي
Quand vient-il
D émtā byeğī
C 'émtā yigī
A weqtāš yedğī

يأتون معا
Ils viennent avec nous
D byeğū sawā
C yigū maʿa baʿḍ
A yedğū swaswa

هل ترى السيارة
Vois-tu la voiture
D betšūfe-s-sayyāra
C entā šāyife-l-ʿarabeyya
A rāk tšūfe-t-tomōbīl

رقم هاتفي
Mon numéro de téléphone
D ra'am hātfī/nemret-téléfōnī
C ra'am/nemret tilifūnī
A numero téléfōn ntāʿī

A 1 PRÉSENTATION

J'aime le sport ['uḥibbu-r-riyāḍa^t] أُحِبُّ الرِّياضة

■ **La voyelle finale de l'inaccompli**. Placé devant un article auquel il est lié dans la prononciation, le verbe doit porter la voyelle finale adéquate.

Au **mode indicatif**, cette voyelle est la damma ـُ [u].

■ Conjugaison de **l'inaccompli** au pluriel :

nous aimons	[nuḥibbu]	نُحِبُّ
vous aimez	[tuḥibbūna]	تُحِبُّون
ils aiment	[yaḥibbūna]	يُحِبُّون

lettre	[risāla^t]	رِسالة	*lecture*	[ḳirā'a^t]	قِراءة
acheter	[yaštarī]	يَشتَري	*lire*	[yaḳrā']	يَقرَأ
ou	['aw]	أَو	*journal*	[ğarīda^t]	جريدة
thé	[šāy]	شاي	*écrire*	[yaktub]	يَكتُب

A 2 APPLICATION (CD)

1. هل تُحبّونَ ٱلقِراءة ؟

2. نعم، نُحِبُّ ٱلقِراءة.

3. يَقرَأونَ ٱلجَريدة.

4. أَكتُب رِسالة.

5. أَشتَري ٱلجَريدة.

6. هل تحبُّ ٱلقَهوة أَوِ ٱلشّاي.

A 3 REMARQUES

■ **Le mode**. La voyelle finale du mode **indicatif** est la **damma** : ـُ [u], qui en arabe standard, n'apparaît qu'en cas de liaison (phr. 2 et 6, par opposition à 4).

• Aux 2e et 3e pers. du pluriel et à la 2e pers. du fém. sing., le verbe se termine par les suffixes ينَ [īna] et ونَ [ūna], dont la voyelle finale est invariable (phr. 1 et 3, Gram. 422). Celle-ci n'apparaît, en arabe standard, qu'en cas de liaison (phr. 3).

• Un verbe se terminant par une voyelle longue, comme أشتَرِي (phr. 5), ne peut prendre la **damma** finale. Devant l'article cette voyelle longue se prononcera comme une voyelle brève (cf. 8 A3).

• أَوْ ['aw], devant l'article, devient ['awi] (comme هل [hal]) afin de faciliter la liaison (phr. 6).

Attention : le lexique arabe donne toujours le verbe à la 3e personne du masculin singulier, comme les dictionnaires arabes.

A 4 TRADUCTION

1. Aimez-vous la lecture ?
2. Oui, nous aimons la lecture.
3. Ils lisent le journal.
4. J'écris une lettre.
5. J'achète le journal.
6. Aimes-tu (m) le café ou le thé.

1. [hal tuḥibūna-l-ḳirā'at]. 2. [naᶜam nuḥibbu-l-ḳirā'at]. 3. [yaḳrā'ūna-l-ğarīdat]. 4. ['aktub risālat]. 5. ['aštari-l-ğarīdat]. 6. [hal tuḥibbu-l-ḳahwat awi-š-šāy]

B 1 PRÉSENTATION

(Naturellement j'aime elle) [ṭab^can 'uḥibbu-hā]

■ **Le pronom personnel complément direct.** Pour dire *je la connais*, l'arabe dit : *je connais elle*. Le pronom COD [hā], *la*, qui a la même forme que le possessif (cf. 10B3), se place après le verbe en s'y rattachant.

utiliser	[yasta^cmil]	يَستَعمِل	*rencontrer*	[yuḳābil]	يُقابِل
laisser	[yatruk]	يَترُك	*demain*	[ġad^an]	غداً
donner	[yu^cṭī]	يُعطي	*l'arabe*	['al ^carabiyya^t]	ٱلعربيّة
ne... que	[lā... illā]	لا... إلا	*ne... pas encore*	[lā... ba^cd]	لا... بَعْد

B 2 APPLICATION (CD)

1. هل تعرفُ ٱلسَيِّد شامي ؟
2. نعم أعرفُهُ جَيِّداً.
3. متى ستُقابِلُهُ ؟ – غداً.
4. هَل تَتَكلَّمينَ ٱلعربِيّة ؟
5. لا، لا أتكلَّمُها بَعد.
6. سَيَّارتي، لا أستعملُها.
7. أترُكُها لِمَرْيَم.
8. لا أُعطيها إلّا لِمَريَم.

B 3 REMARQUES

■ Pronoms personnels affixes et isolés.

• À la 3e pers. le pron. personnel en situation de COD (cas accusatif) prend la forme هُ [hu] au masc. (ph. 2 et 3) et ها [hā] au fém. (ph. 5-8), toujours placé après le verbe. Ces formes correspondent à هُوَ et هِيَ, utilisés uniquement en situation de sujet ou d’attribut (cas nominatif). Dans le 1er cas, ces pronoms sont dits pronoms affixes, dans le 2e cas, ce sont des pron. isolés. Il en va de même pour les formes de la 1e et 2e personne.

Noter : Ce que nous appelons le **déterminant possessif** est lui aussi un pron. pers. affixe ; il est affixé, cette fois, au nom. Ainsi, en mot à mot :

سيّارَتُهُ [sayyāratu-hu], *sa voiture*, signifie : « voiture de lui ».

سيّارَتُها [sayyāratu-hā], *sa voiture à elle*, signifie : « voiture d’elle ».

سيّارتُكَ [sayyāratu-ka], *ta voiture* (m), signifie : « voiture de toi » (m).

سيّارتُكِ [sayyāratu-ki], *ta voiture* (f), signifie : « voiture de toi » (f).

B 4 TRADUCTION

1. Connais-tu M. Chami ?
2. Oui, je le connais bien.
3. Quand le rencontreras-tu ? – Demain.
4. Parles-tu l’arabe ?
5. Non, je ne le parle pas encore.
6. Ma voiture, je ne l’utilise pas.
7. Je la laisse à Mariam.
8. Je ne la laisse (donne) qu’à Mariam.

1. [hal ta^{c}rifu-s-sayyid šāmī]. 2. [na^{c}am ’a^{c}rifu-hu ǧayyid^{an}]. 3. [matā tuķābilu-hu – ġad^{an}]. 4. [hal tatakallamīna-l-^{c}arabiyya^{t}]. 5. [lā, lā ’atakallamu-hā ba^{c}d]. 6. [sayyāratī lā ’asta^{c}miluhā]. 7. [’atruku-hā li-maryam]. 8. [lā ’atruku-hā ’illā li-maryam].

15 EXERCICES

C 1 EXERCICES

A. Lire et traduire :

1. هل تَكتُبُ ٱلرِّسالة ؟ - نعم، أكتُبُها.
2. هل تَتَكلَّمونَ ٱلعَربيَّة ؟ - نعم، نتَكَلَّمُها.

B. Répondre en remplaçant le nom par le pronom :

1. هل تتَعلَّمُ ٱلعَربيَّة يا عُمَر ؟ - نعَم، ...
2. هل تُقابلين سعيد ٱليَومْ ؟ - نعَم،...
3. هل ليلى تُحِبُّ ٱلقِراءة ؟ - لا...

D. Traduire :

1. Je la connais bien.
2. Je n'utilise pas la voiture aujourd'hui.
3. Nous parlons bien l'arabe et le français.
4. Leila, pourquoi laisses-tu cette jolie maison ?
5. Mon crayon, je ne l'utilise pas en ce moment (maintenant).

C 2 CORRIGÉ

A. 1. [hal taktubu-r-risāla[t] ? – na[c]am 'aktubuhā], *Écris-tu la lettre ? - Oui, je l'écris.* 2. [hal tatakallamūna-l-[c]arabiyya[t] - na[c]am natakallamuhā ?], *Parlez-vous l'arabe ? - Oui, nous le (la) parlons.*

B. 1. نعم، أتعلَّمُها. 2. نعم، أُقابِلُه. 3. لا، لا تُحبُّها.

C.
1. أعرفُها جيِّداً.
2. لا أَستَعمِلُ ٱلسّيّارة ٱليَوم.
3. نتكَلَّم ٱلعربيَّة وٱلفرنسيّة جيِّداً.
4. يا ليلى، لماذا تترُكين هذا ٱلبَيت ٱلجَميل؟
5. قَلَمي، لا أَستَعمِلُه ٱلآن.

C 3 LES PRÉNOMS ARABES

■ Ils ont en général un sens et une histoire. Certains proviennent d'un vieux fonds **biblique** repris par le Coran et la tradition chrétienne : إبراهيم ['ibrāhīm] Abraham, موسى [mūsā] Moïse, إلياس ['ilyās] Elie, يوسُف [yūsuf] Joseph, مَريَم [maryam] Marie...

• D'autres sont propres à la tradition **chrétienne orientale** : بُطرُس [butros] Pierre, حَنَّا [ḥannā] Jean, غَسَّان [ġassān] Ghassan.

• Mais le plus grand nombre porte le sceau de l'**Islam,** parmi lesquels certains prénoms de l'antiquité pré-islamique consacrés par l'Islam : مُحمَّد [muḥammad] *Muhammad* (le loué), عُمَر [ᶜumar] *Omar* et علي [ᶜalī] *Ali* (2e et 3e successeurs de Muhammad), فاطِمة [fāṭimāᵗ] *Fatima* (prénom de la fille de Muhammad), ou encore عائِشة [ᶜā'išaᵗ] *Aïcha* (une femme du Prophète).

• L'Islam en a forgé d'autres à partir des **attributs** du Prophète : مُصطَفى [muṣṭafā] *Moustafa* (l'élu), أمين ['amīn] *Amine* (le fidèle), ou des **attributs de Dieu** : عبدُ ٱلكَريم [ᶜabdu-l-karīm] *Abdel-Karim* (serviteur du Généreux), عبدُ ٱلقادِر [ᶜabdu-l-ḳādir] *Abdel-Kader* (serviteur du Puissant), عَبدُ ٱلرَّحيم [ᶜabdu-l-raḥīm] *Abdel-Rahim* (serviteur du Miséricordieux)... Sachant que les attributs de Dieu dans le Coran sont au nombre de **99**, on peut comprendre la longue liste de prénoms ainsi forgés.

• Mais le plus courant de cette liste est عبدُ الله [ᶜabdu-llāh] *Abdallah* (serviteur de Dieu), utilisé aussi chez les chrétiens.

• De nos jours on préfère souvent choisir des prénoms moins chargés religieusement : جَمال [ǧamāl] (*beauté*), سَلوى [salwā] *Salwa* (consolation), عَزيز [ᶜazīz], Aziz (*cher*).

15 DIALOGUE

D 1 (CD)

■ أدرُسُ ٱلعَرَبِيّة

1. **شيرين** هل تتَكَلَّمينَ ٱلعرَبيّة ؟

2. **سوزان** لا أتكَلّمُها بَعْد، ولكن أتعلَّمُها.

3. **شيرين** مُنذُ مَتى تتعَلَّمينَها ؟

4. **سوزان** مُنذُ ٱلسّنة ٱلماضية.

5. **شيرين** وأينَ تدرُسينَها ؟

6. **سوزان** في مَعهَد عرَبيّ في ٱلمَدينة.

7. **شيرين** كَم مَرّة في ٱلأُسبوع ؟

8. **سوزان** مرّة واحِدة، يَوْمَ ٱلخَميس.

9. **شيرين** وكيف تَجِدينَها ؟

10. **سوزان** هي لُغة جَميلة ولكِن صَعْبة.

D 2 VOCABULAIRE

- يدرُس — [yadrus] — *étudier*
- ماضي — [māḍī] — *passé, dernier* ↔ قادِم [ḳādim] *prochain*
- معهد — [ma^{c}had] — *institut*
- كم — [kam] — *combien ?*
- مرّة — [marra^{t}] — *fois*
- لُغة — [luġa^{t}] — *langue*
- صَعْب — [ṣa^{c}b] — *difficile* ↔ سَهْل [sahl] *facile*

D 3 J'étudie l'arabe

1. Parles-tu l'arabe ?
2. Je ne le (la) parle pas encore, mais je l'apprends.
3. Depuis quand l'apprends-tu ?
4. Depuis l'année dernière.
5. Et où l'étudies-tu ?
6. Dans un institut arabe en ville ?
7. Combien de fois par semaine ?
9. Et comment le trouves-tu ?
10. C'est une belle langue, mais difficile.

1. [hal tatakallamīna-l-^{c}arabiyya^{t}]. 2. [lā 'atakallamuhā ba^{c}d wa-lākin 'ta^{c}allamuhā]. 3. [mundu matā tata^{c}allamīnahā]. 4. [mundu-s-sana^{t}-l-māḍiya^{t}]. 5. [wa-'ayna tadrusīnahā]. 6. [fī ma^{c}had ^{c}arabiyy fi-l-madīna^{t}]. 7. [kam marra^{t} fi-l-'usbū^{c}]. 8. [marra^{t} wāḥida^{t} fi-l-'usbū^{c} yawma-l-ẖamīs]. 9. [wa-kayfa tağidīnahā]. 10. [hiya luġa^{t} ğamīla^{t} wa-lākin sa^{c}ba^{t}].

D 4 EXPRESSIONS UTILES

■ Le terme مَدرَسة [madrasa^{t}], *école*, désignait autrefois le cercle d'études religieuses (comprenant les sciences de langue) établi dans une mosquée (cf. *madrasa*, mot passé en langue française). Au Moyen Âge, le terme كُتّاب [kuttāb] désignait l'école d'alphabétisation par la lecture coranique destinée aux enfants.

■ Dans les temps modernes, ont été forgés les termes جامِعة [ğami^{c}a^{t}], *université* ; كُلِّيَّة [kulliya^{t}], *faculté* ; معْهَد [ma^{c}had], *institut*, etc...

- Pour dire *journal* : جريدة [ğarīda^{t}] ou صحيفة [ṣaḥīfa^{t}].
- يَقرَأ [yaḳra'], *il lit* : mais يُطالِع [yuṭāli^{c}], *il fait des lectures.*

15 VIE PRATIQUE

E 1 AU QUOTIDIEN

■ **Les jours de la semaine :** (CD)

lundi	['al-'iṯnayn]	ٱلإثنين
mardi	['aṯ-ṯulāṯā']	ٱلثُلاثاء
mercredi	['al-'arbiᶜā']	ٱلأَربِعاء
jeudi	['al-ḫamīs]	ٱلخَميس
vendredi	['al-ğumᶜaᵗ]	ٱلجُمْعة
samedi	['as-sabt]	ٱلسَّبت
dimanche	['al-aḥad]	ٱلأَحَد

• الجُمعة signifie en arabe **l'assemblée**, car c'est le jour férié où la communauté musulmane se rassemble pour la prière.

• Distinguer مسجِد [mağid], *mosquée*, et جامِع [ğāmiᶜ], *mosquée cathédrale, grande mosquée.*

• *Église* = كَنيسة [kanīsaᵗ], et *synagogue* = كنيس [kanīs].

■ **Lecture non vocalisée.**

Dans un verbe apparemment formé de 3 lettres (sans la désinence-sujet) comme يُشعِل [yušᶜil], *il allume*, يُحِبُّ [yuḥibb], *il aime* ou يُريد [yurīd], *il veut*, la voyelle de la désinence est ـُـ et celle de l'avant-dernière lettre est ـِـ.

☞ Le « premier » jour de la semaine est donc le dimanche, et non le lundi, dans ce décompte. Les autres jours sont désignés par leur place dans la semaine 1er, 2e, 3e jour...

E 2 PARLER DIALECTAL

■ **Le pronom affixe COD** se prononce en dialectal pratiquement comme le possessif :

	D	C	A	B
Il me connaît	bye^{c}ref-nī	bye^{c}refnī	ye^{c}refnī	ye^{c}refnī
Il te connaît	bye^{c}refak	bye^{c}refak	ye^{c}refek	ye^{c}refak
Il te connaît (f)	bye^{c}refik	bye^{c}refik	ye^{c}refek	ye^{c}refitš
Il le connaît	bye^{c}refu	bye^{c}refu	ye^{c}refo	ye^{c}refa
Il la connaît	bye^{c}refhā	bye^{c}refhā	ye^{c}refha	ye^{c}refha
Il ns connaît	bye^{c}refnā	bye^{c}refnā	ye^{c}refnā	ye^{c}refnā
Il vs (m) connaît	bye^{c}refkun	bye^{c}refkum	ye^{c}refkum	ye^{c}refkum/
Il vs (f) connaît				-tšan
Il les (m) connaît	bye^{c}refhun	bye^{c}refhum	ye^{c}refhum	ye^{c}refhum/
Il les (f) connaît				-hin

■ **Vocabulaire.**

جريدة *jounral*	ğarīdi	gornāl	dğernān	dğarīda
رسالة *lettre*	maktūb	gawāb	briyya	risāla
قرب *près de*	ğanb/ḥadd	ganb	qrīb min	dğanb
أمامك *devant toi*	'iddāmak	'uddām	quddamek	giddāmak

■ **Expressions :**

يتكلم العربية
Il parle arabe
D byeḥkī ^{c}arabī
C byetkallem ^{c}arabī
A yehdere-l-^{c}arabiyya

أعطيك الجريدة؟
Qu'est-ce qu'il te donne ?
D be^{c}ṭīke-l-ğarīdi
C b'eddīke-l-gornāl
A na'ṭīke/nmeddeléke-l-d-dğernān

لا أجد القلم
Je ne trouve pas le crayon
D mā ^{c}am lā'ī-l-'alam
C mā lā'īše-l-'alam
A muš mlāqi-l-qalam

ماذا تفعل الآن؟
Que fais-tu maintenant ?
D šū ^{c}am te^{c}mel halla'
C bte'mal ēh delwa'tī
A weš te^{c}mal durk

A 1 PRÉSENTATION

Je l'aime et elle m'aime ['uḥibbuhā wa tuḥibbunī]

■ Lorsque le complément direct est exprimé par le **pronom personnel** à la 1re pers. du sing., ي [ī], celui-ci est précédé par un ن purement phonique. Il devient alors : ني [nī] (phr. 1).

(les) parents	['ahl]	أَهل*	*offrir*	[yuḳaddim]	يُقَدِّم
remercier	[yaškur]	يشكُر	*cadeau*	[hadiyyat]	هدِيَّة
cher	[ᶜazīz]	عَزيز	*inviter*	[yadᶜū]	يدعو
			dîner (n.)	[ᶜašā']	عَشاء

A 2 APPLICATION (CD)

1. هل تسمَعُني جيِّداً ؟
2. نَعَم ، أسمعُك.
3. لِمَنْ تُقدِّمينَ هذه ٱلهَديّة ؟
4. أُقَدِّمُها لأمّي.
5. أَدعوكَ إلى ٱلعشاء غداً.
6. ولِكِن ، أَهلُكِ لا يعرِفونَني.
7. أُقَدِّمكَ لَهُم.
8. أشكُرُكِ يا عزيزتي.

* Signifie aussi *parenté, grande famille* dans le sens large.

A 3 REMARQUES

■ Ce ن [n] phonique n'est pas indispensable lorsque le verbe se termine par la désinence ونَ [ūna] ou ينَ [īna]. On dira par exemple : يعرفونَني [yaᶜrifūnanī] ou يعرفوني [yaᶜrufūnī], *ils me connaissent* (cf. phr. 6).

Attention : يُقَدِّم [yuḳaddim] a deux sens différents selon le contexte : *offrir* (phr. 4) ou *présenter* (phr. 7).

■ Les **pronoms personnels affixes** sont :

	3e pers.		2e pers.		1er pers.
	(f)	(m)	(f)	(m)	
Sing.	ـها	ـهُ / ـهِ	ـكِ	ـكَ	ـني
plur.	هُنَّ	هُم	كُنَّ	كُم	نا

A 4 TRADUCTION

1. Est-ce que tu m'entends bien ?
2. Oui, je t'entends.
3. À qui offres-tu ce cadeau ?
4. Je l'offre à ma mère.
5. Je t'invite à dîner (au dîner) demain.
6. Mais tes parents ne me connaissent pas.
7. Je te présenterai à eux.
8. Je te remercie, ma chère.

1. [hal tasmaᶜu-nī ğayyidan]. 2. [naᶜam 'asmaᶜu-ka]. 3. [liman tuḳaddim-īn hādihi-l-hadiyyat]. 4. ['uḳaddimu-hā li-'ummī]. 5. ['adᶜū-ka 'ila-l-ᶜašā' ġadan]. 6. [wa-lākin 'ahluki lā yaᶜrifūna-nī]. 7. [sa-'uḳaddimu-ka lahum]. 8. ['aškuru-ki yā ᶜazīzatī].

B 1 PRÉSENTATION

Nous nous marierons bientôt [sa-natazawwağ ḳarībᵃⁿ]

■ Le futur se forme en plaçant سَـ [sa-] ou سوف [sawfa] avant le verbe à **l'inaccompli**, sans aucune autre modification. Ex. : *Je prendrai* se dira سَآخُذ [sa-'āẖuḏ], ou encore سَوْفَ آخُذ [sawfa 'āẖuḏ].

ouvrir	[yaftaḥ]	يَفتَح	*peut-être que*	[ḳad]	قَد
banque	[maṣraf] m	مصرَف	*visiter*	[yazūr]	يَزور
plaire	[yuᶜğib]	يُعجِب	*arrêt*	[mawḳif]	مَوقِف
nourriture	[ṭaᶜām] m	طَعام	*prendre*	[ya'ẖuḏ]	يأخُذ
			avion	[ṭā'iraᵗ]	طائِرة

B 2 APPLICATION (CD)

1. ماذا سَتَفعَل بَعد ٱلظُّهر ؟
2. سأَرى، قَد أزورُ ٱلمَدينة.
3. هل تَعلم أين مَوقفُ ٱلأوتوبيس ؟
4. لا، ولَكِنْ سَوفَ أسأَل.
5. غداً، سَآخُذ ٱلطَّائِرة إلى دِمَشْق.
6. أزورُكُم قريباً، إن شاءَ ٱللّٰه.
7. يفتحُ ٱلمصرَف غداً قبلَ ٱلظُّهر.
8. سَوْفَ يُعجِبُكَ ٱلطعام.

B 3 REMARQUES

■ **Le futur proche**, rendu en français par *je vais* + l'infinitif, sera exprimé en arabe par le futur, ou même **l'inaccompli**, éventuellement suivis de certains adverbes comme حالاً [ḥālan], *tout de suite*, قريباً [ḳarīban], *bientôt*, بعد قليل [bacda ḳalīl], *sous peu...*

■ قد [ḳad] placé devant un verbe à l'inaccompli signifie *peut-être que* (phr. 2) ; c'est رُبَّما [rubbamā] qui correspond à *peut-être* tout court.

■ **Conjugaison**, يرى [yarā], *voir*, se termine par un **alif maḳṣūra** ى, qu'il perd devant les désinences finales du féminin et du pluriel (cf. Gram. 422).

■ Dans سآخُذ (phr. 5), *je prendrai*, le verbe devrait s'écrire أأْخُذ. Par commodité phonique le أأْ devient آ (**madda**).

B 4 TRADUCTION

1. Que vas-tu faire cet après-midi ?
2. Je vais voir (verrai), peut-être que je visiterai (visite) la ville.
3. Sais-tu où est l'arrêt du bus (arrêt de bus).
4. Non, mais je demanderai.
5. Demain, je prendrai l'avion pour Damas.
6. Je vous rendrai visite bientôt, si Dieu le veut.
7. La banque ouvrira demain avant-midi.
8. La nourriture va te plaire.

1. [māḏā sa-tafcal bacda-ẓ-ẓuhr]. 2. [sa-'arā ḳad 'azūru-l-madīnat]. 3. [hal taclam 'ayna mawḳifu-l-'ūtūbīs]. 4. [lā wa-lākin sawfa 'as'al]. 5. [ġadan sa-'āḫuḏu-ṭ-ṭā'irat 'ilā dimašḳ]. 6. ['azūru-kum ḳarīban 'in šā'a-l-lāh]. 7. [yaftaḥu-l-maṣraf ġadan ḳabla-ẓ-ẓuhr]. 8. [sawfa yucǧibu-ka-ṭ-ṭacām].

C 1 EXERCICES

A. Lire et traduire : (CD)

1. سأُقابلُها غداً. 2. أدعوكِ إلى ٱلطّعام.

3. عمَّا تَسألينِي ؟ 4. لِماذا لا تُجيبُني ؟

5. بيتُكِ جميل لِماذا تترُكينه ؟

B. Répondre par l'affirmatif :

1. هل تسمَعُني ؟ 2. هل مها تعرِفُكَ ؟

3. هل يُعجِبُكَ ٱلطّعام ؟

C. Ecrire et traduire les verbes non vocalisés

1. يريد 2. يجيب 3. يحب 4. يعجب 5. نعطي

D. Traduire : (CD)

1. M'entendez-vous ? 2. Ils ne me plaisent pas. 3. Je te verrai peut-être la semaine prochaine. 4. Je ne le vois jamais.

C 2 CORRIGÉ

A. 1. [sa-’uḳābiluhā ġad^{an}], *Je la rencontrerai demain.* 2. [’ad^{c}ūki ’ila-ṭ-ṭa^{c}ām], *Je t'invite (f) à manger.* 3. [^{c}ammā tas’alīnī ?], *À propos de quoi poses-tu la question ?* 4. [limāḏā lā-tuğībunī], *Pourquoi tu ne me réponds pas ?* 5. [baytukī ğamīl limāḏā tatrukīnahu], *Ta maison est jolie, pourquoi la laisses-tu (la quittes-tu) ?*

B. 1. نعم، أسمَعُك. 2. نعم مها تعرِفُني.

3. نعم ٱلطّعام يُعجِبُني.

C. 1. [يُريد], *il veut.* 2. [يُجيب], *il répond.* 3. [يُحِب], *il aime.* 4. [يُعجِب], *il plaît.* 5. [نُعطي], *nous donnons.*

D. 1. هل تسمَعوني (نَني) ؟ 2. لا يُعجِبوني (نَني).

3. قد أرَاك ٱلأُسبوع المُقبِل. 4. لا أَراه أَبداً.

C 3 PATRIARCAT OU MATRIARCAT

■ Indéniablement, le système patriarcal marque encore la mentalité arabe. En portent témoignage le système social dans son ensemble, comme la structure de parenté privilégiant la lignée paternelle. Loin d'être spécifiques de la culture arabe, ces deux caractéristiques se retrouvent surtout dans toutes les cultures, et n'ont commencé à changer, surtout dans les sociétés industrialisées, qu'avec les temps modernes. Sans lien particulier avec la religion pratiquée (l'islam en l'occurrence), elles sont déterminées par la seule évolution sociale.

■ On peut cependant noter que le matriarcat imprègne lui aussi la mentalité arabe depuis les origines. Cela explique, à titre d'exemple, la sacralisation de la **mère**, la pire insulte possible envers quelqu'un étant d'injurier sa mère. Plus profond, le terme qui désigne l'idée d'appartenance des individus à une **communauté**, religieuse ou nationale, est أُمّة ['ummat], terme dérivé directement de أُمّ ['umm], mère, matrice universelle.

■ Cela est également vérifiable dans le système qui régit la langue, laquelle détermine aussi l'univers culturel, voire la vision du monde de tout un chacun. Ainsi, le système verbal se construit par dérivation à partir d'une **matrice** simple formée de trois lettres, appelées radicales. Dans يعرف [yacrif], *il connaît*, ou يسمع [yasmac], *il entend*, ou يعلم [yaclam], *il sait*, les trois radicales sont respectivement ع ر ف et س م ع et ع ل م, la désinence du sujet étant un ajout. À partir de cette forme verbale (appelée forme simple ou forme 1), le système verbal permet de construire en principe, pour chaque verbe, neuf autres formes. Par l'ajout d'un certain nombre de lettres, toujours les mêmes, aux trois radicales, l'arabe fait aussi venir le sens du verbe (modalité significative), en relation avec la signification première (voir la suite p. 160).

D 1 (CD) ■ رِحْلة سعيدة !

1. خديجة أين ستَقضي ٱلعُطْلة هذِه ٱلسّنة ؟

2. هشام سأذهَب إلى مِصْر.

3. خديجة لا تعرفُها بعد ؟

4. هشام أعرفُ القاهِرة فقَط.

5. خديجة كم منَ ٱلوَقتَ ستَبقى ؟

6. هشام سأَبقى ثلاثة أَسابيع.

7. ٱلأُسبوعُ ٱلأوَّل، سَأقضيه في ٱلعاصمة.

8. ٱلأُسبوعُ ٱلثَاني، سأَزور "أبو سِنْبَل".

9. وٱلأُسبوعِ ٱلثّالِث، سأذهَب إلى ٱلبَحْرِ ٱلأحْمر.

10. خديجة رِحْلة سعيدة !

D 2 VOCABULAIRE

- سعيد [saʿīd] *heureux*
- يبقى [yabḳā] *rester*
- فَقَط [faḳaṭ] *seulement*

• Il suffira pour la lecture de signaler la **chadda** avec sa voyelle : يتكلَّم.

D 3 Bon voyage !

1. Où vas-tu passer les vacances cette année ?
2. Je vais aller en Égypte.
3. Tu ne la connais pas encore ?
4. Je connais Le Caire uniquement.
5. Combien de temps vas-tu rester ?
6. Je vais rester trois semaines.
7. La 1re semaine, je la (le) passerai dans la capitale.
8. La 2e semaine, je visiterai Abou-Simbel.
9. Et la 3e semaine, j'irai à la Mer Rouge.
10. Bon voyage !

1. ['ayna sa-taḳdi-l-^{c}uṭla^{t} hāḏihi-s-sana^{t}]. 2. [sa-'aḏhad 'ilā miṣr]. 3. [lā ta^{c}rifuhā ba^{c}d]. 4. ['a^{c}rifu-l-ḳāhira^{t} faḳaṭ]. 5. [kam mina-l-waḳṭ sa-tabḳā]. 6. [sa-'abḳā ṯalāṯat 'asābī^{c}]. 7. ['al-'usbū^{c}-l-'awwal sa-'aḳḍihi fi-l-^{c}āṣima^{t}]. 8. ['al-'usbū^{c}-ṯ-ṯānī sa-'azūr 'abū sinbil]. 9. [wa-l-'usbū^{c}-ṯ-ṯāliṯ sa-'aḏhab 'ila-l-baḥri-l-'aḥmar]. 10. [riḥla^{t} sa^{c}īda^{t}].

D 4 EXPRESSIONS UTILES (CD)

■ Le nombre ordinal fonctionne comme une épithète : il se met après le nom et s'accorde avec lui (phr. 4).

sixième	[sādis]	سادس	*premier*	['awwal]	أوَّل
septième	[sābi^{c}]	سابِع	*deuxième*	[ṯānī]	ثاني
huitième	[ṯāmin]	ثامِن	*troisième*	[ṯāliṯ]	ثالِث
neuvième	[tāsi^{c}]	تاسِع	*quatrième*	[rābi^{c}]	رابِع
dixième	[^{c}āšir]	عاشِر	*cinquième*	[ḫāmis]	خامِس

• Pour former le féminin, ajouter un ة (ثانية [ṯāniya^{t}]). Seule exception : أولى ['ūlā], *première*.

16 VIE PRATIQUE

E 1 AU QUOTIDIEN

Patriarcat ou matriarcat (suite de la page 157)

C'est ainsi que يَعلَم [ya^{c}lam], *il sait* donne jour, par dérivation, à يُعَلِّم [ya^{c}allim], *il enseigne*, → redoublement de la 2e radicale ; يَتَعَلَّم [yata^{c}allam], *il apprend*, → ajout d'un [t] avant la 1re radicale + redoublement de la 2e radicale ; يَتَعالَم [yata^{c}ālam], *il fait semblant de savoir*, → ajout d'un [t] avant la 1re radicale + un [ā] après la 2e radicale ; يَسْتَعْلِم [yasta^{c}lim], *il se renseigne* (*demande à savoir*), → ajout d'un [st] avant la 1re radicale, et ainsi de suite.

• Ces ajouts modifient la nature des voyelles brèves de la forme dérivée, ou générée à partir de la matrice maternelle.

■ Lecture non Vocalisée

Certains verbes composés de 5 lettres (3 radicales + 2 ajouts, cf. 16-C3), compte non-tenu de la désinence sujet, ont la forme suivante :

			5	4	3	2	1	
parler	[yatakallam]	يتكلّم	ـمْ	ـلَـ	ـلْـ	ـكَـ	ـتَـ	يَـ
apprendre	[yata^{c}allam]	يتعلّم	ـمْ	ـلَـ	ـلْـ	ـعَـ	ـتَـ	يَـ

• Un تـ est placé avant la 1re radicale, et la 2e radicale est redoublée. Facile à conjuguer, cette forme (appelée forme 5) porte sur toutes ses lettres, y compris sur la désinence sujet, la voyelle ـَـ, la voyelle de la dernière lettre dépendant du mode utilisé.

• Il suffira pour la lecture de signaler la **chadda** avec sa voyelle : يتكلّم.

E 2 PARLER DIALECTAL

■ **Le futur dans le dialectal.** Il se forme en ajoutant, devant le verbe à l'inaccompli, des locutions spécifiques. Mais, contrairement au littéraire où l'inaccompli suffit souvent à indiquer le futur, le syro-libanais et l'iraqien utilisent systématiquement **raḥ**, et l'égyptien, **ḥa**.

tu iras ستذهب	raḥ-trūḥ	'enta ḥa-trūḥ
nous irons سنذهب	raḥ-nrūh	'eḥna ḥa-nrūḥ
ils iront سيذهبون	raḥ-yerūḥū	homma ḥa-yrūḥū

☞ L'algérien utilise souvent le terme **durk** avant le verbe, mais exprimer le futur proche : **durk nrūḥ**, *j'irai/nous irons incessamment.*

• **Une autre tournure** est courante au P-O. : placer devant l'inaccompli l'expression adverbiale **baddī**, *je veux*, conjugué à la même personne que le verbe : **baddī rūḥ**, *je vais aller* ; **baddak trūḥ**, *tu vas aller...*

■ **Expressions** :

متى تقابل كريم؟	**D** ēmtā raḥ-telta'ā ma^c K.
Quand rencontres tu K. ?	**C** ēmtā ḥa t'ābil K.
	A weqtaš telqā K.
أدعوك إلى العشاء	**D** bc^{c}czmak ^{c}al-^{c}ašā
Je t'invite à dîner	**C** a^{c}zémak/^{c}āzmāk ^{c}alā l-^{c}ašā
	A nḍayfak li-l-^{c}šā
غدا أو بعد غد	**D** bukra aw ba^{c}d-bukrā
Demain ou après-demain	**C** bokrā aw ba^{c}d bokrā
	A ġedwa aw dġīr ġedwa
ولكن ليس اليوم	**D** bass mū/muše-l-yawm
Mais pas aujourd'hui	**C** lāken/bass miše-n-nahār dā
	A bessaḥ ġedwa

• Pour *demain, après-demain*, l'iraqien utilise : **bāšir, ba^{c}ad bāšir.**

A 1 PRÉSENTATION

Je connais votre adresse ['a^c^rif ^c^uwānakum]

■ **Déclinaison.** عُنوانَـ [^c^unwāna-], *adresse*, porte la voyelle finale ـَـ [a], parce qu'il est ici **complément d'objet direct** du verbe *je connais.*

• Le complément direct se met au cas **accusatif** dont la marque est la **fatha** [ـَـ], qui n'apparaît, en arabe standard, qu'en cas de liaison (avant l'article ou le possessif).

• Pour dire *chaque*, l'arabe utilise كُلّ [kull] + un nom indéterminé (ne portant pas l'article ; cf. phr. 2 et 6).

habits	[ṯiyāb]	ثِياب	*chaque*	[kull]	كُلّ
commencer	[yabda']	يبدأ	*voisin*	[ǧār]	جار
conduire	[yakūd]	يَقود	*se rappeler*	[yaḏkur]	يَذكُر
vite	[bi-sur^c^a^t^]	بِسُرعة	*s'habiller*	[yalbis]	يَلبِس

A 2 APPLICATION (CD)

1. متى تأخُذون عُطلَتَكم ؟
2. ليلى تزور أخاها وزَوجَتَه كُلَّ أُسبوع.
3. أخوها جاري.
4. لا أذكر ٱسْمَك، عُذراً.
5. مها تلبِس ثيابَها ٱلآن.
6. أبي يبدَأ عملَه باكِراً كلَّ يوم.
7. عِصام يقود سيّارتَه بِسُرعة.

A 3 REMARQUES

■ **La déclinaison** est le changement de voyelle finale d'un mot selon sa fonction dans la phrase. Le sujet et l'attribut portent la **damma** ـُـ, le complément direct la **fatha** ـَـ, et le complément de nom la **kasra**. Le 1er cas est appelé **nominatif** (مرفوع [marfūᶜ]), le 2e cas **accusatif** (منصوب [manṣūb]) et le 3e cas **génitif** (مجرور [mağrūr] cf. Gram. 427-30).

La marque de la déclinaison est donc au nominatif la **damma**, à l'accusatif la **fatha**, et génitif la **kasra**.

■ **Cas particulier de déclinaison**. Formés de deux lettres , les "**cinq noms**" dont les plus courants sont : أخ [ī], *frère* et أب [ī], *père*, voient leur voyelle brève allongée : ـُـ, devient و [ū], ـَـ devient ا [ā] (phr. 2 et 3) et ـِـ devient ي [ī] (cf. Gram. 420).

■ L'adverbe بِسُرعة, *vite*, est formé d'un substantif, سُرعة, *vitesse*, précédé de بِـ, *avec*. Beaucoup d'adverbes se forment ainsi.

A 4 TRADUCTION

1. Quand prenez-vous vos vacances (votre vacance) ?
2. Leila rend visite à (Leila visite) son frère et à sa femme chaque semaine.
3. Son frère (à elle) est mon voisin.
4. Je ne me rappelle pas ton nom, pardon !
5. Maha met ses habits maintenant.
6. Mon père commence tôt son travail chaque jour.
7. Issam conduit vite [sa voiture].

1. [matā ta'ẖuḏūn ᶜuṭlatakum]. 2. [laylā tazūr 'aẖāhā wa-zawğatahu kulla 'usbūᶜ]. 3. ['aẖūhā ğārī]. 4. [lā 'aḏkur 'ismaka, ᶜuḏr[an]]. 5. [mahā talbis ṯiyābahā al-'ān]. 6. ['abī yabda' ᶜamalahu bākir[an]]. 7. [ᶜiṣām yaḳūd sayyāratahu bi-surᶜa[t]].

B 1 PRÉSENTATION

J'entends une voix ['asma^{c} ṣawt^{an}]

■ **Le complément direct indéterminé.** صوت [ṣawt], est ici compl. direct. Mais étant indéterminé, il prend comme voyelle finale non la **fatha** ـَـ simple (comme en 17A) mais une **fatha** redoublée suivie d'un اً qui se prononce [^{an}], comme dans le **tanwin** (cf. 9 A3).

posséder	[yamlik]	يَملك	*rester*	[yabḳā]	يبقى
sucre	[sukkar]	m سُكَّر	*attendre*	[yantaẓir]	ينتَظِر
chose	[šay']	m شَيْء	*pomme*	[tuffāḥa^{t}]	تُفّاحة
quelqu'un	['aḥad]	أحَد	*regarder*	[yušāhid]	يُشاهِد

B 2 APPLICATION (CD)

1. لِماذا تبقى هنا ؟
2. – أَنتَظِر صديقاً.
3. آكُل تُفّاحة.
4. أُشاهِد فِلماً جميلاً.
5. عمر يملِك بيتاً واسِعاً.
6. أريد قليلاً من ٱلسُّكَّر.
7. هل تَسمَع شَيْئاً ؟ – لا، لا أسمَع شَيئاً.
8. هل تَرى أحَداً ؟ – لا، لا أرى أحَداً.

B 3 REMARQUES

■ Le signe اً [^{an}] est la marque finale du COD lorsqu’il est **indéterminé** (sans article ou possessif), et de certaines formes adverbiales جدًّا [ǧidd^{an}], *très* ; أيضًا [’ayḍ^{an}], *aussi...* (cf. Gram. II. 4a2 et b2).

■ Le COD indéterminé se terminant par une **ta marbouta** ة (phr. 3) ne porte pas le اً [^{an}]. De plus, en arabe standard, la **ta marbouta**, même dans ce cas, ne se prononce pas.

■ **L’accord de l’adjectif épithète**. L’épithète se rapportant à un COD indéterminé porte lui aussi la marque de son cas (phr. 4 et 5).

L’épithète s’accorde avec le nom en genre et en nombre, et se met au même cas.

• *Beaucoup de, peu de (un)* كثير من [kaṯīr min] et قليل من [ḳalīl min] se placent toujours devant un nom déterminé et portent la marque de leur fonction (phr. 6).

■ **Écriture** : À l’accusatif indéterminé, شيء [šay’], *chose*, s’écrit شيئًا [šay’^{an}] (phr. 7).

☞ آكُل [’ākul] (phr. 2) est à l’origine أأْكُل [’a’kul], comme dans آخُذ [’āḫuḏ] (16B3).

B 4 TRADUCTION

1. Pourquoi restes-tu ici ? 2. – J’attends un ami.
3. Je mange une pomme.
4. Je regarde un beau film.
5. Omar possède une maison spacieuse.
6. Je veux un peu de sucre.
7. Entends-tu quelque (une) chose ? - Non, je n’entends rien.
8. Vois-tu quelqu’un ? - Non, je ne vois personne.

1. [limāḏā tabḳā hunā ? - ’antaẓir ṣadīḳ^{an}]. 2. [’ākul tuffāḥa^{t}]. 3. [’ušāhid film^{an} ǧamīl^{an}]. 4. [^{c}umar yamlik bayt^{an} wāsi$^{c\,an}$]. 5. [’urīd ḳalīl^{an} mina-s-sukkar]. 6. [hal tasma^{c} šay’^{an} ? lā lā ’asma^{c} šay’^{an}]. 7. [hal tarā ’aḥad^{an} ? lā lā ’arā ’aḥad^{an}].

17 EXERCICES

C 1 EXERCICES

A. Lire et traduire : (CD)

1. أسمَع صَوتاً جميلاً. 2. هل تُريدين كَأس عَصير ؟

3. أقود سيّارة جَديدة. 4. يعود غداً مساءً.

B. Lire, traduire et écrire plusieurs fois :

ماذا تقول ؟ لا أقول شيئاً

C. Lire et traduire ces verbes non vocalisés :

1. يزور 2. يسير 3. ينسى 4. يبقى

D. Traduire en arabe :

1. Entends-tu quelque chose ? 2. Est-ce que tu veux bien ouvrir (est-ce que tu ouvres) une fenêtre, s'il te plaît ? 3. Nous habitons un grand appartement. 4. Aujourd'hui, je n'attends personne.

C 2 CORRIGÉ

A. 1. ['asma^{c} ṣawt^{an} ǧamīl^{an}], *J'entends une belle voix.* 2. [hal turīdīn ka'sa ^{c}aṣīr], *Veux-tu un verre de jus (de fruit) ?* 3. ['aḳūd sayyarat ǧadīda^{t}], *Je conduis une voiture neuve* 4. [ya^{c}ūd ġad^{an} masā'^{an}], *Il revient demain soir.*

B. 1. [māḏā taḳūl], *Que dis-tu ?* 2. [lā 'aḳūl šay'^{an}], *Je ne dis rien.*

C. 1. [يزور], *visiter.* 2. [يسير], *marcher.* 3. [ينسى], *oublier.* 4. [يبقى], *rester.*

D. 1. هل تسمَع شيئاً ؟ 2. هل تفتَح نافِذة مِن فضلِك ؟

3. نسكُن شَقَّة واسِعة. 4. ٱليوم لا أنتَظِر أحداً.

C 3 MONNAIES ET MESURE

Les pays arabes diffèrent non seulement par leurs systèmes économiques, mais aussi par leurs systèmes monétaires hérités parfois de la période coloniale.

■ Les unités de **monnaie** les plus courantes :

- جِنيه [ğineh] (prononcé en Égypte [guineh]) : *livre égyptienne* ;
- دِرْهَم [dirham], *dirhem* (Maroc, Libye).
- دينار [dīnār], *dinar*, (Arabie saoudite, Algérie, Jordanie, Irak et certains pays du Golfe) ;
- ليرة [līra[t]], *livre*, (Liban, Syrie).

■ **Les unités de mesure** : certaines sont empruntées au français et au système métrique :

- مِتر [mitr], *mètre*, كيلومِتر [kīlūmitr], *kilomètre* ;
- كيلو [kīlū], *kilogramme*, طُنّ [ṭunn], *tonne* ;

D'autres sont spécifiques et continuent à être utilisées :

- تَنَكة [tanaka[t]], *bidon* de 20 litres généralement ;
- مُدّ [mudd], *caisson* contenant environ vingt kilos de graines.
- ذِراع [ḏirā[c]], la longueur d'un bras, à peu près 90 cm.
- أوقيَّة ['ūkiyya[t]], l'équivalent de 200 grammes ;
- رَطل [raṭl], variable selon les régions ; il peut valoir 2,5 kg.
- فَدَّان [faddān], qui vaut 333 *verges* ou 4200 m^2.
- قصبَة [ķaṣaba[t]], *carré* de six mètres par six.

Fais le bien et jette-le à la mer

إفعَلِ الخَير وأرمِهِ في البحر

17 DIALOGUE

D 1 (CD) ■ تعالَي إلى السّهْرة

1. خالد أيّ فِلم تُشاهدين ؟
2. جميلة أُشاهد فِلماً أَجنَبِيّاً، ولَكِن لا أفهمُ مِنهُ شَيْئاً.
3. خالد إذاً تعالَي إلى ٱلسَّهرة.
4. جميلة لا، لا أعرِف أحَداً.
5. خالد بلى، تعرِفين مُحَمَّد وخَطيبَتَه.
6. جميلة حقيقةً، لا أُحب أَصدقاءَك.
7. خالد أنت، لا يُعجِبُكِ شَيْء.
8. جميلة لا، فقط أَصْدِقاؤك لا يُعجِبوني.

D 2 VOCABULAIRE

- *viens (masc./fém.)* [taʿāla/taʿālay] تَعالَ / تعالَيْ
- *soirée* [’umsiya[t]] أُمْسِية = [sahra[t]] سَهرة
- *étranger* [’ağnabiyy] أَجْنَبيّ
- *comprendre* [yafham] يَفهَم
- *fiancé/fiancée* [ẖaṭīb/ẖaṭība[t]] خَطيب / خطيبة
- *à la vérité* [ḥaḳīḳat[an]] حقيقةً
- (*ami* [ṣadīḳ] صَديق) *amis* [’aṣdiḳā’] أَصْدِقاء

D 3 Viens à la soirée

1. Quel film regardes-tu (f) ?
2. Je regarde un film étranger, mais je n'y comprends rien.
3. Alors, viens à la soirée !
4. Non, je ne connais personne.
5. Mais si ! Tu connais Muhammad et sa fiancée.
6. À vrai dire, je n'aime pas tes amis.
7. Toi, rien ne te plaît !
8. Non, ce sont seulement tes amis qui ne me plaisent pas.

1. ['ayya film tušāhidīn]. 2. ['ušāhid film^{an} 'ağnabiyy^{an} wa-lākin lā-'afham minhu šay'^{an}]. 3. ['iḏ^{an} ta^{c}ālay 'ila-s-sahra^{t}]. 4. [lā lā-'a^{c}rif 'aḥad^{an}]. 5. [balā ta^{c}rifīn muḥammad wa-ẖaṭībatahu]. 6. [ḥaḳīḳat^{an} lā 'uḥibb 'aṣdiḳā'aka]. 7. ['anti lā yu^{c}ğibuki šay']. 8. [lā faḳaṭ 'aṣdiḳā'uka lā yu^{c}ğibūnī].

D 4 EXPRESSIONS UTILES

film [šarīṭ sinamā'ī] • فِلْم = شَريط سينَمائي

télévision [talfizyūn, tilfāz] • تَلفِزيون - تِلْفاز

[hal taḳḍī sahra^{t} ğamīla^{t}] • هل تَقْضي سَهْرة جميلة ؟
Est-ce que tu passes une belle soirée ?

■ Mers et couleurs.

la mer Rouge , ['al-baḥr 'al-'aḥmar] ٱلبحر ٱلأحمَر

la mer Noire, ['al-baḥr 'al-'aswad] ٱلبحر ٱلأسوَد

[al-baḥr 'al-'abyaḍ 'al-mutawassiṭ^{t}] ٱلبحر ٱلأَبيَض ٱلمُتَوَسِّط
la mer blanche du milieu, la Méditerranée

E 1 AU QUOTIDIEN

■ Lecture non vocalisée

Certains verbes composés de 4 lettres ont la forme suivante :

			4	3	2	1	
voir	[yušāhid]	يُشاهِد	د	هِـ	ـا	شَـ	يُـ
rencontrer	[yuḳābil]	يُقابِل	ل	بِـ	ـا	قَـ	يُـ

• Un alif ا est placé après la 1re radicale. La voyelle de la désinence-sujet est ـُ et celle de l'avant-dernière et ـِ.

• Il suffira pour la lecture de signaler cette dernière voyelle : يشاهِد et يقابِل.

■ La plupart des **noms de couleurs** ont une forme particulière au féminin, les voici : (CD)

blanc, blanche	[bayḍā']	بَيضاء	['abyaḍ]	أَبيَض
noir(e)	[sawdā']	سَوداء	['aswad]	أَسوَد
rouge	[ḥamrā']	حَمراء	['aḥmar]	أَحمَر
bleu(e)	[zarḳā']	زَرقاء	['azraḳ]	أَزرَق
vert(e)	[ẖaḍrā']	خَضراء	['aẖḍar]	أَخضَر
jaune	[ṣafrā']	صَفراء	['aṣfar]	أَصفَر
blond(e)	[šaḳrā']	شَقراء	['ašḳar]	أَشقَر
brun(e)	[samrā']	سَمراء	['asmar]	أَسمَر

E 2 PARLER DIALECTAL

■ Le tanwin en dialectal.

Il n'apparaît que dans les formes invariables, comme les adverbes et les expressions figées : **šukr^{an} شكراً**, **^{c}afw^{an}, عفواً.**

■ Expressions :

اِنتظر قليلا *Attends un peu*	**D** stannā/nṭūr šwayy **C** estannā šwayyā **A** 'estennā šwiyya
هل تنتظرني *M'attends-tu ?*	**D** btenternī šwayy **C** ḥa testannānī šwayyā **A** bteqder testennānī šwiyya
يشاهد فلم *Il regarde un film*	**D** ^{c}am šūf/etfarrağ ^{c}a film **C** biyšūf/beyetfarrag ^{c}a film **A** yešūf film
لا أحد يسمع *Personne n'entend*	**D** mā-ḥadā ^{c}am yesma^{c} **C** maḥadcš beysma^{c} **A** ḥattā wāḥid mā yesma^{c} **B** maḥadd yesma^{c}
لا شيء يحدث *Rien ne se passe*	**D** mā-šī ^{c}am biṣīr **C** mafīš ḥāga bcteḥṣal **A** mā yesrā walū **B** makū šī/kilšī mā ṣār
لا أرى شيئا *Je ne vois rien*	**D** ma ^{c}am šūf šī **C** miš šāyef ḥāga **A** ma rāniš nšūf wālū

• **Equivalents** de *allons* : yallā (**D, C**), ayyā (**A**), yallē.

A 1 PRÉSENTATION

dans (le) centre (de) la ville [fī wasaṭi-l-madīna[t]]

■ **Déclinaison.** Parce que le mot est placé devant l'article, la voyelle finale de وسط [wasaṭi] doit apparaître. Ici, c'est un ـِـ [i], car le mot est précédé par une préposition, في [fī], *dans, à, en.*

Après les prépositions, les adverbes..., le mot se met au génitif, dont la marque est la **kasra**.

immédiatement	[fawr^{an}]	فَوْراً	*pourquoi ?*	[limāḏā]	لِماذا
chauffeur	[sā'iḳ]	سائِق	*marcher*	[yamšī]	يَمشي
été	[ṣayf]	صَيْف	*fin, bout*	['āḫir]	آخِر
prochain	[muḳbil]	مُقبل	*sortir*	[yaḫruǧ]	يَخرُج
toujours	[dā'im^{an}]	دائماً	*entrer*	[yadḫul]	يَدخُل

A 2 APPLICATION (CD)

1. لِماذا تمشي في وَسَطِ ٱلشّارِع ؟
2. بَيت عُمَر في آخرِ ٱلشّارع.
3. وَمكتَبُهُ قُرب بَيتِهِ.
4. يَخْرُجُ من بَيتِهِ.
5. وَيدخُل فوراً إلى مكتبِهِ.
6. زِياد يَتَكَلَّم مَع سائِقِ ٱلتّاكسي.
7. سَأزور مِصر في ٱلصَّيفِ المُقبل.
8. سَيّارَتُهُم دائِماً أمام بَيتِهِم.

A 3 REMARQUES

■ **Le génitif.** Un nom précédé d'une préposition (فِي [fī], *dans* ; مِن [min], *de...*) ou d'un adverbe (أمامَ ['amāma], *devant* ; قُرْبَ [ḳurba], *à côté de*) se met au génitif (dit مجرور [mağrūr]), dont la marque est la **kasra** ـِـ (cf. Gram. 419).

• En arabe standard, cette marque de déclinaison n'apparaît qu'en situation de liaison : avant l'article (phr. 1, 2, 6 et 7) et le possessif (phr. 3-5).

■ **Prononciation.** Le possessif de la 3e personne du masc. singulier et du masc. pluriel se prononce : ـهُ [-hu] et هُم [-hum]. Mais, précédé par une **kasra** (nom au génitif), il se prononce ـهِ [-hi] et هِم [-him] (phr. 3-5 et 8), pour des raisons phoniques.

Noter : Désormais la **wasla** sur l'article ne sera plus notée systématiquement.

A 4 TRADUCTION

1. Pourquoi marches-tu au milieu [de] la rue ?
2. La maison [de] Omar est au bout [de] la rue.
3. Et son bureau est près [de] sa maison.
4. Il sort de chez lui (de sa maison).
5. Et il entre immédiatement dans son bureau.
6. Ziyad parle avec le chauffeur [de] taxi.
7. Je vais visiter l'Égypte l'été prochain.
8. Leur voiture est toujours devant leur maison.

1. [limāḏā tamšī fī wasaṭi-š-šāric]. 2. [bayt cumar fī 'āḫiri-š-šāric]. 3. [wa-maktabuhu ḳurba baytihi]. 4. [yaḫruğ min baytihi] 5. [wa-yadḫul fawr an 'ilā maktabihi]. 6. [ziyād yatakallam maca sā'iḳi-t-taksī]. 7. [sa-'azūr miṣr fi-ṣ-ṣayfi-l-muḳbil]. 8. [sayyāratuhum dā'im an 'amāma baytihim]

B 1 PRÉSENTATION

(Omar est dormant maintenant) [ᶜumar nā'im al-'ān]

■ نائم [nā'im] est le participe actif de ينام, *dormir*.

Certains verbes d'état (*avoir faim, soif…*) ou d'action (*dormir, aller…*) sont souvent exprimés au présent à l'aide du participe actif ou passif, au lieu du verbe conjugué.

☞ Ce participe s'accorde en genre et en nombre avec le sujet de la phrase nominale.

venant	['ātī]	آتي	*allant*	[ḏāhib]	ذاهِب
(res)sentir	[yašᶜur bi-]	يشعُر بـ	*revenir*	[yarǧiᶜ]	يرجِع
ayant faim	[ǧā'iᶜ]	جائِع	*revenant*	[rāǧiᶜ]	راجِع

B 2 APPLICATION (CD)

1. أنا ذاهِب إلى السّينما.
2. متى ترجِع سَلْمى ؟
3. ها هي راجِعة.
4. ليلى آتيَة بعدَ الظُّهر.
5. هل تشعُر بِالجوع ؟
6. نعم، أنا جائِع.
7. أنت جائِع كلَّ الوَقت.

B 3 REMARQUES

■ L'usage du participe actif indique souvent une action en cours : هو نائم, *il est en train de dormir.*

■ Pour exprimer certains **verbes d'état** (*avoir faim, froid, ...*) l'arabe utilise de préférence le participe, dans une structure nominale :

أنا جائع ['anā ǧā'i[c]], *J'ai faim* (*moi ayant faim*)

• Une autre façon d'exprimer l'état (phr. 5) :

le verbe يشعر بـ [yaš[c]uru bi-] suivi du substantif adéquat

☞ Ce verbe se construit avec la préposition بـ [bi-], qui s'écrit liée au mot suivant comme toute particule formée d'une seule lettre.

☞ يأتي [ya'tī], *venir*, à la 1re pers. du sing. s'écrit آتي ['ātī], à la place de أأتي ['a'tī]

■ Pour exprimer *tout, tous, toute(s)*, l'arabe utilise l'invariable كلّ [kull] suivi de l'article (phr. 7, cf. aussi 17 A1).

B 4 TRADUCTION

1. Je vais au cinéma.
2. Quand revient Salma ?
3. La voilà qui revient.
4. Leila viendra dans l'après-midi.
5. As-tu faim ?
6. Oui, j'ai faim.
7. Tu as tout le temps faim.

1. ['anā ḏāhib 'ila-s-sīnamā]. 2. [matā tarǧi[c] salmā] 3. [hā hiya rāǧi [c]a[t]] 4. [laylā 'ātiya[t] ba[c]da-ḏ-ḏuhr]. 5. [hal taš[c]ur bi-l-ǧū[c]] 6. [na [c]am 'anā ǧā'i[c]] 7. ['antā ǧā'i[c] kulla-l-wakt].

C 1 EXERCICES

A. Lire et traduire : (CD)

1. أخي يذهَب إلى عَمَلِه. 2. كريم يسكُن في آخرِ الشارع.

3. أبي نائم الآن. 4. مَهَا تكتُب رِسالة إلى صَديقَتِها.

B. Lire, traduire et écrire plusieurs fois à la main :

لماذا تمشين في وسَط الشارع؟

C. Traduire et mettre aux 3 cas :

1. Ton père. 2. Mon frère. 3. Son père (à lui).

D. Traduire en arabe :

1. J'habite près de la ville. 2. Il rentre chez lui maintenant.
3. Connais-tu notre numéro de téléphone ?

C 2 CORRIGÉ

A. 1. ['aẖī yaḏhab 'ilā ᶜamalihi], *Mon frère va à son travail.* 2. [karīm yaskun fī 'āẖiri-š-šāriᶜ], *Karim habite au bout de la rue.* 3. ['abī nā'im al-'ān], *Mon père est maintenant en train de dormir.* 4. [Mahā taktub risālaᵗ 'ilā ṣadīḳatiha], *Maha écrit une lettre à son amie.*

B. [limāḏā tamšīna fī wasaṭi-š-šāriᶜ], *Pourquoi marches-tu (f) au milieu de la rue ?*

C. 1. أبوك – أباك – أبيك. 2. أخي – أخي – أخي.

3. أبوه – أباهُ – أبيهِ.

D. 1. أسكُن قُرب المدَينة.

2. يرجِع إلى بيته الآن/ هو راجِع إلى...

3. هل تعرِف رقَم هاتِفِنا.

C 3 LA LITTÉRATURE MODERNE

C'est au cours du **19e siècle** que la littérature arabe a commencé sa modernisation par l'emprunt à l'Occident de genres qui lui étaient inconnus, tels le **théâtre**, le **roman** et la **nouvelle**.

• Au cours de ce siècle, et notamment à partir des années 1950, elle est devenue l'une des littératures les plus riches du monde, à l'instar de celle de l'Amérique Latine, même si elle demeure moins connue aujourd'hui.

Dans le domaine du roman, c'est la haute stature de l'Egyptien Naguib **Mahfouz**, prix Nobel de littérature en 1988, qui domine. Mais d'autres sont maintenant internationalement connus, tels : – **Edouard Kharrat** (Égypte), chantre d'Alexandrie (son roman déjà traduit *Alexandrie, terre de Safran* pourrait être comparé à l'œuvre de Proust) ; – **Sonallah Ibrahim** (Égypte) épigone du nouveau roman (cf. *Étoile d'août*) ; – **Gamal Ghitany** (Égypte), qui s'est imposé avec *Zayni Barakat*, qui stigmatise la dictature sous le masque du roman historique ; - **Émile Habibi** (Palestine), dont *Le Peptimiste*, décrivant la vie d'un arabe en Israël, s'est imposé comme une œuvre majeure ; – **Elias Khoury** (Liban) le romancier de la société libanaise pendant et après la guerre ; – **Hanna Minah** (Syrie), dont l'œuvre de facture réaliste rapelle celle de Mahfouz en Égypte ; – **Abdel Rahman Mounif** (Saoudien en exil), avec le monumental *Ville de sel*, un manifeste pour la démocratie ; – **Ibrahim al-Kawni** (Libye), l'humaniste du désert ; sans compter les Algériens **Tahar Wattar** et **Wacini Laredj**, le Marocain **Muhammad Zafzaf**, le Tunisien **Izzeddine Madani** et bien d'autres.

Dans le domaine de la poésie, ce sont surtout l'Irakien **Sayyab**, le syro-libanais **Adonis** et le Palestinien **Mahmoud Darwich** (décédé en 2008) qui détiennent la palme. Leur mérite est d'avoir révolutionné de fond en comble la poésie classique et produit une poésie universelle extrêmement riche ; même si aucun prix Nobel n'est encore venu les couronner.

D 1 (CD) ■ على ٱلهاتِف

1. سميح آلو ! آلو ! هل تسمَعُني ؟
2. جمال لا، أنا غَيْر سامِع.
3. لَحْظة، أُغلِق نافِذَةَ الغُرْفة.
4. الآن أسمَعُك جَيِّداً.
5. سميح هل ليلى مَوْجودة ؟
6. جمال لا، هي غَيْر مَوجودة في مكتَبِها.
7. ٱنتَظِر قليلاً، أُناديها.
8. جمال يا ليلى، يطلُبونَك على الهاتِف.
9. ليلى من يطلُبُني ؟
10. جمال لا أدري...
11. ليلى طَيِّب ! أنا صاعِدة.

D 2 VOCABULAIRE

- *téléphone* [hātif] هاتِف
- *fermer* [yuġliḳ] يُغلِق
- *appeler (à haute voix)* [yunādī] يُنادي
- *demander* [yaṭlub] يطلُب
- *je ne sais pas* [lā ’aᶜrif] لا أعرِف = [lā ’adrī] لا أدري

18 DIALOGUE

D 3 Au téléphone

1. Allo ! Allo ! Est-ce que tu m'entends ?
2. Non, je ne t'entends pas (je suis non-entendant).
3. Un instant, je ferme la fenêtre de la chambre.
4. Maintenant je t'entends bien.
5. Est-ce que Leila est là ?
6. Non, elle n'est pas dans son bureau.
7. Attendez un peu, je l'appelle.
8. Leila ! On te demande (ils te demandent) au téléphone.

1. ['alū, 'alū hal tasma^{c}unī]. 2. [lā 'anā ġayr sāmi^{c}] 3. [laḥẓa^{t} 'uġlik nāfiḏata-l-ġurfa^{t}]. 4. ['al-'ān 'asma^{c}uka ğayyid^{an}] 5. [hal laylā mawğūda^{t}] 6. [lā hiya ġayr mawğūda^{t} fī maktabihā]. 7. ['intaẓir ḳalīl^{an} 'unādīhā]. 8. [yā laylā yaṭlubūnaki ^{c}ala-l-hātif].

D 4 EXPRESSIONS UTILES

• Pour *téléphone*, l'arabe utilise هاتف [hātif], mais aussi le mot d'emprunt تَلِفون [talifūn]. De ce mot dérive un verbe : يُتَلْفِن [yutalfin], *il téléphone.*

■ **Au téléphone :**

il décroche	[ya'ẖuḏu-s-samma^{c}a^{t}]	• يَأخُذ السّمّاعة
il raccroche	[yaḍa^{c}u-s-samma^{c}a^{t}]	• يضَع السّمّاعة
la ligne est occupée	['al-ẖaṭṭ mašġūl]	• الخَطّ مَشْغول
restez en ligne	['ibḳa ^{c}alā-l-ẖaṭṭ]	• اِبقَ على الخطّ
téléphone portable	[hātif maḥmūl/ğawwāl]	• هاتف مَحمول / جوّال
téléphone fixe	[hātif 'arḍī]	• هاتف أرضيّ
message vocal	[risāla^{t} ṣawtiyya^{t}]	• رسالة صوتيّة

E 1 AU QUOTIDIEN

■ **Certains verbes d'état** sont rendus en arabe par une phrase nominale : ي [ī], *il est ayant soif.*

j'ai faim	['anā ǧawᶜān]	أنا جُوْعان
j'ai sommeil	['anā naᶜsān]	أنا نَعسان
j'ai soif	['anā ᶜaṭšān]	أنا عَطشان
j'ai peur	['anā ẖā'if]	أنا خائِف
j'ai froid	['anā bardān]	أنا بَردان

■ **Les repas** :

petit-déjeuner (n.)	[futūr]	فُطور
déjeuner (n.)	[ġadā']	غَداء
dîner (n.)	[ᶜašā']	عَشاء

■ **Lecture non vocalisée**

Certains verbes composés de 3 lettres (la désinence du sujet non comprise) ont la 2e radicale redoublée :

			3	2	1	
présenter	[yukaddim]	يُقَدِّم	ـم	ـدِّ	ـقَـ	يُـ
préférer	[yufaḍḍil]	يُفَضِّل	ـل	ـضِّـ	ـفَـ	يُـ

Dans cette forme, appelée forme 2 :

- la voyelle de la désinence-sujet est ـُـ
- la voyelle de la 2e radicale redoublée est ـِـ

Pour une bonne lecture, il suffira doncde signaler la chadda affectée d'une kasra : يُعَلِّم → يعلِّم.

E 2 PARLER DIALECTAL

■ Vocabuaire.

	D	C	A	B
pourquoi	lēš	lē	wa^{c}lāš	lēš
semaine	ğem^{c}a	ésbū^{c}	smāna	usbū^{c}
regarde !	tṭalla^{c}	boṣṣ	bāwi^{c}	
mais	bass	bass	smāna	
laisse-le !	trekū/ḫallīh	sībū	ḫallīh	

■ Expressions pour exprimer une action en cours

يغلق الباب *Il ferme la porte*	**D** ^{c}am yeskkire-l-bāb **C** beye'fel el-bāb **A** yeġleqe-l-bāb **B** ysedde-l-bāb
يخرج من الغرفة *Il sort de la chambre*	**D** ^{c}am yeṭla^{c} mine-l-ġerfi **C** beyoḫrog mene-l-ōḍā **A** yeḫrudğ mne-l-bīt
يدخل إلى المكتب *Il entre au bureau*	**D** ^{c}am yedḫol/yefūt ^{c}ala-l-maktab **C** beyodḫul/biycḫušše-l-maktab **A** yedḫul li-l-bīrō **B** yefū/yeṭubb e-l-maktab
يصعدالدرج *Il monte l'escalier*	**D** ^{c}am yeṭla^{c}e-d-darğ **C** beyṭla^{c} és-sellem **A** yetla^{c}e-d-drūdğ **B** yisṣ^{c}ade-d-dardğ
ذاهب إلى المكتب *Il va au bureau*	**D** rāyeḥ ^{c}al-maktab **C** rāyeḥe-l-maktab **A** rānī rāyiḥe-l-bīrō
عائد من المكتب *Il revient du travail*	**D** rāği^{c} mene-l-maktab **C** rāggi^{c} mene-l-maktab **A** rānī mwellī mne-l-bīrō
من ينادي *Qui appelle ?*	**D** mīn ^{c}am yenādī **C** mīn byenddah **A** škūn rah y^{c}ayyeṭ

A 1 PRÉSENTATION

avec nous [maᶜanā]

■ **Le pronom personnel affixe** se lie au verbe en tant que **complément direct** (cf. 15B et 16A) et au nom en tant que possessif (cf. 8A et B et 10A) ; mais il se lie également aux prépositions et aux adverbes pour rendre des expressions telles que *avec lui*, *chez vous*.

• عَزيزي [ᶜazīzī] *mon cher*, et عَزيزتي [ᶜazīzatī], *ma chère* (phr. 4 et 6).

collègue	[zamīl]	زَميل
professeur	[’ustāḏ]	أُستاذ
de temps à autre	[min waḳt li-’āẖar]	مِن وَقت لِآخَر
immeuble, bâtiment	[bināyaᵗ]	بِناية
droit, vérité	[ḥaḳḳ]	حَقّ

A 2 APPLICATION (CD)

1. أُقَدِّم لَكِ زميلي عَدْنان.
2. تَشَرَّفنا يا أُسْتاذ، أَسمَع عنكَ كثيراً.
3. أتكَلَّم معَهُ بالهاتِف من وَقْت لِآخَر.
4. هل هذا ٱلقَلم لَكَ يا عزيزي ؟ – واللّه لا أعرف.
5. هل تعرِف من يسكُن فوقَنا في ٱلبِنايَة ؟
6. ٱلحَقّ دائِماً معكِ يا عزيزتي.

A 3 REMARQUES

■ Le pronom personnel affixe peut se rattacher aux différents adverbes et prépositions لَكَ [laka], *à toi* (phr. 1), فَوقَنا [fawḳanā], *au-dessus de nous* (phr. 5)...

■ Quelques expression :

• أستاذ ['ustāḏ] (phr. 2) a comme sens premier, *professeur*, mais est souvent utilisé comme terme de respect devant des personnages ayant fait quelques études.

• واللّٰه [wa-l-lāhi], *par Dieu*, est extrêmement employé. Mais il a perdu son sens premier assez fort : *prendre Dieu à témoin*.

• Pour "tu as raison", l'arabe dit : الحَقّ مَعَك ['al-ḥaḳḳ maᶜaka], *la vérité est avec toi*, ou مَعَك حقّ [maᶜaka ḥaḳḳ] (phr. 6).

• Pour "vous avez tort", l'arabe dit : الحَقّ عليكُم ['al-ḥaḳḳ ᶜalaykum]. Ici, le pronom affixe كُم [kum] est placé en suffixe après عَلى [ᶜalā], *sur*. Par commodité de prononciation, le ي [ā] final s'est transformé en ي [y].

A 4 TRADUCTION

1. Je te présente mon collègue ᶜAdnan.
2. Enchanté, professeur ᶜAdnan. J'entends beaucoup parler de toi.
3. Je parle avec lui au téléphone, de temps à autre.
4. Est-ce à toi ce crayon ? – Vraiment, je ne sais pas.
5. Sais-tu qui habite au-dessus de nous, dans l'immeuble ?
6. Tu as toujours raison (la vérité est toujours avec toi), ma chérie.

1. ['uḳaddim laka zamīli ᶜadnān]. 2. [tašarraf-nā yā 'ustāḏ, 'asmaᶜ ᶜanka kaṯīr^{an}]. 3. ['atakallam maᶜahu bi-l-hātif min waḳt l-'āẖar]. 4. [hal hāḏa-l-ḳalam laka – wallāhi lā 'aᶜrif]. 5. [hal taᶜrif man yaskun fawḳanā fi-l-bināya^{t}]. 6. ['al-ḥaḳḳ da'im^{an} maᶜaki yā ᶜazīzatī].

B 1 PRÉSENTATION

Je pense à lui ['ufakkiru fīhi]

■ Pour exprimer le *y* (de *j'y pense*) ou le *en* (de *j'en rêve*), l'arabe utilise tout simplement la préposition commandée par le verbe avec le pronom affixe à la 3e pers. Ex. : فيه [fīhi] *à lui* (de la phrase ci-dessus) correspondant au *y* de *j'y pense*.

revenir	[yacūd]	يَعود	*s'occupe de*	[yahtamm bi]	يَهتَمّ بـ
instant	[laḥẓat]	لَحْظة	*coiffeur*	[ḥallāḳ]	حلّاق
plat	[ṭabaḳ]	طَبَق	*quatrième*	[rābicat]	رابِعة
si (oui)	[balā]	بَلى	*musée*	[mathaf]	مَتحَف

B 2 APPLICATION (CD)

1. أنتَ لا تَهْتَمّ كثيراً بِصِحَّتِك.
2. بَلى ، أهتَمّ بِها كل الوَقت.
3. متى تذهَبين عندَ الحلّاق ؟
4. أذهب إلَيْهِ السّاعة الرّابِعة والنِّصف.
5. هل تأتون مَعَنا إلى المَتحَف ؟
6. نَعود مِنْهُ مُنْذ لَحظة.
7. أَلا تأكُل من هذا الطَّبق ؟
8. – بلى، آكل منهُ.

B 3 REMARQUES

■ **Le complément de temps**, lorsqu’il n’est pas précédé par une préposition, se met toujours à l’accusatif. S’il est précédé par كلّ [kull], *tout*, c’est celui-ci qui se met à l’accusatif (phr. 2).

• Le ى de إلى devient ي devant un pronom affixe (phr. 4).

■ **Le nombre ordinal** fonctionne comme un épithète : il se met après le nom et s’accorde avec lui. رابعَة [rābiᶜaᵗ] (phr. 4) est le féminin de رابع [rābiᶜ], *quatrième* (cf. 16 D4). la seule exception est أولى ['ūlā], *première*, qui est le féminin de أوَّل ['awwal], *premier*.

Rappel : آكُل ['ākul], *je mange* (phr. 8) est à l’origine أأْكُل ['a'kul], la 2ᵉ hamza devenant [ا].

B 4 TRADUCTION

1. Tu ne t’occupes pas beaucoup de ta santé.
2. Si, je m’en occupe tout le temps.
3. Quand vas-tu chez le coiffeur.
4. J’y vais à 4h et demie (à l’heure la quatrième et la demie).
5. Est-ce que vous venez avec nous au musée ?
6. Nous en venons il y a (depuis) un instant.
7. Tu ne manges pas de ce plat ?
8. - Si, j’en mange.

1. ['anta lā tahtamm kaṯīrᵃⁿ bi-ṣiḥḥata-ka]. 2. [balā 'ahtamm bihā kulla-l-waḳt]. 3. [matā taḏhabīn ᶜinda-l-ḥallaḳ]. 4. ['aḏhad 'ilayhi as-sāᶜaᵗ ar-rābiᶜaᵗ wa-n-niṣf]. 5. [hal ta'tūna maᶜanā 'ila-l-matḥaf]. 6. [naᶜūd minhu munḏu laḥẓaᵗ]. 7. ['alā ta'kul min hāḏa-ṭ-ṭabaḳ]. 8. [balā 'ākul minhu].

19 EXERCICES

C 1 EXERCICES

A. Lire et traduire :

1. لا أعرِفُكَ بَعد ولكن أسمَع عنكَ كثيراً. 2. ماذا تَقول لَها ؟

3. شارِعُ ٱلسّلام إلى يَمينِكِ.

B. Répondre par l'affirmative :

1. هل تأتي معي إلى ٱلسّينما ؟ 2. هل تبقون عِندنا هذا ٱلمَساء ؟

3. هل تسألون عَنّا (عن+نا) ؟

C. Lire, traduire et écrire plusieurs fois :

السّلام عليكم! وعليكم السّلام

D. Traduire : (CD)

1. Je ne veux rien de vous. 2. Demain, elle restera avec moi toute la journée. 3. Pourquoi tu ne me dis rien ? 4. Elle s'assoit toujours à côté de lui.

C 2 CORRIGÉ

A. 1. [lā ʼa^{c}rifuka ba^{c}d wa-lākin ʼasma^{c} ^{c}anka kaṯīr^{an}], *Je ne te connais pas encore mais j'entends beaucoup [parler] de toi.* 2. [māḏā taḳūl lahā], *Que lui dis-tu ?* 3. [šāri^{c}-s-salām ʼilā yamīniki], *La rue de la Paix est à ta droite.*

B. 1. نعم، آتي معكَ. 2. نعم، نبقى عندَكم.

3. نعم، نسألَ عنكمْ.

C. [ʼas-salāmu ^{c}alaykum ! wa-^{c}alaykumu-s-salām]
C'est le salut traditionnel dans le monde arabe : celui qui arrive dit la 1re phrase et l'autre répond par la 2e (la même mais inversée).

D. 1. لا أريد مِنكُم شيئاً. 2. غداً ستَبقى معي كلَّ النَّهار.

3. لماذا لا تقول (تقولين) لي شَيئاً ؟

4. تجلِس دائماً قُرْبَهُ/جنْبَهُ.

C 3 LA CALLIGRAPHIE ARABE

■ La tradition musulmane est hostile à la peinture figurative (cf. 39 C). La création (ou reproduction de la nature) est en effet l'apanage de Dieu. C'est ainsi que la **calligraphie**, où *le mot remplace l'image*, prend une place prépondérante. **Ibn Muqla**, calligraphe du Xe siècle a fondé la codification géométrique de cet art en édictant des règles extrêmement rigoureuses, choisissant entre autres le « **point** » comme unité définissant la dimension des lettres. Le point est un petit trait carré dont la longueur correspond à la largeur de bec du roseau – **ḳalam** – utilisé pour tracer les lettres. La pointe du roseau est trempée dans une encre dont la composition est en règle général **secrète.** Les ingrédients les plus courants en sont la gomme arabique, la noix de galle, le miel et la myrrhe. Plusieurs styles ont vu le jour au cours des siècles.

- le style **coufique** (du nom de la ville d'**al-Koufa**, au sud de l'Irak). C'est le style utilisé pour la copie originale du **Coran.** C'est un style géométrique et anguleux.
- le style **naskhi**, beaucoup plus rond et souple utilisé pour les livres et journaux.
- le style **farsi**, très fin.
- le style **thuluth**, le plus beau mais aussi le plus difficile, utilisé pour la décoration des monuments publics et religieux.
- le style **diwani**, simple et léger, utilisé dans l'administration.

■ Les lettres sont souvent des **symboles** proches du dessin et, dès le XIXe siècle, le mot devient **trait**, ce qui permet à une certaine figuration de retrouver sa place dans l'art oriental. L'art contemporain s'efforce de se libérer des règles strictes du passé et privilégie l'**ornementation**, permettant ainsi aux artistes d'imprégner leur art d'une note plus personnelle.

D 1 (CD) ■ التعارُف

1. كريم ٱلسَّلام علَيْكُم !
2. سمير وعلَيكُمُ ٱلسَّلام، أهْلاً وَسهْلاً !
3. كريم أُقدِّم لك زميلي عبدَ اللّٰه.
4. سمير أعرِفُهُ، ألتَقي بِهِ غالِباً.
5. سميح هوَ يسكُن قُربَنا في ٱلحَيّ.
6. سمير وأنا أُقدّم لك مديرُنا في ٱلجَريدة.
7. كريم تشَرَّفْنا، لا أعرفُكَ ولكِن أسمَع عنكَ كثيراً.
8. سمير معَك حَقّ، هو مَشْهور جدّاً.
9. كريم أنا سعيد جدّاً بِهذا ٱللِّقاء.
10. سمير نحن ذاهِبون إلى مُباراة كُرةِ ٱلقَدَم.
11. كريم ونحن أيضاً، إذاً نمشي مَعاً.

D 2 VOCABULAIRE

- يلتَقي بـ — [yaltaḳī bi-] — *rencontrer*
- غالِباً — [ġalib^an] — *souvent*
- مُدير — [mudīr] — *directeur*
- مشْهور — [mašhūr] — *célèbre*
- مُباراة — [mubārā^t] — *match, compétition*
- كُرة القَدَم — [kuratu-l-ḳadam] — *(la balle de pied)*
- يمشي — [yamšī] — *aller à pied, marcher*

D 3 Faire connaissance

1. Salut (à vous) !
2. Salut [à vous aussi], bienvenue !
3. Je te présente mon collègue Abdallah.
4. Je le connais, je le rencontre souvent.
5. Il habite à côté de nous dans le quartier.
6. Et moi, je te présente notre notre directeur au journal.
7. Enchantez ! je ne vous connais pas, mais j'entends beaucoup [parler] de vous.
8. Tu as raison, il est très célèbre.
9. Je suis très content de cette rencontre.
10. Nous, nous allons au match de foot.
11. Nous aussi. Donc, on marche ensemble.

1. ['as-salāmu ^{c}alaykum]. 2. [wa-^{c}alaykum-s-salām 'ahl^{an} wa-sahl^{an}]. 3. ['uḳaddim laka zamīlī ^{c}abda-l-lāh]. 4. ['a^{c}rifuhu 'altaḳī bihi ġālib^{an}]. 5. [huwa yaskun ḳurbanā fi-l-ḥayy]. 6. [wa-'anā 'uḳaddim laka mudīranā fi-l-ğarīda^{t}]. 7. [tašarrafnā lā-'a^{c}rifuka wa-lākin 'asma^{c} ^{c}anka kaṯīr^{an}]. 8. [ma^{c}aka ḥaḳḳ huwa mašhūr ğidd^{an}]. 9. ['anā sa^{c}īd ğidd^{an} bi-hāḏa-l-liḳā']. 10. [naḥnu ḏāhibūn 'ilā mubārāt kurati-l-ḳadam]. 11. [wa-naḥnu 'ayḍ^{an} 'iḏ^{an} nasīr ma^{c} ^{an}].

D 4 EXPRESSIONS UTILES

■ **Les sports** qui se pratiquent avec une balle ou un ballon sont ainsi appelé en arabe كُرَة [kura^{t}], balle de...

- *volley-ball (ballon de main)* [kuratu-l-yad] كُرَةُ ٱلْيَد
- *ping pong (ballon de table)* [kuratu-ṭ-ṭāwila^{t}] كُرَةُ ٱلطّاولة
- *tennis (ballon de raquette)* [kuratu-l-maḍrib] كُرَةُ ٱلْمَضرَب
- *volley ball (ballon volant)* [kura^{t} ṭā'ira^{t}] كُرَة طائِرة

■ **Correspondance** Pour dire *tu as/tu n'as pas raison*

- معك حَقّ [ma^{c}aka ḥaḳḳ] ↔ ما معَك حَقّ [mā ma^{c}aka ḥaḳḳ]
- ٱلحق معك ['al-ḥaḳḳ ma^{c}aka] ↔ الحَقّ لَيْسَ معك ['al-ḥaḳḳ laysa ma^{c}aka]

E 1 AU QUOTIDIEN

■ Lecture non vocalisée

• Les verbes formés de **trois radicales consonnes**, avec une désinence-sujet affectée d'une damma portent toujours une kasra sur la 2e radicale :

			3	2	1
présenter	[yušᶜil]	يُشعِل	ـل	ـعـ	ـشـ يُـ
préférer	[yuġliḳ]	يُغلِق	ـق	ـلـ	ـغـ يُـ

☞ Pour bien lire, il suffit d'indiquer la ـُ de la désinence : يُعجب → يُعْجب [yuᶜǧib], *plaire.*

• Dans les verbes dont une du 3 radicales est une voyelle longue, avec une désinence-sujet en ـُ , la lecture est évidente : يُعطي → يُعْطي [yuᶜṭī], *donner*

يُريد → يُرِيد [yurīd], *vouloir.*

■ Noms de métiers. Les noms de métiers traditionnels sont souvent construit sur le schème de حلّاق [ḥallāḳ], *coiffeur* :

menuisier	[naǧǧār]	نَجّار	*boulanger*	[ẖabbāz]	خَبَّازْ
paysan	[fallāḥ]	فَلّاح	*boucher*	[laḥḥām]	لحّام
marin	[mallāḥ]	ملّاح	*épicier*	[baḳḳāl]	بقّال

E 2 PARLER DIALECTAL

■ **De la vérité des vérités.** Pour convaincre l'interlocuteur de vérité des propos tenus, on prend à témoin **Dieu** et **ses prophètes** :

– *Par Dieu*, **wallāhī/wallāh**

– *Par Dieu le Tout Puissant*, **wallāhi-l-ᶜaẓīm**

– *Juger par Dieu (je prête)*, **qasaman bi-l-llāhi-l-ᶜaẓīm**

– *Par le Prophète*, **wi-n-nabī**

– *Par Jésus, Moïse et tous les prophètes*, **bi-ᶜīsā w-mūsā w-kelle-l-anbiyā**

• On met en jeu **famille, honneur...** :

Par mon honneur, **bi-šarafī**

Par ma vie, **we-ḥyātī**

Par la vie de ma mère/de mon père, we-ḥyāt ummī/'abī

■ **Expressions** :

بما تفكر	D	bišū ᶜam tfakkir
A quoi penses-tu ?	C	betfakkar fī ēh
	A	faš rāk tfekkerr
لمن تنادي	D	lamīn ᶜame-tnādī
Qui appelles-tu ?	C	betnādī ᶜalā mīn
	A	lemīn rāk tᶜeyyeṭṭ
من يطلبه	D	mīn ṭālbu
Qui le demande ?	C	mīn ṭālbu
	A	škūn yehawwasc ᶜlīh

■ **Les nombres**

	D	**C**	**A**	**B**
واحد	wāḥed	wāḥid	wāḥed	wāḥed
اثنان	tnēn	etnīn	zōdğ	ṯnēn
ثلاثة	tlāti	talāta	tlāta	ṯlāta
أربعة	'arbaᶜa	'arbaᶜa	rebᶜa	'arbaᶜa
خمسة	ḫamsi	ḫamsa	ḫemsa	ḫamsi
ستة	sitti	setta	setta	sitti
سبعة	sabᶜa	sabᶜa	sebᶜa	sabᶜa
ثمانية	tmāni	tamanya	tmenya	ṯmānya
تسعة	tisᶜa	tesᶜa	tesᶜa	tisᶜa
عشرة	ᶜašra	ᶜašra	ᶜešra	ᶜašra

A 1 PRÉSENTATION

Non, je ne suis pas de Rabat [lā lastu mina-r-rabāṭ]

■ L'expression *ne pas être* est rendue en arabe par un verbe particulier : ليس [laysa], qui se conjugue ainsi :

	3e personne	2e personne	1re personne
masc.	[laysa] لَيْسَ	[lasta] لَسْتَ	[lastu] لَسْتُ
fém.	[laysat] لَيْسَت	[lasti] لَسْتِ	

pharmacie [ṣaydaliyya^t] صَيْدَلِيّة
hôtel [funduḳ] فُندُق
intention [niyya^t] نِيَّة
disponible [ǧāhiz] جاهِز
clinique [ʿiyādat] عِيادة

A 2 APPLICATION (CD)

1. لستُ مها، أنا ليلى.
2. لِماذا لستَ في ٱلعمَل ؟
3. ٱلصَّيدَليَّةُ ليست في هذا ٱلشّارع.
4. ٱلسَيِّد فاسي ليسَ في هذا ٱلفُندُق.
5. هذه ليست نِيَّتي.
6. ٱلسّيّارة ليست جاهِزة بَعد.
7. ليسِ ٱلطّبيب في عِيادَتِهِ ٱليَوم.

A 3 REMARQUES

■ Le verbe *être* est le plus souvent sous-entendu, mais, sous sa forme négative *ne pas être*, il doit être exprimé. Il n'a qu'une seule forme, celle d'un passé, bien que son sens soit toujours celui du présent.

• Le verbe لَيْسَ [laysa] peut se placer après le sujet (phr. 3-6) ou avant (phr. 7) pour mettre ce dernier en relief.

• La construction لَيس... بَعْد [laysa... bacd], correspond à *il n'est pas... encore* (phr. 6).

Attention : غَيْر [ġayr] ne s'emploie qu'avant un adjectif (le plus souvent attribut d'une phrase nominale (cf. 9B). ليس [laysa], par contre, peut s'employer avant n'importe quel mot (sauf avant le verbe, en arabe standard).

A 4 TRADUCTION

1. Je ne suis pas Maha. Je suis Leila.
2. Pourquoi n'es-tu pas au travail ?
3. La pharmacie n'est pas dans cette rue.
4. M. Fassi n'est pas dans cet hôtel.
5. Ce n'est pas mon intention.
6. La voiture n'est pas encore disponible (prête).
7. Le médecin n'est pas dans son cabinet, aujourd'hui.

1. [lastu mahā 'anā laylā]. 2. [limāḏā lasta fi-l-camal]. 3. [aṣ-ṣaydaliyyat laysat fī hāḏa-š-šāric]. 4. [as-sayyid fāsī laysa fī hāḏa-l-funduḳ]. 5. [hāḏihi laysat niyyatī]. 6. ['as-sayyārat laysat ğāhizat bacd]. 7. [laysa-ṭ-ṭabīb fī ciyādatihi-l-yawm].

B 1 PRÉSENTATION

Je ne suis pas sûr de cela [lastu muta'akid^{an} min ḏālika]

■ **L'attribut de لَيْس.** L'adjectif (ou le nom) sur lequel porte la négation prend comme marque finale la kasra s'il est déterminé (phr. 6) et اً s'il est indéterminé (phr. 1-5). Ex. : متأكداً [muta'akkid^{an}].

■ La conjugaison de لَيْس [laysa], *ne pas être*, au pluriel (cf. Gram. 425).

3ᵉ personne	2ᵉ personne	1ʳᵉ personne
[laysū] لَيْسوا	[lastum] لَسْتُم	[lasanā] لَسْنا

prêt	[mustaᶜid]	مُستعِدّ	*libre*	[ḥurr]	حُرّ
voyage	[safar]	سَفَر	*nouvelle (n)*	[ẖabar] m	خَبَر
voisin	[ǧār]	جار	*réjouissant*	[sārr]	سارّ

B 2 APPLICATION (CD)

1. لستُ حُرّاً بعد ٱلظُّهر.
2. ليس ٱلطّقس جميلاً ٱليَوم.
3. ليس ٱلطّعام جاهِزاً بَعْد.
4. ليس هذا خَبراً سارّاً.
5. لستُ مُستَعِدّاً لِلسَّفر كُلَّ يوم.
6. عمر ليس جارَنا.
7. لستُ مُستَعجِلاً أَبَداً.

B 3 REMARQUES

■ **La négation** de la phrase nominale s'obtient en plaçant ليس [laysa] au début, conjugué à la pers. adéquate. La négation porte alors sur **l'attribut de la phrase.** Si celui-ci est un adjectif (phr. 1-3, 5 et 7) ou un substantif (phr. 4 et 5), il se met à l'accusatif, comme le COD (cf. 17A et B).

■ **Le cas.** Le COD, comme l'attribut de la phrase nominale introduite par ليس, portent donc la même marque : ـَ quand ils sont déterminés et اً [^{an}] lorsqu'ils sont indéterminés. Ils sont tous les deux au cas **accusatif**, en منصوب [manṣūb].

• لِلسَّفر [li-s-safar], *pour le voyage* (phr. 6) est mis pour السّفر + لَ. Après لِـ [li], *pour, à*, la **wasla** tombe.

• أَبَداً ['abad^{an}], après une négation, signifie selon le contexte : *jamais* ou *pas du tout.*

B 4 TRADUCTION

1. Je ne suis pas libre l'après-midi.
2. Il ne fait pas beau (le temps n'est pas beau) aujourd'hui.
3. Le repas n'est pas encore prêt.
4. Ce n'est pas une bonne nouvelle.
5. Je ne suis pas prêt pour le voyage tous les jours (chaque jour)
6. Omar n'est pas notre voisin.
7. Je ne suis jamais pressé.

1. [lastu ḥurr^{an} ba^{c}da-ẓ-ẓuhr]. 2. [laysa-ṭ-ṭaḳs ğamīl^{an} al-yawm]. 3. [laysa-ṭ-ṭa^{c}ām ğāhiz^{an} ba^{c}d]. 4. [laysa hāḏā ẖabar^{an} sārr^{an}]. 5. [lastu musta^{c}idd^{an} li-s-safar kulla yawm]. 6. [^{c}umar laysa ğāranā]. 7. [limāḏā 'anti dā'im^{an} musta^{c}ğila^{t}]. 8. [lastu musta^{c}ğil^{an} 'abad^{an}]

C 1 EXERCICES

A. Lire et traduire :

1. لستُ مسروراً من عملِكَ.
2. لستُ مُستعِدّة للعملِ كلَّ مساء.
3. أخي طَبيب، عِيادَتُه ليسَتْ بَعيدة من هنا.

B. Répondre par la négative :

1. ألو، هل عمر مَوجود ؟ 2. هل عمر هنا ؟

3. هل أنتُم في البيت هذا ٱلمَساء ؟

C. Traduire : (CD)

1. Cette nouvelle n'est pas très réjouissante. 2. Il n'est pas mon ami. 3. Il n'est pas encore 3h30.

D. Vocaliser et traduire ces verbes, cf. pp. 141, 149 :

1. يرافق 2. يقابل 3. يقدّم
4. يفكّر 5. يتزوّج 6. يتكلّم

C 2 CORRIGÉ

A. 1. [lastu masrūr^{an} min ᶜamalika], *Je ne suis pas content de ton travail.* 2. [lastu mustaᶜidda^{t} li-l-ᶜamal kulla masā'], *Je ne suis pas prête à travailler (au travail) tous les soirs.* 3. ['aẖī ṭabīb, ᶜiyādatuhu laysat baᶜīda^{t} min hunā], *Mon frère est médecin, son cabinet n'est pas loin d'ici.*

B. 1. لا، ليس موجوداً/هو غير موجود. 2. لا، ليس هنا.
3. لا، لسْنا في ٱلبيت.

C. 1. هذا ٱلخبَر ليس سارّاً جدّاً. 2. ليس صديقي.
3. ليستِ ٱلسَّاعة بَعْد ثَلاثة وَنِصف.

D. 1. يُرافِق *accompagner* 2. يُقابِل *rencontrer* 3. يُقَدِّم *présenter*
4. يُفَكِّر *penser* 5. يَتَزَوَّج *se marier* 6. يَتَكَلَّم *parler*

C 3 LE CALENDRIER

• Depuis la plus ancienne antiquité, deux systèmes de calendrier sont en vigueur en Orient : le **système lunaire** et le **système solaire.** Le premier est né dans la Péninsule et utilise une dénomination d'origine arabe, alors que le second est né au Proche-Orient et utilise une dénomination héritée de l'**araméen.** Cette dernière est doublée, depuis la colonisation, en Égypte et dans les pays du Maghreb par une autre d'origine française ou anglo-saxonne dont la transcription en arabe a deux variantes dont l'une domine en Égypte et l'autre dans les pays du Maghreb. Nous donnons ici les dénominations proche-orientale et égyptienne.

■ Noms des mois (CD)

	Proche-Orient		Égypte	
janvier	[kānūnu-ṯ-ṯānī]	كانون ٢	[yanāyir]	يَناير
février	[šubāṭ]	شُباط	[fibrāyir]	فِبراير
mars	['āḏār]	آذار	[mars]	مارس
avril	[nīsā]	نيسان	['abrīl]	أَبريل
mai	['ayyār]	أَيَّار	[māyū]	مايو
juin	[ḥuzayrān]	حُزَيران	[yūnyū]	يونيو
juillet	[tammūz]	تَمّوز	[yūlyū]	يوليو
août	['āb]	آب	['aġusṭus]	أغُسطس
septembre	['aylūl]	أَيلول	[sibtambir]	سبتَمبر
octobre	[tišrīnu-l-'awwal]	تِشرين ١	['uktūbir]	أُكتوبِر
novembre	[tišrīnu-ṯ-ṯānī]	تشرين ٢	[nūfambir]	نوفمبر
décembre	[kānūnu-l-'awwal]	كانون ١	[dīsambir]	ديسمبِر

D 1 (CD) ■ سَفَر

1. شَهرَزاد متى ستَصلون إلى وَهْران ؟
2. سَعْدان سَنصِل يومَ ٱلجُمْعة، أوَّل مارس، مساءً.
3. شَهرَزاد ٱنتَبِه ! ٱلطَّريق ليس سهْلاً.
4. سَعْدان طَبْعاً، على كُلِّ حال لستُ مُستَعجِلاً.
5. شَهرَزاد ولكِن، لِماذا لا تأتون بِالقِطار ؟
6. سَعْدان ٱلقطار ليس مُريحاً.
7. شَهرَزاد كم يوماً ستَبْقون ؟
8. سَعْدان سنَبْقى شهْراً كامِلاً.
9. شَهرَزاد أينَ ستنزِلون ؟
10. سَعْدان في فُندُق ٱلشَّرق.

D 2 VOCABULAIRE

arriver	[yaṣil]	• يصِل
(le premier de mars)	[’awwal mārs]	• أوَّل مارِس
fais attention !	[’intabih]	• انتَبِه
de toute façon	[ᶜalā kulli ḥāl]	• على كلّ حال
confortable, reposant	[murīḥ]	• مُريح
entier	[kāmil]	• كامِل

20 DIALOGUE

D 3 Un voyage

1. Quand arriverez-vous à Oran ?
2. Nous arriverons le vendredi premier mars au soir.
3. Fais attention ! La route n'est pas facile.
4. Naturellement, de toute façon je ne suis pas pressé.
5. Mais pourquoi ne venez-vous pas par le train ?
6. Le train n'est pas confortable.
7. Combien de jours resterez-vous ?
8. Nous resterons un mois entier.
9. Où descendez-vous ?
10. À l'hôtel Orient.

1. [matā sa-taṣilūn 'ilā wahrān]. 2. [sa-naṣil yawma-l-ǧum^{c}a^{t} 'awwal mārs masā'^{an}]. 3. ['intabih aṭ-ṭarīḳ laysa sahl^{an}]. 4. [tab$^{c\ an}$ ^{c}alā kulli ḥāl lastu must^{c}ǧil^{an}]. 5. [wa-lākin limāḏā lā-ta'tūn bi-l-ḳiṭār]. 6. ['al-ḳiṭār laysa murīḥ^{an}]. 7. [kam yawm^{an} sa-tabḳūn]. 8. [sa-nabḳā šahr^{an} kāmil^{an}]. 9. ['ayna sa-tanzilūn]. 10. [fī funduḳ aš-šarḳ].

D 4 EXPRESSIONS UTILES

■ **Unités de temps :**

- *un jour* [yawm] يَوْم
- *semaine* ['usbu^{c}] أُسبوع
- *mois* [šahr] شَهْر
- *année* [sana^{t}/^{c}ām] سنة / عام
- *seconde* [ṯāniya^{t}] ثانية
- *minute* [daḳīḳa^{t}] دقيقة
- السَّاعة أربعة وثمانية دقائق وخَمْس ثَواني Il est 4h, 8', 5"

['as-sā^{c}at 'arba^{c}a^{t} wa-ṯamāniyat daḳā'iḳ wa-ḫamsu ṯawānī]

Les premiers seront derniers et les derniers seront premiers

الأوَّلون آخِرون والآخِرون أوَّلون

20 VIE PRATIQUE

E 1 AU QUOTIDIEN

■ Noms des mois en Algérie : (CD)

janvier	[ğanvyé]	جانفيه
février	[févriyé]	فافريه
mars	[maġres/mars]	مغريس/مارس
avril	['avrīl]	أفريل
mai	[mē]	ماي
juin	[ğwan]	جوان
juillet	[ğwiyyé]	جويِيه
août	['ūt]	أوت
septembre	[sibtamber]	سِبتَمبِر
octobre	[uktuber]	أوكتوبر
novembre	[nuvamber]	نوفَمبِر
décembre	[dissamber]	ديسَمبِر

■ Les nombres (100-1000)

100	[mi'at]	مئة	١٠٠
200	[mi'atān]	مئَتان	٢٠٠
300	[ṯalāṯumi'a^t]	ثَلاثمِئة	٣٠٠
400	['arba^{c}umi'a^t]	أربَعمئة	٤٠٠
500	[ḫamsmi'a^t]	خَمْسمئة	٥٠٠
600	[sittumi'a^t]	ستُّمئَة	٦٠٠
700	[asab^{c}umi'a^t]	سَبعُمئة	٧٠٠
800	[ṯamānīmi'a^t]	ثَمانيمئة	٨٠٠
900	[tis^{c}umi'a^t]	تسعُمِئة	٩٠٠
1000	['alf]	أَلف	١٠٠٠

- million et milliard se disent : مَلْيُون [malyūn] et مِلْيار [milyār].

E 2 PARLER DIALECTAL

■ **La négation d'une phrase nominale** (*ne pas être*), se fait en dialectal non pas avec **laysa** ou **ġayr**, mais avec **muš/mū/miš/rānī, rāk...**

لست مستعجلا	**D** muš/mū mustaᶜǧil
Je ne suis pas pressé	**C** miš mistaᶜgil
	A mā rāniš mqellaq
	B ānī mū/muš mistaᶜdǧil
أنا غير مسرور	**D** anā muš/mū mabsūṭ
Je ne suis pas content	**C** anā miš mabsūṭ
	A anā mā rāniš zaᶜfān
	B ānī mū/muš masrūr

■ **Expressions** :

أسرع قليلا	**D** ᶜaǧǧil/estaᶜǧil šwayy/yallā
Dépêche-toi un peu	**C** ᶜaggil šwayya
	A ġawwel
انتبه	**D** dīr bālak/enntebih
Attention !	**C** ḥāsib
	A bālak
أنا حر اليوم	**D** anā fāḍī/fāriġ-l-yōm
Je suis libre aujourd'hui	**C** anā fāḍī en-nahār dā
	A mā neᶜmal wālū lyūm

• L'expression *O.K !* est largement utilisée. Un équivalent courant **māšī** !

■ **Vocabulaire.**

train	ḳiṭār	aṭr	mašīna	qaṭār/ rēl
autobus	bāṣ	utūbīs	bus/kār	bāṣ/bāṣ tšbīr
camion	kamyūn	ᶜarābayet na'l	kamyūn	šāḥina

■ Quelques **grandes villes** ont en dialectal un nom spécifique :

– *Damas*, دمشق [dimašq], se dit courramment شام [**Šām**].

– *Le Caire*, القاهرة [al-qāhira], se dit مصر [miṣr], comme le pays.

TESTS DE CONTRÔLE – LEÇONS 11 À 20

Compléter avec a, b ou c :

(il y a une seule réponse par phrase)

11.

– ... تَشرَب يا عُمَر [... tašrab yā ᶜumar]

a. مَن ؟ [man]

b. ماذا ؟ [māḏā]

c. أَين ؟ [’ayna]

12.

– هل... وقت يا ليلى ! [hal ... waḳt yā laylā !]

a. عندَكِ [ᶜindaki]

b. تَعمَلين [taᶜmalīn]

c. تُحِبّين [tuḥibbīn]

13.

– ... متى يَنام أَخوكَ ؟ [... matā yanām ’aẖūka]

a. عندَ [ᶜinda]

b. فَوْقَ [fawḳa]

c. مُنْذُ [munḏu]

14.

– أَبحث ... كِتاب [’abḥaṯ ... kitābi]

a. مِن [min]

b. إِلى [’ilā]

c. عَن [ᶜan]

15.

– عُمَر يَذهَب ... باريس [ᶜumar yaḏhab ... bārīs]

a. في [fī]

b. إلى [’ilā]

c. مع [maᶜ]

Voir **corrigé**, page 445.

16.

– هذا ... أنا مَشغول [hāḏā ... 'anā mašġūl]

a· مَساء ['masā']

b· غير [ġayr]

c· المَساء ['al-masā']

17.

– هَل تَعرِف ... ؟ [hal taᶜrif ...]

a· أُختُه ['uḫtuhu]

b· أُختَه ['uḫtahu]

c· أُختِه ['uḫtihi]

18.

– هذا مِفتاح ... [hāḏā miftāḥ ...]

a· بيتُه [baytuhu]

b· بيتَه [baytahu]

c· بيتِه [baytihi]

19.

– هذه المَدينة ... [hāḏihi-l-madīnaᵗ ...]

a· أعرِفُه ['aᶜrifuhu]

b· أعرِفُكَ ['aᶜrifuka]

c· أعرِفُها ['aᶜrifuhā]

20.

– يَسكُن في ... [yaskun fī ...]

a· البيتُ الكبير ['al-baytu-l-kabīr]

b· البيتِ الكبير ['al-bayti-l-kabīr]

c· البيتَ الكبير ['al-bayta-l-kabīr]

Voir **corrigé**, page 445.

A 1 PRÉSENTATION

■ Conjugaison de سَمِعَ [sami^{c}a], *entendre*, à **l'accompli** (passé) :

plur. f.	plur. m.	sing. f.	sing. m.	
سَمِعْنا		سَمِعْتُ		1re pers.
سَمِعْتُنَّ	سَمِعْتُم	سَمِعْتِ	سَمِعْتَ	2e pers.
سَمِعْنَ	سَمِعوا	سَمِعَتْ	سَمِعَ	3e pers.

ذَهَبَ، يَذهَب	*aller*	وصَل، يصِل	*arriver*
ٱلبارِحة	*hier*	سافرَ، يُسافرُ	*voyager*
جَبَل m	*montagne*	دَخَلَ، يدخُلُ	*entrer*
دَرَسَ، يدرُسُ	*étudier*	عرَفَ، يعرِفُ	*(re)connaître*

A 2 APPLICATION (CD)

1. أينَ ذَهبْتِ ٱلبارِحة ؟
2. ذَهَبْتُ إلى ٱلجَبَل.
3. أخي دَرَسَ في جامعةِ ٱلرَّباط.
4. متى وَصَلْتُم ؟
5. هل سافرَ أَصدِقاؤُكُم (صديق) ؟
6. نعم، سافَروا مُنذُ أيَّام (يَوم).
7. عندما دَخَلْتَ منَ ٱلباب عَرَفتُكَ فَوْراً.

A 3 REMARQUES

■ **La conjugaison du verbe à l'accompli** (au passé) :

• La désinence-sujet se place en fin de mot, contrairement à l'inaccompli :
- **soukoun**, aux 1re et 2e pers., au sing. comme au pluriel (phr. 1, 2, 4 et 7),
- **fatha** [ـَ], à la 3e pers. du singulier (phr. 3 et 5),
- **damma** [ـُ], à la 3e pers. du pluriel (phr. 6),

Attention : le [ا] final à la 3e pers. du plur. est purement phonique (ne se prononce pas) : سَمِعوا [sami^{c}ū].

• **Accord :** placé avant un sujet au pluriel, le verbe reste au singulier (phr. 5).

• Le pronom affixe se met en fin de verbe (phr. 7).

☞ Le dictionnaire arabe donne le verbe à la 3e pers. du mas. sing. à l'accompli, puis à l'inaccompli : سَمِعَ، يسمَعُ

A 4 TRADUCTION

1. Où es tu allée, hier ?
2. Je suis allée à la montagne.
3. Mon frère a étudié à l'université de Rabat.
4. Quand êtes-vous arrivés ?
5. Vos amis sont-ils partis (en voyage) ?
6. Oui, ils sont partis (en voyage) il y a quelques jours.
7. Lorsque tu es entré par la porte je t'ai tout de suite reconnu.

1. ['ayna ḏahabti-l-bāriḥa^{t}]. 2. [ḏahabtu 'ila-l-ğabal]. 3. ['aḫī darasa fī ğāmi^{c}ati-r-rabāṭ]. 4. [matā waṣaltum]. 5. [hal sāfara aṣdiḳā'ukum]. 6. [na^{c}am sāfarū munḏu 'ayyām]. 7. [^{c}indamā daḫalta mina-l-bāb ^{c}araftuka fawr^{an}].

B 1 PRÉSENTATION

[mā samiᶜtu] ما سَمِعْتُ

■ La négation de l'accompli :

ما + verbe à l'accompli → ما سمعْتُ

■ L'arabe ne connaît que deux conjugaisons : l'accompli et l'inaccompli. Ils n'expriment le passé et le présent que dans une phrase simple. Ailleurs, ils peuvent exprimer selon le contexte les différents temps et modes. Aussi les appelle-t-on "aspects" et non pas "temps".

dire	قالَ، يقول	*robe*	فُستان m
acheter	ٱشْتَرى، يَشتَري	*si* (condition)	إِذا
soulier	حِذاء	*avoir besoin*	ٱحْتاجَ، يحْتاج
manteau	مِعطَف		

B 2 APPLICATION (CD)

1. ماذا قُلْتَ (قال) ؟
2. ما قُلْتُ شيئاً.
3. عمر ماذا قال؟
4. ماذا ٱشْتَرَيتُم؟
5. أنا ٱشتَرَيْتُ حِذاءً.
6. وحسّان ٱشتَرى مِعطَفاً.
7. أمّا مَريَم فَاشتَرَتْ فُستاناً.
8. إذا ٱحتَجْتَ (ٱحتاج) شيئاً فَتَعالَ.

B 3 REMARQUES

■ **Transformations du verbe à l'accompli**. S'il ne comporte que des consonnes, le verbe ne subit aucune transformation, en dehors des désinences (cf. A2). Par contre, lorsqu'il comporte une voyelle longue, celle-ci disparaît, notamment aux 1re et 2e personnes. Il en est ainsi du **alif** :

– en milieu de mot (قال), il n'apparaît qu'à la 3e personne (comparer phr. 3 à phr. 1 et 2)

– en fin de mot (اشترى), le **alif** apparaît à la 3e pers. du sing. (phr. 6), mais disparaît au féminin (phr. 7) et se transforme en semi-voyelle ailleurs (phr. 4 et 5 ; cf. Gram. 426).

■ Certains verbes débutent à l'accompli par une **wasla** وصلة ; en cas de liaison, elle ne se prononce pas (phr. 4, 7 et 8).

■ **Aspect et temps :** l'accompli peut correspondre au passé (phr. 1-7) mais également au présent, voire au futur (phr. 8), dans d'autres contextes. Cela dépend du mode verbal et des particules qui précèdent le verbe (cf. Gram. 422). Présente dans d'autres langues comme le russe ou le grec, cette catégorie de l'aspect est en fait une façon particulière de considérer l'action (en cours ou terminée).

B 4 TRADUCTION

1. Qu'as-tu dit ?
2. Je n'ai rien dit.
3. Et Omar, qu'a-t-il dit ?
4. Qu'avez-vous acheté?
5. Moi, j'ai acheté [une paire de] chaussures.
6. Et Hassan a acheté un manteau.
7. Quant à Mariam, elle a acheté une robe.
8. Si tu as besoin de quelque chose, viens [me voir].

1. [māḏā ḳulta]. 2. [mā ḳultu šay'^{an}] 3. [wa-^{c}umar māḏā ḳāla ?] 4. [māḏa-štaraytum?] 5. [ana-štaraytu ḥiḏā'^{an}]. 6. [wa-ḥassān 'ištarā mi^{c}ṭaf^{an}]. 7. ['ammā maryam fa-štarat fustān^{an}]. 8. ['iḏa-ḥtağta šay'^{an} fa-ta^{c}āla].

21 EXERCICES

C 1 EXERCICES

A. Conjuguer :

1. خَرَجَ *sortir* 2. أتى *venir*

B. Écrire et traduire :

1. أنا أكَلتُ، هو ... 2. أنا شَربْتُ، هو ...

3. أنا أخَذتُ، هو ... 4. أنا نمْتُ، هو ...

5. أنا عُدْتُ، هو ... 6. أنا سِرْتُ، هو ...

C. Traduire : (CD)

1. Qu'est-ce que tu lui as dit, et qu'est-ce qu'il t'a dit ?
2. Quand il est entré, je suis allé dans ma chambre.
3. Si vous arrivez demain, je vous inviterai au cinéma.

C 2 CORRIGÉ

A.

	3e pers.		2e pers.		1re pers.
	fém.	masc.	fém.	masc.	
sing.	خَرَجَتْ خَرَجْنَ	خَرَجَ خَرَجوا	خَرَجْتِ خَرَجْتُنَّ	خَرَجْتَ خَرَجْتُم	خَرَجْتُ خَرَجْنا
plur.	أَتَتْ أَتَيْنَ	أَتَى أَتَوا	أَتَيْتِ أَتَيْتُنَّ	أَتَيْتَ أَتَيْتُم	أَتَيْتُ أَتَيْنا

B. 1. أكَلَ 2. شَرِبَ 3. أَخَذَ 4. نامَ 5. عادَ 6. سارَ

C. 1. ماذا قُلْتَ له وماذا قالَ لك؟

2. عندما دخَلَ ذهبْتُ إلى غُرفتي.

3. إذا وصلتُم غداً، أدعوكم إلى ٱلسّينما.

C 3 LE CINÉMA ARABE

Né dans les **années 1930** en **Égypte**, le cinéma arabe est resté longtemps cantonné à ce pays. C'est seulement à partir des années cinquante qu'il se répandit d'abord au Proche-Orient, puis au Maghreb.

• Après avoir privilégié le genre **sentimental** et **l'opérette**, il s'intéressa, notamment depuis la révolution nassérienne (1952), aux thèmes sociaux en adaptant les grandes œuvres littéraires, comme celles de Naguib Mahfouz. Influencé par le contexte politique et la décolonisation, il produisit des œuvres engagées et traita des figures historiques emblématiques tels **Muhammad** ou **Saladin**.

• Depuis quelques années, le cinéma donne la priorité au genre de la **critique de mœurs**, au moment même où il devient plus indépendant, les États se désengageant de plus en plus vis-à-vis de cet art. Actuellement, les grands réalisateurs sont peu nombreux dans le monde arabe. Le plus connu est, sans conteste, **Youssef Chahine**, Palme d'or à Cannes en 1997, décédé en 2008.

Il a pratiqué tous les genres : politique avec *Saladin* et *Gamila l'algérienne*, aventures avec *Le Démon du désert,* mélodrame avec *L'Appel des Amants*, comédie musicale avec *J'ai quitté mon amour*, ou néo-réalisme avec *Gare centrale.* Mûri par la défaite de 1967, il produisit une magnifique tragédie musicale, *Le Retour de l'enfant prodigue*, une belle fresque sur la construction du barrage d'Assouan, *Un jour le Nil...* et une trilogie autobiographique qui frise le fantastique, *Alexandrie pourquoi ?* Et *Alexandrie encore et toujours*. Son dernier film, *Le Destin* (1997) est un hymne à la raison (symbolisée par **Averroès**, cf. p. 57), à la tolérance et à l'amour de la vie.

• Citons encore le nom du Palestinien Michel **Khleifi** (*Noce en Galilée*) et de l'Algérien M. **Lakhdar Hamina** (notamment *Chroniques des années de braise*).

D 1 (CD) ■ مُباراة

1. حُسَيْن هل شاهدتَ (يُشاهِد) ٱلمُباراة ٱلبارِحة ؟
2. عَبْدُ ٱلكريم طَبْعاً شاهَدْتُها..
3. حسين مَن ربِحَها ؟
4. عَبْدُ ٱلكريم لَقَد ربِحَ فَريقُنا ضِدّ «ٱلأهليّ» !
5. حسين لكِن «ٱلأهْليّ» لعِبَ جَيِّداً.
6. عَبْدُ ٱلكريم لا أعْتَقِد، عادةً يلعَب أَحسَن.
7. حسين ماذا فَعَلتَ (يفعَل) بعدَ ٱلمُباراة ؟
8. عَبْدُ ٱلكريم نَزَلتُ (ينْزِل) إلى ٱلشّارع مع ٱلجُمْهور.
9. وغَنَّيْنا ورقَصْنا حتّى ٱلصّباح.

D 2 VOCABULAIRE

équipe	[fariḳ]	m فَريق
contre	[ḍidd]	ضِدّ
gagner	[rabiḥa]	رَبِح
jouer	[laᶜiba]	لَعِب
mieux	[aḥsan]	أحسن
penser (trouver que)	[yaᶜtaḳid]	يعتَقِد
habituellement	[ᶜādat^{an}]	عادةً
chanter	[ġannā]	غنّى
danser	[raḳaṣa]	رَقَص

21 DIALOGUE

D 3 Un match

1. As-tu regardé le match, hier ?
2. Naturellement, je l'ai regardé.
3. Qui l'a gagné ?
4. Notre équipe a gagné contre al-Ahli.
5. C'est vrai, mais al-Ahli a bien joué.
6. Je ne trouve pas, en général il joue mieux.
7. Qu'as-tu fait après le match ?
8. Je suis descendu dans la rue avec les gens (le public).
9. Et nous avons chanté et dansé jusqu'au matin.

1. [hal šāhadta-l-mubārāt al-bāriḥa^{t}]. 2. [ṭab^{c}an šāhadtuhā]. 3. [man rabiḥahā]. 4. [laḳad rabiḥa farīḳunā ḍidda-l-āhlī]. 5. [ṣaḥīḥ lākin al-ahlī la^{c}iba ğayyid^{an}]. 6. [lā-'a^{c}taḳid ^{c}ādat^{an} yal^{c}ab 'aḥsan]. 7. [wa-māḏā fa^{c}alta ba^{c}da-l-mubārā^{t}]. 8. [nazaltu 'ila-š-šāri^{c} ma^{c}a-l-ğumhūr] 9. [wa-ġannaynā wa-raḳaṣnā ḥatta-ṣ-ṣabāḥ].

D 4 EXPRESSIONS UTILES

■ Match مُباراة

perdre [ḫasira](يخسَر) خسِر ↔ *gagner* [rabiḥa](يربَح) ربِح •

joueur [lā^{c}ib] لاعِب ← *jouer* [la^{c}iba] (يلعَب) لعِب •

championnat [buṭūla^{t}] بُطولة ← *champion* [baṭal] بَطَل •

■ Temps وَقْت

hier ['ams] أَمْس = ['al-bāriḥa^{t}] ٱلبارِحة •

avant-hier ['awwal 'ams] أَوَّل أمس •

E 1 AU QUOTIDIEN

■ Temps et aspect : comment mémoriser les conjugaisons ?

• Dans la conjugaison du verbe ce qui pose problème, c'est la **transformation aspectuelle** : le passage entre accompli et inaccompli est régi par le système des formes verbales.

• **L'aspect,** notion importante en arabe, doit être distingué de **temps** ainsi d'ailleurs que du mode : ils ne correspondent que rarement.

• Dans le verbe à l'**accompli de forme simple** (3 radicales), lorsqu'il ne comporte que des consonnes, il suffit de connaître la voyelle de la 2e radicale pour faire une lecture correcte :

- le **soukoun** est de rigueur sur la 3° radicale aux 1° et 2° pers. au singulier comme au pluriel (cf. A1, phr. 1, 2, 4 et 7),
- dans سَمِعَ ، يسْمَعُ, la **kasra** devient **fatha**,
- dans دَخَلَ ، يدْخُلُ, la **fatha** devient **damma**,
- dans عَرَفَ ، يَعْرِفُ, la **fatha** devient **kasra**.

• En mémorisant cette voyelle, la conjugaison ne pose plus de problèmes : les autres formes sont régulières. La voyelle sera donc la seule à être indiquée dorénavant.

E 2 PARLER DIALECTAL

■ Conjugaison de l'accompli.

• **Les voyelles ainsi que les marques** (du sujet, du genre et du nombre) sont réduites au minimum ; les ambiguïtés peuvent être levées par l'ajout du pronom personnel isolé adéquat ;

• **Le système vocalique** peut être **perturbé** par rapport à l'écrit, et la voyelle de la première consonne peut être édulcorée : remplacée par un **soukoun** ou une **kasra.**

Voici la conjugaison de سمع [sami^{c}a], *entendre* :

	D	C	A	B
سمعت	sme^{c}t	sémé^{c}t	sme^{c}t	sima^{c}it
سمعت	sme^{c}t	sémé^{c}t	sme^{c}t	sima^{c}it
سمعت	sme^{c}ti	sémé^{c}ti	sme^{c}ti	sima^{c}it
سمع	semé^{c}	sémé^{c}	smé^{c}	sima^{c}
سمعت	sem^{c}ét	sém^{c}ét	sém^{c}et	sima^{c}it
سمعنا	smé^{c}nā	sémé^{c}nā		sme^{c}nā
سمعتم/سمعتن	smé^{c}tū	sémé^{c}tū	sme^{c}tū	sima^{c}tum-sima^{c}tan
سمعوا/ سمعن	sem^{c}ū	sém^{c}ū	sem^{c}ū	sim^{c}aw-sim^{c}an

• **La marque de la négation.** *Je n'ai pas entendu* se dira :

ما سمعتُ	ma sme^{c}t	mā smé^{c}tš	mā sme^{c}tš	mā sima^{c}it

■ Vocabulaire :

hier	n-bāriḥ /ams	m-bāriḥ	lbāréḥ /ams
avant-hier	awwale-n -bāreḥ	awwale -mbāriḥ	lul- bāriḥ
depuis une semaine	min ğem^{c}a	min gum^{c}a	min usbū^{c}
immédiatement	diğri	^{c}ala-ṭūl	belḫeff

A 1 PRÉSENTATION

prêts [mustaᶜiddūn] مُستَعِدّونَ

■ **Le pluriel masculin régulier** se forme en ajoutant à la fin du nom ou de l'adjectif le suffixe ونَ [ūna] au cas nominatif (comme ici) et ينَ [īna] aux autres cas.

صِحافيّ (ون)	*journaliste*	قادِم(ون)	*venant*
فِلَسطينيّ(ون)	*Palestinien*	تَحدَّث ، يتَحَدَّث	*discuter*
مُسافِر(ون)	*voyageur*	ٱستَقْبَلَ، يستَقْبِل	*recevoir*

• هَؤُلاءِ [hā'ulā'], *ces, ceux-ci, celles-ci*, est le pluriel de هذا et هذه ; il s'utilise de la même façon. La fatha du هَـ se prononce également comme un alif.

A 2 APPLICATION (CD)

1. هَؤُلاءِ ٱلصِّحافِيّون فِلَسْطينيّون.
2. يصِلُ الآن ٱلمُسافِرونَ ٱلقادِمون من بَغْداد.
3. يتَحَدَّثُ ٱلوَزير إلى ٱلصِّحافِيِّين ٱلفلِسْطينيّين.
4. يَسْتَقْبِلُ ٱلوَزير ٱلصِّحافِيِّين ٱلفِلَسْطينيّين.
5. عَددُ ٱلمُسافِرين مُرْتَفِع جدّاً.
6. ٱلمَسؤولون غير مَوْجودين.

A 3 REMARQUES

■ **Le pluriel masculin régulier** est une des trois formes de pluriel existant en arabe.

• Il est utilisé exclusivement pour des noms et adjectifs désignant des humains.

• Il a seulement deux marques de déclinaison : ونَ [ūna] et ينَ [īna]. En arabe standard, la voyelle finale ـَ n'apparaît qu'en cas de liaison.

Rappel. Se met :

- au **nominatif** (مرفوع) : le sujet (phr. 1, 2 et 6), l'attribut de la phrase nominale (phr. 1) ;
- à **l'accusatif** (منصوب) : le COD (phr. 4) ;
- au **génitif** (مجرور) : le nom précédé par un adverbe ou préposition (phr. 3), le complément de nom (phr. 5) et l'adjectif après غير (phr. 6).

• L'adjectif épithète se met au même cas que le nom auquel il se rapporte (cf. القادمون, phr. 2)

☞ يَصِل est l'inaccompli de وَصَل [waṣala] *arriver* (cf. Gram. 432)

A 4 TRADUCTION

1. Ces journalistes sont palestiniens.
2. Maintenant arrivent les voyageurs en provenance (venant) de Bagdad.
3. Le ministre s'entretient aujourd'hui avec les journalistes.
4. Le ministre reçoit (accueille) les journalistes palestiniens.
5. Le nombre des voyageurs est très élevé.
6. Les responsables ne sont pas là (présents).

1. [hā'ulā'i-ṣ-ṣiḥāfiyyūn filasṭīniyyūn] . 2. [yaṣilu-l-'ān al-musāfirūna-l-ḳādimūn min Baġdād] . 3. [yataḥaddaṯu-l-wazīr 'ila-ṣ-ṣiḥāfiyyīn 'al-yawm] . 4. [yastaḳbilu-l-wazīr aṣ-ṣiḥāfiyyīn al-filasṭīniyyn] . 5. [ᶜadadu-l-musāfirīn murtafiᶜ jiddan] . 6. ['al-mas'ūlūn ġayr mawǧūdīn].

B 1 PRÉSENTATION

(*les spectateurs de la T.V.*) [mušāhidū-t-talifizyūn]

■ Avant un compl. de nom ou un possessif, le pluriel masculin régulier perd son ـن [n] final, par commodité phonique. Ici, on a مُشاهِدو [mušāhidū] et non مُشاهِدون [mušāhidūn], à cause du compl. de nom.

musulman	(R) مُسلِم	*présentateur, speaker*	(R) مُذيع
fête	m عِيد	*souhaiter*	تَمَنّى، يتَمَنّى
gens	ناس	*adjoint*	(R) مُساعِد
réuni	(R) مُجْتَمِع	*célébrer*	ٱحتَفَل، يحْتفِل

B 2 APPLICATION (CD)

1. مُذيعو ٱلرّاديو يتمنّون لَكُم سَنة سعيدة.
2. نُقَدِّم لِمُشاهدي ٱلتِّلِفزيون هذا ٱلفِلمَ ٱلجديد.
3. بعد قَليل يصلُ ٱلمُدير ومُساعدوه.
4. ٱليوم يحتَفِل مُسلمو فرنسا بِالعيد ٱلكبير.
5. ماذا يفعَل هٰؤُلاءِ ٱلنّاسُ ٱلمُجتَمِعون هنا ؟

B 3 REMARQUES

■ Le pluriel masculin **régulier perd son ن** final avant le complément de nom (phr. 1, 2 et 4) et le possessif (phr. 3), et ce quel que soit son cas.

☞ Désormais, nous signalerons ainsi les termes régis par le pluriel masculin : (ون) pour le nom et (R) pour l'adjectif.

■ **Accord** : le verbe placé avant un sujet pluriel reste au singulier (phr. 3-5). Placé après, il se met au pluriel lui aussi (phr. 1).

B 4 TRADUCTION

1. Les présentateurs (speakers) de la radio vous souhaitent une heureuse année.
2. Nous présentons aux téléspectateurs (les spectateurs de la télévision) ce nouveau film.
3. Sous peu arrive(nt) le directeur et ses adjoints.
4. Aujourd'hui les musulmans de France célèbrent la "grande fête" .
5. Que font ces gens rassemblés ici ?

1. [muḏīᶜū-r-rādiū yatamannūna lakum sanaᵗ saᶜīdaᵗ] 2. [nuḳaddimu li-mušāhidī-t-talifizyūn hāḏa-l-filma-l-ǧadīd] 3. [baᶜda ḳalīl yaṣilu-l-mudīr wa-musāᶜidūh] 4. ['al-yawm yaḥtafil muslimū faransā bi-l-ᶜīdi-l-kabīr]. 5. [māḏā yafᶜal hā'ulā'i-n-nāsu l-muǧtamiᶜūna hunā].

C 1 EXERCICES

A. Lire et traduire :

1. هل أنتم مُستَعِدّون ؟ 2. ٱلصِّحافيّون يعمَلون كثيراً.

3. كم عَددُ ٱلجَزائِريين ٱلمُقيمين في فَرَنسا ؟

B. Mettre au pluriel :

1. هل أنتَ فَرَنسيّ ؟

2. ماذا يفعل مُوَظف* ٱلمصرف ٱلآن ؟

3. هذا ٱلسائِق غير مَشغول.

C. Traduire : (CD)

1. Nous ne sommes pas responsables de tout cela.
2. Les musulmans vont le vendredi à la mosquée.
3. Que dites-vous à vos collaborateurs ?

C 2 CORRIGÉ

A. 1. [hal 'antum musta^ciddūn], *Êtes-vous prêts ?* 2. ['aṣ-ṣiḥāfiyyūna ya^cmalūn kaṯīr^{an}], *Les journalistes travaillent beaucoup.* 3. [kam ^cadadu-l-ǧazā'iriyyīna-l-muḳīmīn fī faransā], *Quel est le nombre des Algériens résidents en France ?*

B.

1. هل أنتم فَرَنْسيّون ؟

2. ماذا يفعل مُوَظَّفو ٱلمصْرَف ٱلآن ؟

3. هؤلاءِ ٱلسّائِقون غير مشغولين.

C.

1. نحن غير مَسؤولين عن كُلِّ هذا.

2. ٱلمُسلمون يذهبون ٱلجُمعة إلى ٱلجامِع.

3. ماذا تقول لِمُساعِديك ؟

---

* *Employé, fonctionnaire.*

C 3 LES TRANSPORTS

■ Si le transport aérien est relativement répandu dans les pays arabes, **le chemin de fer**, ٱلخطوط ٱلحديديّة ['al-ḫuṭūṭu l-ḥadīdiyyat], est peu utilisé. Le transport se fait le plus souvent en voiture.

• Entre les villes : le car, ٱلحافلة ['al-ḥāfilat], appelé encore أوتوبيس ['utubīs] ou باص [bāṣ]; le mini-car, appelé ميكرو [mikru] ou ميكرو باص [mikru-bāṣ]. Mais le **taxi-service** embarquant plusieurs clients, [taksī] est prisé, car plus rapide.

• En ville : **l'autobus**, أوتوبيس ['utubīs] ou باص [bāṣ]; mais aussi **le taxi**, individuel ou collectif, appelé alors سرفيس [sarfīs], **service**. Les prix sont généralement modiques.

■ **Les fêtes fériées**.

Les fêtes **musulmanes** et **chrétiennes** sont :

• عيد ٱلفطر [ʕīdu-l- fiṭr], *la fête du Fitr* (fête de la rupture du jeûne du ramadan).

• عيد ٱلأضْحى [ʕīdu-l-'aḍḥā], *fête du sacrifice*, dite aussi عيد الكَبير, la grande fête.

• ٱلمولد ٱلنَّبَوي ['al-mawlid an-nabawī], *le Moulid*, naissance du Prophète.

• عيد ٱلميلاد [ʕīdu-l-mīlād], *Noël*

• عيد ٱلفصْح [ʕīdu-l-fiṣḥ], *Pâques*.

• *le jour de l'an*, رَأْس ٱلسّنة [ra'su-sanat] du calendrier musulman ou chrétien.

■ La principale fête civile est عيد ٱلاسْتقلال [ʕīdu-l-'istiḳlāl], *fête de l'Indépendance*, parfois appelée عيد ٱلجلاء [ʕīdu-l-jalā'], *fête de l'Evacuation* (des troupes étrangères). Mais, selon le pays, d'autres fêtes sont célébrées: عيد ٱلثّورة [ʕīd ṯ-ṯawrat], *fête de la révolution*, عيد ٱلعَرْش [ʕīd l-ᶜarš], *fête du trône*, etc...

D 1 ■ سَيِّداتي، آنِساتي، سادَتي !

1. ٱلمُضيفة سَيِّداتي، آنِساتي، سادَتي،
2. تَصِلُ (وَصَل) ٱلطّائرة ٱلآن إلى مَطار بَيْروت،
3. أتَمَنّى لِلرُّكّاب ٱلمُغادِرين نهاراً سعيداً.
4. أمّا ٱلمُسافِرون إلى عمّان، فيَبْقَون في ٱلطّائرة.
5. رُكّاب يا آنِسة، نحن ذاهبون إلى ٱلرِّياض. ماذا نفعَل ؟
6. ٱلمُضيفة تنزِلون هُنا مع ٱلمُغادرين، ثمّ تسألون مُوَظّفي ٱلاستِعلامات.
7. رُكّاب شُكراً يا آنِسة، لقد قُمْنا بِرِحلة مُمْتِعة.

D 2 VOCABULAIRE

passager	[rākib, pl. rukkāb]	راكِب (ج. رُكّاب)
débarquant, quittant	[muġādir]	مُغادِر (R)
renseignements	[isti^clāmāt]	استِعلامات
faire	[ḳāma bi-]	قام، يقوم بـ

D 3 Mesdames, mesdemoiselles, messieurs !

1. Mesdames, mesdemoiselles, messieurs.
2. L'avion arrive maintenant à l'aéroport de Beyrouth.
3. Je souhaite aux passagers qui débarquent (débarquants) une bonne journée.
4. Quant aux passagers pour Amman, ils restent dans l'avion.
5. Mademoiselle, nous allons à Riyad, que faisons-nous ?
6. Vous descendez ici avec ceux qui débarquent, puis vous demandez aux employés des renseignements.
7. Merci, mademoiselle, nous avons fait un agréable voyage.

1. [sayyidātī, 'ānisātī, sādatī], 2. [taṣilu-ṭ-ṭā'ira-l-'ān 'ilā maṭār bayrūt]. 3. ['atamannā li-r-rukkābi-l-muġādirīn nahār[an] sa'īd[an]]. 4. ['amma-l-musāfirūna 'ilā [c]ammān fa-yabḳawna fi-ṭ-ṭā'ira[t]]. 5. [yā 'ānisa naḥnu ḏāhibūn 'ila-r-riyāḍ, māḏā naf[c]al]? 6. [tanzilūna hunā ma[c]a-l-muġādirīn, ṯumma tas'alūn muwaẓẓafī-l-isti[c]lāmāt]. 7. [šukr[an] yā 'ānisa, laḳad ḳumnā bi-riḥla[t] mumti[c]a[t]].

D 4 EXPRSSIONS UTILES

■ **Concernant l'avion.**

stewart /hôtesse	[muḍīf/muḍīfa[t]]	• مُضيف/مُضيفة
la vitesse de l'avion	[sur'at ṭ-ṭā'ira[t]]	• سُرْعة ٱلطّائرة
l'avion	[aṭ-ṭā'ira[t]]	• ٱلطّائرة
vole à une altitude de ...	[taṭīru- [c]ala-rtifā[c] ...]	- تطير على ارْتفاع...
a un retard de 50 minutes	[tata'aḫḫar ḫamsīn daqīqa[t]]	- تتأخَّر ٥٠ دقيقة
arrive à temps	[taṣil [c]ala-l-waqt]	- تَصِل على ٱلوَقت

E 1 AU QUOTIDIEN

■ Formes verbales et lecture non vocalisée

• On appelle forme verbale la structure d'un verbe aussi bien à l'accompli qu'à l'accompli. Or si la structure vocalique de la forme 1 est imprévisible (cf. 21 E1), celle des autres formes est absolument régulière. Elle doit seulement être assimilée pour permettre la lecture non vocalisée, de rigueur dans la plupart des textes.

• **La forme 2**, obtenue par le redoublement de la 2e radicale (si consonne), fonctionne sur ce modèle :

	3 2/2 1 يُـ	3 2/2 1
présenter	يُـ قَـ ـدِّ مُ	قَـ ـدَّ مَ

– La voyelle de la lettre redoublée est ـَ à l'accompli et ـِ à l'inaccompli.

– Les grammairiens arabes utilisent trois radicales consonnes, ف ع ل , pour expliquer les transformations survenues à chaque forme. C'est une forme vide, un modèle théorique.

3 2/2 1 يُـ	3 2/2 1
يُـ فَـ ـعِّـ ـلُ	فَـ ـعَّـ ـلَ

• **La forme 5**, obtenue par l'ajout d'un [ت] avant la 1re radicale et le redoublement de la 3° :

	3 2/2 1 **ta** يَـ	3 2/2 1 **ta**
apprendre	يَـ تَـ ـعَـ ـلَّـ ـمُ	تَـ ـعَـ ـلَّـ ـمَ

– La voyelle est partout le ـَ

Ainsi, chaque radicale garde sa voyelle, quelque soit le verbe. On dit que ces verbes sont de la forme :

تَفَعَّلَ ، يَتَفَعَّلُ

E 2 PARLER DIALECTAL

■ **Le pluriel régulier masculin.**
Le dialectal ne connaît qu'une seule forme de pluriel régulier masculin, pour le nom comme pour l'adjectif : le suffixe en [ين], [īn], **invariable** :

Les gens sont debout	en-nās wā'fīn
Les ingénieurs sont absents	el-mhandsīn ġāybīn
J'attends les voyageurs	ᶜam esstanna-l-msāfrīn

■ **L'annexion** se fait de la même façon que dans le littéraire, sauf si le groupe "nom+compl. de nom" est déterminé. Dans ce cas, le dialectal ajoute **des termes spécifiques avant le compément** :

هؤلاء موظفوا بريد	**D** hōl mwaẓaffīn barīd
Ce sont des employés	**C** dōl mwaẓaffīn barīd
de la poste	**A** hādū mwaẓaffīn barīd
	B dawlā mwaẓaffīn barīd
موظفوا البريد مشغولون	**D** le-muwaẓẓīn tabaᶜel-barīd
Les employés de la poste	**C** el-muwaẓẓfīn btāᶜe-l-barīd
sont occupés	**A** le-muwaẓẓfīn ntāᶜe-l-barīd
	B le-muwaẓẓfīn bitūᶜe-l-barīd
حقائب المسافرين	**D** le-ġrāḍ tabaᶜe-l-msāfirīn
Les bagages des voyageurs	**C** el-ḥāgāt btāᶜe-l-msāfirifīn
	A lḥādǧāt ntāᶜe-l-msāfirifīn
	B le-ġrāḍ bitūᶜe-l-msāfirifīn

■ **Expressions** :

سائق *chauffeur*	sawwā'/šūfēr	sawā'	šūfēr
سيارة *voiture*	sayyāra/ᶜarabāyi	arabéyya	ᶜarabiyyu
باخرة *bâteau*	markab	bāẖira/ᶜabbāra	bābūr

A 1 PRÉSENTATION

Les billets, s'il vous plaît ['al-biṭāqāt min faḍlikum]

■ Le pluriel régulier féminin se construit en ajoutant le suffixe **ات** à la fin du mot : **حَيَوان ← حَيَوانات** (animal)

☞ Si le mot comporte une **ta marbouta**, celle-ci tombe : **بِطاقة ← بِطاقات** (billet).

نَظّارات	*lunettes*	**مُتَزَوِّج**	*marié*
تَقريباً	*à peu près*	**كاتِب**	*écrivain*
فَتاة	*jeune fille*	**شَهير**	*célèbre*
مُهَذَّب (ون)	*poli*		

A 2 APPLICATION (CD)

1. مُنذُ متى تحمِل نَظّارات ؟
2. منذ ثَلاث سَنَوات (سنة) تَقريباً.
3. هٰؤُلاءِ ٱلفَتَياتُ (فَتاة) مُهذَّبات.
4. عِندي صَبيّ وثَلاث بَنات (بِنت).
5. أعرف أخَواتِكَ (أُخت) ٱلمُتَزَوِّجات .
6. عِنْدَنا كثير من ٱلكاتِباتِ ٱلشَّهيرات.

A 3 REMARQUES

■ À la différence du plur. masc. régulier, **le pluriel féminin régulier** est utilisé pour des noms et des adjectifs désignant aussi bien des humains que des animaux ou des choses (dits "non-humains").

• Il n'a que deux marques de déclinaison : ـُ pour le nominatif (sujet, attribut... phr. 3 et Gram. 444) et ـِ pour l'accusatif (phr. 5) et le génitif (phr. 6).

• Il ne subit aucune modification lorsqu'il est suivi d'un compl. de nom.

• Certains mots se modifient légèrement en prenant le suffixe ات (phr. 2-5).

■ Les chiffres de 3 à 10 s'accordent, en genre, avec le nom, en prenant le genre inverse de celui-ci (phr. 2 et 5, cf. Gram. 444).

Noter : Désormais nous signalerons chaque nom régi par le pluriel régulier par (ون) pour le masc. et (ات) pour le féminin. Pour l'adjectif, nous le signalerons par (R), même s'il peut fonctionner comme un substantif : مُسافِر ← مُسافِرون (*voyageurs* hommes) et مُسافِرات *voyageuses.*

• Le pluriel féminin existe aussi pour les pronoms personnels et les verbes, mais il ne s'utilise que pour les humains (Gram. 415).

A 4 TRADUCTION

1. Depuis quand portez-vous des lunettes ?
2. Depuis trois ans à peu près.
3. Ces jeunes filles sont bien élevées.
4. J'ai un garçon et trois filles.
5. Je connais tes sœurs mariées.
6. Nous avons beaucoup d'écrivains (femmes) célèbres.

1. [munḏu matā taḥmil naẓẓārāt] . 2. [munḏu ṯalāṯ sanawāt (sana[t]) taḳrīb[an]]. 3. [hā'ulā'i-l-fatayāt (fatāt) muhaḏḏabāt] . 4. [ᶜindī ṣabiyy wa ṯalāṯ banāt (bint)] . 5. ['aᶜrif ᶜaẖawātika-l-mutazawwiğāt] . 6. [ᶜindanā kaṯīr mina-l-kātibāti-š-šahīrāt].

B 1 PRÉSENTATION

Elle vit seule [taᶜīšu waḥdahā]

■ **Arabismes :** pour exprimer des expressions comme *moi seul*, *toi-même*..., l'arabe place après l'adverbe le pronom affixe : **وَحْدي** [waḥdī], *moi seul*, **نَفْسُك** [nafsuka], *toi-même*, **بَعْضُنا** [baᶜḍunā], certains d'entre nous...

étant d'accord	(R) مُوافِق	*comme*	مِثْلَ
certains	بَعْض	*rire*	ضَحِكَ، يَضْحَكُ
même	نَفْس	*se promener*	تَنَزَّهَ، يتَنَزَّهُ

B 2 APPLICATION (CD)

1. أنا مِثلَكِ أُحِبُّ ٱلبَحر.
2. هو، مِثلَ أخيه، يضحَك كلّ ٱلوَقت.
3. أنا وَزَوجتي نَتَنَزَّه كلَّ يَوم وحدَنا.
4. نقضي ٱلعُطلة كلَّها في ٱلجبَل.
5. كلُّنا مُوافِقون معكِ، يا عزيزتي.
6. بعضُنا يُسافِر بِالقِطار وبعضنا بِالطّائِرة.

B 3 REMARQUES

■ وحْدَ , [waḥda], *seul*, se construit toujours avec un pronom affixe. C'est un adverbe de manière, sa voyelle finale est donc **invariable**.

D'autres termes (comme مِثل [miṯl], *comme*, كُلّ [kull], *tout, chaque*, بَعض [ba^cḍ], *certains*...) peuvent se construire soit avec un pronom affixe (phr. 1 et 4-6) soit avec un complément de nom (phr. 2 et 3). Leur voyelle finale dépend du contexte.

■ Le terme كُلّ est ambivalent, selon sa construction :

كُلّ + nom indéterminé = *chaque* (phr. 3).
كُلّ + nom portant par l'article (phr. 2) = *tout, tous, toute(s).*
كُلّ + un pronom affixe = *nous tous, eux tous...* (phr. 5).

☞ Le verbe يتَنَزَّهُ [yatanazzah], *se promener* (phr. 3) appartient à la **forme 5** :

[yatafa^{cc}alu] يَتَفَعَّلُ ← تَفَعَّلَ [tafa^{cc}ala]

B 4 TRADUCTION

1. Je suis comme toi, j'aime la mer.
2. Il est comme son frère, il rit tout le temps.
3. Ma femme et moi, nous nous promenons tous les jours seuls.
4. Nous passons toutes les vacances à la montagne.
5. Nous sommes tous d'accord avec toi, ma chère.
6. Certains d'entre nous voyagent en train, et d'autres par avion.

1. ['anā miṯlaka 'uḥibbu-l-baḥr]. 2. [huwa, miṯla 'aḫīhi, yaḍḥak kulla-l-waqt]. 3. ['anā wa-zawjatī natanazzah kulla yawm fi-l-ǧabal]. 4. [naqḍi-l-^cuṭla^t kullahā fi-l-ǧabal]. 5. [kullunā muwāfiqūn ma^caki, yā ^cazīzatī]. 6. [ba^cḍunā yusāfir bi-l-qiṭār wa-ba^cḍunā bi-l-ṭā'ira^t].

23 EXERCICES

C 1 EXERCICES

A. Lire et traduire :

1. أينَ صديقاتُك ؟ 2. لِماذا لا تحبُّ ٱلحيوَانات؟

3. هل تعيش وحدَك ؟

B. Mettre au pluriel :

1. سَيّدتي ! آنستي ! 2. أختي مُتزَوِّجة.

3. هذه ٱلفتاة ذَكيّة.

C. Traduire : (CD)

1. Toutes mes amies sont en vacances.
2. Je vous attendrai dans trois heures.
3. Il parle comme elle.

C 2 CORRIGÉ

A. 1. ['ayna ṣadīḳātuki], *Où sont tes amies* ? 2. [limāḏā lā tuḥibbu-l-ḥayawānāt], *Pourquoi n'aimes-tu pas les animaux* ? 3. [hal taʿīš waḥdaka], *Vis-tu seul* ?

B. 1. سَيّداتي ! آنساتي ! 2. أخَواتي مُتَزَوِّجات.

3. هؤلاء ٱلفَتَيات ذَكِيّات.

C. 1. كُلُّ صَديقاتي في ٱلعُطلة.

2. سَأنتَظِرُكم بعد ٣ ساعات.

3. يَتَكَلَّم مِثلَها.

C 3 LE CALENDRIER DE L'HÉGIRE

■ Le calendrier musulman a adopté le **système lunaire** déjà en vigueur dans la Péninsule avant l'apparition de l'Islam. Mais il lui a donné comme pour de départ **le 15 ou le 16 juillet** (selon les différentes interprétations historiques) **de l'an 622** de l'ère chrétienne, date de l'**Émigration** du Prophète, dite en arabe هِجْرة [hiğra^{t}], ce qui a donné le terme francisé Hégire.

En effet, en ce jour, le Prophète, menacé par les siens qui lui refusent encore leur foi, quitte sa ville natale, **La Mecque**, pour trouver refuge à يثرب [yaṯrib], appelée depuis ٱلمدينة ٱلمُنَوَّرة ['al-madīna^{t} 'al-munawwara^{t}], *la ville illuminée*, d'où **Médine** (cf. p. 117).

• Ce décalage de 622 ans entre les deux calendriers tend à se combler peu à peu du fait que ce dernier est régi par l'**année lunaire**, plus **courte** de quelques jours.

1. مُحَرَّم	[muḥarram]	7. رَجَب	[rağab]
2. صَفر	[ṣafar]	8. شَعبان	[ša^{c}bān]
3. رَبيع ١	[rabī^{c}u-l-'awwal]	9. رَمَضان	[ramaḍān]
4. رَبيع ٢	[rabī^{c}u-t-ṯanī]	10. شَوّال	[šawwāl]
5. جُمادى ١	[ğumāda-l-'awwal]	11. ذو القعدة	[ḏu-l-ḳi^{c}da^{t}]
6. جُمادى ٢	[ğumāda-ṯ-ṯānī]	12. ذو الحِجّة	[ḏu-l-ḥiğğa^{t}]

■ Signalons que le jeûne a lieu au 9e mois, **Ramadan**, et le **pèlerinage** à la Mecque le 12e mois.

• Ce calendrier, de rigueur pour les affaires religieuses, coexiste, dans certains pays, avec le calendrier grégorien.

23 DIALOGUE

D 1 (CD) ■ **على نفْسِ ٱلطّائِرة**

1. دلال أين تقْضين عيدَ ٱلفِطْر هذه ٱلسَّنة ؟
2. رنا في أوروبّا، نُسافِر كُلُّنا، أنا وزَوْجي وأَوْلادي.
3. وأَنْتِ، إلى أينَ تَذهَبين هذه ٱلسّنة ؟
4. دلال أذهَب مثْلَكُم إلى أوروبّا،
5. وحجزتُ على طائِرة يومِ ٱلسَّبْت، إلى باريس.
6. رنا غير مَعْقول! سنكون إذاً في نفسِ ٱلطّائرة !
7. دلال صُدْفة رائِعة، وقد نكون في نفسِ ٱلفُنْدُق.
8. رنا سأُعَرِّفُكِ على زَوجي.
9. دلال وأنا سأُقَدِّم لكِ هُناك صديقاتي ٱلفَرَنْسِيّات.

D 2 VOCABULAIRE

être	[kāna, yakūn]	كانَ، يَكون
hasard	[ṣudfa[t]]	صُدْفة
réserver	[ḥağaza, yaḥğuzu]	حجَز، يحجُز
inconcevable	[ġayr ma[c]ḳūl]	غَيْر مَعْقول
présenter, faire connaître	[[c]arrafa, yu[c]arrif]	عَرَّف، يُعَرِّف

D 3 Sur le même avion

1. Où passes-tu la fête du Fitr, cette année ?
2. En Europe. Nous partons tous, mon mari, mes enfants et moi.
3. Et toi, où vas-tu cette année ?
4. Je vais également en Europe.
5. J'ai réservé sur l'avion du samedi, pour Paris.
6. Pas possible ! On sera donc dans le même avion !
7. [Quel] formidable hasard! Peut-être serons-nous aussi dans le même hôtel.
8. Je te présenterai mon mari.
9. Et moi je te présenterai là-bas mes amies françaises.

> 1. ['ayna taḳḍīn ^{c}īda-l-fiṭr hāḏihi-s-sana^{t}], 2. [fī 'ūrūpā, nusāfir kullunā, 'anā wa-zawǧī wa-'awlādī]. 3. [wa-'anti, 'ilā 'ayna taḏhabīn hāḏihi-s-sana^{t}]. 4. ['aḏhab miṯlakum 'ilā 'ūrūpā]. 5. [wa-ḥaǧaztu ^{c}alā ṭā'irat yawmi-s-sabt 'ilā bārīs]. 6. [ġayr ma^{c}ḳūl ! sa-nakūn 'iḏan fī nafsi-ṭ-ṭā'ira^{t}]. 7. [ṣudfa^{t} rā'i^{c}a^{t}, wa-ḳad nakūn fī nafsi-l-funduḳ]. 8. [sa-'u^{c}arrifuki ^{c}alā zawjī]. 9. [wa-'anā sa-'uḳaddim laki hunāka ṣadīḳāti-l-faransiyyā^{t}].

D 4 EXPRSSIONS UTILES

■ Le verbe *être*. Sous-entendu dans une phrase nominale, ce verbe, يَكون ، كانَ [kāna yakūn], apparaît explicitement dans certains cas, par exemple, pour former le futur (سيَكون [sa-yakūn] il sera) ou introduire une modalité (قد أكون [ḳad akūn] *peut-être serai-je*).

■ **Les continents** :

Amérique ['amīrīkā] أَميريكا ; *Europe* ['ūrūpā] أُوروبّا

Asie ['āsiya] آسْيا ; *Afrique* ['ifrīḳiya] إفْريقيا

E 1 AU QUOTIDIEN

■ **"Faire** quelque chose" (un voyage, une table, son devoir...)

• Le verbe *faire* à l'intransitif (sans COD précis) est rendu soit par **فعَل ، يفعُل** soit par **عمِل ، يعمَل** :

Qu'est-ce que tu fais ? Je ne fais rien : **ماذا تفعَل؟ لا أفعل شَيْئاً**

• Mais **faire + COD** défini, formule très courante en français, est rendu par différents verbes :

• **أَصنَع طاوِلة** *je fais une table*

• **أقوم برِحْلة** *je fais un voyage*

• **أُحَضِّر الأَكْل** *je fais le repas*

Il serait grossier de rendre telles quelles en arabe des expressions comme : *faire un enfant, faire l'amour, faire le riche...*

■ **Formes verbales et lecture non vocalisée**

• La **forme 8**, obtenue par l'ajout d'un [اِ] avant la Ire radicale et d'un [تَ] après :

اِ 1 تَ 2 3 — يَـ 1 تَ 2 3

اِ فْـ تَـ عَـ ـل — يَـ فْـ تَـ عِـ ـل (اِفْتَعَل، يَفْتَعِلُ)

اِ حْـ تَـ فَـ ـل — يَـ حْـ تَـ فِـ ـل (اِحْتَفَل، يَحْتَفِلُ)

– à **l'inaccompli**, le [اْ] initial tombe et la voyelle de la 2° radicale, de [ـَ] devient [ـِ].

• La **forme 10**, obtenue par l'ajout, au début, de [اِسْتَـ] :

اِسْتَـ 1 2 3 — يَسْتَـ 1 2 3

اِسْتَـ فْـ عَـ ـل — يَسْتَـ فْـ عِـ ـل (اِسْتَفْعَل، يَسْتَفْعِلُ)

اِسْتَـ قْـ بَـ ـل — يَسْتَـ قْـ بِـ ـل (اِسْتَقْبَل، يَسْتَقْبِلُ)

– à l'inaccompli le [ـَ] de la 2e radicale devient [ـِ].

E 2 PARLER DIALECTAL

■ Le pluriel régulier féminin.

• En dialectal, les **noms** désignant un humain ont leur pluriel en [ات], comme dans le littéraire, mais sans la vocalisation.

• Leurs **épithètes** ou **attributs** ont leur pluriel en [ات], en [ين], ou en ta marbouta :

- bint mhazzabi → banāt mhazzabāt/mhazzabi
  une fille polie — *des filles polies*
- bint fransiyyi → banāt fransiyyāt/fransiyyi
  une fille française — *des filles françaises*

■ Expressions :

ماذا تحتاج *De quoi as-tu besoin ?*	**D** šū ʿāwez **C** meḥtāg ēh **A** waš tesḥaq **B** šti tiḥtādğ
نقوم بنزهة معا *Nous faisons une promnade ensemble*	**D** bnaʿmel/binsāwī mešwār sawā **C** nitfassaḥ maʿ baʿḍ **A** nḥawsū swaswa
يقول نفس الشيء *Il dit la même chose*	**D** ʿam y'ūl nafse-š-šī **C** bey'ūl nafse-l- ḥāga **A** yequl hadra wāḥda
يتكلم مثلها *Il parle comme elle*	**D** b-yeḥkī mitlā **C** byetkallem zayyahā **A** yahdar kīma hiyya
قد يأتي الأن *Peut-être viendra-t-il maintenant*	**D** yemkin yeğī halla' **C** yemken yigī delwa'tī **A** balék yedğī l-yūm

A 1 PRÉSENTATION

Les portes [sont] fermées ['al-abwāb muġlaḳa[t]]

■ **L'accord est spécial** dans cette phrase nominale, l'attribut مُغْلَقة [muġlaḳa[t]], (*fermée*), est au fém. sing. (le plur. serait مغلقات [muġlaḳāt]), alors que le sujet أبْواب ['abwāb], *portes*, est un pluriel, son sing. باب [bāb], est masculin en arabe.

Lorsque l'adjectif se rapporte à un nom pluriel qui ne désigne pas un être humain (animal, plante, chose, idée...), il se met toujours au sing. féminin, quel que soit le genre de ce nom.

magazine مَجَلَّة
étranger أجنَبيّ (R)
riche غَنِيّ
pétrole نَفْط
dernier أخير (R)
idée فِكْرة، أَفْكار
large عَريض

A 2 APPLICATION (CD)

1. أقرأُ ٱلمَجَلّاتِ ٱلأَجْنَبيّة.
2. ٱلإماراتُ ٱلعَربيّة غَنيّة بِالنَّفط.
3. عمِلتُ كثيراً في ٱلسَّنَوَاتِ (سنَة) ٱلأخيرة.
4. عندكم أفْكار (فِكْرة) جميلة.
5. شَوارِع (شارِع) هذهِ ٱلمَدينة عريضة.

A 3 REMARQUES

■ **Le pluriel désignant un non-humain, جمع غير ٱلعاقِل** : Qu'il soit attribut ou épithète, l'adjectif se rapportant au pluriel d'un nom désignant une chose (concrète ou abstraite), un animal ou une plante, se met toujours au féminin singulier, que ce nom soit à l'origine féminin (phr. 1-4) ou masculin (phr. 5).

■ **Le pluriel à flexion interne**. À côté du pluriel régulier, masculin et féminin (cf. 22 et 23) qui se forment par l'adjonction d'un suffixe, il y a une forme de pluriel qui s'obtient par une modification de la structure interne du mot, selon des règles spécifiques (cf. phr. 4 et 5). Cela concerne aussi bien les noms que les adjectifs.

Noter : Désormais, nous indiquerons, autant que possible, la forme du pl. interne dans le vocabulaire.

A 4 TRADUCTION

1. Je lis les magazines étrangers.
2. Les Émirats Arabes sont riches en pétrole.
3. J'ai beaucoup travaillé ces dernières années.
4. Vous avez de belles idées.
5. Les rues de cette ville sont larges.

1. ['aḳra'u-l-mağallāti-l-'ağnabiyya^{t}]. 2. ['al'imārātu-l-^{c}arabiyya^{t} ġaniyya^{t} bi-n-nafṭ]. 3. [^{c}amiltu kaṯīr^{an} fi-s-sanwāti-l-'aḫīra^{t}]. 4. [^{c}indakum 'afkār ğamīla^{t}]. 5. [šawāri^{c} hāzihi-l-madīna^{t} ^{c}arīḍa^{t}].

B 1 PRÉSENTATION

['al-'umūr tataḥassan]

■ Bien que le sujet, ici, soit un pluriel (dont le singulier est un masculin), le verbe تتحسَّن [tataḥassan] reste au féminin singulier.

Un nom pluriel désignant un non-humain s'accorde comme un nom féminin singulier.

■ Formes verbales, يَرتَفع [yartafiᶜ] (phr. 3) est de forme VIII (cf. Gram. 434).

comme	كَما	*relation*	عَلاقة
bouger	تَحَرَّكَ ، يتَحَرَّك	*prix*	سِعْر ، أَسعْار m
sans	بِدون	*augmenter*	ٱرتَفَع ، يرْتَفِع
difficulté	صُعُوبة	*salaire*	راتِب ، رَواتب

B 2 APPLICATION (CD)

1. ٱلعلاقات بَينَهم لَيسَت سَيِّئة.
2. ٱلأَخْبار ، أسمَعُها فقَط من وقت لِآخَر.
3. ٱلأسْعار (سِعر) ترتَفِع بِسُرعة هذهِ ٱلأيّام.
4. ٱلرَّوَاتِب تبقَى كما هي ، لا تتَحرَّك.
5. هل وصَلَتْكَ رسائِلي (رِسالة) بِدون صُعوبة.
6. ٱلمُواصَلات تسير جيِّداً.

B 3 REMARQUES

■ Lorsqu'un nom (masculin ou féminin) renvoyant à un **non-humain** se met au pluriel, le verbe, les pronoms et les adjectifs qui s'y rapportent se mettent toujours au féminin singulier. Vérifiez : pour le verbe (phr. 3-6) ; pour les adjectifs (phr. 1), pour le pronom personnel isolé (phr. 4), pour le pronom personnel affixe (phr. 2).

■ Cette règle est valable, quel que soit le pluriel des noms en question : régulier (comme علاقات phr. 1) ou à flexion interne (phr. 4 et 6).

Rappel : L'adverbe de manière se construit quelquefois à partir d'un substantif devant lequel on place بِـ [bi], *avec* :

- بِسرعة [bi-surᶜaᵗ], *(avec vitesse) vite.*
- بِصعُوبة [bi-ṣuᶜūbaᵗ], *(avec difficulté) difficilement.*

B 4 TRADUCTION

1. Leurs relations ne sont pas mauvaises.
2. Les informations, je les écoute seulement de temps à autre.
3. Les prix augmentent vite ces temps-ci.
4. Les salaires restent tels quels (comme ils sont), ils ne bougent pas.
5. Mes lettres te sont-elles parvenues sans difficulté ?
6. Les transports fonctionnent bien.

1. ['al-ᶜalāḳāt baynahum laysat sayyi'aᵗ]. 2. ['al-'aḫbār 'asmaᶜuhā faḳaṭ min waḳt li-'āḫar]. 3. ['al-'asᶜār tartafiᶜ bi-surᶜat hāḏihi-l-'ayyām]. 4. ['ar-rawātib tabḳā kamā hiya lā-tataḥarrak]. 5. [hal waṣalatka rasā'ili bi-dūn ṣuᶜūbat]. 6. ['al-muwāṣalāt tasīr ǧayyidᵃⁿ].

C 1 EXERCICES

A. Répondre par la négative, en remplaçant les noms :

1. هل تعرِفُ ٱلإِمارات ٱلعرَبيّة ؟
2. هلِ ٱلرَّواتِب مُرتَفِعة ؟
3. هل تُشاهِدُ ٱلتّلفِزيونات ٱلأَجْنبية ؟

B. Mettre au pluriel :

1. هذه ٱلسّيّارة قَديمة.
2. هذا ٱلكِتاب جَميل.
3. هذا ٱلشّارِع نَظيف.

C. Traduire : (CD)

1. Nos relations ne s'améliorent pas beaucoup.
2. Les voitures étrangères ne sont pas bon marché.

C 2 CORRIGÉ

A.

1. لا، لا أعرِفُها.
2. لا، ليست مُرتَفِعة.
3. لا، لا أُشاهِدُها.

B.

1. هذه السيَّارات قديمة.
2. هذه الكُتب جميلة.
3. هذه الشَّوارِع نظيفة.

C.

1. علاقاتُنا لا تَتَحسَّن كثيراً.
2. السّيَّارات الأجنَبِيَّة ليست رَخيصة.

C 3 SYSTÈME POLITIQUE ET DÉMOCRATIE

■ Deux systèmes politiques coexistent dans le monde arabe : *monarchie* et *république*, mais avec des variantes.

• La royauté peut être **constitutionnelle** comme en Jordanie ou au Maroc, ou **tribalo-religieuse** comme en Arabie saoudite. La première fait plus ou moins bon ménage avec un *parlement* élu ; la deuxième nomme un *Conseil consultatif*. Deux variantes :
- l'**émirat** doté d'un parlement comme le Koweit ou d'un conseil comme les autres pays du Golfe ;
- le **sultanat**, comme en Oman.

• La république, qui peut être réelle comme au Liban, ou plus ou moins formelle comme dans la plupart des autres pays, où aucun président élu n'a été jusqu'ici remplacé autrement que par un coup d'état plus ou moins camouflé.

■ Cela détermine la forme de démocratie qui est plus ou moins **fluctuante**. Mais cela n'empêche pas la société civile d'aspirer et de lutter pour une vraie démocratie, que l'Occident n'encourage pas vraiment.

■ **Terminologie politique** :

roi [malik] مَلِك ← *royaume* [mamlaka^{t}] مملكة •

président رَئيس ٱلجُمْهورِيَّة ← *royaume* [ǧumhūriyya^{t}] جُمهورية •

prince ['amīr] أمير ← *émirat* ['imāra^{t}] إمارة •

sultan [sulṭān] سُلْطان ← *sultanat* [salṭana^{t}] سَلْطَنة •

président رَئيس ٱلحُكومة ← *gouvernement* [ḥukūma^{t}] حُكومة •

parlement [maǧlis 'an-nūwwāb] مَجلِس ٱلنُّواب •

D 1 (CD) ■ الأعْمال جَيّدة

1. غَسّان كيفَ ٱلأَعمال عِندكُم هذه ٱلأيّام؟

2. عبد ٱلرَّحيم ٱلأعمال تسير بشَكْل جَيِّد، وٱلحَمْدُ للّٰه.

3. وَبِسَبَب ذلِكَ، قُمْتُ ببَعضِ ٱلأَشغال في ٱلمَعْمَل.

4. غَسّان أَمَّا عِندَنا فالأعمال ليْسَتْ جَيّدة.

5. ٱلمَشاكِل كثيرة :

6. ٱلتِّجارة واقفة.

7. وٱلحُكومة لَا تَعمَل شَيْئاً.

8. عبد ٱلرَّحيم أَعانَكُمُ ٱللّٰه !

D 2 VOCABULAIRE

de façon	[bi-šakl]	• بِشَكْل
à cause de	[bi-sabab]	• بِسَبَب
travail	[šuġl]	• شُغْل، أَشْغال
usine	[maᶜmal, maᶜāmil]	m • مَعْمَل، مَعامِل
problème	[muškilaᵗ]	• مُشْكِلة، مَشاكل
commerce	[tiǧāraᵗ]	• تِجارة
gouvernement	[ḥukumaᵗ]	• حُكومة، حُكومات
aider	[’aᶜāna = sāᶜada]	• أعان، يُعين = ساعد، يُساعِد

24 DIALOGUE

D 3 Les affaires sont bonnes

1. Comment vont les affaires chez vous, ces jours-ci ?
2. Les affaires marchent bien, grâce à Dieu.
3. À cause de cela, j'ai procédé à quelques travaux à l'usine.
4. Chez nous, par contre, les affaires ne sont pas bonnes.
5. Les problèmes sont nombreux.
6. Le commerce ne marche pas (est arrêté).
7. Et le gouvernement ne fait rien.
8. Que Dieu vous soit en aide !

1. [kayfa-l-'aᶜmāl ᶜindakum hāḏihi-l-'ayyām]. 2. ['al-'aᶜmāl tasīr bi-šakl ǧayyid wa-l-ḥamdu li-l-lāh]. 3. [wa-bi-sabab ḏālika ḳumtu bi-baᶜḍi-l-'aᶜmāl fi-l-maᶜmal]. 4. ['ammā ᶜindanā fa-l-'aᶜmāl laysat ǧayyidaᵗ]. 5. ['al-mašākil kaṯīraᵗ]. 6. ['at-tiǧāraᵗ wāḳifaᵗ]. 7. [wa-l-ḥukūmaᵗ lā taᶜmal šay'ᵃⁿ]. 8. ['aᶜānakumu-l-lāh].

D 4 EXPRESSIONS UTILES

■ **L'économie, الإقتصاد** ['al-'iḳtiṣād]

- تِجارة *commerce* [tiǧāraᵗ] → *commerçant* [tāǧir] تاجِر
- صِناعة *industrie* [ṣināᶜaᵗ] → *industriel* [ṣināᶜiyy] صِناعيّ
- زِراعة *agriculture* [zirāᶜaᵗ] → *agriculteur* [muzāriᶜ] مُزارِع
- خدَمات *tertiaire (services)* [ḫadamāt]

■ **Dérivés** de عَمَل, *travail* : عامِل, *ouvrier* ; مَعْمَل, *usine* ; رَبّ عَمَل, *patron (maître du travil)*.

E 1 AU QUOTIDIEN

■ Formes verbales et lecture non vocalisée :

• La **forme 6** obtenue par l'ajout d'un [تَـ] avant la 1re radicale et [ا] d'un après : **تَفَاعَلَ ← يَتَفاعلُ**

تَ 1 [ا] 2 3 ← يَـ تَـ 1 [ا] 2 3

s'aider تَـ سَـ ا عَـ دَ　　يَـ تَـ سَـ ا عَـ دُ

se rencontrer تَـ قَـ ا بَـ لَ　　يَـ تَـ قَـ ا بَـ لُ

☞ La seule voyelle utilisée dans cette forme est la **fatha**.

• **La forme 7** obtenue par l'ajout d'un [اِنْـ] avant la 1re radicale :

اِنْفَعَلَ ← يَنْفَعِلُ

اِنـ 1 2 3 ← يَـ (اِ) نـ 1 2 3

se briser اِنـ كَـ سَـ رَ　　يَـ نـ كَـ سِـ رُ

☞ À l'inaccompli la **wasla** initiale de l'accompli disparaît et la 2e radicale porte une **kasra**.

Tous les musulmans ne sont pas arabes

ليس كلّ المسلمين عربًا

E 2 PARLER DIALECTAL

■ **Le pluriel des noms désignant un non-humain.** L'accord se fait soit comme avec un féminin singulier (avec une **ta marbouta**), soit avec la marque pluriel masculin [ين] :

الباب مفتوح *la parte est ouverte* ← ١- **الأبواب مفتوحة**

٢- **الأبواب مفتوحين**

■ **Vocabulaire :**

	D	C	A
content	mabsūṭ	farḥān	farḥān
mécontent	za^{c}lān	za^{c}lān	za^{c}fān
merci	šukr^{an}/ mamnūn	mamnūnak	yesselmū
excusez-moi	lā-mu'āẖaza	sāméḥnī	sāméḥnī
quelques jours	kam yōm	ba^{c}ḍe-l-'ayyām	šī ayyām

■ **Expressions :**

حفظك الله
Que Dieu te garde
D allāh yeḥfaẓak
C allāh yeḥfaẓak
A rabbī yessetrek

أخذ الله بيدك
Que Dieu te soutienne
D allāh yāẖud bi-'īdak
C allāh/rabena yaẖud be'īdak
A allāh/rabbī y^{c}āwnek

رحمه الله
Que Dieu le prenne en sa miséricorde
D allāh yerḥamu
C raḥmat'allāh
A allāh yereḥmū

A 1 PRÉSENTATION

(que nous le visitions) ['an nazūrahu]

■ **Les propositions subordonnées** suivant un verbe de sentiment (désir, crainte, volonté...) se construisent ainsi :

أَن + verbe à l'inaccompli subjonctif

- Le subjonctif de زار → يزور.

	3e pers.		2e pers.		1re pers.	
	F	M	F	M	F	M
sing.	تزورَ	يزورَ	تزوري	تزورَ	أزورَ	أَنْ +
plur.	يَزُرْنَ	يزوروا	تَزُرْنَ	تزوروا	تزورَ	أن +

رَفَضَ، يرفُض	*refuser*	رجا، يرجو	*supplier*
حاول، يُحاوِل	*essayer*	قرَّر، يُقرِّر	*décider*
أَلْغى، يُلغي	*annuler*	ٱستَأجَر، يستَأجِر	*louer*

A 2 APPLICATION (CD)

1. يرفُض أن يتكلّمَ الآن.

2. لماذا لا تُحاول أن تفهَمَني ؟

3. أُفَضِّل أن أُلغيَ ٱلمَوعِد.

4. أرجوكِ أن تنتَبهي جَيِّداً.

5. هل قَرّرتُم أَن تَستَأجِروا هذا ٱلبَيت ؟

6. متى ستُحاوِلون أن تقولوا ٱلحَقيقة ؟

A 3 REMARQUES

■ La marque du subjonctif est donc :
- la **fatha**, en l'absence de désinence finale (phr. 1-3).
- le remplacement du [ن] final par un [ا] qui ne se prononce pas aux 2e et 3e pers. du plur. masculin (phr. 5 et 6).
Mais au pluriel féminin rien ne change.

■ **Le temps des verbes.**

• Le temps du verbe de la **proposition principale** peut être le passé (phr. 5), le présent (phr. 1) ou le futur (phr. 6).

• Le temps du verbe de la **subordonnée** est postérieur à celui de la principale (il indique une action envisagée, non encore effective). Le verbe se met donc forcément à **l'inaccompli.**

☞ L'arabe emploie le subjonctif là où le français préfèrerait souvent l'infinitif (cf. A4).

A 4 TRADUCTION

1. Il refuse de parler (il refuse qu'il parle) maintenant.
2. Pourquoi n'essaies-tu pas de me comprendre.
3. Je préfère supprimer (que je supprime) le rendez-vous.
4. Je te (f) prie de bien faire attention (que tu fasses...).
5. Avez-vous décidé de louer cette maison ?
7. Quand essaierez-vous de dire la vérité (que vous disiez...).

1. [yarfuḍ 'an yatakallama-l-'ān]. 2. [limāḏā lā-tuḥāwil 'an tafhamanī]. 3. ['ufaḍḍil 'an 'ūlġiya-l-mawᶜid]. 4. ['arǧūki 'an tantabihī ǧayyid^an]. 5. [hal ḳarrartum 'an tasta'ǧirū hāḏa-l-bayt]. 6. [matā sa-tuḥāwilūn 'an taḳūlu-l-ḥaḳīḳa^t].

25 لَن نَترُكَكَ وَحدَكَ ٢٥

B 1 PRÉSENTATION

[lan natrukaka waḥdaka]

■ **La négation du futur :**

لَن [lan] + l'inaccompli au subjonctif

صَدَّق، يُصَدِّق	*croire (accorder foi)*	**مِنَ ٱلضَّروري**	*nécessaire*
ٱستفاد، يستَفيد	*profiter*	**أصلَح، يُصلِح**	*réparer*
يَجِب	*il faut*	**ٱستَطاع، يَستَطيع**	*pouvoir* (v.)
		صَبَر، يصبِر	*patienter*

B 2 APPLICATION (CD)

1. بَعدَ هذا كُلِّه، لَن أُصَدِّقَكَ أَبداً.
2. لَنْ يزوروا ٱلمَدينةَ ٱلآن.
3. أَستَفيد من هذه ٱلمُناسَبة لِأَكتُبَ لكَ.
4. يَجب أن تصبِروا قليلاً.
5. منَ ٱلضَّروري أن أُصلِحَ ٱلسَّيَّارة ٱليَوم.
6. هل تستَطيع أن تَنتَظِرَني حتّى أَخرُجَ ؟

B 3 REMARQUES

■ **Le verbe à la forme négative.**

- au présent : **inaccompli** précédé de لا [lā] (cf. 11B).
- au passé : **accompli** précédé de ما [mā] (cf. 21B).
- au futur : **inaccompli** précédé de لن [lan]

■ **Subjonctif** : Il s'impose après certaines particules comme :

- لِـ [li-] ou لِكَيْ [likay], *pour que*, حَتّى [ḥattā], *jusqu'à ce que, pour que.*
- أَنْ ['an] suivi du subjonctif après certains verbes impersonnels (phr. 4) ou expressions ayant valeur de verbe (phr. 5).

■ **Formes verbales.**

- إِستَطاع, *pouvoir*, appartient à la forme 10 (cf. Gram. 435), mais à l'inaccompli la 2e radicale [ا] devient ي par commodité phonique (phr. 6). Idem pour إِستَفاد, *profiter* (phr. 3).
- أَصْلَح, *réparer* (phr. 5) est de la forme 4 : voir E1.

B 4 TRADUCTION

1. Après tout cela, je ne te croirai [plus] jamais.
2. Ils ne visiteront pas la ville maintenant.
3. Je profite de cette occasion pour t'écrire.
4. Il faut patienter (que vous patientiez) un peu.
5. Il est nécessaire que je répare la voiture.
6. Peux-tu m'attendre jusqu'à ce que je sorte ?

1. [baᶜda hāḏā kullihi lan 'uṣaddiḳaka 'abad^{an}]. 2. [lan yazūru-l-madīna^{t} al-'ān]. 3. ['astafīd min hāḏihi-l-munāsaba^{t} li-'aktuba laka]. 4. [yağib 'an taṣbirū ḳalīl^{an}]. 5. [mina-ḍ-ḍarūrī 'an 'uṣliḥa-s-sayyāra^{t} al-yawm]. 6. [hal tastaṭīᶜ 'an tantaẓiranī ḥattā 'aẖruğa].

C 1 EXERCICES

A. Complétez les phrases par أنْ ou لِـ :

1. أُريد .... أنام.　　2. هل قَرَّرتَ .... تُسافِر ؟

3. يأتي .... يراني.　　4. يجِب .... تعملي.

B. Répondre par la négative :

1. هل سَتَستَأْجِر هذا ٱلبيت ؟

2. هل تُرافِقُني غداً إلى ٱلمَتحف ؟

C. Trouver l'accompli des verbes suivants :

1. يَستَقبِل　　2. يَستَعمِل　　3. يَستأجِر

D. Traduire : (CD)

1. Nous ne partirons pas avant que tu n'arrives.
2. Je vais essayer de l'aider un peu.
3. Il nous faut sortir vite.

E. Écrire plusieurs fois à la main :

سيِّداتي آنِساتي، سادتي !

Mesdames, Mesdemoiselles, Messieurs !

C 2 CORRIGÉ

A. 1. أَنْ　　2. أن　　3. لِـ　　4. أن

B. 1. لا، لن أَستَأجِرَه.　　2. لا، لن أُرافِقَك.

C. 1. ٱستَقبَلَ　　2. ٱستَعمَلَ　　3. ٱستَأجَرَ

D. 1. لن نذهبَ قبل أن تَصِلَ.

2. سأُحاوِل أن أُساعِدَه قليلاً.

3. يَجب أَن نَخرجَ بِسُرعة.

C 3 LOISIRS ET FOLKLORE

■ Avec la modernisation, les sociétés arabes ont intégré les différents arts connus en Occident, notamment le **cinéma** (cf. 21 C3) et le **théâtre**. Le premier attire un grand public, aussi bien pour les films arabes (peu nombreux relativement à l'ensemble) qu'étrangers (américains ou indiens).
Le théâtre avait connu dans certains pays (Liban, Égypte) un grand essor, il y a quelques décennies. Mais il est en recul depuis quelques années, sans doute en relation avec les diverses entraves au droit d'expression.
À côté de ces formes nouvelles, d'autres formes plus **populaires** ont toujours existé et restent vivantes, dont :

• Les **concerts** de chant qui attirent les foules surtout à l'occasion des grands festivals. La forme **raï** a beaucoup de succès auprès des jeunes.

• ألْمقهى ['al-maḳhā], *le café-bar*, où l'on aime fumer le *narguilé*, ألأرْجيلة ['al-'arǧīla^t] en buvant du *café*, قهوة [ḳahwa^t] ou du *thé*, شاي [šāy].

• الحكواتي ['al-ḥakawātī], *le conteur populaire* qui se produit souvent dans un café ou sur le parvis d'une mosquée.

• رقص شرقي [raḳṣ šarḳiyy], danse orientale, exécutée par une danseuse dans un cabaret ou un restaurant.

• رقصة الدراويش [raḳṣatu-d-darāwīš], *danse des derviches*. Traditionnellement réservée aux cercles soufis (*les mystiques musulmans*), elle devient un loisir populaire.
Si ces différentes formes de danse sont encouragées par l'afflux touristique, ce mouvement coïncide aussi avec un effort de **rénovation** artistique entrepris dans différents endroits pour leur donner un vrai contenu esthétique. Les troupes modernes de **ballet oriental** et de **danse folklorique** rénovés émergent partout. Ce mouvement va de pair avec l'essor de la musique de chambre dont la figure de proue est l'Irakien **Mounir Bachîr**.

25 DIALOGUE

D 1 (CD) ■ تَسلِيَة

1. ياسِر ماذا تُحِبّين أن تفعَلي هذا ٱلمَساء، يا نَدى ؟

2. نَدى أوَدّ أن أذهَب إلى ٱلسِّينما.

3. ياسِر أنا أُفَضِّل أن أُشاهِد مسْرَحِيّة.

4. نَدى ولكن لا يُمْكن أن تجِد مكاناً ٱلآن.

5. ياسِر معكِ حقّ. ما رَأيُكِ إذاً بِحَفْلة موسيقيّة ؟

6. نادر مُمْكِن أن نذهَب بعدَها إلى ٱلمَطعم.

7. نَدى أنا مُوافِقة. إلى هذا ٱلمَساء.

8. ياسِر على ٱلسَّاعة ٱلتّاسِعة، تَماماً.

9. نَدى طَيِّب، ولَن أتأَخَّرَ هذهِ ٱلمَرَّة.

D 2 VOCABULAIRE

- يُمْكِن أَنْ *il est possible que*
- مَكان، أَمْكِنة *place, lieu*
- حفلة موسِيقِيّة *concert*
- مَطْعَم، مَطاعِم *restaurant*
- مُوافِق (ون) *d'accord*
- تماماً *exactement*
- طَيّب *bon ! d'accord !*

D 3 Loisirs

1. Qu'aimerais-tu faire ce soir, Nada ?
2. J'aimerais aller au cinéma.
3. Moi, je préférerais voir une pièce de théâtre.
4. Mais tu ne pourra pas trouver des places maintenant.
5. Tu as raison. Que penses-tu alors d'un concert ?
6. Il est possible d'aller après (cela) au restaurant.
7. Je suis d'accord. À ce soir !
8. À neuf heures précises.
9. D'accord, et cette fois je ne serai pas en retard.

1. [mādā tuḥibbīn 'an taf^{c}alī hāḏa-l-masā' yā nadā]. 2. ['awadd 'an 'aḏhab 'ila-s-sīnamā]. 3. ['anā 'ufaḍḍil 'an 'aḥḍar masraḥiyya^{t}]. 4. [wa-lākin lā yumkin 'an tağid makān^{an} al-'ān]. 5. [ma^{c}akī ḥaḳḳ mā ra'yuki 'iḏ^{an} bi-ḥafla^{t} mūsīḳiyya^{t}]. 6. [yumkin 'an naḏhab ba^{c}daha 'ila-l-maṭ^{c}am]. 7. ['anā muwāfiḳa^{t} 'ilā hāḏa-l-masā']. 8. [^{c}ala-s-sā^{c}ati-t-tāsi^{c}a^{t} tamām^{an}]. 9. [ṭayyib wa-lan 'ata'aẖẖara hāḏihi-l-marra^{t}].

D 4 EXPRESSIONS UTILES

■ **Loisirs.**

Cette notion relativement récente n'a pas encore de terme consacré en arabe. À côté de أَوْقات ٱلفَراغ (m. à m. *temps d'oisiveté*), on trouve aussi تَسْلِيَة, *distraction*, etc.

• Retenons aussi pour : *boîte de nuit*, مَلْهَى لَيْلِيّ ; *lieux de distraction* مَلاهي ; *dancing*, مَرْقَص ; *club*, نادي.

• Le terme حَفْلة, *séance, cérémonie, festivité*, s'utilise avec un déterminatif pour rendre *concert* de musique, حَفْلة موسيقِيّة ; *concert* de chant, حَفْلة غِنائيّة ; ou *récital* de poésie, حَفْلة شِعْرِيَّة.

E 1 AU QUOTIDIEN

■ **Formes verbales et lecture non vocalisée :**

• La **forme 4**, obtenue par l'ajout d'un [أَ] avant la 1re radicale : أَفْعَل ← يُفْعِل

	3 2 1 يُـ	←	3 2 1 [أَ]
réparer	يُـصْـلِـحُ		أَصْـلَـحَ
devenir	يُـصْـبِـحُ		أَصْـبَـحَ

☞ Le verbe أراد devient يُريد (la 2e radicale étant [ي]) et أَحَبَّ devient يُحِبّ (2e et 3e radicales assimilées).

• La **forme 3**, obtenue par l'ajout d'un [ا] après la 1re radicale : فاعَل ← يُفاعِلُ

	3 2 [ا] 1 يُـ	←	3 2 [ا] 1
essayer	يُـحـاوِلُ		حـاوَلَ
voyager	يُـسـافِـرُ		سـافَـرَ

■ Les propositions subordonnées complétives commandées par [an] ان doivent suivre un verbe de :

– **sentiment** : أَحَبَّ *aimer* خاف *craindre* تَمَنّى *désirer...*

– **volonté** : أراد *vouloir* قَرَّر *décider* ٱقْتَرَح *proposer*

قَبِل *accepter* رَفَض *refuser...*

Elle peuvent venir aussi après des verbes impersonnels de même modalité.

il est nécessaire que	مِنَ ٱلضَّروريّ أن
il est de (votre) devoir...	من ٱلواجِب أن
il est impossible	من ٱلمُسْتَحيل أن
il est important	من ٱلمُهِمّ أن

E 2 PARLER DIALECTAL

■ **L'usage du subjonctif.** Dans une phrase complétive, le dialectal **se contente de supprime** أن :

أتمنى أن أزوره *Je souhaite le visite*	**D** betmannā zūru **C** 'atmannā 'azūru **A** ntemannā nzūru
من الضروري أن أراه *Il est nécessaire que je le voie*	**D** ḍarūrī šūfu **C** mne-l-ḍarūrī 'annnī ašūfu **A** lāzém nšūfu
يحب أن تنتبه قليلا *Il faut que tu fasses un peu attention*	**D** lāzim tintebih šwayy **C** lāzim tentebeh šuwayya **A** lāzim tredd bālék 'ulayyel
قررت أن أستأجر *J'ai décidé de louer*	**D** 'arrart 'ista'ğir **C** qarrart ha 'aggar **A** rānī m'ewwel nekrī dār

■ **La négation du futur** est rendue en dialectal par la négation (**mā/mūš**..) suivie de la marque du futur (**raḥ** ...) :

لن أنتظر طويلا *Je n'attendrai pas longtemps*	**D** mā raḥ 'istannā ktīr **C** meš ḥa sttana ketīr **A** ma nestannaš bezzāf
لن يتأخر *Il ne sera pas en retard*	**D** mā raḥ yet'aẖẖar **C** meš ḥa yet'aẖẖarr ketīr **A** mā yiṭṭawwalš bezzāf

A 1 PRÉSENTATION

■ Le verbe **être** est rendu en arabe, si nécessaire, par :
كانَ، يَكونُ.

• Sous-entendu dans la phrase nominale, ce verbe apparaît partout pour exprimer le passé et le futur, comme pour rendre certaines modalités verbales (cf. 29A et B).

رائِع (R)	*merveilleux*	حَوالَيْ	*environ*
كَلْب، كِلاب	*chien*	حالة (ات)	*situation*
قِطّ، قِطَط	*chat*	سَرير، أَسِرَّة	*lit*
أَوَّل أَمْس	*avant-hier*		

A 2 APPLICATION (CD)

1. كانت سَهْرَتُنا رائِعة.
2. كان في ٱلجامِعة هذا ٱلصّباح.
3. كان عِندي كَلْب وقِطّ.
4. كان منَ ٱلمُستَحيل أن نَلْتَقيَ أَوَّلَ أَمْس.
5. سَنكون عِندَكم حَوالَيْ ٱلسّاعة ٱلعاشِرة.
6. إذا كُنتَ في بَيتِكَ مساءً أزورُك.
7. لِماذا تُريد أن أَكون في حالَة صَعْبة ؟
8. عِنْدَما أكون في سريري وَحْدي، أسمَع موسيقى.

A 3 REMARQUES

■ **Valeur temporelle de كان :**

– **Être à l'imparfait** : كان à l'accompli + phrase nominale. Cette phrase peut avoir un substantif comme sujet (phr. 1) ou être formée d'une structure nominale à valeur verbale (phr. 3 et 4).

☞ Notons que si le sujet est exprimé au présent par un pron. isolé (phr. 2), celui-ci disparaît ; il est remplacé par كان conjugué à la personne adéquate.

– **Être au futur** : سَـ + يكون à l'inaccompli (phr. 5).

■ **Valeur modale de كان** : Après certains adverbes et conjonctions, l'auxiliaire se met :

– toujours à **l'accompli**, après إذا, *si* (phr. 6).

– toujours à **l'inaccompli**, après أن et les conjonctions gérant le subjonctif (phr. 4 et 7).

– à l'**accompli ou inaccompli** (cela dépend du temps) après d'autres particules introduisant des propositions temporelles (phr. 8), consessives, etc...

A 4 TRADUCTION

1. Notre soirée fut (ou a été) merveilleuse.
2. Il était à l'université ce matin.
3. J'avais un chien et un chat.
4. Il était impossible que nous nous rencontrions avant-hier.
5. Nous serons chez vous autour de dix heures.
6. Si tu es chez toi (dans ta maison) ce soir, je te rendrai visite.
7. Pourquoi veux-tu que je sois dans une situation difficile ?
8. Lorsque je suis seul dans mon lit, j'écoute de la musique.

1. [kānat sahratunā rā'i^{c}a^{t}]. 2. [kāna fi-l-ğāmi^{c}a^{t} hāḏa-ṣ-ṣabāḥ]. 3. [kāna ^{c}indī kalb wa-ḳiṭṭa^{t}]. 4. [kāna mina-l-mustaḥīl 'an naltaḳiya 'awwal 'ams]. 5. [sanakūn ^{c}indakum ḥawālay-as-sā^{c}ati-l-^{c}āšira^{t}]. 6. [iḏā kunta fī baytika masā'^{an} azūruka]. 7. [li-māḏā turīd 'an 'akūn fī ḥāla^{t} ṣa^{c}ba^{t}]. 8. [^{c}indamā 'akūn fī sarīrī waḥdī 'asma^{c} mūsīḳā].

B 1 PRÉSENTATION

[kuntu saʕīdan ǧiddan bi-hāḏa-l-likā']

■ **L'attribut du sujet**, dans une phrase introduite par كان (ici سعيداً), se met toujours à l'accusatif.

lourd	ثقِيل (R)	*discussion*	نِقاش (ات) m
absent	غائِب (R)	*intéressant*	شَيِّق (R)
devenir	صارَ، يصير	*devenir*	أصبَح، يُصبِح
ne pas cesser	مازال، لا يزال	*atmosphère*	جَوّ، أَجواء

B 2 APPLICATION (CD)

1. كان ٱلنِّقاش شَيِّقاً.

2. كانت رِحلَتُنا مُمتِعة.

3. هل أصبَح ميشيل جارَك ؟

4. صارَ ٱلجَوُّ ثقيلاً.

5. كيف حال أبيك ؟ - لا يزال غائِباً.

6. - ليسَ مَوجوداً ٱلآن.

B 3 REMARQUES

■ **Les « sœurs » de** كان [kāna].

• Certains verbes d'état fonctionnent à l'instar de كان comme **auxiliaires**. On les appelle "sœurs" de كان. Les plus courants sont, en plus de ليس, *ne pas être* :

- Pour *devenir* صار (يصير) ou أَصبَح (يُصبِح) (phr. 3 et 4)
- Pour *rester, ne pas cesser de, être toujours* : ظلّ (يظلّ) ou مازال (لا يزال) (phr. 5)

■ **L'attribut** de كان et de ses « sœurs » :

• L'attribut du sujet, dans une phrase introduite par ces auxiliaires, se met toujours à l'accusatif, qu'il soit adjectif (phr. 1, 4-6) ou substantif (phr. 3).

• L'attribut, dans une phrase introduite par ليس, *ne pas être*, se met aussi à l'accusatif (phr. 6).

B 4 TRADUCTION

1. La discussion était intéressante.
2. Notre voyage était agréable.
3. Michel est-il devenu ton voisin ?
4. L'atmosphère est devenue pesante.
5. Comment va ton père ? - Il est toujours absent.
6. Il n'est pas là (présent) maintenant.

1. [kāna-n-niḳāš šayyiḳ^{an}]. 2. [kānat riḥlatunā mumti^{c}a^{t}]. 3. [hal 'aṣbaḥa mīšīl ğāraka]. 4. [ṣāra-l-ğaww t̠aḳīl^{an}]. 5. [kayfa ḥālu 'abīka ? – lā-yazāl ġā'ib^{an}]. 6. [laysa mawğūd^{an} 'al-'ān].

C 1 EXERCICES

A. Lire et traduire :

1. عِندي سيّارة لَكِن لَيْس هُنا.
2. يَقضي وَقتَه كُلّه في نَفْس ٱلمَقْهى.
3. كُلُّنا نعمَل مِثلَك كُلَّ ٱلأُسْبوع.

B. Traduire :

1. ليس أخي مُستَعجِلاً.
2. لَسْنا مُستَعجِلين.
3. كانَ من ٱلضَّروريّ أن تأتي.

C. Traduire : (CD)

1. Notre journée a été très belle. 2. Où seras-tu l'an prochain ? 3. As-tu été content de ton voyage ? 4. Omar est toujours jeune.

C 2 CORRIGÉ

A. 1. [^{c}indī sayyāra^{t} lākin laysa hunā]. *J'ai une voiture, mais pas ici.* 2. [yaḳḍī waḳtahu kullahu fī nafsi-l-maḳhā]. *Il passe tout son temps dans le même café.* 3. [kullunā na^{c}mal miṯlaka kulla-l-'usbū^{c}]. *Nous travaillons tous comme toi, toute la semaine.*

B. 1. Mon frère n'est pas pressé. 2. Nous ne sommes pas pressés. 3. Il était nécessaire que tu viennes.

C.

1. كان نهارُنا جميلاً جِداً.
2. أينَ ستَكون ٱلسَّنة ٱلمُقبِلة ؟
3. هل كُنتَ مسروراً بِرِحلَتِكَ ؟
4. عمر لا يزال شابّاً.

C 3 L'HOSPITALITÉ ARABE

■ L'hospitalité arabe est légendaire. Chez les Bédouins, elle était même un **devoir sacré**. Lorsqu'on reçoit un hôte, on lui offre gîte, couvert et éventuellement sécurité contre ses poursuivants ; et c'est seulement au bout du **troisième jour** qu'on lui demandera de décliner son identité et les raisons de sa venue. On se prive pour le nourrir si besoin est, et l'on s'expose au danger pour le défendre. C'est le sens de la formule rituelle, qui vaut **contrat sur l'honneur**, toujours utilisée actuellement bien qu'elle ait perdu son sens premier : أهلاً وَسَهلاً ['ahl[an] wa-sahl[an]]. Elle signifie mot à mot : *tu as trouvé une parenté et tu es accueilli dans une plaine* [sahl[an]], loin des dangers de la montagne.

■ Cet engagement vis-à-vis des hôtes valait également pour les **objets** dont on acceptait de devenir le dépositaire. Les remettre à d'autres ou les garder pour soi serait un déshonneur indélébile. Cette hospitalité répondait sans doute aux besoins de la vie dans le désert : elle accordait une certaine sécurité aux voyageurs et alimentait un réseau de relations nécessaires dans un contexte inhospitalier et marqué par les conflits perpétuels entre tribus.

■ Les temps modernes ont gardé beaucoup de cet **esprit d'hospitalité**, surtout à la campagne. On peut être invité à manger ou même à dormir de façon totalement désintéressée, chez quelqu'un dont on vient juste de faire la connaissance. On est surpris parfois de se voir offrir un objet précieux, à la suite d'une réflexion fortuite le concernant.

• Évidemment, la vie citadine a tendance à oublier ces traditions faites pour un environnement autre. Restent quelques expressions qui en gardent la mémoire, telles la formule déjà citée ou cette autre :

Notre maison est la vôtre. اَلبَيْت بَيْتُكم

D 1 (CD) ■ ٱلبَحْث عن فُندُق

1. سعيد عِندي مُشكِلَة، يا أخي، لا أجِد فُندُقاً.
2. نديم غَيْر مَعْقول، ٱلفنادِق كثيرة في هذا ٱلحَيّ.
3. سعيد صَحيح، لكن لا أَجِدُ ٱلفُندُقَ ٱلمُناسِب.
4. ٱلفُندُق ٱلأَوَّل كانَ غالِياً جدّاً.
5. وٱلثّاني وَسِخاً.
6. وٱلثّالث كانَ مُغْلَقاً بِسَبَب ٱلعُطلة ٱلسَّنَويّة.
7. نديم بَسيطة ! لن أَترُكَكَ في ٱلشّارع.
8. أدعوكَ لِتَقضيَ ٱللَّيْلَةَ عِندَنا. ٱلبَيْتُ بَيْتُكَ.
9. سعيد شُكراً جزيلاً يا أخي. جازاكَ ٱللّه.

D 2 VOCABULAIRE

- فُنْدُق، فَنادِق — *hôtel*
- مُناسِب (R) — *convenable, adéquat*
- غالي (R) ↔ رَخيص (R) — *cher/bon marché*
- وَسِخ (R) ↔ نَظيف (R) — *sale/propre*
- سَنَويّ — *annuel*
- جازى، يُجازي = كافَأ، يُكافِئ — *récompenser*

D 3 À la recherche d'un hôtel

1. J'ai un problème, frère, je ne trouve pas d'hôtel.
2. Pas possible ! Les hôtels sont nombreux dans ce quartier.
3. C'est vrai, mais je ne trouve pas l'hôtel qui convient.
4. Le premier hôtel était très cher.
5. Le deuxième était sale.
6. Le troisième était fermé pour cause de congé annuel.
7. Pas grave ! Je ne te laisserait pas à la rue.
8. Je t'invite à passer la nuit chez nous, ma (la) maison est la tienne.
9. Merci bien, frère, que Dieu te récompense.

1. [ᶜindī muškilaᵗ yā 'aẖī, lā 'ağid funduḳᵃⁿ]. 2. [ġayr maᶜḳūl 'al-fanādiḳ kaṯiraᵗ fī hāḏa-l-ḥayy]. 3. [ṣaḥīḥ wa-lākin lā 'ağidu-l-funduḳa-l-munāsib]. 4. ['al-funduḳu-l-'awwal kāna ġāliyᵃⁿ]. 5. [wa-ṯ-ṯānī kāna wasiẖᵃⁿ]. 6. [wa-ṯ-ṯāliṯ kāna muġlaḳᵃⁿ bi-sababi-l-ᶜuṭla-ṣ-ṣayfiyyaᵗ]. 7. [basīṭaᵗ lan 'atrukaka fi-š-šāriᶜ]. 8. ['adᶜūka li-taḳḍiya-l-laylaᵗ ᶜindanā 'al-baytu baytuka]. 9. [šukrᵃⁿ ğazīlᵃⁿ yā 'aẖī ğazāka-l-lāh].

D 4 EXPRESSIONS UTILES

■ **Les catégories d'hôtel** : سِياحِيّ, *de tourisme* ; مُمْتاز, (*supérieur*) ; ثَلاث نُجوم, *trois étoiles*...

• **Plus populaire** : نَزْل [nazl], sorte de *pension* ou d'*auberge*.

■ **Pour payer** : ٱلفاتورة, *la facture*, ou ٱلحِساب (le *compte*) ; شيك, *chèque* ; بِطاقة مَصرِفيَّة, *carte bancaire*.

■ Synonyme courant de فُندُق : le terme arabisé أوتيل (ات).

E 1 AU QUOTIDIEN

■ Conjugaison des verbes de la **forme simple** comportant une **voyelle longue** comme radicale.

1. La **1re radicale** est un [و] (par exemple : **وجد**).

– **à l'inaccompli**, le [و] reste tel quel.

– **à l'accompli**, le [و] disparaît tout simplement :

وقَع ← يقَع **وجَد ← يجِد**

2. La **2e radicale** est un [ا] : (**كان**). Alors :

– **à l'inaccompli**, le [ا] peut se transformer en [و] ou [ي] ou rester tel quel selon le verbe :

كان ← يكون **سار ← يسير** **نام ← ينام**

– **à l'accompli**, le [ا] disparaît à la 1re et 2e pers. (sing. et pluriel) et la voyelle de la 1re radicale est alors ـُ dans le 1er cas et ـِ dans les 2e et 3e cas.

كان ← كُنتُ/كنتَ **سار ← سِرتُ/سِرتَ** **نام ← نِمتُ/نِمتَ**

☞ Notez que cette voyelle est celle de la 2e radicale à l'inaccompli.

3. La **3e radicale** est [ا] :

– **à l'inacc.**, le [ا] se transforme en [و] ou [ي] ou reste tel quel, selon le verbe :

رجا ← يرجو **أتى ← يأتي** **سعى ← يسعى**

– **à l'accompli**, à la 1re et 2e pers. sing. et pluriel, elle se transforme en [و] dans le 1er cas et en [ـيـ] ailleurs :

رجا ← رجَوْتُ/رجوتَ؛ أتى ← أتَيتُ/أتَيتَ؛ سعى ← سَعيتُ/سَعَيتَ

☞ Cette voyelle est celle de la 2e radicale à l'inaccompli dans le deux premiers cas.

Attention : les règles de transformation des 2e et 3e radicales s'appliquent à tout verbe à quelque forme qu'il appartienne (voir 27 E1).

E 2 PARLER DIALECTAL

■ Pour exprimer v. *être* au **futur**, le dialectal utilise **يكون** précédé de la marque du futur (sauf en Algérie) :

Il sera content	raḥ yekūn mabsūṭ	ḥa yekūn --	yekūn farḥān
Il ne sera pas là	mā raḥ yekūn mawǧūd	miš ḥayekūn --	mā yekunš

• Pour exprimer *déjà*, on ajoute le v. **ṣār/ba'a** conjugué à l'accompli :

صار كبير *Il est déjà grand*	**D** ṣār kbīr **C** ba'a kbīr **A** wella kbīr **B** ṣār tšbīr
صار يحكي *Il parle déjà*	**D** ṣār yeḥkī **C** ba'a yetkallem **A** wella yehdar **B** ṣār yeḥtšī

■ **Vocabulaire** :

	D	**C**	**A**	**B**
lit	taḫt	sérīr	bunk	sirīr
mauvais	ᶜāṭil	wéḥéš	qabīḥ	mū zēn/ḫawš
sale	wcḫćm	wcsćḫ	mwesséḫ	mwessḫ

■ **Expressions** : rendre *j'ai/tu as ... envie* (P.-O. et Égypte) :

J'ai envie	ṭāliᶜ ᶜa-bālī	fnafsī
Tu as envie	ṭāliᶜ ᶜa-bālak	fnafsak
Elle a envie	ṭāliᶜ ᶜa-bālā	fnafshā

• *Garde-toi bien de partir* : 'ōᶜā trūḥ.

A 1 PRÉSENTATION

(en face de chez nous, une mosquée)

■ *La phrase nominale inversée.* L'expression *il y a un/une/des* peut être rendue en arabe par une phrase nominale spécifique :

attribut (placé avant le sujet) + sujet (indéterminé)

l'attribut étant formé par un compl. circonstanciel ou un compl. indirect, et le sujet dépourvu d'article et de possessif.

• Cependant, le verbe correspondant à *il y a* existe : c'est la forme invariable : **يوجد** et à la forme négative **لا يوجد** (phr. 8).

poche	جَيْب، جُيوب f	*rapide*	مُسْرِع (R)
culture	ثقافة (ات)	*main*	يَد، أَيدي f
intérêt	مَصلحة، مَصالِح	*contraire*	قُبَّعة (ات)
piscine	مَسبَح، مَسابِح m	*délai*	مُهْلة، مُهَل

A 2 APPLICATION (CD)

1. ٱنتَبِه يا خالِد ! وَراءَك سيّارة مُسرِعة.
2. في يَدِه جَريدة وعلى رأْسِهِ قُبَّعة.
3. أمامَنا مُهلة طَويلة.
4. لَيسَ في جيبي قَلم.
5. في ٱلأُسبوع سَبعةُ أَيّام.
6. عِندَهُ ثقافة واسِعة.
7. هل لَكَ مَصلَحة في ذلِك ؟
8. لا يوجد مسبَح قُربَ بَيتِنا.

A 3 REMARQUES

■ **L'attribut de cette phrase nominale spécifique** peut être: un compl. de lieu (phr. 1-4) ; un compl. de temps (phr. 5) ; un compl. indirect avec une préposition indiquant l'appartenance comme لِـ, *à/pour* (phr. 7), ou عِنْدَ, *chez* (phr. 6)

• La négation de cette phrase se fait en plaçant لَيْسَ, invariablement, au début (phr. 4).

■ L'ordre de la phrase nominale (avec sujet déterminé et divers attributs) peut être inversé ; l'inversion sert alors à mettre en valeur l'attribut : جميل صَوْتُكِ, *elle est belle, ta voix.*

☞ L'équivalent de verbe *avoir* est en fait une phrase nominale inversée : عندي كتاب signifie en mot-à-mot *chez moi, un livre.*

■ **Le tanwin au nominatif.** Dans une lecture soutenue, le mot جامع, *mosquée* (phr. du titre) devrait se prononcer جامعٌ [ğāmi^{c}^{un}], car sujet indéterminé de la phrase.

A 4 TRADUCTION

1. Attention Khaled, [il y a] derrière toi une voiture [qui va] vite.
2. Il a un journal à la main (il y a dans sa main...) et un chapeau sur la tête (il y a sur sa tête...).
3. Nous avons devant nous (il y a...) un long délai.
4. Je n'ai pas de crayon dans ma poche.
5. Il y a sept jours dans la semaine.
6. Il y a une vaste culture (il y a à lui une...).
7. As-tu intérêt à cela (y a-t-il pour toi...) ?
8. Non, il n'y a pas de (une) piscine en face de chez nous.

1. ['intabih yā ẖālid ! warā'aka sayyāra^{t} musri^{c}a^{t}]. 2. [fī yadihi ğarīda^{t} wa-^{c}alā ra'sihi ḳubba^{c}a^{t}]. 3. ['amāmanā muhla^{t} ṭawīla^{t}]. 4. [lā laysa fī ğaybī ḳalam]. 5. [fi-l-'usbū^{c} sab^{c}at ayyām]. 6. [lahu ṯaḳāfa^{t} wāsi^{c}a^{t}]. 7. [hal laka maṣlaḥa^{t} fī ḏālika]. 8. [lā yūğad masbaḥ ḳurba baytinā].

B 1 PRÉSENTATION

(Nabil est vaste de culture)

■ **Le complément d'adjectif.**
Pour rendre des tournures qui spécifient une caractéristique commune (*il est noir de peau, il a de grands yeux*), l'arabe recourt à une forme d'annexion :
adj. qualificatif + substantif déterminé par l'article au génitif

Ici, le substantif **الثقافة**, *la culture*, qui spécifie le domaine d'application de l'adjectif, fonctionne comme un compl. de cet adjectif **واسع**, *vaste* ; il se met au génitif.

• L'adjectif **واسع** se met ici au nominatif, étant attribut de la phr. nominale.

collègue	زَميل ، زُمَلاء	*cheveux*	شَعْر ، شُعور
faible	ضَعيف (R)	*grand*	طَويل ، طِوال
volonté	إرادة (ات)	*taille (hauteur)*	قامة (ات)
fort	قويّ	*mauvais*	سَيِّئ (R)
personnalité	شَخْصيَّة (ات)	*intention*	نِيَّة (ات)

B 2 APPLICATION (CD)

1. سَليم أسوَدُ ٱلشَّعر.
2. سَوسَن طَويلةُ ٱلقامة.
3. لا أَظُنُّه سَيِّءَ ٱلنِّيَّة.
4. أعمَل مع زميل كثيرِ ٱلكَلام.
5. مَتى كُنتَ ضعيفَ ٱلإرادة ؟
6. كانَت دائِماً قَويّةَ ٱلشَّخْصِيّة.
7. يا قليلَ ٱلأدَب !

B 3 REMARQUES

■ Comme le français, l'arabe peut exprimer cette tournure autrement, et ce par :

- l'équivalent du verbe *avoir* : سليم لَهُ شَعْر أَسوَد (pour la phr. 1), ou عِندَه إرادة ضعيفة (pour la phr. 5).
- le verbe ملَك، يملِك, *posséder* : يملِك شَخصْيَّة قَويَّة, *il possède une forte personnalité* (pour la phr. 6).
- un v. correspondant au substatif : زميل يتَكَلَّم كثيراً, *un collègue [qui] parle beaucoup* (pour la phr. 4).
- une phrase nominale complexe : سليم شَعرُه أَسود, *Salim, sa chevelure est noire* (pour la phr. 1).

Cependant la tournure indiquée ici reste la plus adéquate.

B 4 TRADUCTION

1. Salim a les cheveux noirs (est de chevelure noire).
2. Suzanne est grande de taille.
3. Je ne le crois pas mal intentionné.
4. Je travaille avec un collègue [qui parle beaucoup] (ayant beaucoup de parler).
5. Quand t'es-tu montré (as-tu été) de faible volonté ?
6. Elle a toujours été une forte (de forte) personnalité.
7. Impoli ! (ô toi, de peu de politesse).

1. [salīm 'aswadu-š-ša^{c}r]. 2. [sawsan ṭawīlatu-l-ḳāma^{t}]. 3. [lā 'aẓunnuhu sayyi'a-n-niyya^{t}]. 4. ['a^{c}malu ma^{c}a zamīl kaṯīri-l-kalām]. 5. [matā kunta ḍa^{c}īfa-l-'irāda^{t}]. 6. [kānat dā'im^{an} ḳawiyyata-š-šaẖṣiyya^{t}]. 7. [yā ḳalīla-l-'adab].

C 1 EXERCICES

A. Lire et traduire :

1. أمامكَ وَقْت طويل. 2. أمامك رُبْع ساعة فَقَط.
3. وَراء بيتِنا حديقة كبيرة. 4. هي طَويلةُ ٱلقامة.

B. Répondre par la négative :

1. ماذا في يدِك ؟ 2. مَن في سيّارَتِكَ ؟
3. هل يوجَد عندَكَ تُفّاح ؟ 4. هل أنتِ قَويّةُ ٱلإرادة ؟

C. Traduire en mettant la vocalisation finale sur le sujet de la phrase : (CD)

1. Il n'y a pas de chien à la maison. 2. Il y a une grande piscine dans notre quartier.

C 2 CORRIGÉ

A. 1. ['amāmuka waḳt ṭawīl], *Tu as beaucoup de temps devant toi (devant toi un long temps).* 2. ['amāmuka rub[c] sā[c]a[t] faḳat], *Tu as seulement un quart d'heure devant toi.* 3. [warā'a baytinā ḥadīḳa[t] kabīra[t]], *[Il y a] derrière notre maison un grand jardin.* 4. [hiya ṭawīlatu-l-ḳāma[t]], *Elle est grande de taille.*

B.
1. ليس في يدي شيء. 2. ليس في سيّارتي أحد.
3. لا، لا يوجد عندي تُفّاح. 4. لا، لستُ قويّةَ الإرادة.

C.
1. لا يوجد كلبٌ في بيتِنا.
2. في حيِّنا مسبَحٌ كبيرٌ (يوجد مسبحٌ كبيرٌ في...).

C 3 PENSÉE ARABE ET RÉVOLUTION FRANÇAISE

• Les historiens se plaisent à fixer comme date de démarrage de la Renaissance arabe, dite **Nahda**, l'entrée de **Napoléon** en Égypte en 1798. Ce n'est certes point le conquérant qui est ainsi honoré, mais le propagateur des idées de la **Révolution française**.

• Ces idées furent adoptées assez rapidement non seulement par les intellectuels, mais aussi par certains mouvements populaires. Le mouvement de résistance de l'Émir **Abdel-Kader** en Algérie, dans les années 1830-40, s'y référa en partie ; la première révolte paysanne contre la féodalité dans le monde arabe eut lieu au Liban en 1848, au nom de ces idées. La dénomination même qu'elle s'est choisie, عاميّة [^{c}āmiyya^{t}], *mouvement du peuple*, y renvoie sans ambiguïté. Cette référence aux idéaux des lumières et aux conquêtes de la révolution s'est maintenue jusque dans les mouvements de lutte pour les indépendances, qui prirent fin dans les années 1960.

• Cet état de fait donna un tour spécial aux rapports entre le **monde arabe** et la **France**. Pays de la Révolution française, celle-ci fut toujours respectée plus pour ce qu'elle était dans l'**imaginaire** arabe que pour sa réalité changeante, et parfois détestable comme dans la période coloniale ou la Campagne de Suez (en 1956). Signe symptomatique de cet attachement : il a suffi qu'un **De Gaulle** apparaisse pour que l'imaginaire arabe voie en lui la figure de la **France authentique**. Rares sont cependant les hommes politiques français qui ont compris à quel point les relations entre France et pays arabes ne sauraient être réduites à des intérêts économiques.

Qui m'apprendrait une lettre, je serais son esclave.

مَن علّمني حرفاً كنت له عبداً

27 DIALOGUE

D 1 (CD) ■ ٱلبَحْث عن غرفة

1. عَفيف أُريد أن أستَأجِرَ غُرفة قريبة منَ ٱلجامِعة.
2. مُنيرة في هذا ٱلحَيّ غُرف كثيرة للآجار، لا يوجَد مُشكلة.
3. نَسيم أنا أعرِف غُرفة رخيصةَ ٱلآجار.
4. وفيها حمّام ومطْبَخ
5. عَفيف لكِن أُريدُها أيضاً هادئة.
6. نَسيم ٱلغُرفة في بيت عربيّ قديم.
7. تعيش فيها ٱمْرَأَة عَجوز، وحدَها
8. وتَقع بين حديقة ٱلجامِع وحديقةِ ٱلكَنيسة.
9. عَفيف أي بَيْن صَوْتِ ٱلمُؤَذِّن وصَوتِ ٱلجرَس ؟

D 2 VOCABULAIRE

- آجار (ات) m — *loyer*
- مطبَخ، مطابِخ m — *cuisine*
- عجوز — *vieillard*
- جرَس، أَجْراس m — *cloche*
- حمّام (ات) — *salle de bainm*
- عاش، يعيش — *vivre*
- مؤَذِّن (ون) — *muezzin*
- أَيْ — *c'est-à-dire*

D 3 À la recherche d'une chambre

1. Je voudrais louer une chambre proche de l'université.
2. Dans ce quartier, [il y a] beaucoup de chambres à louer. Il n'y a pas de problème.
3. Je connais une chambre au loyer modéré.
4. Et il y a une salle de bains et une cuisine.
5. Mais je veux aussi [qu'elle soit] calme.
6. La chambre [fait partie] d'une vieille maison arabe.
7. Une vieille femme y vit seule.
8. Elle se trouve entre le jardin de la mosquée et celui de l'église.
9. C'est-à-dire entre la voix du muezzin et le son de la cloche !

1. ['urīd 'an 'asta'ğir ẖurfa^{t} ḳarība^{t} mina-l-ğāmi^{c}a^{t}]. 2. [fī hāḏa-l-ḥayy ẖuraf kaṯīra^{t} li-l-'āğār lā yūğad muškila^{t}]. 3. ['anā 'a^{c}rif ġurfa^{t} raẖīṣata-l-'āğār]. 4. [wa-fīhā ḥammām wa-maṭbaẖ]. 5. [lākin 'urīduhā 'ayḍ^{an} hādi'a^{t}]. 6. ['al ġurfa^{t} fī bayt ^{c}arabiyy ḳadīm]. 7. [ta^{c}īš fīhā 'imra'a^{t} ^{c}ağūz waḥdahā]. 8. [wa-yaḳa^{c} bayna ḥadīḳati-l-ğāmi^{c} wa-ḥadīḳati-l-kanīsa^{t}]. 9. ['ay bayna ṣawti-l-mu'aḏḏin wa-ṣawti-l-ğaras].

D 4 EXPRESSIONS UTILES

■ Habiter

Pour louer, *acheter* (اشترى، يشتري) ou *vendre* (باع، يبيع) une maison, on ne s'adresse pas à un notaire, mais à une *agence* (مكتب عقاريّ, *bueau d'immobilier*). C'est là qu'on *signe* (وقّع، يوقّع) *un contrat* (عَقْد، عُقود) et qu'on paie *les arrhes* (رُعْبون). Souvent les loyers sont fixés par l'Etat, au grand dam du *propriétaire* (مَلّاك). Mais avec la libéralisation rampante, *le locataire* (مُسْتَأجِر) a de quoi se plaindre.

■ Sagesse : *Choisis [ton] voisin avant [ta] maison*

الجار قبل الدار

27 VIE PRATIQUE

E 1 AU QUOTIDIEN

■ **Conjugaison des verbes des formes dérivées** (à partir de la forme 2) comportant une voyelle longue radicale.

1. Rien ne change s'il s'agit de **la 1re radicale**. Dans ٱِنوَعَد, *se promettre*, dérivant de وعَد, *promettre*, le [و] reste tel quel.

2. Si **la 2e radicale** est un [ا], il se transforme selon les règles régissant la forme simple (cf. 26 E1).

– à **l'inaccompli**, le [ا] se transforme en [ي] ou reste tel quel :

ٱِستَفاد ← يَستَفيد ؛ أَراد ← يُريد ؛ ٱِنهار ← ينهار

– **à l'accompli**, le [ا] disparaît à la 1re et 2e pers. (sing. et pluriel) :

ٱِسْتَفاد ← ٱستَفَدتُ / ٱِستَفَدتَ ؛ أراد ← أَرَدْتُ / أَرَدْتَ ؛ ٱِنهار ← ٱنهَرْتُ / ٱِنهَرْتَ

3. Si **la 3e radicale** est un [ا], il se transforme selon les mêmes règles :

– **à l'inacc.**, le [ا] se transformer en [ي] ou reste tel quel :

أَعطى ← يُعطي ؛ ٱِنحَنى ← ينحَني ؛ تمَنَّى ← يتمنَّى

– **à l'accompli**, à la 1re et 2e pers. (sing. et pluriel), le [ا] se transforme en [ي] :

ٱِنحنَى ← ٱنحَنَيْتُ / ٱِنحَنَيْتَ ؛ أعطى ← أَعطَيْتُ / أَعطَيْتَ ؛ تمنّى ← تمنَّيْتُ / تمنَّيْتَ

Notez que cette voyelle est celle de la 2e radicale à l'inaccompli dans le deux premiers cas.

■ Expressions courantes construites avec **un complément d'adjectif** : Pour exprimer la particule privative (*im-*, *in-*, *ir-...*) comme impoli (phr. 7), l'arabe a souvent recours à cette formule :

inintelligent (de peu d'intelligence) قليلُ ٱلفَهْم

sans honneur (de peu d'honneur) قَليل ٱلشَّرَف

effronté (de peu de pudeur) قَليل ٱلحَياء

E 2 PARLER DIALECTAL

■ **Pour exprimer** *il y a* (**yūğad**, ou la phrase nominale inversée), le dialectal utilise différents termes :

	D	C	A	B
يوجد تاكسي	fī taxī	fīh taxī	kāyen taxī	akū taxī
لا يوجد	māfī	mafīš	mākān	mākū
لا يوجد أحد *Il n'y a personne*	māfī ḥadā	mafīš ḥad	mā kān ḥatta wāḥid	mākū ḥadd
لا يوجد شيء *Il n'y a rien*	māfī šī	mafīš ḥāga	mākān wālū	mākū šī

■ **Expressions :**

ما عنده تلفزيون
Il n'a pas de TV
D māfī ᶜindu/mā ᶜindu talivizyōn
C ma ᶜindūš telefezyūn
A mā ᶜinduš tilivizyōn

لها صوت جميل
Elle a une belle voix
D ᶜindhā/fī ᶜindhā ṣōt ḥeluw
C ᶜindhā ṣōtgamīl/ṣōthā gamīl
A ᶜindhā ṣōt dğamīl

هي قوية الشخصية
Elle a une forte personnalité
D ᶜindha šaḫṣiyyi ᶜawiyyi
C heyya šaḫṣyétha ᶜawéyya
A šeḫṣiyyethā qwiyya

رجل عجوز/امرأة عجوزة
un vieil homme/
une vieille femme
D riğğāl/zalami ḫityār/marā ḥityāra
C rāgil ᶜagūz/sett ᶜagūza
A šīḫ/ᶜadğūza

A 1 PRÉSENTATION

(cinq heures et vingt minutes)

■ *Notez que* ساعات, *heures*, est au pluriel et que دقيقة, *minute*, reste au singulier.

Le **nombré** (sur lequel porte le nombre) se met au pluriel après un nombre de 1 à 10, et reste au singulier partout ailleurs.

■ Formes verbales. ساوَى → يُساوِي (phr. 3), comme حاوَلَ, *essayer*, sont de la forme III.

بناية (ات)	*immeuble*	قَميص، قُمصان	*chemise*
مصعد مَصاعِد	*ascenseur*	طالِب، طُلّاب	*étudiant*
طَقم، طُقوم	*costume*	مَقعَد، مقاعِد	*siège*
ساوَى، يُساوي	*valoir*	طابِق، طَوابِق	*étage*

A 2 APPLICATION (CD)

1. في بِنايَتِنا ثلاثَةُ مَصاعِد.
2. في ٱلشّهر ثلاثون يوماً.
3. هذا ٱلطَّقْم يُساوي مِئَة دينار.
4. ومعَ ٱلقَميص يُساوي مِئَة وعِشرين ديناراً.
5. عندي ثَمانية طُلّاب (طالب) وتِسعُ طالِبات.
6. لا يبقى إلّا خمسةُ مَقاعِد (مَقعَد).
7. يوجد في هذه ٱلبِناية خمسة عشَر طابِقاً.

A 3 REMARQUES

■ **Le cas du termes qui suit le nombre** : Après un nombre de **1 à 10**, ce terme se met au pluriel et au cas génitif (phr. 1, 5 et 6)

• Après un nombre de **11 à 99**, il reste au singulier et se met à l'accusatif (phr. 2, 4 et 7).

• Après **cent**, **mille**..., il reste au singulier mais se met au génitif (phr. 3).

■ **Le genre et le cas du nombre lui même** : De **1 à 10**, le nombre prend le genre inverse du nom qu'il précède (phr. 1, 5 et 6). Le nombre se décline comme un nom et obéit aux mêmes règles. La marque de la déclinaison apparaît surtout dans les dizaines (phr. 2 et 4).

■ **Pluriel brisé**. À côté du pluriel régulier masculin et féminin (cf. L 22 et 23), l'arabe connaît un pluriel obtenu par une flexion interne, appelé brisé. Ce pluriel se construit selon un petit nombre de schèmes (qui correspondent aux formes verbales). Ici, مَصْعَد et مَقْعَد (formés de 4 lettres, dont la 1re est م) obéissent au schème : مفعل ← مَفاعِل. D'où مَصاعِد et مَقاعِد.

A 4 TRADUCTION

1. Dans notre immeuble, il y a trois ascenseurs.
2. Dans le mois, il y a trente jours.
3. Ce costume vaut cent dinars.
4. Et avec la chemise, il vaut cent vingt dinars.
5. J'ai huit étudiants et neuf étudiantes.
6. Il ne reste que cinq sièges.
7. Il y a, dans cet immeuble, quinze étages.

1. [fī bināyatinā ṯalāṯatu maṣāʿid]. 2. [fi-š-šahr ṯalāṯūn yawm^{an}]. 3. [hāḏa-ṭ-ṭaḳm yusāwī mi'at dīnār]. 4. [wa-maʿa-l-ḳamīṣ yusāwī mi'a^{t} wa-ʿišrīn dīnār^{an}]. 5. [ʿindī ṯamāniyat ṭullāb wa-tisʿ ṭālibāt]. 6. [lā-yabḳā 'illā ḫamsat maḳāʿid]. 7. [yūğad fī hāḏihi-l-bināya^{t} ḫamsat ʿašar ṭābiḳ].

28 كَم مَكاناً تُريدينَ، يا سيّدتي ؟ ٢٨

B 1 PRÉSENTATION

Combien de place (veux-tu), Madame ?

Ici, مَكان, *place*, reste au singulier.

■ **Après l'interrogatif** كم, *combien de ?* le nom reste au singulier indéterminé et se met à l'accusatif.

☞ Un nom masculin peut avoir son pluriel en (ات) :

ٱجتِماع ['iğtimāc], *réunion* → ٱجتِماعات

nombre	عَدد، أَعْداد	*personne*	شَخْص، أَشخاص m
présent	(R) حاضِر	*réunion*	ٱجتِماع (ات)
courrier	بَريد	*couleur*	لَوْن، ألوان m

B 2 APPLICATION (CD)

1. كم شَخصاً أتى إلى ٱلاجْتِماع ؟
2. أتى خمسة أَشْخاص.
3. كم لَوناً تستَعمِل ؟ – سبعة ألْوان.
4. أَنتُم، كم عدَدُكم ؟
5. كم عددُ ٱلحاضِرين ؟
6. كمِ ٱلسّاعة ٱلآن ؟
7. في أيّ ساعة يصِلُ ٱلبريد ؟
8. أيّ لَوْن تُفَضِّل ؟ – ٱلأخضَر.

B 3 REMARQUES

■ **L'interrogatif quantitatif كم.**

• Suivi d'un sing. indéterminé à l'accusatif (ph. 1 et 3), il correspond à *combien de ?*

• Suivi d'un nom sing. au nominatif mais déterminé, par le possessif (ph. 4), le compl. de nom (ph. 5) ou l'article (ph. 6), il correspond à *combien* ou *quel(le) est/sont/sommes...*

■ **Formule courante** : بِكَم كيلو ٱلتُّفاح ؟ , *à combien le kilo de pommes ?*

■ L'interrogatif *quel/quelle* est rendu en arabe par أَيّ (souvent invariable) + nom au génitif (ph. 7 et 8).

■ **Le pluriel brisé**, schème أَفْعال

Beaucoup de noms formés de **trois lettres** comme شَخْص, *personne*, et لَوْن, *couleur*, ont leur pluriel en أَفْعال (ph. 2 et 3).

B 4 TRADUCTION

1. Combien de personnes sont venues à la réunion ?
2. Cinq personnes sont venues.
3. Combien de couleurs utilises-tu ? – Sept couleurs.
4. Vous, combien êtes-vous (quel est votre nombre) ?
5. Et quel est le nombre des présents ?
6. Quelle heure est-il maintenant ?
7. À quelle heure arrive le courrier ?
8. Quelle couleur préfères-tu ? – Le vert.

1. [kam šaẖṣ[an] 'atā 'ila-l-'iğtimā[c]]. 2. ['atā ẖamsat 'ašẖāṣ]. 3. [kam lawn[an] tasta[c]mil – sab[c]at-'alwān]. 4. ['antum kam [c]adadukum]. 5. [kam [c]adadu-l-ḥāḍirīn]. 6. [kami-s-sā[c]a[t] al-'ān]. 7. [fī 'ayy sā[c]a[t] yaṣilu-l-barīd]. 8. ['ayy lawn tufaḍḍil ? – 'al-'aẖḍar].

C 1 EXERCICES

A. Trouver le pluriel (régulier) des noms suivants :

1. حُكومة 2. غائب 3. باص 4. تاكسي

B. Trouver le pluriel des noms suivants :

1. مَصرِف 2. مَلعَب 3. مَكتَب 4. مُتحف 5. مَصلَحة

6. ثَوب 7. زَوج 8. ضَوء 9. فِلم 10. شَجَرة

C. Traduire en mettant la vocalisation finale : (CD)

1. Il y a 30 jours dans le mois. 2. Il y a 365 jours dans l'année 3. Il y a 12 mois dans l'année. 4. Il y a 24 heures dans un jour. 5. J'ai vu sept films.

C 2 CORRIGÉ

A. 1. حكومات 2. غائبون/غائبات 3. باصات 4. تاكسيات

B. 1. مَصارِف 2. مَلاعب 3. مكاتِب 4. مَتاحف 5. مَصالح

6. أَثواب 7. أزواج 8. أضواء 9. أفلام 10. أشجار

C. 1. في ٱلشَّهر ثلاثون يوماً.

2. في ٱلسَّنة ثلاثمئة وخمسة وستّون يوماً.

3. في ٱلسَّنة إثنا عشر شهراً.

4. في ٱليَوم أربعة وعِشرون ساعةٍ.

5. شاهدت سبعةَ أفلامٍ.

C 3 CUISINE, VIN

■ **La cuisine** populaire est, traditionnellement, à base de بُرغل [burġul], *blé concassé* (au Proche-Orient) de فُول [fūl], *fèves* (en Égypte) et de كُسكس, *couscous* (au Maghreb). Le riz, très utilisé actuellement, est d'introduction récente. La viande, peu consommée dans les milieux populaires pauvres, est presque toujours cuisinée en petits morceaux avec des légumes. Au Proche-Orient, la grande cuisine (généralement des légumes farcis de viande) hérite de la tradition culinaire ottomane. Au Maghreb, elle perpétue la tradition arabe d'Andalousie, le plat le plus prestigieux étant la **pastilla**, mais également les différents plats de **tajine**.

• À côté de cette cuisine familiale très élaborée, les plats servis dans les restaurants sont plutôt pauvres. Au Proche-Orient, ce sont surtout les grillades accompagnées de **mezzé**, une multitude de petits plats contenant différentes salades (dont le tabboulé), des abats finement apprêtés ou différentes sortes de **kebbé** (viande hachée malaxée avec le bourghol) cru ou cuit. Au Maghreb ce sont plutôt les **tajines** et les différentes sortes de **couscous**. Sur le littoral, les plats à base de poissons sont bien appréciés.

■ **Le vin.** Il est certain que l'islam a interdit la consommation du vin. La réalité vécue est tout autre. Bien plus, la littérature a consacré comme genre littéraire les خَمريّات [ẖamriyyāt] (*poésie bachique*), que **Abou Nouwas** a portées à leur apogée au VIIIe siècle. À travers la célébration du vin, il élabore, tout comme **Omar Khayyam** (mort en 1132), une philosophie, un code de l'esthétique poétique et même des règles de morale et de spiritualité.

• Le lexique arabe ancien contient des dizaines de termes pour désigner les différentes variétés de vin. Il reste, dans l'arabe courant contemporain : خَمر [ẖamr] et نَبيذ [nabīz]. Notons que l'*arak* عَرَق [ʿaraḳ], spécialité proche-orientale qui s'apparente au pastis, est très prisé et que la bière, couramment appelée بيرة [bīraᵗ].

D 1 (CD) ■ في ٱلْمَطعَم

1. زبون ١ ٱلحِساب مِن فَضلكَ !
2. ٱلجَرْسون على عَيْني، ماذا طَلَبتُم ؟
3. زبون ١ أنا طَلبتُ طَبَق كُسْكُس.
4. زبون ٢ أنا أخَذتُ مَشاوي.
5. زبون ٣ وأنا أخَذتُ ٱلطَّبَقْ ٱليَوْميّ : طَجين خروف.
6. ٱلجَرْسون إذاً ٢١ ديناراً و٥٠ دِرهَماً، زائِد ٢٥ ديناراً، زائد...
7. وٱلمَشروب : ٢٨ ديناراً.
8. هذا كُلُّ شَيٍء، كَما أظُنّ. ٱلمَجْموع ١٩٠ ديناراً.
9. زبون ١ تفَضَّل ٢٠٠ دينار، وٱلباقي بَخْشيش
10. ٱلجَرْسون ألفَ شُكْر، وأَهلاً بِكُم !

D 2 VOCABULAIRE

• زُبون، زَبائن	*client*	• حِساب (ات)	*compte/addition*
• طَبَق، أَطْباق (ات)	*plat*	• مَشَاوي	*grillades*
• خروف	*agneau*	• مَشْروب (ات) m	*boisson*
• مَجموع (ات)	*total*	• ٱلباقي	*le reste*

D 3 Au restaurant

1. L’addition, s’il vous plaît !
2. Volontiers ! Qu’avez-vous pris ?
3. Moi, j’ai pris un plat de couscous.
4. Moi, j’ai pris des grillades.
5. Moi, j’ai pris le plat du jour : tajine d’agneau.
6. Donc, 21 dinars 50 dirhams, plus 25 dinars, plus...
7. Et la boisson : 28 dinars.
8. C’est tout, je pense. Le total : 190 dinars.
9. Voici 200 dinars, le reste c’est le pourboire.
10. Mille merci, vous êtes [toujours] les bienvenus !

> 1. [’al-ḥisāb min faḍlika]. 2. [^{c}alā ^{c}aynī māḏā ṭalabtum]. 3. [’anā ṭalabt ṣaḥn kuskus]. 4. [’anā ’aẖaḏt mašāwī]. 5. [wa-’anā ’aẖaḏtu-ṣ-ṣaḥna-l-yawmiyy ṭağīn ẖārūf]. 6. [’iḏ^{an} wāḥid wa-^{c}išrūn dīnār^{an} wa-ẖamsūn dirham^{an}]. 7. [wa-l-mašrūb : ṯamāniya wa-^{c}išrūna dīnār^{an}]. 8. [hāḏā kull šay’ kamā ’aẓunn al-mağmū^{c} mi’a^{t} wa-tis^{c}ūn dīnār^{an}]. 9. [tafaḍḍal mi’atay dīnār al-bāḳī baẖšīš]. 10. [’alf šukr wa-’ahl^{an} bikum].

D 4 EXPRESSIONS UTILES

- Pour dire *garçon*, l’arabe utilise l’emprunt جَرْسون, mais aussi خادِم ou نادِل *serveur*.

- Pour *très volontiers*, l’arabe utilise des métaphores comme عَلى عَيْني, (sur mon œil), ou عَلى رَأْسي, (sur ma tête) : *votre désir est aussi cher que mes yeux ; je reçois votre désir comme un ordre.*

- بَخْشيش mot turc arabisé, *pourboire* ; d’où *bakchich.*

- دفَع ٱلحساب, *régler l’addition.*

E 1 AU QUOTIDIEN

■ Le couvert.

• صَحْن، صُحون	*assiette* m	إبْريق، أباريق	*carafe*
• مِلعَقة، مَلاعِق	*cuillère*	زُجاجة (ات)	*bouteille*
• سِكّين، سَكاكين	*couteau*	سُكّر	*sucre*
• مِلْح	*sel*	شَوْكة	*fourchette*

■ Le pluriel brisé.

Il se construit non par l'ajout d'un suffixe comme le pluriel régulier, mais, à l'instar des formes verbales, par l'ajout de certaines lettres au sein du mot (nom ou adjectif), ce qui entraîne une modification vocalique. Voici quelques schèmes courants.

• Le schème أَفْعال

Il concerne de nombreux mots formés de trois lettres (toujours sur le modèle vide ف ع ل), compte non-tenu de la [ة] finale, et ce quelle que soit la nature des voyelles brèves. Il s'obtient par l'ajout de [أ] avant la 1re lettre affectée désormais d'un [ـْ], et d'un [ا] après la deuxième :

	[أ] فْ ع [ا] ل	←	ف ع ل
enfant	أَ وْ لـ ـا د		وَ لَـ ـد
bébé	أَ طْ فـ ـا ل		ط فْـ ـل
arbre	أَ شْ جـ ـا ر		شَـ جَـ ـرة

■ Sagesse séculaire : *Plutôt prévevnir que guérir.*

درهم وِقاية خير من قنطار عِلاج

Une once de prévention vaut mieux qu'une tonne de médicaments

E 2 PARLER DIALECTAL

■ **Poser la question par** كم , combien/quel(le) :

كم الساعة	**D** addēše-s-sā^ca
Quelle heure est-il ?	**C** es-sā^ca kām
	A šḥāl rahi es-sa^cā
	B šgadde-s-sā^ca
كم عددكم	**D** addēš ^cadadkun
(Quel est votre nombre)	**C** ^cadadkum kām
	A šḥāl ntūma
	B tšamm/šgadd ^cadadkum
كم كتابا قرأت	**D** kam ktāb'rīt
Combien de livres as-tu lu ?	**C** 'arēt kām kitāb
	A šḥāl min ktāb qrīt

■ **Pour exprimer certaines modalités d'action** comme *je suis toujours petit, je suis toujours en train de manger, il vient de, pas encore...*, le dialectal utilse souvent **deux locutions** verbales comportant un pronom affixe :

– **ba^cd + pronom affixe** : ba^cdnī, ba^cdak, ba^cdik, ba^cdū...
– **lissā + pronom affixe** : lissānī, lissāk, lissāki ... :

Il est encore petit	ba^cdū/lissā zġīr
Il mange encore	ba^cdu/lissā ^cam yēkūl
Il vient d'arriver	ba^cdū/lissā mā wiṣil
Je n'ai pas encore déjeuné	ba^cdnī/lissānī mā tġaddēt
Tu ne parles pas encore français	ba^cdak/lissāk mā bteḥkī fransī

■ En syro-libanais, *je peux, tu peux...* : **fī + pronom affixe** :

Je peux marcher	fīnī imšī	*nous pouvons...*	fīnā nemšī
Tu peux ...	fīk timšī	*vous pouvez...*	fīkun temšū
Tu peux ...	fīki timšī		
Il peut ...	fīh yemšī	*ils/elle peuvent...*	fīhon yemšū
Elle peut ...	fīhā temšī		

A 1 PRÉSENTATION

■ Pour rendre **la négation au passé**, l'arabe moderne utilise le plus souvent l'inaccompli précédé de لَمْ. Le verbe se met au mode apocopé.

■ **Conjugaison de l'apocopé :**

	3e pers.		2e pers.		1re pers.
	F	M	F	M	
sing.	تعرفْ	يعرفْ	تعرفي	تعرفْ	أعرفْ
plur.	يعرفْنَ	يعرفوا	تعرفْنَ	تعرفوا	نعرفْ

ضَيْف، ضُيوف *hôte (invité)* — حادِث، حوادِث *accident*

ساعَدَ، يُساعِد *aider* — تغيَّر، يتغيَّر *changer*

أزعَج، يُزعِج *déranger* — بِالعَكْس *au contraire*

A 2 APPLICATION (CD)

1. هل سمِعتَ ٱلأخْبار ؟ – لم أسمَعْها.
2. هل سافَر ضُيوفُك ؟ – لا، لم يُسافِروا.
3. هل شاهَدتُم ٱلحادث ؟ – لم نُشاهِد شيئاً.
4. مَن ساعَدَك في هذا ؟ – لم يُساعِدْني أَحَد.
5. هل تَعلَّمْتُمُ ٱلألمانِيَّة ؟ – لا، لم نتَعلَّمْها بَعد.
6. هل تَغَيَّرَ ٱلمَوعِد ؟ – لا، لم يتغيَّر.
7. هل أزعَجْتُك ؟ – لا، لم تُزعِجيني، بِالعَكس.

A 3 REMARQUES

■ **L'apocopé (en arabe مَجْزوم)** est le troisième mode du verbe en arabe. Ses marques sont :

– **Le soukoun** sur la dernière lettre (lorsque le v. ne comporte pas de désinence finale), même avant un pronom COD (phr. 1 et 3-6).

– **La disparition du** [ن] de la désinence finale à la 2e pers. du fém. singulier ainsi qu'au pluriel masc. de la 2e et 3e personne ; dans ce dernier cas, il est remplacé par un **alif** qui ne se prononce pas (ph. 2).

■ **Aspect et temps.**
L'arabe peut aussi rendre la négation du passé par un autre procédé : **ما + l'accompli** (cf. 21B).
Actuellement, c'est le premier procédé qui est le plus courant. C'est deux procédés montrent clairement que l'**aspect** (accompli/inaccompli) et **temps** sont **parfaitement distincts**.

Rappel : لم... بَعْد, *ne... plus*, fonctionne comme ما/لا... بَعْد.

A 4 TRADUCTION

1. As tu écouté les nouvelles ? – Je ne les (l') ai pas écoutées.
2. Tes hôtes sont-ils partis ? – Non, ils ne sont pas partis.
3. Avez-vous vu l'accident ? – Nous n'avons rien vu.
4. Qui t'a aidé pour (en) cela ? – Personne ne m'a aidé.
5. Avez-vous appris l'allemand ? – Non, nous ne l'avons pas encore appris.
6. Le rendez-vous a-t-il changé ? – Non, il n'a pas changé.
7. T'ai-je indisposé ? – Non, tu ne m'as pas dérangé, au contraire.

1. [hal samiᶜta-l-'aḫbār ? – lam 'asmaᶜhā]. 2. [hal sāfara ḍuyūfuka ? – lā lam yusāfirū]. 3. [hal šāhadtum 'al-ḥādiṯ ? – lam nušāhid šay' an]. 4. [man sāᶜadaka fī hāḏā ? – lam yusāᶜidnī 'aḥad]. 5. [hal taᶜallamtum 'al-'almāniyyat ? – lā lam nataᶜallamhā baᶜd]. 6. [hal taġayyara-l-mawᶜid ? – lā lam yataġayyar]. 7. [hal 'azᶜağtuka ? – lā lam tuzᶜiğīnī bi-l-ᶜaks].

B 1 PRÉSENTATION

■ **La défense** (impératif à la forme négative) :

لا + l'inaccompli au mode apocopé.

☞ À ne pas confondre avec :

لا + l'inaccompli à l'indicatif = la négation du présent.

■ Pour exprimer à **l'impératif affirmatif** (comme ici تَمَهَّلوا, *allez doucement*, l'arabe dispose d'un mode spécifique appelé أَمْر qui a une forme spécifique pour chaque forme verbale (se reporter à 37A et Gram. 428).

قَرار (ات)	*décision*	سوق ، أَسْواق	*marché, commerce*
ٱنتَهى ، ينتَهي	*se terminer*	مرَّ ، يمُرُّ	*passer*
تغدَّى ، يتَغدَّى	*déjeuner*	طَويلاً	*longtemps*

B 2 APPLICATION (CD)

1. لا تأخُذي أيّ قرار ٱلآن.
2. ذَهَبتُ إلى ٱلسّوق، ولم أَشْترِ (أَشتري) شيئاً.
3. لم تَنتَه (تنتَهي) ٱلمُباراة بَعد.
4. مَرَّ ٱلظُّهر ولم أَتَغَدَّ (أَتَغَدّى) بعد.
5. تَكَلَّمَ طويلاً، لكِن لم يَقُل (يقول) شيئاً.
6. لم أستَطِعْ (أَستَطيع) أن أفعَلَ شيئاً.
7. إن تَحتَجْ (تحتاج) أَمْراً، فتَعالَ.
8. لم يفتَحِ ٱلسّوق.

B 3 REMARQUES

■ **Apocopé et modélisation.**
Outre la négation au passé et de la défense, l'apocopé permet d'exprimer d'autres modalisations, comme le conditionnel (phr. 7).

■ **L'apocopé et la contraction des voyelles longues.**
Dans un v. à l'apocopé, les radicales (et non les lettres ajoutées dans le cadre des formes verbales) constituées par des voyelles longues disparaissent, en laissant telle quelle la voyelle de la consonne qui les précède ; et ce que ces radicales soient médianes (phr. 5-7). ou finales (phr. 2-4) (se reporter aussi à Gr. F.2).

☞ Par commodité de prononciation, le **soukoun final** de l'apocopé se transforme en **kasra** devant l'article (phr. 8).

• أيّ précédé d'une particule de négation signifie *n'importe quel(le)/n'importe qui* (phr. 1).

B 4 TRADUCTION

1. Ne prends (f) aucune décision maintenant.
2. Je suis allé au marché, mais je n'ai rien acheté.
3. La compétition (le match) n'est pas encore terminée.
4. Midi est (déjà) passé et je n'ai pas encore déjeuné.
5. Il a parlé longtemps, mais il n'a rien dit.
6. Je n'ai rien pu faire.
7. Si tu as besoin de quelque chose, (alors) viens.
8. Le marché (les boutiques) n'a pas encore ouvert.

1. [lā ta'ẖuḏī 'ayya ḳarār 'al-'ān]. 2. [ḏahabtu 'ilā-s-sūḳ wa-lam 'aštari šay'^{an}]. 3. [lam tantahi-l-mubārāt ba^{c}d]. 4. [marra-ẓ-ẓuhr wa-lam 'ataġadda ba^{c}d]. 5. [takallama ṭawīl^{an} lākin lam yaḳul šay'^{an}]. 6. [lam 'astaṭi^{c} 'an 'af^{c}ala šay'^{an}]. 7. ['in taḥtaǧ 'amr^{an} fa-ta^{c}āla]. 8. [lam yaftaḥi-s-sūḳ ba^{c}d].

29 EXERCICES

C 1 EXERCICES

A. Mettre à l'inaccompli ces verbes (voir A3 et B3) :

1. تَكَلَّم، تغَدَّى، تحدَّث. 2. عامَل، قابَل، قاوَم.

3. كَتَب، ذهَب، عرِف.

B. Retrouver l'accompli de ces verbes :

1. يَتَحرَّك، يتحسَّن، يتنزَّه. 2. يُساعِد، يُكاتِب، يقاوم.

3. يعمَل، ينزِل، يدفَع.

C. Répondre par la négative :

1. هل ساعَدَكَ عمر ؟ 2. هل أتى (يأتي) أَخوكَ ؟

D. Traduire : (CD)

1. Elle n'a pas reçu la lettre. 2. Pourquoi n'es-tu pas partie en vacances ? 3. Je n'ai pas pris la voiture.

C 2 CORRIGÉ

A. 1. يَتَكَلَّم، يتغَدّى، يتحدّث. 2. يُعامِل، يقابِل، يُقاوِم.

3. يكتُب، يذهَب، يعرِف.

B. 1. تَحرَّك، تحسَّن، تنزَّه. 2. ساعَد، كاتَبَ، قاوَم

2. عَمِل، نزَل، دفَع.

C. 1. ما ساعَدَني (لم يُساعِدْني) عمر.

2. ما أتى (لم يأتِ) أخي.

D. 1. لم تَستَلِمْ (ما استَلَمت) ٱلرِّسالة.

2. لماذا لم تذهَبي (ما ذهبتِ) إلى ٱلعُطلة ؟

3. لم آخُذْ (ما أخذتُ) ٱلسّيَّارة.

C 3 L'ORGANISATION DU TEMPS ET DE L'ESPACE

■ La pensée arabe ne se contente pas de dénommer les **quatre moments** majeurs du jour conçus en fonction du soleil : *matin, soir, midi* et *minuit*. Perpétuant une ancienne tradition orientale, elle distingue **cinq moments** forts qui sont : l'*aurore*, الفَجر ['al-fağr] ; *midi* الظُهر ['ẓ-ẓuhr] ; le *milieu de l'après-midi* العَصر ['al-ᶜaṣr] ; le *couchant* المَغرب ['al-mġrib] et la *tombée de la nuit* العِشاء ['al-ᶜišā']. Ces cinq moments sont consacrés comme **moments officiels de prière** pour les Musulmans.

• À ces moments, elle ajoute le *lever du soleil*, الصُّبح ['aṣ-ṣubḥ] et le *milieu de la matinée* الضُّحى ['aḍ-ḍuḥā].

■ Quant à l'**organisation** de l'**espace**, la pensée arabe ajoute aux quatre **points cardinaux** universels qui sont : *Est/Ouest* شَرق / غَرب et *Nord/Sud* شَمال / جَنوب, trois autres repères :

– **Machreq**, مَشرق et **Maghreb** مَغرب pour désigner l'*Orient* et l'*Occident* de l'**espace arabe** (c'est-à-dire respectivement le Proche-Orient et l'Afrique du Nord, avec autrefois l'Andalousie). Elle réserve ainsi le terme شَرق et غَرب à *Orient* et *Occident* en général.

– قِبْلَة [ḳiblaᵗ], la *direction de la Mecque*, lieu vers lequel le musulman s'oriente pour faire ses prières publiques ou individuelles.

• Dans les mosquées, la *niche* appelé مِحراب [miḥrāb], a pour fonction d'indiquer cette orientation.

أُحِبُّها وتُحِبُّني ويُحِبُّ ناقَتَها بَعيري

Je l'aime, elle m'aime et mon chameau aime sa chamelle
(un bédouin amoureux).

D 1 (CD) ■ هل تعَشَّيْتَ ؟

1. علي هل تعَشيْتَ ؟
2. غريب لا، لم أتعَشَّ بَعْد، لكِن لستُ جَوْعاناً،
3. تَغَدَّيْتُ عِنْد ٱلعَصْر تَقريباً.
4. علي أنا مَيِّت من ٱلجوع. فطَرتُ عند ٱلضُّحى،
5. ولَم آخُذ حتَى ٱلآن إلّا فِنْجانَ شاي.
6. غريب أنتَ مثل أَبي.
7. أحْياناً يُصَلّي ٱلفَجر ويفطَرُ
8. ولا يأكُل حتّى ٱلغُروب.
9. علي كفى كلاماً ! أَيّ مطعَم نخْتار ؟

D 2 VOCABULAIRE

- مَيِّت R — *mort (adj)*
- جوع m — *faim*
- صلَّى، يُصلّي — *prier*
- الغُروب — *le coucher*
- كفى، يكفي — *suffire*
- ٱِختار، يختار — *choisir*

D 3 As-tu dîné ?

1. As-tu dîné ?
2. Non, je n'ai pas encore dîné, mais je n'ai pas faim.
3. J'ai déjeuné vers le milieu de l'après-midi.
4. Moi, je meurs de faim. J'ai pris le petit-déjeuner au milieu de la matinée.
5. Et je n'ai pris jusqu'à maintenant qu'une tasse de thé.
6. Toi, tu es comme mon père.
7. Parfois, il fait la prière de l'Aurore, prend le petit-déjeuner,
8. et ne mange plus jusqu'au coucher.
9. Assez parlé ! Quel restaurant choisissons-nous ?

1. [hal ta^{c}ašayta]. 2. [lā lam 'ata^{c}aša ba^{c}d lākin lastu ǧaw^{c}ān^{an}]. 3. [taġadaytu ^{c}inda-l-^{c}aṣr taḳrīb^{an}]. 4. ['anā mayyit mina-l-ǧū^{c} faṭartu ^{c}inda-ḍ-ḍuḥā]. 5. [wa-lam 'āẖuḏ ḥatta-l-'ān 'illā finǧān šāy]. 6. ['anta miṯla wālidī]. 7. ['aḥyān^{an} yuṣalli-l-faǧr wa-yafṭir]. 8. [wa-lā-ya'kul ḥatta-l-ġurūb]. 9. [kafā kalām^{an} 'ayya maṭ^{c}am naẖtār].

D 4 EXPRESSIONS UTILES

- عَشاء *dîner* ← تَعَشَّى ، يتَعشَّى
- غداء *déjeuner* ← تَغَدَّى ، يتغدّى
- فُطور *petit-déjeuner* ← فطَر، يفطر

- Le dialectal y ajoute عَصْرونِيّة, *goûter*, qui vient de عَصْر, *milieu de l'après-midi.*

E 1 AU QUOTIDIEN

■ Partager le pain et l'eau.

• Ce signe de fraternisation, connu dans toutes les civilisations, est plus prononcé dans la tradition arabe. À défaut de partager le repas, l'hôte est toujours invité à partager le café, dans le Machreq, ou le thé dans le Maghreb. Il serait insultant de ne pas en proposer à l'inconnu qui arrive ; de même, il serait inconvenant pour l'hôte de ne pas en prendre, ou au moins y goûter. L'envers du décor : le commerçant usera de cette coutume pour encourager, voire forcer à acheter le client qui hésite : **وَلَوْ ما بِيصير، تفضّل**, *Quand même, cela ne se fait pas, je vous en prie*, entend-on souvent dire au Proche-Orient.

• À table, le maître de maison le plus nécessiteux se fait un devoir de multiplier les plats pour honorer son hôte, et surtout d'insister pour qu'il se serve toujours plus. **الأكل على قدر المحبة**, *on mange à la mesure de l'amitié que l'on porte*, entend-on dire parfois au Proche-Orient. Certains ne manquent pas d'en être incommodés... Il faut donc faire preuve d'un certain savoir-faire pour ne vexer personne sur le chapitre de l'hospitalité.

• **L'hospitalité en vers :**

يا ضَيْفَنا لَوْ زُرتَنا لَوَجَدْتَنا نَحنُ الضُّيوفُ وأَنتَ رَبُّ المَنْزِلِ

Hôte, si tu ne rendais visite, tu te verrais en maître de maison et nous serions tes hôtes.

• **Quelques expressions** pour exprimer sa satisfaction :

Que votre maison soit toujours habitée	**بَيْت عامر**
Que Dieu vous maintienne en vie	**أدامَكُم الله**
Que votre table soit durable	**سُفْرة دائمة**

E 2 PARLER DIALECTAL

■ **L'apocopé.** Le dialectal ne connaît pas le mode apocopé.

– La **négation du verbe au passé** se fait uniquement avec l'accompli précédé de *mā/ mā ...š / mā ...šī : il n'a pas mangé.*

D	C	A	B
mā akal	mā akalš	mā akalš	mā akalš

– **L'impératif à la forme négative** se construit avec *lā* ou *lā...š* + l'inaccompli : *Ne mange pas*, lā tākul, lā tākulš.

■ **Expressions** :

ماذا تختار
Que choisis-tu ?

D šū btna''ī
C teḫtār ēh
A waš tḫeyyir
B šinit tnaggī

لكني لم أفهم شيئا
Mais je n'ai rien compris

D bass mā fhemt šī
C lākinnī 'anā mafehmteš ḥāga
A bessaḥ mā fhemt walu

مر النهار بسرعة
La journée est vite passée

D mara'e-n-nahār bi-surᶜa
C marre-l-yūm be-surᶜa
A dğāze-n-nhār be-lḫeff

كفى كلاما
Suffit de parler !

D byekfī ḥakiyy
C kifāya kalām
A ḫlāṣṣ le-klām

A 1 PRÉSENTATION

■ **L'imparfait** se construit ainsi :

> كان conjugué + sujet + v. inaccompli
> les deux verbes sont conjugués à la même personne

درَس ، يدرُس	*étudier*	صفَّق ، يصفِّق	*applaudir*
فكَّر ، يُفَكِّر	*penser, réfléchir*	بكى ، يبكي	*pleurer*
طولَ	*tout au long*	صَرخ ، يصرُخ	*crier*
ٱسْتَيقَظَ ، يستيقِظ	*se réveiller*	ركَض ، يركُض	*courir*
غَنَّى ، يُغنّي	*chanter*		

A 2 APPLICATION (CD)

1. كان أخي يدرُس في مَعهَد مَشهور.
2. كُنتُ أُفكِّر فيكِ طولَ ٱلنّهار.
3. كُنَّا نَستيقِظ باكِراً ونذهبَ في نُزهْة.
4. كانت أُم كُلْثوم تُغنّي وٱلجُمْهور يُصفِّق.
5. كنتُ أسأَله فلا يُجيبُني.
6. عِندَما كانَت أُختي تبكي كانَت أُمي تركُض.
7. كنتُ أصرُخ ولكن ما كان أَحَد يسمَعني.
8. ما كنتُ أفهَم شيئاً مِن هذا ٱلكتاب.

A 3 REMARQUES

■ La phrase à l'imparfait.

- Le sujet se met après l'auxiliaire, qu'il soit un nom (phr. 1) ou un pronom (phr. 2).
- La négation se met d'ordinaire devant l'auxiliaire (phr. 8).
- Il est important d'éviter la répétition de l'auxiliaire dans une phrase à plusieurs verbes. Ainsi :
  - Si les verbes se rapportent tous au même sujet, l'auxiliaire se met uniquement devant le premier (phr. 3)
  - Il en est de même pour les verbes se rapportant plusieurs sujets, mais reliés par une conjonction de coordination (phr. 4 et 5).
  - Dans une phrase comportant une proposition principale et une subordonnée, la répétition de l'auxiliaire s'impose (phr. 6 et 7).

■ Le tanwin au génitif. مَعهَد (phr. 1) est au génitif, car précédé par une préposition. Étant indéterminé, il devrait dans une lecture soutenue porter le [ـٍـ] final ; il en est de même de l'épithète مشهور.

A 4 TRADUCTION

1. Mon frère étudiait dans un institut célèbre.
2. Je pensais à toi toute la journée.
3. Nous nous réveillions tôt et allions en promenade.
4. Oum Koulthoum chantait et le public applaudissait.
5. Je l'interrogeais, mais il ne me répondait pas.
6. Lorsque ma sœur pleurait, ma mère accourait.
7. Je criais mais personne ne m'entendait.
8. Je ne comprenais rien à ce livre.

1. [kāna 'aḫī yadrus fī ma[c]had mašhūr]. 2. [kuntu 'ufakkir fīki ṭūla-l-yawm]. 3. [kunnā nastayḳiẓ bākir[an] wa-naḏhab fī nuzha[t]]. 4. [kānat 'umm kulṯūm tuġannī wa-l-ğumhūr yuṣaffiḳ]. 5. kuntu 'as'aluhu fa-lā yuğibunī]. 6. [[c]indamā kānat 'uḫtī tabkī kānat 'ummī tarkuḍ]. 7. [kuntu 'aṣruḫ wa-lākin mā kāna 'aḥad yasma[c]unī]. 8. [mā kuntu 'afham šay'[an] min hāḏa-l-kitāb].

B 1 PRÉSENTATION

■ **Le plus-que-parfait** se construit ainsi en arabe :

كان conjugué + sujet + [قد] + verbe à l'accompli
les deux verbes sont conjugués à la même personne

☞ Le particule قد n'est pas nécessaire, mais il est courante en arabe moderne.

ٱنطلَق، ينطَلِق	*partir*	ودَّع، يُودِّع	*dire adieu*
رنَّ، يرِنّ	*sonner*	أَطفَأ، يُطفِئ	*éteindre*
زُجاجة (ات)	*bouteille*	أَنهى، يُنهي	*terminer*

B 2 APPLICATION (CD)

1. كانَ ٱلقِطار قدِ ٱنْطَلَق عِندَما وصَلتُ.
2. عِندما رجِعتُ كانت زَوجتي قد تغَدَّت.
3. قَبْلَ أن يرِنَّ ٱلجَرَس كان قدِ ٱسْتَيْقَظ.
4. كان أمامُه زُجاجة بيرة، ولكن كان قد شرِبَها.
5. جِئتُ لِأُوَدِّعَه ولكن كان قد سافَر.
6. عندما دخلتُ إلى ٱلغُرفة كانَت قد أَطْفأَت الضَوْء ونامَت.
7. وصَل ٱلضُيوف ولم أَكُن قد أَنهَيْتُ كلّ أَعْمالي بَعْد.
8. جِئتُ لِأَستَقبِلها ولكن ما كانتِ ٱلطّائِرة قد وَصَلت.

B 3 REMARQUES

■ **La négation dans le passé** se fait, ici encore, de deux façons :

ما + auxiliaire à l'accompli : ما كان
لم + auxiliaire à l'inaccompli : لم يكن

• Les autres règles qui régissent le plus-que-parfait sont les mêmes que celles qui régissent l'imparfait (place du sujet et répétition de l'auxiliaire كان , cf. A3).

Attention : dans قد (ph. 1 et 3), le **soukoun** final se transforme en **kasra**, car le mot est ici suivi d'une **wasla**. Il en va ainsi, par commodité phonique, pour tout mot placé dans cette position.

• L'adverbe *déjà*, qui accompagne souvent en français un v. au plus-que-parfait, est déjà exprimé par la structure arabe.

B 4 TRADUCTION

1. Le train était déjà parti lorsque je suis arrivé.
2. Lorsque je suis rentré (revenu), ma femme avait déjà pris son déjeuner.
3. Avant que le réveil ne sonne, il était réveillé.
4. Il y avait devant lui une bouteille de bière, mais il l'avait déjà bue.
5. Je suis venu lui dire adieu mais il était déjà parti en voyage.
6. Lorsque je suis entré dans la chambre, elle avait déjà éteint la lumière.
7. Les invités sont arrivés et je n'avais pas encore terminé tout mon travail.
8. Je suis venu l'accueillir, mais l'avion n'était pas encore arrivé.

1. [kana-l-ḳitār ḳad-inṭalaḳ ᶜindamā waṣaltu]. 2. [ᶜindamā raǧiᶜtu kānat zawǧatī ḳadd taġaddat. 3. [ḳabla 'an yarinna-l-ǧaras kāna ḳadi-istayḳaẓa]. 4. [kāna 'amāmahu zuǧāǧat bīraᵗ wa-lākinnahu kāna ḳad šaribahā]. 5. [ǧi'tu li-'uwaddiᶜahu wa-lākinnahu kāna ḳad sāfara]. 6. [ᶜindamā daḫaltu 'ila-l-ġurfaᵗ kānat ḳad 'aṭafa'ati-ḍ-ḍaw' wa-nāmat]. 7. [waṣala-ḍ-ḍuyūf wa-lam 'akun 'anhaytu kulla aᶜmālī baᶜd]. 8. [ǧi'tu li-'astakbilahā wa-lākin mā kānati-ṭ-ṭā'iraᵗ ḳad waṣalat].

C 1 EXERCICES

A. Trouver l'accompli des verbes suivants :

1. يعرِف 2. يقول 3. يذهب 4. يسير
5. يُودِّع 6. يُغنّي 7. يفضِّل 8. يفكِّر

B. Traduire :

1. كان عندي بَيت قَديم مع حَديقة.
2. كان في حديقتي شَجَرة عالِية.
3. لم أَكُن قد رأَيتُه مِن قَبْل.

C. Traduire : (CD)

1. L'année dernière, j'étudiais à l'université. 2. Tu avais une belle voiture. 3. Je ne pensais pas à cela. 4. Tous les matins, je me réveillais tôt et allais au travail. 5. Il ne m'entendait pas.

D. Mettez la vocalisation finale sur la phr. 1 de A.

C 2 CORRIGÉ

A. 1. عرَف 2. قال 3. ذهَب 4. سار
5. ودّع 6. غنّى 7. فضَّل 8. فكَّر

B. 1. J'avais une vieille maison, avec un jardin. 2. Il y avait dans mon jardin un arbre haut. 3. Je ne l'avais pas vu auparavant.

C. 1. ٱلسَّنة ٱلماضية، كُنتُ أدرُس في ٱلجامِعة.
2. كان عندك سيَّارة جميلة.
3. لم أكن أُفكِّر بِهذا.
4. كنت كلّ صباح أَستَيقِظ باكِراً وأذهَب إلى ٱلعمل.
5. لم يكُن يسمَعُني.

D. 1. كانَ أخي يدرسُ في معهدٍ مشهورٍ.

C 3 LA MAISON ORIENTALE

■ Il y a *grosso modo* deux types de style traditionnel d'habitat dans le monde arabe. L'un est ouvert vers un **espace intérieur** et l'autre vers l'**extérieur**, vers la rue et le soleil.

• Le premier a cours notamment en ville pour délimiter un espace propre de sécurité. Autour d'une cour intérieure, agrémentée en général par un bassin, quelques arbres et plantes s'élève une bâtisse d'un ou deux étages (parfois plus comme à **Fès**). Toutes les pièces donnent sur la cour, alors que le mur extérieur ne porte que de petites ouvertures d'aération. Traditionnellement, les pièces de la vie familiale sont strictement à l'abri du regard du visiteur.

• L'autre style se rencontre souvent à la campagne, et surtout en zone montagnarde. La cour est alors devant l'entrée de la maison et une spacieuse terrasse, parfois surmontée d'**arcades** en pierre, donne sur la rue ; elle est souvent orientée au **sud** pour capter le plus de soleil possible. À l'arrière se trouvent les chambres à coucher et les dépendances.

• Le matériau de construction est adapté au climat. Souvent c'est le pisé qui est utilisé : il conserve très bien la chaleur. En été, il apporte de la fraîcheur, tandis qu'en hiver il conserve bien la chaleur. Les villes modernes, qui l'ont remplacé par le **béton**, ont vu leur température augmenter de plusieurs degrés en été.

• Dans certaines régions, c'est la **pierre** qui est le matériau de base. En plus de la conservation de chaleur, il permet une qualité esthétique que le pisé ne peut autoriser.

• Malheureusement, ces matériaux comme ces styles sont actuellement en perte de vitesse. Il s'agit en effet de faire face à une **explosion démographique** inquiétante, comme à une exigence nouvelle d'**intimité** des couples qui, autrefois, ne répugnaient pas à se fondre dans la grande famille. Ici comme dans d'autres domaines, il n'est pas toujours aisé de marier **modernité** avec les acquis de la **sagesse séculaire**.

D 1 (CD) ■ ٱلبيت ٱلشَّرقيّ

1. إلياس عِندَما كُنتُ طِفلاً، كنتُ أسكُن بيتاً عربيّاً.
2. كان في ٱلطّابِق ٱلأَرْضيّ باحة مع بُرْكة
3. وغُرفة ٱسْتقْبال، وغرفة لِلضُّيوف.
4. وكان في ٱلطَّابق ٱلأوَّل سِتّ غُرَف نَوْم.
5. وٱلمَطبَخ وٱلحَمّامات.
6. أحمد كَمْ شخْصاً كُنتُم !
7. إلياس كُنّا خمسة أولادْ، لكن جدّي كان قد
ٱشتَرى هذا ٱلبيت.
8. وزَرَع فيه شجَرة نارِنْج.
9. أحمد حظَّكَ كبير يا صديقي ! أنا عِشتُ في
شَقَّة.

D 2 VOCABULAIRE

- طابق أَرضِيّ — *rez-de-chaussée*
- باحة (ات) — *cour*
- بُرْكة، بُرَك — *bassin*
- غرفة ٱسْتِقبال — *salon (salle de réception)*
- غرفة نَوْم — *chambre à coucher*
- حمَّام (ات) — *salle de bain/WC*
- عاش، يعيش — *vivre*

D 3 La maison orientale

1. Lorsque j'étais enfant, j'habitais une maison orientale (arabe).
2. Il y avait au rez-de-chaussée (étage de sol) une cour avec un bassin.
3. Un salon et une chambre pour les hôtes.
4. Il y avait à l'étage (1re étage) six chambres à coucher.
5. La cuisine et les salles de bains.
6. Combien de personnes étiez-vous ?
7. Nous étions 5 enfants. Mais [c'est] mon grand-père [qui] avait acheté cette maison.
8. Et y avait planté un oranger amer.
9. Tu as une grande chance, mon ami. Moi, j'ai vécu dans un appartement.

1. [^{c}indamā kuntu ṭifl^{an} kuntu 'askun bayt^{an} ^{c}arabiyy^{an}]. 2. kāna fi-ṭ-ṭābiḳ-l-'arḍiyy bāḥa^{t} ma^{c}a burka^{t}]. 3. [wa-ġurfatu-s-stiḳbāl wa-ġurfa^{t} li-l-ḍuyūf]. 4. fi-ṭ-ṭābiḳi-l-'awwal sitt ġuraf nawm]. 5. [wa-l-maṭbaẖ wa-l-ḥammāmāt]. 6. [kam šaẖṣ^{an} kuntum]. 7. [kunnā ẖamsat 'awlād lākin ǧaddī kāna ḳadi-'ištarā hāḏa-l-bayt]. 8. [wa-zara^{c}a fīhi šaǧarat nārinǧ]. 9. [ḥaẓẓuka kabīr yā ṣadīḳī 'anā ^{c}ištu fī šaḳḳa^{t}].

D 4 EXPRESSIONS UTILES

■ Dans une maison orientale classique, la cour intérieure (باحة) dont le centre est un bassin (بُرْكة), est entourée de plantes odoriférantes comme le *jasmin* (ياسْمين) et les *rosiers*, (وَرْد) et d'arbres fruitiers comme l'*oranger amer* (نارِنْج) dont les fruits donnent de délicieuses compotes, la vigne grimpante (عَريشة). Donne sur la cour une grande *salle ouverte* (إيوان ou ديوان). Tout au long des murs, des matelas surélevés et des coussins, indispensables pour étendre les jambes. Matin et soir, on y sert le café « turc » (قَهْوَة عربيَّة) ou le *café amer* (قهوة مُرَّة) et la *pipe à eau* (أَرْجيلة) le soir. Les *chambres à l'étage* (علِيَّة, chambre haute) comportent parfois des *moucharrabieh* (مُشرَبيَّة). Douceur de vivre et parfois luxe, insoupçonnables pour celui qui ne voit que l'extérieur austère de la maison.

E 1 AU QUOTIDIEN

■ TEMPS ET MODES

• En combinant **aspect** (accompli/inaccompli) et **auxiliaires**, l'arabe exprime tous les temps du français : présent, imparfait, plus-que-parfait... En y ajoutant la particule [سـ], il forme aussi le futur, le futur antérieur et le passé antérieur.

• En combinant **aspect** (accompli/inaccompli), **modes** (indicatif/**subjonctif/apocopé**) et certaines **particules**, il obtient tous les modes du français :

- Avec le subjonctif, il exprime les propositions complétives et consécutives (en plus de l'indicatif futur à la forme négative).
- Avec l'apocopé, il exprime les propositions conditionnelles (*si...*) et concessives (*même si, quoique...*), (en plus de l'impératif à la forme négative et aux 1° et 2° personnes).
- **L'impératif** est réservé à l'ordre affirmatif.

■ L'IMPÉRATIF

• Certains impératifs courants utilisent :

- soit des **formes verbales inusitées** à l'accompli et l'inaccompli comme :
  هاتِ, *donne* ; **تعالَ**, *viens* (m) ; **تعالي**, *viens* (f) ; **تعالوا**, *venez*
- soit des **locutions** :
  عندك, *halte* ; **أمامَك**, *avance* (devant toi) ; **وراءَك**, *recule* (derrière toi) ; **إليكَ**, *prends* (à toi) ; **عينَك على**, *attention à* (ton œil sur...) ; **إلى الأمام**, *de l'avant.*

E 2 PARLER DIALECTAL

■ **L'imparfait** est rendu en dialectal par la locution **ʿam..** alors que le **plus-que-parfait** fonctionne comme dans le littéraire :

	D	**C**	**A**	**B**
بما كنت تفكر *À quoi pensais-tu ?*	bi-šū kint ʿam tfakkir	betfakkar fī ēh	fāš kunt tḫemmém	šinit tfakkir
كان يبكي *Il pleurait*	kān ʿam yebkī	kān beyʿayat	kān yebkī	kān yebtšī
كان قد استيقظ *Il s'était réveillé*	kān fā'	kān ṣeḥī	kān fāṭen	šinit fāg

■ **Expressions** :

Pourquoi cries-tu ?	lēš ʿam tʿayyeṭ	lēh betṣarraḫ	waʿlāš tzeggī/ tāyett
Pourquoi applaudis-tu ?	lēš ʿam tza''if	lēh betsaffa'	waʿlāš tṣeffeqq
Il a fini son travail	ḫallaṣ šeġlu	ḫallaṣ šuġlu	ḫallaṣ ḫeddemtu
Elle est arrivée à ce moment	wiṣlet wa'tā	weṣlet delwa'tī	hāda wīn weṣlatt druk
une bouteille d'eau	'annīnet mayy	ézāzit mayya	qarʿa ma

Compléter avec a, b ou c :
(il y a une seule réponse par phrase)

21.

– ليلى ... الأخبار [laylā ... 'al-'aḫbār]

a. سَمِعتُ [sami^c^tu]
b. سَمِعَ [sami^c^a]
c. سَمِعَتْ [sami^c^at]

22.

– نحن... [naḥnu ...]

a. فِلسطينيّ [filasṭīniyy]
b. فلسطينيون [filasṭīniyyūn]
c. فلسطينية [filasṭīniyya^t^]

23.

– هؤلاء الفَتَيات ... [ha'ūlā'i-l-fatayāt ...]

a. مُهذّبون [muhaḏḏabūn]
b. مهذّبة [muhaḏḏaba^t^]
c. مهذّبات [muhaḏḏabāt]

24.

– الشَّوارِع... [aš-šawāri^c^ ...]

a. نَظيفون [naẓīfūn]
b. نظيفة [naẓīfa^t^]
c. نظيفات [naẓīfāt]

25.

– أُحبُ أن ... ['uḥibbu 'an ...]

a. أزورِها ['azūrihā]
b. أزورْها ['azurhā]
c. أزورَها ['azūrahā]

Voir **corrigé**, page 445.

26.

– كانَت سهرتُنا ... [kānat sahratunā ...]

a· جميلةٍ [ǧamīlat^in]

b· جميلةً [ǧamīlat^an]

c· جميلةٌ [ǧamīlat^un]

27.

– في يدِهِ ... [fī yadihi ...]

a· جريدةً [ǧarīdat^an]

b· جريدةٌ [ǧarīdat^un]

c· جريدةٍ [ǧarīdat^in]

28.

– عندي خمس وعشرون ... [ᶜindī ẖamsun wa-ᶜišrūn ...]

a· كُتُب [kutub]

b· كِتابٌ [kitāb^un]

c· كِتاباً [kitāb^an]

29.

– آسف، لم ... [’āsif lam ...]

a· أعرفُه [’aᶜrifuhu]

b· أعرفْه [’aᶜrifhu]

c· أعرفَه [’aᶜrifahu]

30.

– ماذا ... تقرأ، يا عمر [māḏā ... taḳra’ yā ᶜumar]

a· كنتُ [kuntu]

b· كنتَ [kunta]

c· كان [kāna]

Voir **corrigé**, page 445.

31 أحمَد وإلياس صَديقان حَميمان ٣١

A 1 PRÉSENTATION

■ En plus du singulier et du pluriel, l'arabe utilise une 3e catégorie, **le duel**, pour les objets et être au nombre de deux.

• Dans les noms et adjectifs qualificatifs, **le duel se forme** en ajoutant le suffixe [انِ] pour le nominatif et [يْنِ] dans les autres cas :

صديق ← صديقان / صديقَين صديقة ← صديقتان / صديقتين *ami/amie*

جميل ← جميلان / جميلين جميلة ← جميلتان / جميلتين *beau/belle*

■ **Le duel du démonstratif** :

هذا ← هذانِ / هذَيْن *ce/celui-ci*

هذهِ ← هاتانِ / هاتَيْنِ *cette/celle-ci*

مُلاحظة (ات) *remarque* شَقَّة، شِقَق *appartement*

مَوْضوع، مَواضيع *sujet* عَين، عُيون f *œil (yeux)*

تأَلَّف، يتأَلَّف *se composer* يد، أَيْدي *main*

A 2 APPLICATION (CD)

1. عِندي مُلاحَظتان في هذا ٱلمَوضوع.
2. لم أَزُرْكَ مرَّةً واحدة بل مرّتَين.
3. تتألَّف شَقَّتي من غُرفتَين وصالون.
4. هل تعرف هذَينِ ٱلشَّخصَينِ ٱلواقِفَيْن هُناك ؟
5. عيناكِ جميلتان.
6. ماذا في يَدَيْكِ ؟ - ليس في يديَّ شيء.
7. أَعطَيتُه أَلفَيْ ليرة.

A 3 REMARQUES

■ Le duel ou مُثَنَّى

• Ponctuation : en arabe standard, la **kasra** finale de la désinence du duel ne se prononce qu'un cas de liaison (هذَيْنِ dans phr. 4).

• Transformation de la désinence du duel en situation d'annexion :

- Placé devant un compl. de nom ou un possessif, le ن final tombe (phr. 5-7).
- Par commodité phonique, le possessif de la 1re pers. du singulier, ي, se prononce alors avec une **fatha** finale : *mes deux mains*, يَدايَ au nominatif, et يَدَيَّ ailleurs (phr. 6).

■ **Pluriel brisé**. Remarquez cette forme propre aux mots du schème مفعول

مَفْعول ← مَفاعيل : مَوْضوع ← مَواضيع

☞ واحد [wāḥid] placé devant le nom, exprime le chiffre *un*. Mais placé après le nom, il devient adjectif et signifie : *un seul, unique* ; il s'accorde alors avec le nom (phr. 2).

☞ Les chiffres 2, 12, 22... obéissent aux règles du duel.

A 4 TRADUCTION

1. J'ai deux remarques à (dans) ce sujet.
2. Je ne t'ai pas rendu visite une fois, mais deux fois.
3. Mon appartement est composé de deux pièces et un salon.
4. Connais-tu ces deux personnes [qui sont] debout là-bas ?
5. Tes (deux) yeux sont beaux.
6. Qu'as-tu dans les mains ? – Il n'y a rien dans mes (deux) mains.
7. Je lui ai donné 2000 livres.

1. [ᶜindī mulāḥaẓatān fī hāḏa-l-mawḍūᶜ]. 2. [lam 'azurka marratᵃⁿ wāḥidaᵗ bal marratayn]. 3. [tata'allaf šaḳatī min ġurfatayn wa-ṣālūn]. 4. [hal taᶜrif hāḏayni-š-šaẖṣayni-l-wāḳifayni hunāk]. 5. [ᶜaynākī ğamīlatān]. 6. [māḏā fī yadayka ? laysa fī yadayya šay']. 7. ['aᶜṭaytuhu alfay līraᵗ].

B 1 PRÉSENTATION

(Eux deux se marient cet été)

■ Le verbe aussi se met au duel, mais **seulement** aux 2° et 3° personnes.

Inaccompli		Accompli		Impératif	
تطلِبان		طَلَبْتُما		اُطلُبا	2e p.
(f) تطلِبانِ	(m) يطلِبانِ	(f) طلبتا	(m) طلَبا	–	3e p.

سلّم على، يُسَلِّم	*saluer*	نقَص، ينقُص	*manquer*
أشبَه، يُشبه	*ressembler*	تذكَّر، يتذكَّر	*se rappeler*
سَفَر، أسفار m	*voyage*	إقامة (RF)	*séjour*

B 2 APPLICATION (CD)

1. والِداي يُسلِّمانِ عَلَيك.
2. عَيناهُ تُشبِهانِ عَينَي أُمِّه.
3. هما لَن يعودا قبلَ شَهرَين.
4. متى تُريدانِ أن تتزَوَّجا.
5. عادا من ٱلسّفَر الرَّبيعَ ٱلماضي.
6. من أينَ أَنتُما ؟ هل ينقُصُكما شيء ؟
7. ٱلآن تَذكَّرتُهُما جَيِّداً، أتَمنّى لهُما إقامة طيِّبة.

B 3 REMARQUES

■ **Le duel et les modes** : la désinence du duel pour le verbe inaccompli est [ان] à l'**indicatif**, [ا] au **subjonctif** (phr. 4) et à l'**apocopé** (phr. 3), où il perd le [ن] final.
Le duel s'applique également aux pronoms personnels des 2e et 3e personnes :
- pronoms isolés : أنتما, *vous deux* ; هما, *eux deux* (phr. 3 et 6)
- pronoms affixes : كُما (2e pers. ; phr. 6) ; هُما (3e pers. : phr. 7)

Rappel :

• **L'impératif**, الأمر, se met aussi au duel : أُطلُبا, *demandez vous deux.*

• Le **nom au duel** perd son [ن] final avant le compl. de nom ou le possessif (ph. 1 et 2).

• **Pluriel brisé.** Remarquez cette autre forme propre à certains mots formés de 3 lettres : عُيُون ← عَيْن : فُعول ← فعل

B 4 TRADUCTION

1. Mes (deux) parents te saluent.
2. Ses (deux) yeux ressemblent aux (deux) yeux de sa mère.
3. Ils (deux) ne reviendront pas avant deux mois.
4. Quand voulez-vous vous marier ?
5. Ils (deux) revinrent de voyage au printemps dernier.
6. D'où êtes-vous (deux) ? Vous manque-t-il quelque chose ?
7. Maintenant : je me souviens (je me suis souvenu) très bien d'eux (deux). Je leur souhaite (à eux deux) un bon séjour.

1. [wālidāya yusallimāni ^{c}alayka]. 2. [^{c}aynāhu tušbihāni ^{c}aynayy 'ummihi]. 3. [humā lan ya^{c}ūdā ḳabla šahrayn]. 4. [matā turīdāni 'an tatazawwağā]. 5. [^{c}ādā mina-s-safar 'al-rabī^{c}a-l-māḍī]. 6. [min 'ayna 'antumā ? hal yanḳuṣukumā šay' ?]. 7. ['al-'ān taḏakartuhumā ğayyid^{an}. 'Atamannā lahumā 'iḳāma^{t} ṭayyiba^{t}].

31 EXERCICES

C 1 EXERCICES

A. Mettre au duel les phrases suivantes :

1. هذا صَديق قَديم.
2. أعرِف هذه ٱلفتاة.
3. يدي بارِدة.
4. ٱستَيقَظ باكراً.
5. من أَنت لِتَتَكَلَّم هكذا ؟

B. Traduire : (CD)

1. Ils (deux) sont venus chez moi deux fois.
2. Aujourd'hui j'ai travaillé douze heures.
3. Ils (deux) sont loin et ne t'entendront pas.
4. Elle est malade depuis deux jours.

C 2 CORRIGÉ

A.

1. هذان صديقان قديمان.
2. أعرف هاتين ٱلفَتاتَين.
3. يدايَ باردتان.
4. اِستَيقَظا باكراً.
5. من أَنتُما لِتَتَكَلَّما هكذا ؟

B.

1. لقد أَتيا إلى بيتي مَرَّتين.
2. عملتُ ٱليوم إثنَتَي عَشرة ساعة.
3. هُما بَعيدان ولن يسمَعاك.
4. هي مريضة مُنذُ يَومَين.

C 3 LES SCIENCES CHEZ LES ARABES

• La **science arabe** est définie comme étant l'activité scientifique exercée à partir du IXe siècle par des savants de cultures diverses et de religions différentes, utilisant l'arabe comme langue littéraire et scientifique. Ces savants ont contribué de deux façons à l'évolution des sciences : d'une part en **transmettant l'héritage helléniste** et d'autre part en apportant aux sciences leur **propre marque**, leurs propres découvertes, contribuant ainsi à réorienter la science dans de nouvelles perspectives. Ces apports arabes seront repris et approfondis à l'heure de la Renaissance scientifique en Europe. La démarche originale des savants arabes consiste à allier l'**approche théorique et l'approche empirique**. C'est ainsi qu'une large place est accordée à l'observation de la nature (botanique) et de l'univers (observatoires). Les résultats sont consignés dans un nombre impressionnant d'écrits. C'est pourquoi, malgré toutes les destructions et pertes, il existe encore de nos jours 250.000 manuscrits (essentiellement scientifiques) arabes dans les bibliothèques du monde. Dès 1043, un voyageur vit au Caire une bibliothèque de 6.500 livres sur l'astronomie, la géométrie et la philosophie.

• Les Arabes furent présents dans tous les domaines de la science : les sciences mathématiques avec l'arithmétique (théorie des nombres d'**Ibn Qurra** au IXe siècle), l'algèbre (de l'arabe *al-ğabr*) et la géométrie. Dans le domaine de l'optique, le livre d'**al-Hazen** (X-XI) fut consulté par les spécialistes jusqu'au XIIe siècle. L'astronomie fut l'objet de travaux de recherche extrêmement poussés, culminant au XVe siècle avec **Ibn al-Chatir**. Dans le domaine des sciences naturelles, contentons-nous de citer la médecine, qui connut sa période la plus prestigieuse avec **Avicenne** et son *Canon de la médecine*, véritable encyclopédie en cinq tomes couvrant tous les aspects de la médecine, et complété par une pharmacologie très complète.

31 DIALOGUE

D 1 (CD) ■ **رِجْلي تُؤلِمُني**

1. ٱلدُّكْتور ما بكَ يا سيِّد إِبراهيم ؟
2. إِبْراهيم يا دُكتور، رِجْلي تُؤْلِمُني.
3. ٱلدُّكْتور أيّ رِجل ؟ ٱليُمْنى أَمِ ٱليُسرى ؟
4. إِبْراهيم ٱلرِّجلان معاً. وأشعُر كذَلِكَ بأَلَم في ٱلأُذُنَين.
5. ٱلدُّكْتور تعالَ لِكَي أفحصَكَ. هل عِندَكَ وَجَع آخَر ؟
6. إِبْراهيم يا حَكيم، كُلّي أَوْجاع : في ٱليَدَيْن وٱلكَتفَيْن و...
7. ٱلدُّكْتور منذُ متى تشعُر بِهذا ٱلوَجَع ؟
8. إِبْراهيم منذُ ٢٠ سنة وأَكثَر.
9. ٱلدُّكْتور كم عُمرُك يا عمّي ؟
10. إِبْراهيم تِسعة وتِسعون سنة ونِصف.
11. ٱللّٰه يُطوِّل عُمرَك يا دُكتور !

D 2 VOCABULAIRE

- ما بِك *qu'as-tu ? (quoi en toi ?)*
- آلَم، يُؤلِم *faire mal*
- أَيْمَن (fém يُمْنى) *droit*
- أَيسَر (fém يُسرى) *gauche*
- فحَص، يفحَص *examiner*
- وجَع، أوْجاع = ألم *douleur*
- طوَّل، يُطوِّل *allonger*

D 3 J'ai des douleurs à la jambe

1. Qu'avez-vous, M. Ibrahim ?
2. Docteur, j'ai des douleurs à la jambe.
3. Quelle jambe, la droite ou la gauche ?
4. Les deux à la fois. J'ai mal aussi aux (deux) oreilles.
5. Venez que je vous examine. Avez-vous d'autres douleurs ?
6. Docteur, j'ai mal partout : aux (deux) mains, aux (deux) épaules...
7. Depuis quand sentez-vous cette douleur ?
8. Depuis 20 ans et [même] plus.
9. Quel âge avez-vous, Monsieur (mon oncle) ?
10. 99 ans et demi.
11. Que Dieu vous prête longue vie, Docteur.

1. [mā bika yā sayyid 'ibrāhīm]. 2. [yā duktūr riğlī tu'limunī]. 3. ['ayy riğl 'al-yumnā 'ami-l-yusrā]. 4. ['ar-riğlān maᶜan wa 'ašᶜur kaḏālika bi-'alam fi-l-'uḏunayn]. 5. [taᶜala li-kayy 'afḥaṣaka hal ᶜindaka wağaᶜ 'āẖar]. 6. [yā ḥakīm kullī 'awğāᶜ : fi-l-yadayni wa-l-katifayni wa...]. 7. [munḏu matā tašᶜur bi-hāḏa-l-wağaᶜ]. 8. [munḏu ᶜišrīn sanaᵗ wa-'akṯar]. 9. [kam ᶜumruka yā ᶜammī]. 10. [tisᶜaᵗ wa-tisᶜūn sanaᵗ wa-niṣf]. 11. ['allāh yuṭawwil ᶜumraka yā duktūr].

D 4 EXPRESSIONS UTILES

■ Les organes du **corps humain** qui sont doubles sont toujours au duel en arabe et non pas au pluriel.

lèvres	شَفَتان	*yeux*	عَيْنان
joues	خَدّان	*oreilles*	أُذُنان
seins	ثَديان	*mains*	يَدان
moustaches	شارِبان	*pieds*	رِجلان

■ Pour dire **docteur** :

– en langue soutenue : طبيب (d'où le français familier : *toubib*)

– en langue populaire : حكيم (*sage*), ou دَكتور.

E 1 AU QUOTIDIEN

■ **Le pluriel brisé :**

• **Le schème مَفاعِل**

Il concerne certains mots formés **de 4 lettres** (compte non tenu de la [ة]), dont la 1re est [م]. Ces noms désignent le **lieu** (bureau, piscine...) ou le **moment** (coucher de soleil, rendez-vous...) de l'action. Il s'obtient par l'ajout de [ا] avant la 3e lettre, affectée désormais d'un [ـِ] :

	مـ ف ع ل	←	مَ فْ [ا] عِ ل
bureau	مَـ كـ تَـ ب		مَـ كـ ا تِـ ب
ferme	مَـ ز رَ عة		مَـ ز ا رِ ع

• **Le schème مَفاعيل** : certains noms en [مفعول], formés de 5 lettres dont la 1re est un [م] et l'avant-dernière une voyelle longue, ont leur pluriel en [مفاعيل] :

- موضوع ← مواضيع (*sujet, thème*) مشروع ← مشاريع (*projet*)

• **Le schème فَواعِل** : certains noms en [فاعل] ou [فاعلة] ont leur pluriel en [فواعل] :

- عامل ← عوامِل (*élément*) طابق ← طوابِق (*étage*)
  نافذة ← نوافِذ (*fenêtre*)

• **Le schème فَعائِل** : d'autres en [فعيلة] ont leur pluriel en [فعائل] :

- فضيلة ← فضائِل (*vertu*) قبيلة ← قبائِل (*tribut*)

Curiosité : L'arabe classique distingue le **pluriel de peu** (nombre jusqu'à dix) et le **pluriel d'abondance**. Ainsi يد, *main*, donne أيدي ou أيادي, en fonction du nombre.

E 2 PARLER DIALECTAL

■ **Le dialectal n'utilise le duel que pour les noms** ; le verbes, adjectifs et pronoms (sauf au Maghreb) se mettent alors au pluriel. Sa seule marque est [ين], prononcé *ēn, ayn, én...* suivant la région. En cas d'ambiguité, on peut ajoute le mot **tnēn/letnēn** (deux) ou **tnēnkum/tnēnhum** (vous deux, eux deux..). Au Maghreb, ce dernier procédé est le seul utilisé, avec le terme **zōdğ/zōz** placé avant le nom ou le pronom au pluriel :

عندي ولدان كبيران
J'ai 2 grands enfants

D ᶜindī waldēn kbār
C ᶜandī waladēn kubār
A ᶜandi zudğ wlād kbār
B ᶜindī wilid t̲nain

الولدان يلعبان
Les 2 enfants jouent

D le-waladēn ᶜam yelᶜabū
C el-waladen beyelᶜbū
A ezzudğ wlād yelᶜabū
B il-awlād t̲nainhum yiliᶜbūn

تزوجا الأسبوع الماضي
Ils se sont mariés la semaine dernière

D tzawwağū-l-ğumᶜa-lmāḍyi
C etzawigū el-'esbūᶜ'ellī fāt
A tzewdğū s-smāna illi-fātet

أنتما صديقان
Vous êtes deux amis

D intū letnēn/tnēnkum 'aṣḥāb
C entum ettnēn 'aṣḥāb
A antumā ṣḥāb

الأن آتذكركما
Maintenant je me rappelle de vous deux

D halla' tzakkartkum tnēnkum
C delwa'tī 'atazakkarkum/ 'aftekerkum entum el-tnēn
A durk efftertkum fi-z-zūdğ

أعرفهما جيدا
Je les connais bien tous les deux

D baᶜrefhun t̲nēnhun mlīḥ
C 'ārefhun tnēnhun kwayyis
A neᶜrfhum fi-z-zūdğ

عيناها جميلتان
Ses yeux sont beaux

D ᶜyūnā ḥelwīn
C ᶜénēhā/ᶜindā ᶜénēn gamīla
A ᶜaynīha šubbān

32 أعتَذِر عَنِ ٱلخَطَأ ٱلّذي وَقَع ٣٢

A 1 PRÉSENTATION

■ **Le pronom relatif** arabe varie selon le genre et le nombre :

Pl.	Duel		Sing.	
	accus.	nom.		
الّذين	اللّذين	اللّذان	الّذي	M
اللّواتي	اللّتين	اللّتان	الّتي	F

قاعة (ات) *hall*

صَفّ، صُفوف m *file*

جَنْبَ *à côté de*

حَوْلَ *autour*

مدخَل، مداخِل m *entrée*

مُتَفائِل (R) *optimiste*

ساحة (ات) *place*

جرى، يجري *se passer*

A 2 APPLICATION (CD)

1. ٱلاِسْتعلامات في ٱلقاعة ٱلَّتي جَنْبَ ٱلمَدخَل.
2. ساحةُ ٱلنَّصر في نِهايةِ ٱلشّارع ٱلّذي أَمامَكَ.
3. ماذا يَنتَظرُ ٱلنّاس ٱلّذين في ٱلصّف هناك ؟
4. هل ترى هاتَيْن ٱلمَرأتَيْن ٱللَّتَيْنِ دخَلَتا الآن ؟
5. نَتَنَزَّه غالِباً في ٱلغاباتِ ٱلّتي حَولَ ٱلمدينة.
6. هل تعرف من يتكَلَّمُ ٱلآن ؟
7. لَستُ مُتَفائِلاً بِما يَجري حالِيّاً.

A 3 REMARQUES

■ Règle spécifique

Contrairement au français, le pronom relatif, اِسم المَوْصول, ne peut s'employer qu'après un antécédent déterminé (cf. B3) : *la personne qui..., l'homme que...* .

■ L'accord du pronom relatif.

- Il s'accorde en genre et en nombre avec son antécédent. Il s'accorde aussi en cas, mais uniquement au duel (phr. 4) ; il reste invariable ailleurs.
- Si l'antécédent est un pluriel désignant un non-humain (masculin ou féminin), le relatif se met au fém. singulier (phr. 5).

■ **Le pronom relatif indéfini** a deux formes : مَنْ pour un référent humain (phr. 6) et ما [mā] pour un référent non-humain (phr. 7).

A 4 TRADUCTION

1. Les renseignements sont dans la salle qui est à côté de l'entrée.
2. La place de la Victoire est au bout de la rue qui est devant toi.
3. Qu'attendent les gens qui sont en file, là-bas ?
4. Vois-tu ces [deux] femmes qui sont entrées maintenant ?
5. Nous nous promenons souvent dans les forêts qui sont autour de la ville.
6. Connais-tu [celui] qui parle maintenant ?
7. Je ne suis pas optimiste sur [ce] qui se passe actuellement.

1. ['al-isti[c]lāmāt fi-l-ḳā[c]a-l-latī ğanba-l-madḫal]. 2. [sāḥatu-n-naṣr fī nihāyati-š-šāri[c]i-l-laḏī 'amāmaka]. 3. [māḏā yantaẓiru-n-nāsu-l-laḏīna fi-ṣ-ṣaff hunāka]. 4. [hal tarā hātayni-l-mar'atayni-l-latayni daḫalatā-l-'ān]. 5. [natanazzahu ġālib[an] fi-l-ġābāti-l-latī ḥawla-l-madīna[t]]. 6. [hal ta[c]rif man yatakallamu-l-'ān]. 7. [lastu matafā'il[an] bi-mā yağrī ḥāliyy[an]].

B 1 PRÉSENTATION

☞ Le pronom [ه] dans أُشاهِدُهُ renvoie à ٱلفِلم, nom masc. singulier.

■ Pour rendre le **relatif** *que*, on utilise les mêmes formes, mais en ajoutant au verbe qui suit un pronom affixe à la 3e personne, dit **pronom de rappel**, s'accordant avec l'antécédent en genre et en nombre.

que = relatif (+ verbe) + pron. affixe à la 3e personne

féliciter	هنَّأ، يُهنِّئ	*indiquer*	دلّ، يدُلّ
prix (distinction)	جائِزة، جَوائز	*personnellement*	شَخْصِيّاً
gagner	ربِح، يربَح	*avoir confiance*	وَثِقَ، يَثِق
projet	مشروع، مشَاريع		

B 2 APPLICATION (CD)

1. أُهَنِّئُكَ على ٱلجائِزة ٱلّتي ربِحتَها.
2. ما هُما ٱللَوْنانِ ٱللَذان تُفضِّلُهما ؟
3. سمِعتُ عن ٱلمشروع ٱلّذي تُفَكِّر فيه.
4. هل تدُلُني على ٱلطَّريق ٱلَّذي يَجِب أن أَعودَ مِنهُ؟
5. لا أزال أَذكُرُ ٱلأَيّام ٱلَّتي كُنّا فيها معاً.
6. شَخْصِيّاً لا أَثِق بِما يقولُه.
7. هذه ٱِمْرأة عَجوز تعيش وَحدَها.

B 3 REMARQUES

■ **Relatif complexe** :
Pour exprimer des relatifs tels que *pour lequel*, *avec lequel*, *duquel*, *dont*... on utilise le même procédé, mais en mettant le pronom de rappel après la préposition :

> relatif + verbe + préposition + pronom de rappel
> *le projet auquel tu penses* = le projet + relatif + tu penses + à + lui (voir phr. 3-5).

Attention : Le relatif de lieu ou de temps, *où*, peut être rendu par la même tournure (phr. 4 et 5).

• **Le pronom de rappel** s'accorde avec l'antécédent en nombre (phr. 2) et en genre (phr. 1 et 3). Il est au fém. singulier après un pluriel désignant un non-humain (phr. 5).

☞ Le relatif ne peut s'exprimer après un antécédent indéterminé (phr. 7), il reste alors sous-entendu.

B 4 TRADUCTION

1. Je te félicite pour le prix que tu as gagné.
2. Quelles sont les deux couleurs que tu préfères ?
3. J'ai entendu (parler) du projet auquel tu penses (tu penses à lui).
4. Peux-tu m'indiquer le chemin par lequel je dois rentrer (revenir) ?
5. Je me souviens encore des jours où nous étions ensemble.
6. Personnellement, je n'ai pas confiance en ce qu'il dit.
7. C'est une vieille femme qui vit seule.

> 1. ['uhanni'uka ᶜala-l-ǧā'iza-l-latī rabiḥtahā]. 2. [mā humā-l-lawnāni-l-laḏāni tufaḍḍiluhumā]. 3. [samiᶜtu ᶜani-l-mašrūᶜi-l-laḏī tufakkir fīhi]. 4. [hal tadullunī ᶜalā-ṭ-ṭarīḳi-l-laḏī yaǧib 'an 'aᶜūda minhu]. 5. [lā azālu 'aḏkuru-l-'ayyāma-l-latī kunnā fīhā maᶜan]. 6. [šaḫṣiyyan lā 'aṯiḳu bimā yaḳūluhu]. 7. [hāḏihi-mra'at ᶜaǧūz taᶜīš waḥdahā].

32 EXERCICES

C 1 EXERCICES

A. Mettre le relatif adéquat :

1. ما ٱسْمُ الرَّجل ...... يتكلَّم ٱلآن ؟
2. ما ٱسمُ ٱلفتاة ...... ربِحَت ٱلجائِزة ٱلأولى ؟
3. هل ترى ٱلأولاد ...... يلعَبون هناك ؟
4. ٱلأَخبار ...... تصِلُنا غير سارّة.

B. Mettre au pluriel :

1. ما هو ٱسم ٱلمُوَظَّف ٱلّذي هناك ؟
2. ٱلمَرأة ٱلّتي تجلِس هناك جميلة.
3. ٱلكتابُ ٱلذي أَقرأه ٱلآن شَيِّق.

C. Traduire : (CD)

1. J'aime bien la musique que tu écoutes en ce moment.
2. Comment s'appelle le monsieur avec lequel tu as parlé?
3. As-tu pensé à ce que tu vas dire ?

C 2 CORRIGÉ

A. 1. ٱلَّذي 2. ٱلّتي 3. ٱلَّذين 4. ٱلّتي

B.
1. ما هي أَسماءُ ٱلمُوظَّفين ٱلَّذين هناك ؟
2. ٱلنسِّاءُ ٱللّواتي يجلِسْنَ هناك جميلات.
3. ٱلكتبُ ٱلّتي أَقرأُها ٱلآن شيِّقة.

C.
1. أُحبّ كثيراً ٱلموسيقى ٱلّتي تسمَعُها الآن.
2. ما ٱسْمُ ٱلسَّيِّد الّذي تكَلَّمتَ معه ؟
3. هل فكَّرتَ بِما سَتقولُهُ ؟

C 3 LA VILLE ARABE

■ La civilisation arabe est essentiellement **citadine**. En quittant leur péninsule lors de la conquête, les Arabes ont fondé des villes partout où ils s'installaient. L'une des toutes premières fut **al-Koufa**, au sud de l'Iraq. Parmi les plus prestigieuses : **Bagdad**, **Le Caire**, **Kairouan**, **Fès** et **Marrakech**.
La ville s'organise autour du pouvoir et de la *mosquée-cathédrale* (جامع [ğāmi[c]]). Chaque tribu ou famille s'installe dans un *quartier* حَيّ [ḥayy] ou حارَة [ḥāra[t]] au Proche-Orient, حَومَة [ḥawma[t]] au Maghreb, ayant généralement sa propre *mosquée* (مَسجِد [masğid]). Si la vie culturelle et sociale s'organise dans les **mosquées**, les **centres d'étude** (مَدرسة [madrasa[t]], *école*) et les places publiques, l'activité artisanale et commerciale s'exerce dans le **souk** (سوق [sūḳ], *marché*), chaque corps de métier et chaque type de marchandises ayant son propre souk. D'où l'expression arabe : يذهَب إلى السّوق [yaḏhab 'ila-s-sūḳ], *faire ses achats, les courses* (m. à m. *aller au marché*).

■ Dans bien des cas, cette structure résiste encore au bouleversement que la vie moderne a imposé à la cité.
Dans les villes déjà existantes comme **Damas** ou **Jérusalem**, ces structures sont venues s'ajouter à des noyaux déjà constitués autour d'une **église** كَنيسة [kanīsa[t]] ou d'une **synagogue**, كَنيس [kanīs], la première ayant souvent pris la place d'un ancien temple païen هَيْكل [haykal].

■ D'autres éléments sont à noter :

• خان [ḫān] ou *caravansérail*, qui remplissait la fonction d'un hôtel où les marchands descendaient avec leurs marchandises et animaux.

• حمّام [ḥammām], ou *bain public*, lieu d'hygiène mais également de repos et de convivialité.

D 1 (CD) ■ في ٱلمَدينة ٱلقَديمة

1. ٱلرّاكِب إلى سوق "ٱلحَدّادين"، مِن فضلك !

2. ٱلسائِقُ تعني ٱلسّوقَ ٱلّذي وَراءَ سوقِ "ٱلنّحّاسين" ؟

3. ٱلرّاكِب لا، بَل ذلِكَ الّذي يقَع قُربَ مَسجِد عمر.

4. ٱلسائِقُ فَهِمتُ، أمُرّ أَمام سبيلِ "ٱلغُرَباء"،

5. وأَدخُل ٱلحارة الّتي فيها كنيسة "ٱلصَّليب".

6. ٱلرّاكِب لا، بعد أن تصِل إلى ٱلسَّبيل، أَدُلُّكَ.

7. ٱلسائِقُ عفواً يا أخ، لا أعرفُ ٱلمَدينة ٱلقَديمة بعد جيِّداً.

8. أَتَيْتُ من ٱلرّيف مُنْذُ شَهر فقط.

9. ٱلرّاكِب بَسيطة، ولكِن لِماذا لا تُشَغِّل ٱلعَدّاد ؟

10. ٱلسائِقُ ٱلعدّاد عاطِل، ولكِن لا نختَلِف.

D 2 VOCABULAIRE

• عنى، يعني	*vouloir dire*	بَلْ	*plutôt*
• سَبيل	*fontaine*	شَغَّل، يُشغِّل	*faire fonctionner*
• عاطِل (R)	*en panne*	ٱِختَلَف، يختَلِف	*être en désaccord*

■ **Rue et ruelle** : On utilise actuellement le terme شارع [šāri[c]] et زُقاق [zuḳāḳ] au Proche-Orient, et نَهج [nahǧ] et زَنقة [zanḳa[t]] au Maghreb pour désigner *rue* et *ruelle*.

D 3 Dans la vieille ville

1. Au souk des Forgerons, s'il te plaît !
2. Vous voulez dire le souk qui est derrière celui des Artisans du cuivre ?
3. Non, plutôt celui qui se trouve près de la mosquée Omar.
4. J'ai compris. Je passe devant la Fontaine des Étrangers.
5. Et j'entre dans le quartier où il y a l'Église de la Croix.
6. Non, après (que tu arrives à) la fontaine, je vous guiderai.
7. Mes excuses, Monsieur, je ne connais pas encore bien la vieille ville.
8. Je suis arrivé de la campagne, il y a seulement un mois.
9. Ce n'est pas grave. Mais pourquoi ne faites-vous pas fonctionner le compteur ?
10. Le compteur est en panne, mais il n'y aura pas de désaccord entre nous.

1. ['ilā sūki-l-ḥaddādīn min faḍlika]. 2. [ta^{c}nī as-sūḳa-l-laḏī warā'a sūḳi-n-naḥḥāsīn]. 3. [lā bal ḏālika-l-laḏī yaḳa^{c} ḳurba masǧid ^{c}umar]. 4. [fahimt 'amurr 'amām sabīli-lġurabā']. 5. [wa-'adẖulu-l-ḥāra-l-latī fīhā kanīsatu-ṣ-ṣalīb]. 6. [lā ba^{c}da 'an taṣil 'ila-s-sabīl 'adulluka]. 7. [^{c}afw^{an} yā 'aẖ lā 'a^{c}rifu-l-madīna-l-ḳadīma^{t} ba^{c}d ǧayyid^{an}]. 8. ['ataytu mina-r-rīf munḏu šahr faḳaṭ]. 9. [basīṭa^{t} wa-lākin li-māḏā lā tušaġġilu-l-^{c}addād]. 10. ['al-^{c}addād ^{c}āṭil wa-lākin lā-naẖtalif].

D 4 EXPRESSIONS UTILES

■ Le mot أَسْواق ، سُوق, qui a donné le français *souk*, couvre la notion actuelle de *marché*, mais désigne avant tout des concentrations de corps de métiers (*forgerons* حدَّادون, *artisans du cuivre* نَحّاسون...) ou de commerçants (de *textiles* قِماش, d'épices ٱلتَّوَابل, de *légumes* خُضار, ...). D'où l'expression يذهَب إلى السُّوق ou تَسوَّق ، يتسوَّق, *faire ses courses*.

☞ Lorsque un chauffeur de taxi vous dit "لا نختَلِف", *on s'arrangera* (nous ne serons pas en désaccord), vous pouvez craindre le pire... Il vaut mieux fixer le prix avant le départ ou s'en remettre au compteur !

E 1 AU QUOTIDIEN

■ **Du mécénat public.**

• سبيل [sabīl], *fontaine d'eau potable* sur la voie publique. Ces fontaines sont souvent l'œuvre de **mécènes** ou de princes. Geste appréciable dans les pays chauds.

• Dans certaines villes comme le **Caire**, des mécènes offrent sur la voie publique, pendant le Ramadan notamment, des repas somptueux appelés : مائدة الله [mā'idatu-l-llāh], *la table à manger de Dieu.*

■ **Modes, temps et aspects.**

• L'arabe génère **une grande variété de temps** en jouant sur l'**auxiliaire** كان، يكون et sur l'opposition d'aspects : **accompli/inaccompli.** Nous avons étudié quatre **temps** liés au mode indicatif français :
– **le présent** : rendu par l'inacc. non précédé de conjonctions,
– **le passé simple ou composé** : rendu par l'acc. non précédé de conjonctions,
– **l'imparfait** : كان + l'inaccompli,
– **le plus-que-parfait** : كان [+قد] + l'accompli,
– **le futur** : سَـ + l'inaccompli.

Les autres temps du français (**passé antérieur, futur antérieur...**) sont générés à partir des mêmes éléments mais dans des structures plus complexes.

• Le **subjonctif** et **l'apocopé** génèrent, avec les conjonctions adéquates, tous les autres modes connus en français.

• Le 3e mode, **l'impératif**, exprime l'ordre affirmatif.
Dès lors, l'idée que l'arabe ne serait pas suffisamment malléable pour exprimer les nuances rendues par les autres langues procède en réalité d'un manque de maîtrise de ses subtilités grammaticales.

E 2 PARLER DIALECTAL

■ **Le relatif** est simplifié au maximum en dialectale ; il se formule différemment selon chaque dialecte :

الشارع الذي إلى اليمين	**D** š-šāri^{c} llī ^{c}a-l-yamīn
La rue qui est à droite	**C** eš šāri^{c} 'ellī ^{c}a-l-yemīn
	A ezenqa elli fi-l-yemīn
الساحة التي أمامك	**D** s-sāḥa lli 'iddāmak
La place qui est devant toi	**C** es-sāḥa 'ellī 'udāmak
	A r-raḥba elli quddāmek
الناس الذين في الصف	**D** n-nās llī be-ṣ-ṣaff
Les gens qui sont en rang	**C** en-nās ellī fi-ṣ-ṣaf/fi-ṭ-ṭābūr
	A en-nās elli fi-ṣ-ṣaff/fī laš-šēn
النساء اللواتي يعملن	**D** n-neswān llī byešteġlū
Les femmes qui travaillent	**C** es-settāt 'ellī beyeštaġlū
	A en-nsā elli yeḫdémū
الولدان اللذان دخلا	**D** l-waladēn llī fātū
Les 2 enfants qui sont entrés	**C** el-waladēn llī ḫaššū
	A ezzūdǧ wlād elli deḫlū
الجائزة التي ربحتها	**D** l-ǧāyzi-llī rbeḥtā
Le prix que j'ai gagné	**C** el-gāyza ellī késébtaha
	A lehdiyya elli ksebtha
البيت الذي دخلت فيه	**D** l-bēt llī fitt fīh
La maison où je suis entré	**C** el- bēt 'ellī kaššētu
	A el-bit elli dḫelt fīhā
الإنسان الذي تثق به	**D** l-insān llī btūsa' fīh
L'home en qui tu as confiance	**C** el-ensān 'ellī betaṯé' fīh
	A el-^{c}abd elli té^{c}mel siqa fīh
بمن تثق	**D** bi-mīn btūsa'
En qui as-tu confiance ?	**C** betaṯe' fī mīn
	A fī mīn té^{c}mel siqa

A 1 PRÉSENTATION

(la chose est parfaitement claire)

■ **Un arabisme** : placé en début de phrase, إنَّ donne au discours un certain rythme et parfois une note d'insistance.

Règle d'or : إنَّ doit être suivi immédiatement du sujet de la phrase. Il introduit une phrase nominale :

> إنَّ + sujet (nom, démonstratif, pronom) + attribut (adjectif, verbe, circonstanciel)

interdit	مَمْنوع	*situation*	وَضْع، أوضاع m
actuellement	حالِيّاً	*calme*	هادِئ (R)
fou	مَجْنون، مجانين	*entrée*	دُخول

A 2 APPLICATION (CD)

1. إنَّ ٱلوَضْع هادِئ.
2. إن ٱلدُّخول مَمنوع حالِيّاً.
3. إنَّ هذا لا يَهُمُّني كثيراً.
4. إنّه يَصِل حَوالَي ٱلظُّهْر.
5. بِالحقيقة، إنَّك مَجنون.
6. إنّي / إنَّني سعيد جدّاً، كَما تَرى.
7. إنّ ٱلوَضع يتحَسَّن.

A 3 REMARQUES

■ Précision : l'arabe considère comme phrase nominale tout **énoncé introduit par le sujet**, quelle que soit la nature du verbe : v. *être* sous-entendu ou v. exprimé et conjugué.

■ **Pour construire** une phrase avec إنَّ :

• Si le sujet de la phrase nominale est un nom ou un démonstratif, rien ne change (phr. 1-3).

• Si le sujet est un pron. isolé, il se transforme en pron. affixe (phr. 4-6) : إنَّ + هو يصِل ← إنَّهُ يصِل

إنَّ + أنتَ مجنون ← إنَّك مجنون

• Par conséquent, pour introduire une phrase verbale par إنَّ, il suffit de **placer le sujet avant le verbe** et d'appliquer les règles précédentes. Si le sujet n'est pas exprimé, il suffit de le marquer par le pronom affixe adéquat après إنَّ (phr. 4).

☞ Devant un pronom affixe à 1re pers., إنَّ peut s'écrire indifféremment إنَّني ou إنِّي (phr. 6) ; de même au pluriel : إنَّنا ou إنَّا.

A 4 TRADUCTION

1. La situation est calme.
2. L'entrée est interdite actuellement.
3. Cela ne m'intéresse pas beaucoup.
4. Il arrive vers midi.
5. Vraiment, tu es fou !.
6. Je suis très heureux, comme tu vois.
7. La situation s'améliore.

1. ['inna-l-waḍᶜ hādi']. 2. ['inna-d-duẖūl mamnūᶜ ḥāliyyan]. 3. ['inna hāḏā lā yahumunī kaṯīran]. 4. ['inna-hu yaṣil ḥawālay aẓ-ẓuhr]. 5. [bi-l-ḥaḳīḳat 'innaka mağnūn]. 6. ['innī/'innanī masrūr ğiddan kamā tarā]. 7. ['inna-l-waḍᶜ yataḥassan].

B 1 PRÉSENTATION

■ **Régime de** إنَّ :

Le sujet de la phrase nom. introduite par إنَّ se met à l'accusatif, mais l'attribut reste au nominatif :

sa mère est le médecin de l'école

أُمُّه طبيبةُ المدرسة ← إنَّ أمَّهُ طبيبةُ المَدْرسة

• **Vocalisation** : en arabe standard, la voyelle finale n'apparaît qu'en cas de liaison ; et le **tanwin** n'apparaît jamais.

مَرض، أمْراض m	*maladie*	جذّاب (R)	*attrayant*
خطِير (R)	*grave*	أرسَل، يُرسِل	*envoyer*
مُدهِش (R)	*étonnant*	أقنعَ، يُقنِع	*persuader*
صامِت (R)	*silencieux*		

B 2 APPLICATION (CD)

1. إنَّ مَرَضَه خَطير.
2. إنَّ هؤلاءِ ٱلمُمَثِّلين مُدهِشون.
3. لِماذا أَنتَ صامِت ؟ - لأنّي تَعبان ونَعسان.
4. لماذا تُحبِّينَه ؟ - لأنَّ شَخصِيَّتَه جَذّابة.
5. كَتَبَ رِسالتَه لكِنَّه لَم يُرسِلْها.
6. إنَّه يتكَلَّم كثيراً، لكنَّه لا يُقنِع.
7. قال إنَّه سَيعود بعدَ قليل.

B 3 REMARQUES

■ **Autre valeur de إِنَّ** : *que* introduisant une proposition complétive commandé par le verbe قال ، يقول (phr. 7).

■ **Les "sœurs de إِنَّ"**. Il s'agit de certains termes (modélisateurs) qui fonctionnent de la même façon, dans le cadre d'une phrase nominale. Sont d'usage fréquent :
– لكنَّ, *mais* (phr. 5 et 6) ; – أَنَّ, *que* (cf. 34 A).

• Il en va de même du modélisateur لأَنَّ, *parce que* (phr. 3 et 4).

Rappel : Dans une phrase introduite par إِنَّ on place sujet et attribut aux cas inverses de ceux qui s'imposent après كان et ليس (cf. 26).

B 4 TRADUCTION

1. Sa maladie est grave.
2. Ces acteurs sont étonnants.
3. Pourquoi es-tu silencieux ? – Parce que je suis fatigué et que j'ai sommeil.
4. Pourquoi l'aimes-tu ? – Parce que sa personnalité est attrayante.
5. Il a écrit sa lettre mais ne l'a pas envoyée.
6. Il parle beaucoup, mais il ne convainc pas.
7. Il a dit qu'il reviendrait (reviendra) sous peu.

1. ['inna maraḍahu ẖaṭīr]. 2. ['inna hā'ulā'-i-l-mumaṯṯilīn mudhišūn]. 3. [li-māḏā 'anta ṣāmit ? – li-'annī ta^{c}bān wa-na^{c}sān]. 4. [li-māḏā tuḥibbīna-hu ? – li-'anna šaẖṣiyyata-hu ǧaḏḏāba^{t}]. 5. [kataba risālata-hu lākinna-hu lam yursil-hā]. 6. ['inna-hu yatakallamm kaṯīr^{an} lākinna-hu lā-yuḳni^{c}]. 7. [ḳāla 'inna-hu sa-ya^{c}ūd ba^{c}da ḳalīl].

C 1 EXERCICES

A. Introduire ces phrases par إنَّ en mettant la vocalisation finale partout :

1. عَملُه مُتعِب 2. ليلى صديقتُنا 3. قهوتُك طَيِّبة

4. هذا رأْيُكَ فقط 5. هو أُستاذُنا 6. نحن مُسافرون

B. Trouvez l'accompli des verbes suivants :

1. يُغلِق 2. يُعجب 3. يُطفئ 4. يُشعل

5. يُصبح 6. يُعطي 7. يُريد 8. يُحبّ

C. Traduire en mettant la vocalisation finale partout : (CD)
1. Pourquoi es-tu toujours pressé ? Parce que je suis occupé. 2. Il dit qu'il est fatigué. 3. Il est intelligent mais il est un peu fou. 4. Il travaille beaucoup. 5. Mon frère dort peu.

C 2 CORRIGÉ

A.
1. إنَّ عملَه متعبٌ 2. إنّ ليلى صديقتُنا
3. إنَّ قهوتَك طيبةٌ 4. إنّ هذا رأيُك فقط
5. إنّه أُستاذُنا 6. إنّنا مسافرون

B.
1. أَغلَق 2. أَعجَب 3. أَطفَأَ 4. أَشعَل
5. أصبَح 6. أَعطى 7. أَراد 8. أَحَبَّ

C.
1. لماذا أنت دائماً مُستَعجِلٌ ؟ لِأنّي مشغولٌ.
2. يقولُ إنّهُ تعبانُ.
3. إنَّهُ ذكيٌّ ولكنَّهُ مجنونٌ قليلاً.
4. إنّهُ يعمَلُ كثيراً.
5. إنّ أخي ينامُ قليلاً.

C 3 LA MUSIQUE ARABE

■ La musique arabe a pour vocation première la communication d'un message poétique, le grand thème en étant l'amour, souvent sublimé. Les musiciens talentueux, qui possèdent notamment l'art de l'improvisation (**taqsim**), peuvent susciter une véritable extase (**tarab**) de l'auditoire.

• C'est sous les **Omeyyades** (8e siècle) que se développe l'art du chant, et que sont introduits le rythme et la mesure. L'apogée de l'art musical se situe néanmoins à Bagdad, sous les **califes abassides**. Au Maghreb et en Andalousie, la musique connaîtra une évolution différente de celle du Proche-Orient. La musique arabe se caractérise par l'utilisation de **demi-tons** mais aussi de **quarts de ton** et de **trois quarts de ton** souvent difficiles à saisir pour une oreille peu formée. Quatre tons encadrent trois intervalles, formant une combinaison ou *mode* (**maqam**). Il existe ainsi une infinité de modes. Au Proche-Orient, les musiciens passent d'un mode à l'autre, alors qu'au Maghreb on préfère observer l'unité du maqam. La **polyphonie** est pratiquement inconnue en musique arabe.

• Les instruments utilisés sont très divers, selon les rythmes, les genres et les régions : le **ʿoud**, luth de quatre à six cordes, accompagne souvent le chant ; le **qanoun**, une cithare à 72 cordes a un son plus clair. Nous trouvons aussi la lyre, le **nay** arabe (*flûte en roseau*), la **darbouka** (*tambour* en forme de calice recouvert d'une peau) et le **douf** (*tambour* sur cadre avec ou sans cymbales).

• La science du chant, particulièrement raffinée, ne compte pas moins de 50 nuances vocales. Parmi les figures de proue de la chanson arabe contemporaine, se distinguent en Égypte **Abdel Wahhab** et surtout **Oum Koulthoum**, au Liban la chanteuse **Fayrouz**, et au Maghreb les chanteurs de **raï**, qui est une des musiques les plus vivantes (**Cheb Mami**, ou **Khaled** en sont les interprètes les plus connus).

33 DIALOGUE

D 1 (CD) ■ ٱلغِناء ٱلعرَبيّ

1. قاسِم هل تُحبّينَ ٱلغِناء ٱلعربيَّ ٱلحَديث ؟
2. فاتِن بالإجْمال، نعم، لكنّي أُفَضِّل مُغَنِّي ٱلجيل ٱلقَديم
3. قاسِم إنَّكِ تقصُدين مُغَنّين مِثل عَبْد ٱلوَهاب.
4. ومُغنّيات مِثل أُم كلثوم وفَيْروز ؟
5. فاتِن نعم، لأَنّ غِناءَهُم فنّي.
6. قاسِم ولكنَّ ٱلشّبيبَة تقول إنّ هذا ٱلغناء بَطيء.
7. فاتِن ما تقولُه صحيح، ولكِنَّ ٱلطَّرَب مُهِمّ.
8. قاسِم ٱلشَبيبة تُفَضِّل ٱلرّاي على ٱلطَّرَب.
9. فاتِن رُبَّما ! كُلّ جيل لهُ ذَوْقُه !

D 2 VOCABULAIRE

- غِناء *façon de chanter*
- حديث *moderne*
- بالأجمال *globalement*
- مُغَنِّي / مُغَنِّية *chanteur/chanteuse*
- جيل، أَجْيال m *génération*
- قديِم، قُدماء *ancien*
- فَنّي (R) *artistique*
- شبيبة *les jeunes, la jeunesse*
- بطِيء *lent*
- ذَوْق، أذْواق *goût*

D 3 Le chant arabe

1. Aimes-tu le chant arabe moderne ?
2. Globalement oui ; mais je préfère les chanteurs de l'ancienne génération.
3. Tu veux dire des chanteurs comme Abdel-Wahhab,
4. et des chanteuses comme Oum Koulthoum et Fayrouz.
5. Oui, parce que leur chant est plus artistique.
6. Mais la jeunesse dit que ce chant est lent.
7. Ce que tu dis là est vrai, mais le tarab est important.
8. La jeunesse préfère le raï au tarab.
9. Peut-être, à chaque génération son [propre] goût.

1. [hal tuḥibbina-l-ġinā'a-l-ᶜarabiyya-l-ḥadīṯ]. 2. [bi-l-'iğmāl naᶜam lākinnī 'ufaḍḍil muġannī 'al-ğīli-l-ḳadīm]. 3. ['innaki taḳṣudīn muġannīn miṯl ᶜabd al-wahāb]. 4. [wa-muġaniyāt miṯl 'umm kulṯūm wa-fayrūz]. 5. [naᶜam li-'anna ġinā'ahum faniyy]. 6. [wa-lākinna-š-šabībaᵗ taḳūl 'inna hāḏā-l-ġinā' baṭī']. 7. [mā taḳūluhu ṣaḥīḥ wa-lākinna-ṭ-ṭarab muhimm]. 8. ['aš-šabībaᵗ tufaḍḍil 'al-rāy ᶜala-ṭ-ṭarab]. 9. [rubbamā kullu ğīl lahu ḏawḳuhu].

D 4 EXPRESSIONS UTILES

■ Le **tarab**, الطرب, consiste à savourer la poésie des mots et des images accompagnant la mélodie choisie, plus ou moins improvisée, prolongée sur tel ou tel des modes de la musique traditionnelle, jusqu'à l'ivresse. Cette progression se fait selon un schéma attendu : longue montée vers un sommet souvent accompagné d'un *mawwāl*, مَوّال, comportant l'expression يا ليل ، يا ليل, *ô nuit !*, cédant ensuite la place à une « descente » assez abrupte vers la chute finale.

E 1 AU QUOTIDIEN

■ Tarab et orchestration

• Depuis les années 1940, où les grands chanteurs cairotes, **Oum Koulthoum** أمّ كلثوم en tête, remplissaient les salles et les stades, séduisant aussi bien les élites cultivées que le commun du peuple, le chant n'a cessé d'être l'art favori du monde arabe, loin devant le cinéma, le théâtre, ou les autres formes de musique. Jusqu'au milieu du 20° siècle, le tarab constituait le modèle absolu du chant arabe.

• Une grande révolution intervient dans les années 1960 : l'orchestration. La scansion introduite par l'orchestration des chansons a installé le mouvement au cœur du chant : l'ivresse ne vient plus d'une dégustation langoureuse, mais du retour d'un rythme, plus ou moins varié, repris à satiété.

• Le rôle des **frères Rahbani**, الأَخْوان الرَّحْباني, soutenus par la voix de la chanteuse **Fayrouz**, فيروز, a été déterminant à cet égard. Ils ont été également les premiers à légitimer les opérettes, développant souvent une thématique sociale et politique assez audacieuse. A son tour, **Ziyad Rahbani**, زِياد الرَّحْباني, prolonge cette rénovation de la chanson en tirant le meilleur parti du jazz.

• Mentionnons, à côté du *tarab*, le **chant populaire engagé** : initié au début du 20ème siècle par Sayyid Darwich سَيِّد دَرْويش et Salama Higazy, سلامة حجازي, il a connu un moment de prospérité avec Cheikh Imam شَيْخ إمام et Fu'ad Najm, فؤاد نَجْم pendant la période nassérienne. C'était l'époque où la dynamique nationale poussait vers un combat politique et social nombre d'artistes éduqués et formés dans les milieux religieux. Un autre art populaire continue à séduire le public : le *zajal* (Proche-orient) ou *malhoun* (Maghreb), sorte de **slam**, qui connaît aujourd'hui une certaine fortune.

E 2 PARLER DIALECTAL

■ Expressions :

كتب الرسالة
Il a écrit la lettre

D katabe-l-maktūb
C katabe-l-gawāb/r-resāla
A ktēb l-briyya

لكنه لم يرسلها
Mais il ne l'a pas envoyée

D bass mā baᶜatu
C lakinnū ma baᶜatuš
A bessaḥ mā bᶜatš

إنه صامت
Il est silencieux

D huwwi sākét
C howwa sāket
A rāhu sāket

لأنه حزين
Parce qu'il est triste

D la'annū zaᶜlān/ḥazīn
C ᶜašān ḥazīn
A ḫāṭer rāhu ḥzīn

■ Dire les nombres de 11 à 20 :

١١	11	ḥdaᶜš	ḥedāšar	ḥdaᶜš	ḥdaᶜš
١٢	12	tnaᶜš	étnāšar	tnāš	tnaᶜš
١٣	13	tlattaᶜš	talattāšar	tlettaš	tlattaᶜš
١٤	14	arbaᶜtaᶜš	'arbaᶜtāšar	arbaᶜtaš	arbaᶜtaᶜš
١٥	15	ḫamstaᶜš	ḫamastāšar	ḫmestaš	ḫamsta'š
١٦	16	sittaᶜš	settāšar	sittaš	sittaᶜš
١٧	17	sabᶜataᶜš	sabaᶜtāšar	sbaᶜtaš	sabᶜataᶜš
١٨	18	tamantaᶜš	tamantāšar	tmentaš	tamantaᶜš
١٩	19	tisᶜātaᶜš	tesaᶜtāšar	tisaᶜtaš	tisᶜātaᶜš
٢٠	20	ᶜišrīn	ᶜišrīn	ᶜišrīn	ᶜišrīn

A 1 PRÉSENTATION

■ **Emploi de أَنَّ :** placé après des verbes qui expriment une constatation ou une certitude, أَنَّ, *que*, introduit une propos. complétive.

Il fonctionne exactement comme إنّ (cf. 33A et B).

بدا، يبدو	*sembler*	ظَنَّ، يَظُنُّ	*croire*
أخبَرَ، يُخبِر (R)	*informer*	سقَط، يسقُط	*tomber*
علاقة (ات)	*relation*	اِنكسَر، ينكَسر	*se casser*
اِنقَطَع، ينقَطِع	*se rompre*	مُخلِص (R)	*fidèle*

A 2 APPLICATION (CD)

1. يبدو لي أَنَّك تَعبان.
2. هل يَعني هذا أنَّ كلَّ شيء قدِ ٱنْتَهى بَينَنا ؟
3. أَخبَروني أنَّ ٱلعَلاقات قدِ ٱنقطَعت بينَهم.
4. أظنّ أنَّهُ سَقَطَ على ٱلأَرْض فَانْكَسر.
5. صَحيح أنَّ مُديرَنا ضعيف ولكِنّه مُخلِص.
6. قد تعلَم يوماً أنَّني مُخلِص.
7. أخاف أنْ تنقَطِعَ ٱلعلاقات بينَهُما.

A 3 REMARQUES

■ Les propositions introduites par إنَّ correspondent en français aux **propositions complétives à l'indicatif.**

• إنَّ se distingue de أنَّ en ceci : le premier s'emploie uniquement en début de phrase et après le verbe **قال ، يقول.**

Attention : Bien faire la distinction, en français, entre :
- *que* entraînant le subjonctif → أَنْ (cf. leçon 25).
- et *que* entraînant l'indicatif → أَنَّ et إنْ (cf. leçon 33)

■ **Les deux valeurs de قد.**
- placé devant un verbe à l'accompli, il exprime une affirmation plus forte (phr. 2 et 3) : *bien, vraiment...*
- placé devant un inaccompli, il exprime le doute : *peut-être, peut-être que* (phr. 6).

A 4 TRADUCTION

1. Il me semble que tu es fatigué.
2. Cela signifie-t-il que tout est fini entre nous ?
3. On m'a rapporté que les relations étaient rompues entre eux.
4. Je crois qu'il est tombé par terre et qu'il s'est cassé.
5. C'est vrai que notre directeur est faible, mais il est sincère.
6. Tu sauras peut-être un jour que je suis sincère.
7. Je crains que les rapports ne soient rompus entre eux deux.

1. [yabdū lī 'anna-ka taᶜbān]. 2. [hal yaᶜnī hāḏā 'anna kulla šay' ḳad-i-intahā bayna-nā]. 3. ['aẖbarū-nī 'anna-l-ᶜalāḳāt ḳadi-'inḳaṭaᶜat bayna-hum]. 4. ['aẓunn 'anna-hu saḳaṭa ᶜala-l-'arḍ fa-nkasara]. 5. [ṣaḥīḥ 'anna mudīra-nā ḍaᶜīf wa-lākinna-hu muẖliṣ]. 6. [ḳad taᶜlam yawm^{an} 'anna-nī muẖliṣ]. 7. ['aẖāfu 'an tanḳaṭiᶜa-l-ᶜalāḳāt bayna-humā].

B 1 PRÉSENTATION

■ L'adjectif **compl. de manière**, ٱلحال [al-ḥāl], se met toujours à l'accusatif. Il n'est jamais affecté de l'article. L'arabe standard tend ici à conserver le **tanwin** : *mahmūm*[an].

• Il peut aussi être suivi d'un nom en annexion (ph. 4) ; le **tanwin** est alors remplacé par une **fatha**.

boutique	m دُكّان ، دَكاكين	*vie*	حياة
déclarer	صرَّح ، يُصرِّح	*esseulé*	وَحيد (R)
souriant	مُبتَسِم (R)	*mentir*	كذَب ، يكذِب
considérer	ٱعتَبَر ، يَعتبِر		

B 2 APPLICATION (CD)

1. ذهَبتُ إلى ٱلسّوق فوجَدتُ ٱلدُّكّان مُغلَقاً.
2. صرَّح ٱلمَسؤول مُبتَسِماً : ليس عندَنا أيّ مُشكِلة.
3. أعتَبِرُكِ صديقةً وأُخْتاً.
4. أعرِفُها حسنةَ ٱلنِّيَّة.
5. لقد عاش حَياتَه كُلَّها وحيداً.
6. ظنَنْتُهم نائِمين.
7. سمِعتُك تتَكلَّم على ٱلرّاديو.
8. أعرِفُك لا تكذِب.

B 3 REMARQUES

• **L'adjectif compl. de manière** s'accorde avec son référent en genre (phr. 3 et 4) et en nombre (phr. 6).

• Ce référent peut être un nom (phr. 1 et 2) ou un pronom (phr. 3 et 4), faisant fonction de sujet (phr. 2), de COD (phr. 4)...

• Souvent cet adjectif prend la forme d'un **participe actif** (نائِم dérive de نام , et مُبتَسِم de اِبتَسَم ; phr. 6 et 2) ou passif (مُغلَق dérive de أغلَق ; phr. 1). Se reporter à Gram. 436.

■ Autre façon d'exprimer un compl. de manière : le verbe à l'inaccompli. Cet usage correspond *grosso modo* à celui de l'**infinitif en français** (phr. 7), mais son champ est plus étendu en arabe (phr. 4-8).

■ **Un arabisme** : pour produire un certain rythme et marquer l'affirmation (phr. 5) :

لقد / قد + v. à l'accompli

B 4 TRADUCTION

1. Je suis allé au souk et j'ai trouvé la boutique fermée.
2. Le responsable déclara en souriant : nous n'avons aucun problème.
3. Je te considère comme une amie et une sœur.
4. Je la sais de bonne volonté (bonne d'intention).
5. Il a vécu toute sa vie esseulé.
6. Je les ai crus en train de dormir (dormant).
7. Je t'ai entendu parler à la radio.
8. Je sais que tu ne mens pas (je te connais, tu ne mens pas).

1. [ḏahabtu 'ila-s-sūḳ fa-wağadtu-d-dukāna muġlaḳ[an]]. 2. [ṣarraḥa-l-mas'ūl mubtasim[an] : laysa [c]indanā 'ayy muškila[t]]. 3. ['a[c]tabbiruki ṣadīḳat[an] wa-'uḫt[an]]. 4. ['a[c]rifuhā ḥasanata-n-niyya[t]]. 5. [laḳad [c]āša ḥayātahu kullahā waḥīd[an]]. 6. [ẓanantuhum nā'imīn]. 7. [sami[c]tuka tatakallam [c]ala-r-rādyū]. 8. ['a[c]rifuka lā takḏib].

34 EXERCICES

C 1 EXERCICES

A. Remplir les vides avec إنَّ ou أنَّ et le pronom adéqut :

1. هل تَعتَقد .... ينام ٱلآن ؟
2. أظُنّ .... سأتأخَّر قليلاً.
3. سمعتُ .... ٱلطّقس كان سيِّئاً عندكم.
4. يقول .... سيصِل في نِصف ٱللَّيل.

B. Mettre au pluriel :

1. إنَّه يصِل دائماً مُتأخِّراً.
2. وَجَدْتهُ نائماً.

C. Trouvez l'inaccompli des verbes suivants :

1. يَستَمِع 2. يَنتبِه 3. ينتَظِر 4. يشتَري 5. ينتَهي

D. Traduire : (CD)

1. J'ai rendu visite à Omar et je l'ai trouvé malade.
2. Elle semble heureuse dans son travail.
3. Je n'ai jamais dit que je resterais longtemps.

C 2 CORRIGÉ

A. 1. أنَّهُ 2. أنّي 3. أنَّ 4. إنَّه

B. 1. إنّهم يصِلون دائماً متأخّرين.
2. وجدناهم نائمين.

C. 1. اِستَمَع 2. اِنتَبَه 3. اِنتظَر
4. اِشتَرى 5. اِنتَهى

D. 1. لقد زُرت عمر فوجدتُه مريضاً.
2. تبدو سعيدة في عملِها.
3. لم أقُل أبداً إنّي سأبقى وقتاً طويلاً.

C 3 LE TOURISME

• La plupart des pays arabes ont des sites **archéologiques** prestigieux, susceptibles de susciter un mouvement touristique important. Certains en sont pourvus plus que d'autres, à commencer par l'Égypte avec son **patrimoine pharaonique** et médiéval incomparable, et bien sûr la Palestine qui abrite les **lieux saints** juifs, chrétiens et musulmans. Le Liban, la Syrie et la Jordanie gardent les vestiges de plusieurs civilisations qui se succédèrent depuis le deuxième millénaire avant notre ère : **Phéniciens**, **Assyriens**, **Babylonien**, **Grecs**, **Nabatéens**, **Romains**, **Byzantins**, puis **Arabes**. Les monuments d'Iraq sont peu nombreux, car ayant été construits en terre. Le Yémen, depuis quelques années, constitue une nouvelle destination touristique.

• Les pays du Maghreb abritent, outre quelques sites romains, des villes médiévales prestigieuses.

• Si tous ces pays ont quelque chose susceptible d'attirer les touristes, tous ne sont pas pareillement équipés pour les recevoir. C'est probablement la Tunisie et le Maroc, avec l'Égypte, qui détiennent la palme. D'autres pays comme le Liban, la Syrie, la Jordanie et le Yémen, sont en voie d'équipement.

• En partie **culturel**, en partie de simple **loisir** (la recherche du soleil et du sable), le tourisme joue un rôle **économique** et d'**intercommunication** important. Mais lorsqu'il devient la première ressource du pays, il peut risquer de créer certains déséquilibres d'ordre à la fois social et moral.

كلب السُّلطان سُلطان

Le chien du sultan est sultan

D 1 (CD) ■ ٱلكاراج

1. عصام أراكَ مَشغولَ ٱلبال.
2. مصطفى إنَّ سيّارتي قد تَعطَّلَت.
3. عصام ٱلسّيّارة ٱلبيجو ٱلّتي ٱِشْتَرَيْتها ٱلسّنة ٱلماضية ؟
4. مصطفى نعم، أظُنّ أنَّ ٱلمُحرِّك فيه مُشكِلة.
5. عصام أنصَحُك أَنْ تُصلِّحَها في ٱلكاراج ٱلّذي أذهَب إلَيْه.
6. مصطفى هل تعتَبِرَه رَخيصاً ؟
7. عصام إنّهُ جيِّد ولكنَّه ليس رخيصاً.
8. مصطفى أُريد أَيضاً أَنْ أُغيِّر ٱلعَجَلات.
9. عصام عِندهُ كلُّ شَيْء. إنَّه يقوم بكُلّ شيء.
10. مصطفى أنت، سيّارتُك متينة ومُريحة.
11. عصام صحيح، لكنّي ٱشتَرَيتُها غالِيَة.

D 2 VOCABULAIRE

- تعطَّل، يتعطَّل — *tomber en panne*
- مُحرِّك (ات) — *moteur*
- صلَّح، يُصلِّح — *réparer*
- رخيص ↔ غالي — *cher ↔ bon marché*
- عجلة (ات) — *roue*
- مَتين (R) — *solide*
- مُريح (R) — *confortable*

D 3 Le garage

1. Je te vois préoccupé (occupé d'esprit).
2. Ma voiture est en panne.
3. La voiture Peugeot que tu as achetée l'année dernière ?
4. Oui, je crois que le moteur a un problème.
5. Je te conseille de la (faire) réparer dans le garage où (auquel) je vais.
6. Est-ce que tu le considères (comme étant) bon marché ?
7. Il est bon, mais pas bon marché.
8. Je veux aussi changer les pneus.
9. Il a tout. Il fait tout.
10. Toi, ta voiture est solide et confortable.
11. C'est vrai, mais je l'ai achetée cher (chère).

1. ['arāka mašġūla-l-bāl]. 2. ['inna sayyāratī ḳad ta^{c}aṭṭalat]. 3. ['as-sayyara^{t}-al-bīğū 'allati-š-štaraytaha-s-sana-l-māḍiya^{t}]. 4. [na^{c}am 'aẓunn 'anna-l-muḥarrik fīhi muškila^{t}]. 5. ['anṣaḥuka 'an tuṣliḥahā fi-l-kārāğ 'allaḏī 'aḏhab 'ilayhi]. 6. [hal ta^{c}tabiruhu raẖīṣ^{an}]. 7. ['inna-hu ğayyid wa-lākinna-hu laysa raẖīṣ^{an}]. 8. ['urīd 'ayḍ^{an} 'an 'uġayyir-l-^{c}ağalāt]. 9. [^{c}indahu kullu šay' 'inna-hu yaḳūm bi-kulli šay']. 10. ['anta sayyāratu-ka matīna^{t} wa-murīḥa^{t}]. 11. [ṣaḥīḥ lākinni-š-štaraytu-hā ġāliya^{t}].

D 4 EXPRESSIONS UTILES

■ On va dans un **garage** (كاراج ou مِرْآب) pour **faire la vidange** (تَغيِير الزَّيْت), changer les **freins** (الفرامل, emprunt au français), vérifier les lumières (ضَوْء، أَضْواء), il faut donner les **papiers de la voiture** (أَوْراق السّيّارة). Avec le **permis de conduire** (شَهادة السَّوْق), il faut garder l'**attestation d'assurance** (وَثيقة التَأْمين). On **fait le plein** (عبَّأ، يُعبِّئ بنْزين) dans une **station-service** (مَحَطَّة بنْزين).

E 1 AU QUOTIDIEN

■ **L'essence** (ٱلبنزين) est en général relativement bon marché. Mais il faut vérifier la nature de l'essence vendue, car dans beaucoup de villes on propose encore le gasoil et l'essence au plomb à côté du sans plomb (سوبر، خالي من ٱلرَّصاص).

• Dans nombre de villes, la conduite est assez difficile. On ne respecte pas toujours le code de la route (قانون السَّيْر), et notamment la limitation de vitesse et l'emploi des **clignotants** (ٱلوَمّاضات). Et, quand on **conduit** (قاد، يقود ٱلسّيارة), être vigilant à cinq voitures : celle qui vient de droite, de gauche, en face, par derrière et surtout celle qui vient d'on ne sait pas où.

• Souvent la terminologie employée concernant la mécanique et la conduite de la voiture est empruntée au français ou à l'anglais : passer en première, deuxième...

Anecdote : au Proche-Orient, **débrayer** se dit encore بَوْمَر, terme dérivé de "point mort".

■ **À propos du relatif**

• ***Où*** : L'arabe rend l'interrogatif *Où ?* par أينَ؟, et le relatif circonstanciel de lieu *où, là où*, par حَيثُ :

- *Où habite-t-ils ?* أينَ يسكُن؟ ; *Où vas-tu ?* إلى أينَ تذهَب؟
- *Je vais où tu vas* أذهبُ حيثُ تذهَب ; *j'arrive à Bagdad où habite mon ami* أصِلُ إلى بغداد حيثُ يسكنُ صديقي

• **Le relatif indéfini** : *ce qui/ celui qui /quiconque : ce que...*

- *Je sais à qui tu penses* أعرفُ بِمَن تفكِّر
- *C'est quelque chose que j'aime* هذا ما أحبُّه

• **L'interrogation indirecte**

- *Sais-tu qui vient ?* هل تعرف مَن يأتي؟
- *Sait-il ce que tu fais ?* هل يعرِف ما تَفعل؟

E 2 PARLER DIALECTAL

■ Le dialectal n'utilise pas la **phrase complétive**, أن + subjonctif ; en revanche, il utilise couramment **la phrase (nominale) introduite** par *anna/inna* :

يبدو لي أنك تعبان
Tu me sembles fatigué

D byethayya'lī innak ta^{c}bān
C methaya'lī 'ennak ta^{c}bān
A bentlī ^{c}ayyān

أخبرني أنه سيسافر
Il m'a appris qu'il allait voyager

D ḫabbarnī innu raḥ ysāfir
C ḫabbarnī énnō msāfir
A qallī rāhu msāfer

أعتقد أن الوقت قصير
Je pense que le temps est court

D be^{c}te'ed innu-l-wa't aṣīr
C be^{c}te'ed innu-l-wa't 'uṣṣayr
A nẓennū l-waqt qlīl

لا أظن أنه سيأتي
Je ne pense pas qu'il viendra

D mā bẓinn innu raḥ yeğī
C maftikirš ennō ḥa yegī
A mā zinnš yedğī

الحقيقة أنني لم أسمعك
Vraiment je ne t'ai pas entendu

D l-ḥa'ī'a innī mā sme^{c}tak
C el-ḥa'ī'a mā sémé^{c}takš
A wallāhī mā sme^{c}tekš

■ **Le compl. de manière** fonctionne comme dans le littéraire, mais sans le tanwin :

أراك مهموما
Je te vois soucieux

D šāyfak mahmūm
C šayfak mahmūm
A rānī nšūfek mehmūm

أعتبره سيئا
Je considèdre qu'il est mauvais

D be^{c}tebrū sayyi'/^{c}āṭil
C e^{c}ttebrō wéḥéš/sayyé'
A ḥsebtū māṣi mlīḥ/qbīḥ

سمعتك تتكلم على الراديو
Je t'ai entendu parler à la radio

D sme^{c}tak ^{c}am teḥkī ^{c}a-r-rādyō
C sémé^{c}tak betetkallem fī l-radyo
A sme^{c}tek tahdar fi-l-'izā^{c}a/fi-r-rādyo

A 1 PRÉSENTATION

■ Morphologiquement, le mot **قِراءَة** est le **masdar** de **قرَأ يقرَأ**, qui correspond ici à l'infinitif français *lire.*

■ Le **masdar** a deux valeurs :
- d'**infinitif verbal**, équivalent de l'infinitif en français comme ici : *lire* ;
- de **substantif**, correspondant à un nom : *lecture.*

Chaque forme verbale construit son **masdar** selon un schème spécifique (cf. Gram. 436).

رِواية (ات)	*roman*	دخَّن، يُدخِّن	*fumer*
ٱبتَعَد، يبتَعِد	*s'éloigner*	كُلِّياً	*complètement*
سَمَحَ، يَسمَح	*permettre*	قادِر (R)	*capable*
يَوميًّاً	*quotidiennement*	بَقِيَ، يبقى	*rester*

A 2 APPLICATION (CD)

1. أُحِبُّ قِراءَةَ (يقرَأ) ٱلرِّوايات.
2. يجبُ ٱلابْتِعادُ (يَبتَعِد)، إذا سَمَحتُم.
3. يَستَطيعُ ٱلعَملَ (يعمَل) ١٢ ساعة يوميّاً.
4. ٱلتَّدخينُ (يُدخِّن) مَمْنوع كُلِّيّاً.
5. هل يُعجِبُكَ غناؤُه (يُغنّي) ؟
6. هل تتعَب من قيادةِ (يقود) ٱلسَّيّارة.
7. لم يَعُد قادِراً على ٱلمَشْي (يمشي).
8. لم يَعُد يستَطيعُ ٱلبَقاء (يبقى).

A 3 REMARQUES

■ Le **masdar** comme infinitif verbal équivaut souvent à un v. au subjonctif :

أُحِبُّ ٱلقِراءَة = أُحبّ أن أقرَأَ

■ **Règles de l’emploi du masdar**. En tant qu’infinitif verbal, **il doit être déterminé** :

– par l’article : أُحبّ القِراءة, *j’aime lire* (voir phr. 2-4),

– par un compl. de nom : أحبّ قراءَةَ المَجلّاتِ, *j’aime lire les (des) magazines* (voir, phr. 1 et 6),

– un possessif : أحبّ قِراءَتَهُ, *j’aime sa [façon de] lire* (voir, phr. 5).

☞ Il serait incorrect de dire : أحبّ قراءة مجلات, *j’aime lire des magazines.*

■ Le **masdar** infinitif verbal **se décline comme un nom** : au **nominatif** s’il est sujet d’une phrase nominale (phr. 4) ou verbale (phr. 2 et 5) ; à **l’accusatif** s’il est COD (phr. 3 et 8) et au **génitif** s’il est précédé d’une préposition ou d’un adverbe (phr. 6 et 7).

A 4 TRADUCTION

1. J’aimc lire des (les) romans.
2. Il faut s’éloigner un peu, si vous le permettez.
3. Il peut travailler 12 heures par jour.
4. Fumer est totalement interdit.
5. Son chant (chanter) te plaît-il ?
6. Est-ce que tu te fatigues de la conduite (de la voiture) ?
7. Il n’est plus capable de marcher.
8. Il ne peut plus rester.

1. [’uḥibb ḳirā’ata-r-riwāyāt]. 2. [yağibu-l-ibtiᶜād ’iḏā samaḥtum]. 3. [yastaṭīᶜu-l-ᶜamal ’iṯnatay ᶜašara[t] sāᶜa[t] yawmiyy[an]]. 4. [’at-tadẖīn mamnūᶜ kulliyy[an]]. 5. [hal yuᶜğibu-ka ġinā’u-hu]. 6. [hal tatᶜab min ḳiyādati-s-sayyāra[t]]. 7. [lam yaᶜud ḳādir[an] ᶜala-l-mašyi]. 8. [lam yaᶜud yastaṭīᶜu-l-baḳā’].

B 1 PRÉSENTATION

■ **Le COD du masdar infinitif verbal**. En français, le pronom personnel faisant fonction de COD se place **avant** l'infinitif : *je peux **vous** aider*. En arabe, en revanche, comme en anglais,

le pronom personnel COD du masdar se place **après** lui, et donc sous sa forme affixe :

أَستَطيع مُساعَدَتكم, *(je peux aider **vous**)*

رافَق، يُرافِق	*accompagner*	عُصفور، عَصافير	*oiseau*
نقَل، ينقُل	*transporter*	ٱقتَرَب، يقتَرِب	*s'approcher*
مُستَشْفى	*hôpital*	مُكبِّر (ات)	*micro*
رَاقَب، يُراقِب	*observer*	أكثَر	*plus, davantage*

B 2 APPLICATION (CD)

1. هل يُمكِنُكَ أن تُرافِقَنا ؟
2. نعم، أستَطيع مُرافَقتَكم.
3. هذا ٱلمريض، منَ ٱلضَّروريّ نقلُه (ينقُل) إلى ٱلمُستَشفى.
4. أحبّ مُراقَبَةَ (يُراقِب) ٱلعَصافير.
5. لا أقدِر على ٱلابْتِعاد (يبتَعِد) عنْها طَويلاً.
6. يجِبُ ٱلاقْتِرابُ (ٱقْتَرب) من ٱلمُكَبِّر أكثر.
7. أرجو عَدَمَ إزعاجي (يُزعِج) ٱليوم.
8. يجب عدمُ ٱلتّدْخين.

B 3 REMARQUES

■ **Le régime de l'infinitif verbal** :

• Le mot faisant fonction de COD de l'infinitif se place **après lui** : au génitif s'il s'agit d'un nom (phr. 4) et à la forme affixe s'il s'agit d'un pronom personnel.

• Pour mettre le **masdar à la forme négative**, il suffit de placer devant lui le mot عَدَم (phr. 7 et 8). Celui-ci prend alors le cas adéquat du masdar et celui-ci devient compl. de nom :
يجب عدمُ التَّدخينِ ← يجب التّدْخينُ *il faut fumer/il ne faut pas fumer.*

• Le **masdar** se construit avec la préposition commandée par la forme verbale (phr. 3) :
من الضَّرورِي أن أنقِلَه إلى المُستَشفى ← يجِب نقْلُهُ إلى المُستَشْفى

☞ Le **masdar de la forme 3** se construit sur le schème مُفاعَلة, comme مُرافَقة et مُراقَبة ; celui de **la forme 4** sur إفْعال, comme إزْعاج ; et celui de **la forme 8** اِفْتِعال, comme اِبْتِعاد et اِقْتِراب.

B 4 TRADUCTION

1. T'est-il possible de nous accompagner ?
2. Oui, je peux vous accompagner.
3. Ce malade, il est nécessaire de le transporter à l'hôpital.
4. J'aime observer les oiseaux.
5. Il ne m'est pas possible de m'éloigner d'elle longtemps.
6. Il faut [vous] approcher davantage du micro.
7. Je [vous] prie de ne pas me déranger aujourd'hui.
8. Il ne faut pas fumer.

1. [hal yumkinuka 'an turāfiḳanā]. 2. [naᶜam 'astaṭīᶜu murāfaḳtakum]. 3. [hāḏa-l-marīḍ mina-ḍ-ḍarūriyy naḳlu-hu 'ila-l-mustašfā]. 4. ['uḥibbu murāḳbata-l-ᶜaṣāfīr]. 5. [lā 'aḳdir ᶜala-l-ibtiᶜād ᶜanhā ṭawīl[an]]. 6. [yağibu-l-iḳtirāb mina-l-mukabbir 'akṯar]. 7. ['arğu ᶜadam 'izᶜāği-l-yawm]. 8. [yağib ᶜadamu-t-tadḫīn].

35 EXERCICES

C 1 EXERCICES

A. Lire et traduire :

1. هل تُحبّين قراءةَ ٱلجَرائِد ؟
2. هل يُمكِنُكَ ٱلابْتِعاد قليلاً ؟
3. لا يُريد تحْديد مَوْعِد آخَر.
4. ليس قادِراً على ٱلمَشْي.

B. Réécrire les phrases de l'exercice précédent en transformant le **masdar** en verbe.

C. Traduire : (CD)

1. Je ne veux pas fumer. 2. Fumer n'est pas bon pour la santé. 3. Pouvez-vous rester aujourd'hui ? 4. Leila, peux-tu m'aider ? 5. Je ne veux pas vous déranger.

C 2 CORRIGÉ

A. 1. Aimes-tu lire les journaux ? 2. Est-t-il possible de t'éloigner un peu ? 3. Il ne veut pas fixer un autre rendez-vous. 4. Il n'est pas capable de marcher.

B.

1. هل تُحبّين أن تقرَئي ٱلجَرائِد ؟
2. هل يُمكِنُكَ أن تبتَعِد قليلاً ؟
3. لا يُريد أن يُحَدِّدَ مَوْعِداً آخَر.
4. ليس قادِراً أن يمشيَ.

C.

1. لا أُريد ٱلتَّدْخين.
2. ٱلتَّدْخين ليس جيِّداً لِلصحَّة.
3. هل تستَطيعون ٱلبَقاءَ ٱليَوم ؟
4. يا ليلى، هل تستَطيعين مُساعَدَتي ؟
5. لا أُريد إِزعاجَكم.

C 3 LES NOMS DE FAMILLE

■ Pour nommer quelqu'un correctement, la tradition arabe le plaçait dans une **chaîne généalogique** complète : il est Untel, fils d'Untel, qui est fils d'Untel... et père d'Untel, celui-ci étant généralement le fils aîné ou, à défaut, le premier-né parmi les garçons.

• Plusieurs éléments de ce système sont encore en vigueur. Pour appeler quelqu'un qui a des enfants dont l'aîné des garçons s'appelle **مُحَمَّد** par exemple, la tradition populaire l'appelle : **أبو مُحَمَّد**, *père de Muhammad.* Sa femme sera **أم مُحَمَّد**, *mère de Muhammad.* On peut aussi le nommer par référence à son père ou à l'un de ses ancêtres les plus connus. Il est alors, par exemple : **اِبن عُمَر** *fils de Omar.*

• Une telle dénomination peut devenir un **nom de famille** :

– avec le préfixe **أَبو** ['abū], *père de* (ou sa forme simplifiée **بو** [bū] : **أبو سَعدى** ['abū saᶜdā], **Abou Saada** ; **بو تفليقة** [bū taflīḳa^t^, *Bouteflika*].

– avec le préfixe **اِبن** ['ibn] *fils de* (ou sa forme simplifiée **بن** [bin] prononcée [*ben*], ou bien sa variante **بل** [*bel*] : **اِبن خَلدون** *Ibn Khaldoun,* **بن يحيى** *Benyahya* ; **بلقاسم** *Belkacem.*

• Mais beaucoup de noms de famille sont empruntés à des professions : **خَبَّاز** [ẖabbāz], *boulanger* (faiseur de **خُبز** [ẖubz] *pain*), **لَحّام** [laḥḥām], *boucher* s'occupant de **لَحم** [laḥm], *viande*), **حَلاق** [ḥallāḳ], *coiffeur* ou **الشَّيخ** ['aš-šayẖ], *le cheikh* musulman, **الخوري** ['al-ẖūrī], *le prêtre,* **القاضي** ['al-ḳāḏī], *le juge.*

• Dans certaines régions, notamment au nord de la Syrie, beaucoup de familles ont des noms de produits alimentaires ; comme **Bourghol** (**بُرغُل**), **Adas** (**عَدَس**) ou **Rouzz** (**رُزّ**).

• Certains conservent des noms d'animaux, d'autres des noms botaniques, qui sont ceux d'anciennes tribus : **al-Fil** (**الفيل**), **al-Ğamal** (**الجَمَل**)...

D 1 (CD) ■ فِي ٱلْبَرِيد

1. ٱلمُوَظَّف ماذا تُريدين يا خالَتي أُمّ مأْمون ؟
2. أُمّ مَأْمون أُريد أَوَّلاً طابَعاً بريديّاً ألى أُسْتراليا.
3. ٱلمُوَظَّف طَيِّب ! وغَيْر ذلِك ؟
4. أُمّ مَأْمون أُريد إِرْسال هذهِ ٱلرَّبْطة بِالبَريد ٱلمُستَعجِل.
5. ٱلمُوَظَّف إنّها ثقيلة، يا خالَتي، أنا أحمِلُها.
6. أُمّ مَأْمون لا أُريد إزْعاجَك يا ٱبْني، شُكراً !
7. ٱلمُوَظَّف لا شُكر على واجِب. هل تُريدين شَيئاً آخَر؟
8. أُمّ مَأْمون بَلى، أُريد سحْب رِسالة وصلَتْني بِالبَريد ٱلمضْمون.
9. ٱلمُوَظَّف آه ! هل تَستَطيعينَ ٱلإِنتِظار قَليلاً ؟
10. ٱلمَسْؤول لم يأْتِ بعد، ولكنَّه لَن يتأَخَّر.

D 2 VOCABULAIRE

- طابَع، طَوابع — *timbre*
- رَبْطة (ات) — *colis*
- بريد مُستَعْجِل — *en urgent*
- بريد مَضمون — *en recommandé*
- سحَب، يسحَب — *retirer*

D 3 À la poste

1. Que désirez-vous, tante Oum Ma'moun ?
2. Je voudrais d'abord un timbre postal pour l'Australie.
3. Bien ! Autre chose ?
4. Je voudrais envoyer ce colis en urgent.
5. Il (elle) est lourd, une tante, je le porterai moi-même.
6. Je ne veux pas vous déranger, mon fils, merci.
7. Non, c'est mon devoir. Voulez-vous autre chose ?
8. Si ! Je voudrais retirer une lettre [qui] m'est parvenue par courrier recommandé.
9. Ah ! Pouvez-vous attendre un peu ?
10. Le responsable n'est pas encore arrivé, mais il ne tardera pas.

1. [māḏā turīdīna yā ẖālatī 'umm ma'mūn]. 2. ['urīd 'awwal^{an} ṭābi^{c} barīdiyy 'ilā 'ustrālyā]. 3. [ṭayyib wa-ġayr ḏālik]. 4. ['urīd 'an 'ursil hāḏihi-r-rabṭa^{t} bi-l-barīdi-l-musta^{c}ğil]. 5. ['innahā ṯaḳilat yā ẖālatī 'anā 'aḥmiluhā]. 6. [lā 'urīd 'iz^{c}āğka ya-bnī šukr^{an}]. 7. [lā-šukr ^{c}alā wāğib hal turīdīn šay'^{an} 'āẖar]. 8. [balā 'urīd saḥb risāla^{t} waṣalatnī bi-l-barīdi-l-maḍmūn]. 9. ['āh hal tastaṭī^{c}īna-l-'intiẓār ḳalīl^{an}]. 10. ['al-mas'ūl lam-ya'ti ba^{c}d wa-lākinna-hu lan yata'aẖẖar].

D 4 EXPRESSIONS UTILES

■ Les termes modernes de (télé)communications sont souvent des termes d'emprunt, ainsi :

• فاكْس, *fax*, et *faxer* : أرسَل فاكس, *envoyer un fax.*

• *Antennes paraboliques* se dira soit en français ou soit en anglais : ديش [dīš], *dish. Télégramme* : تلغرام [tiliġrām]

• *Téléphoner* : إتَّصَل بِالهَاتف, (*joindre par le téléphone*), ou هتَفَ ، يهتِف, ou même تلْفَن ، يُتَلفِن, v. emprunté au français.

• *Envoyer un e-mail* أرسل رسالة ألكترونيّة ; *adresse électronique* عُنوان ألكترونيّ.

35 VIE PRATIQUE

E 1 AU QUOTIDIEN

■ **Le bon usage du *masdar*** est un indice de maîtrise de l'arabe. Comme dans toute langue, certaines tournures spécifiques à l'arabe, appelées *arabismes*, doivent être utilisées à bon escient. Ainsi en est-il de إنّ en début de paragraphe, إنْ des propositions conditionnelles ou hypothétiques à l'apocopé, ou de certaines locutions figées comme : *comme il est beau !* ما أجمَلَهُ ; *ah, s'il pouvait venir !* لَيْتَهُ يأتي ; *que Dieu le prenne dans sa miséricorde,* رحِمَه الله

■ Le **masdar** a lui aussi un usage spécifique, non sous sa forme nominale (équivalent à un substantif) mais comme **infinitif verbal.** Il exprime ces trois nuances distinctes :
- **l'action de** : *il aime voyager,* يُحبّ ٱلسَّفَر
- **le fait de** : *sa venue est impossible = il lui est impossible de venir,* مجيئُه مُستَحيل
- **la façon de** : *sa façon de chanter est splendide = elle chante très bien,* غناؤُها رائِع

■ **Les schèmes du masdar.**

• À la **forme simple**, ces schèmes sont multiples et imprévisibles :

ذَهَب ← ذَهاب ؛ جاء ← مَجيء ؛ قام ← قِيام ؛ نام ← نَوْم ؛ عاد ← عَوْدة

• Aux **autres formes**, ils sont prévisibles et le plus souvent uniques (voir la suite p. 364) :

فعَّل ← تَفْعيل/تَفْعِلة	سبَّح ← تَسبيح/تَسبِحة
فاعَل ← مُفاعَلة	قابَل ← مُقابَلة
أَفعَل ← إِفْعال	أَخبَر ← إِخْبار
تَفَعَّل ← تَفَعُّل	تعلَّم ← تعلُّم

(voir suite p. 364)

E 2 PARLER DIALECTAL

■ En dialectal, **l'utilisation du masdar est restreinte** aux expressions simples ne comportant pas de COD ; ailleurs, on utilise le verbe à la place du **masdar** :

التدخين ممنوع
Il est intedit de fumer

D l-tadḫḫīn mamnūᶜ
C et-tadḫīn mamnūᶜ
A ed-duḫḫān/et-tékéyyef memnūᶜ

المشي مفيد
Marcher fait du bien

D l-mašye mufīd
C essēr mufīd
A l-mešiyy mlīḥ

لا أستطيع البقاء أكثر
Je ne peux pas rester

D mā be'dar 'eb'ā
C ma'darš 'astannā
A mā neqderš nebqā

يجب الابتعاد قليلا
Il faut s'éloigner un peu

D lāzim tbaᶜddū šwayy
C lāzem nebᶜed šuwayya
A lāzem tbaᶜéd šwiyya

ليس قادرا على المشي
Il n'est pas capable de marcher

D mūš 'ādir yemšī
C miš 'ādir yemšī
A mā yeqderš yemšī

أحب مشاهدة الأفلام البوليسية
J'aime regarder les films policiers

D bḥebb šūf-l-'af/etfarrağ ᶜa-l-aflāme-l-būlīsiyyi
C baḥébb ašūf/'atfarag 'al-'aflāme-l-būlīseyya
A nḥebb nšūf li-film polisyé

يجب مساعدته
Il faut l'aider

D lāzim nsāᶜdu
C lāzem nésāᶜdu
A lāzem nᶜāwnu

A 1 PRÉSENTATION

■ **L'élatif** أَكْبَر, *plus grand*, est un dérivé de كبير, *grand*, sur le schème أَفْعَل, appelé *élatif*, اِسْم التَّفْضيل

Le comparatif de supériorité *plus... que* est rendu par :

l'élatif de l'adjectif concerné suivi de la préposition من

نبيل كبير ← نبيلِ أكبَر من كريم *N. est plus grand que K.*

لطيف ← جميلة ألطَف من كريم *J. est plus gentille que K.*

Attention : La forme de l'élatif est **invariable**, quels que soient le genre et le nombre du mot auquel il se rapporte.

بقّال (ات)	*épicier*	فُستان، فَساتين	*robe* m
أَحسَن	*meilleur(e, -s, -es)*	بِنْطال، بَناطيل	*pantalon*
عالِم (R)	*savant*	قِماش، أَقْمِشة	*tissu*

A 2 APPLICATION (CD)

1. دِمَشق أقدَم (قديم) منَ ٱلإِسْكَندَرِيَّة.
2. غُرفةُ ٱلنَّوم أوسَعُ (واسِع) من ٱلمكتَب.
3. أذهب إلى هذا ٱلبَقّال لأَنَّه أرخَص (رخيص) من جارِه.
4. ٱلطَّقسُ ٱليوم أحسَنُ (حَسَن) من ٱلبارِحة.
5. أنتِ أعلَمُ منْهُ، ولكِنَّه ألطَف (لطيف) منْكِ.
6. هذا ٱلفُسْتان أَجمَلُ (جميل) لَوناً.
7. هذا ٱلبِنطال أَجوَدُ (جَيِّد) قِماشاً.

A 3 REMARQUES

■ **Régime de l'élatif** dans le comparatif de supériorité :

• La forme de l'élatif reste invariable, quel que soit le genre et le nombre du nom auquel il se rapporte.

• Il se met au cas du nom qu'il qualifie.

• Après مِن, le compl. peut être un **nom** (phr. 1 et 2) ou **un pronom affixe** (phr. 5).

■ **La formation de l'élatif** : Ajout d'un [أ] au début, et une **fatha** sur la 2e radicale. Il ne concerne que les adjectifs de :

– trois lettres : وَسِخ, *sale* → أوسَخ ; فَطِن, *éveillé* → أفطَن

– ou de quatre lettres dont une voyelle longue : جميل, *joli* → أجمَل ; عالِم *savant* → أعلَم

■ **Le compl. spécificatif**. Pour préciser l'aspect sur lequel porte la comparaison, l'arabe place après l'élatif le nom qui spécifie cet aspect (appelé compl. **spécificatif**, تَمْيِيز) à l'accusatif indéterminé (phr. 6 et 7) :

N. est plus beau de visage que K. نبيل أَجمَل وَجْهاً مِن كريم

A 4 TRADUCTION

1. Damas est plus ancien qu'Alexandrie.
2. La pièce à coucher est plus spacieuse que le bureau.
3. Je vais chez cet épicier, parce qu'il est meilleur marché que son voisin.
4. Le temps aujourd'hui est meilleur qu'hier.
5. Tu es plus savante que lui, mais il est plus gentil que toi.
6. Cette robe est plus belle de couleur.
7. Ce pantalon est meilleur pour ce qui est du tissu.

1. [dimašḳ 'aḳdam mina-l-iskandariyya^{t}]. 2. [ġurfatu-n-nawm 'awsa^{c} mina-l-maktab]. 3. ['aḏhabu 'ilā hāḏa-l-baḳḳāl li-'anna-hu 'arḫaṣ min ğārihi]. 4. ['aṭ-ṭaḳsu-l-yawm 'aḥsan mina-l-bāriḥa^{t}]. 5. ['anti 'a^{c}lam min-hu wa-lākinna-hu alṭaf minki]. 6. [hāḏa-l-fustān 'ağmal lawn^{an}]. 7. [hāḏa-l-binṭāl 'ağwad ḳimāš^{an}].

36 إِنَّها أَقَلُّ جمالاً من أُمِّها ٣٦

B 1 PRÉSENTATION

(elle est moindre quant à la beauté que sa mère)

■ **Le comparatif d'infériorité** *moins... que* :

l'élatif **invariable** أَقَلّ [aḳall] + compl. spécificatif adéquat, à l'accusatif indéterminé + مِن
L'élatif se décline selon sa fonction dans la phrase.

égoïste	أنانيّ (R)	*appareil*	جَهاز، أجهِزة
cultivé	مُثقَّف (R)	*utile*	مُفيد (R)
mot	كَلِمة (R)	*occupé*	مَشغول (R)
d'occasion, usagé	مُستَعمَل (R)	*poli*	مُهَذَّب (R)

B 2 APPLICATION (CD)

1. عمَلي أقلُّ صُعوبةً (صَعب) من عملِك.
2. إنّكُم أقلُّ أنانِيّةً (أنانيّ) مِنهُم.
3. إنَّه مُثقَّف لكِنَّه أقلُّ ثَقافةً مِنكَ.
4. هذه ٱلكَلِمة أَكثرُ ٱستِعمالاً (مُستَعمَل).
5. سيّارتي هي ٱلأَقلُّ سُرعةً (سريع).
6. هذا ٱلجِهازُ أقلُّ فائِدةً (مُفيد) من ذلِك.
7. عمر أقلُّ ٱلمَسؤولينَ ٱنْشِغالاً (مشغول).
8. وعدنان أكثَرُهم تهْذيباً (مُهذَّب).

B 3 REMARQUES

■ **Le comparatif de supériorité** des adjectifs longs se construit sur le modèle du comparatif d'infériorité, mais avec l'élatif invariable أَكْثَر, de كثير, *multiple* :

أَكثَر + **masdar** de l'adj. à l'accus. indéterminé + من

Il est plus optimiste que K. هو أكثر تفاؤُلاً مِن كريم

Il est de plus d'optimisme que Karim

■ **Le superlatif absolu** : الـ + élatif invariable au cas adéquat

Karim est le plus beau/Karima est la plus belle

كريم هو الأَجْمَل/كريمة هي الأَجمَل

■ **Le superlatif relatif** :

élatif indéterminé invariable au cas adéquat + compl. de nom (sing. indéterminé ou pluriel déterminé)

هو أَكبَر مَلِك/هو أكبَرُ المُلوكِ/هو أكبرُ مُلوك أوروبّا

Il est le roi le plus grand/le plus grand des rois/
le plus grand des rois d'Europe

B 4 TRADUCTION

1. Mon travail est moins difficile que le tien (que ton travail).
2. Vous êtes moins égoïstes qu'eux (moins quant à l'égoïsme).
3. Il est cultivé, mais moins (quant à la culture) que toi.
4. Ce mot est plus usité.
5. Ma voiture est la moins rapide (la moindre quant à la rapidité).
6. Cet appareil est moins utile que l'autre (celui-là).
7. Omar est le moins occupé (des) parmi les responsables.
8. Et Adnan est le plus poli d'entre eux.

1. [^{c}amalī 'aḳall ṣu^{c}ūbat^{an} min ^{c}amalika]. 2. ['innakum 'aḳall 'anāniyyat^{an} minhum]. 3. ['innahu muṯaḳḳaf lākinnahu 'aḳall ṯaḳāfat^{an} minka]. 4. [hāḏihi-l-kalima^{t} 'akṯaru-sti^{c}māla^{an}]. 5. [sayyāratī hiya-l-'aḳall sur^{c}at^{an}]. 6. [hāḏa-ğ-ğihāz 'aḳall fā'idat^{an} min ḏālika]. 7. [^{c}umar 'aḳallu-l-mas'ūlīn 'inšiġāl^{an}]. 8. [wa-^{c}adnān 'akṯarhum tahḏīb^{an}].

36 **EXERCICES**

C 1 EXERCICES

A. Former le comparatif de supériorité des adjectifs suivants :

1. بَعيد .2 قَريب .3 عادِل .4 واسِع

5. قادِر .6 جَديد .7 صَعب .8 سَريع

B. Former le comparatif d'infériorité de ces adjectifs :

1. سريع .2 بارِد .3 صَعب .4 قَويّ

C. Traduire : (CD)

1. Le travail est devenu plus facile maintenant. 2. C'est la plus belle ville du pays. 3. Cette chambre est plus vaste que l'autre. 4. Ma voiture est moins rapide que la vôtre (votre voiture).

C 2 CORRIGÉ

A. 1. أَبعَد .2 أقرَب .3 أعدَل .4 أَوسَع

5. أَقدَر .6 أَجَدّ (أَجْدَد) .7 أَصعَب .8 أَسرَع

B. 1. أَقلّ سُرْعة .2 أَقلّ بَرْداً

3. أَقلّ صُعوبة .4 أَقلّ قُوَّة

C. 1. أَصبَح ٱلعمل أسهَل ٱلآن.

2. هذه أجمَل مدينة في ٱلبِلاد.

3. هذه ٱلغُرفة أَوسَع من ٱلأُخرى.

4. سيّارَتي أَقَلّ سُرْعة من سيّارِتكُم.

C 3 LES VÊTEMENTS ET COUVRE-CHEFS

■ Le pantalon, sous ses diverses formes (avec chemise et veste), ne fut introduit dans le monde arabe qu'à partir de la fin du 19ᵉ siècle. Il fait encore bon ménage avec l'habit traditionnel. Celui-ci est conçu pour laisser toute **liberté** au corps tout en cachant les lignes du corps féminin, c'est souvent le **sarouel**, sorte de *pantalon-golf*, noué aux extrémités, mais plus ou moins bouffant vers le milieu du corps. Il est porté aussi bien par les hommes que par les femmes, surtout chez les montagnards.

• Très courant, l'habit long d'un seul tenant couvre tout le corps, et porte des noms différents selon les pays : **جلّابة** [ğallāba[t]] *djellaba*, **قفطان** [ḳifṭān] *caftan*, **دشداشة** [dašdāša[t]] *dachdacha*. Il peut être lié au milieu par une ceinture en tissu ou en cuir. Les robes des femmes sont souvent décorées de broderies.

■ **Le couvre-chef** traditionnel dans le monde arabe est en tissu, et peut être retenu par un cordon. On distingue :

• le **keffieh** **كوفيّة** [kūfiyya[t]], à carreaux blanc et noir ou blanc et rouge, utilisé généralement par les paysans. Cette coiffure a été rendue célèbre par les Palestiniens.

• le **شَملة** [šamla[t]], tissu blanc retenu par un cordon **عقال** [ᶜiḳal], qui peut être blanc, noir ou rouge ; cette coiffure a été, rendue célèbre par les émirs saoudiens.

• D'autres encore **طاقيّة** [ṭāḳiyya[t]], sorte de calotte, le *fez* ou *tarbouche* **طَربوش** [ṭarbūš], emprunté aux **Turcs** et **عمامة** [ᶜamāma[t]], le *turban*, réservé aux religieux.

■ **Coiffes de femmes** : les diverses coiffures traditionnelles, l'*écharpe*, **منديل**, couvrant les cheveux ; le voile cachant le visage ; et, de nos jours, le *voile* dit **islamique** plus ou moins total, promu par les coutumes wahhabites ou afghanes, reflète une affirmation identitaire et parfois des revendications sociales.

D 1 (CD) ■ ٱلثِّياب

1. لُبْنى هذا ٱلفُسْتان يُناسِبُني، أَلَيْسَ كذَلِكَ ؟
2. سحَر لا بأْس، لكنّي أُفضِّل ذلِك ٱلفُسْتان،
3. لأَنَّه أَحسَنُ تفْصيلاً وأجمَل لَوْناً.
4. لُبْنى رُبَّما، لكنَّ قِماشَه سميك...
5. سحَر معك حقّ... ٱلأَفضَل أن تترُكيه لِلشِّتاء.
6. هل تظُنّين أنّ هذا ٱلقَميص يُناسِب ؟
7. لُبْنى إنَّه حقّاً جميل، ولكن من ٱلأَفضَل أن تَقيسيه.
8. سحَر أُريد أن أَشتَري أيضاً بُرْنُساً لِصديق أجنَبيّ.
9. لُبْنى بِالنِّسْبة لِلثِّياب، دُكّان حسَّان هو ٱلأَرخَص.

D 2 VOCABULAIRE

- فُستان، فَساتين m — *robe*
- ناسَب، يُناسب — *convenir*
- تفصيل m — *coupe*
- سميك ↔ رقيق — *épais/fin*
- قَميص، قِمصان m — *chemise*
- قاس، يقيس — *essayer (habit)*

D 3 Les habits

1. Cette robe me va (me convient) n'est-ce pas ?
2. Pas mal, mais je préfère cette robe-là,
3. parce qu'elle est mieux coupée et plus belle de couleur.
4. Peut-être, mais son tissu est épais.
5. Tu as raison, il est préférable que tu la laisses pour l'hiver.
6. Est-ce que tu crois que cette chemise me va ?
7. Elle (il) est vraiment belle (beau), mais il vaut mieux l'essayer.
8. Je voudrais acheter aussi pour un ami étranger un burnous.
9. Pour les habits, la boutique de Hassan est la moins chère.

1. [hāḏa-l-fustān yunāsibunī 'alaysa kaḏālika]. 2. [lā-ba's lākinnī 'ufaḍḍil ḏālika-l-fustān]. 3. [li-'annahu 'aḥsan tafṣil^{an} wa-'ağmal lawn^{an}]. 4. [rubbamā lākinna ḳimāšahu samīk]. 5. [ma^{c}aki ḥaḳḳ 'al-'afḍal 'an tatrukīhi li-š-šitā']. 6. [hal taẓunnīn 'anna hāḏa-l-ḳamīṣ yunāsib]. 7. ['innahu ḥaḳḳ^{an} ğamīl wa-lākin mina-l-'afḍal 'an taḳīsīhi]. 8. ['urīd 'an 'aštarī 'ayḍ^{an} burnus^{an} li-ṣadīḳ 'ağnabiyy]. 9. [bi-n-nisba^{t} li-ṯ-ṯiyāb dukkān ḥassan huwa-l-'arḫaṣ].

D 4 EXPRESSIONS UTILES

■ **L'occidentalisation des modes** vestimentaires a introduit des mots nouveaux en arabe :

cravate	• كْرافَه/رَبْطة عُنْق، ربْطات عنق
costume	• طَقْم، طُقوم
chapeau	• قُبَّعة، قبعات/بِرْنَيْطة، بَرانيط
pantalon	• بنطال/بنطلون، بناطيل
pyjama	• بِيجاما، بيجامات/قَميص نَوْم، قُمْصان نوم

E 1 AU QUOTIDIEN

■ **Un arabisme : l'exclamatif**, qui se construit à partir de l'élatif :

Comme cette journée est froide ! ما أَبْرَدَ هذا ٱلنَّهار

Comme elle est belle ! ما أَجْمَلَها

Comme sa maison est grande ! ما أَكبَرَ بيتَه/بيتَها

Comme il/elle a beaucoup d'amis ! ما أَكثَرَ أَصْدِقاءَهُ/أصدِقاءَها

Quel impoli il/elle est ! ما أَقلَّ أَدَبَهُ/أدبَها

■ **Aborder les gens.**

- une personne du même âge : يا أخ/يا أُخْت (*frère/sœur*)
- une personne plus âgée : *mon oncle/ma tante*

* référence à la lignée paternelle : يا عَمّ/يا عمّي ؛ يا عمَّة يا عمَّتي

* référence à la lignée maternelle : يا خال/يا خالي ؛ يا خالة/يا خالَتي

■ **Les schèmes du masdar** (suite de la page 354).

تفاعَل ← تَفاعُل	تعامَل ← تعامُل
ٱنفَعَل ← ٱنْفِعال	ٱنكَسَر ← ٱنكِسار
ٱفتَعَل ← ٱفتِعال	ٱعتقد ← ٱعتِقاد
إفْعَلَّ ← إفْعِلال	إحْمَرَّ ← إحْمِرار
ٱستَفْعَل ← ٱستِفعال	ٱستقبل ← ٱستِقْبال

Attention : comme dans toute transformation, les radicales en voyelles longues peuvent subir certains changements en fonction du contexte vocalique.

E 2 PARLER DIALECTAL

■ L'élatif **af^{c}al** s'utilise dans certains dialectes pour exprimer **le comparatif de supériorité** *plus que*, mais uniquement avec les adjectifs courts et dans une phrase simple. Partout ailleurs, on emploie l'épithète ou le verbe accompagnés de **'a'all/aqall**, *moins*, ou **aktar**, *plus*, ou encore des formules comme **^{c}léh** :

هي أكبر منه *Elle est plus grande que lui*	**D** hiyyi akbar mennu **C** héyya 'akbar ménnu **A** hiyya kbīra ^{c}aléh
هو أصغر منها *Il est plus petit qu'elle*	**D** huwwi 'azġar minhā **C** howwa 'azġar minhā **A** hewwa zġīr ^{c}aléhā
هذا الفستان أجمل لونا *Cette robe est plus belle de couleur*	**D** hal-fesṭān lōnu aḥlā **C** el-fustān dā lōnū 'agmal **A** hade-l-lbās šbab el-lōn dyālu
هي أكثر تهذيبا من أخيها *Elle est plus polie que son frère*	**D** hiyyi mhazzabi aktar min aḫūhā **C** héyya mu'addaba 'aktar... **A** hiyya mrabbya ^{c}aléh ḫūhā
هو أكبر عمرا منها *Il est plus âgé qu'elle*	**D** ^{c}umru akbar min ^{c}umrhā **C** howwa ^{c}umru 'akbar ménhā **A** huwwa kbīr f-la^{c}mr ^{c}aléhā
سيارتي أقل سرعة من سيارتك *Ma voiture est moins rapide que la tienne*	**D** sayyārtī ser^{c}éthā 'a'all minser^{c}ét sayyārtak **C** ^{c}arabeyyetī sur^{c}éthā 'a'all min ^{c}arabeyyetak

■ **Pour le superlatif**, l'usage de **'af^{c}al** est le plus courant :

هي أجمل فتاة في فرنسا *C'est la plus belle fille de F.*	**D** hiyyi 'ağmal bint fī fransā **C** héyya agmal bint bi fransā **A** hiyya el-ṭefla eš-šābba fi fransā
هو أفضل لاعب *Il est le meilleur joueur*	**D** huwwi 'aḥsan/afḍal lā^{c}ib **C** howwa 'afḍal lā^{c}éb **A** huwwa-l-ā^{c}é huwwa-l-ā^{c}é
هذه الصورة هي الأفضل *Cette photo est la meilleure*	**D** ha-ṣ-ṣūra 'afḍal šī **C** eṣ-ṣūra dī héyya-l-'aḥsan **A** hādé-t-teṣṣwira hiyya l-ḫēr

A 1 PRÉSENTATION

■ **Le mode impératif**, en arabe اَلأَمْر, ne se conjugue qu'à la 2e personne et ne se met jamais à la forme négative. اُسْكُتْ est l'impératif de سكَت، يسكت

■ **Conjugaison de l'impératif :**

Pluriel		Duel	Singulier	
F اُسكُتْنَ	M اُسكُتوا	اُسكُتا	F اُسكُتي	M اُسكُت

jeter	رمى، يرمي	*apporter*	جلَب، يجلِب
avancer	تقدَّم، يتقدَّم	*soulever*	رفَع، يرفَع
tour	دَور، أدْوار	*écouteur*	سمّاعة (ات)
		sonner	رنّ، يرنّ

A 2 APPLICATION (CD)

1. اِسمَعْني (يسمَع) جيّداً.
2. اِجلِبْ (يجلِب) لي معكَ كيلو تُفّاح.
3. اِرفَعِ (يرفَع) اَلسَّمّاعة، اَلهاتِف يرنّ.
4. قُلْ (يقول) ما تُريد، لا أحَد يُصدِّقُك.
5. اِرمِ (يَرمي) لي اَلقلَم من فضلِك.
6. أَجِب (يُجيب) على اَلسُّؤال.
7. اِنتَظروا (ينتَظر) دَقيقة فالخَطّ مَشغول.
8. تَقَدَّموا (يَتقدَّم)، أتى دَورُكم.

A 3 REMARQUES

Rappel : Pour obtenir l'impératif à la forme négative, l'arabe emploie l'inaccompli à l'apocopé, précédé de **لا**. Exemple : *ne te tais pas,* لا تسكُتْ (cf. 29B).

■ **Formation de l'impératif** : L'impératif se construit à partir de l'inaccompli, suivant une schème spécifique à chaque forme verbale (cf. Gram. 436).

■ **Régime de l'impératif à la 2e personne du masculin singulier** :

• Quelle que soit la forme verbale, **les radicales médianes ou finales** constituées de voyelle longues disparaissent à l'impératif (comme à l'apocopée, cf. 29) :
– en milieu de mot : يقول → قُلْ (ph. 4) ; يُجيب → أجِبْ (ph. 6).
– en fin de mot : يرمي → اِرمِ (ph. 5).

• Le **soukoun final** (si la dernière radicale est une consonne) se transforme en **kasra** devant l'article (phr. 3 et 5), mais pas devant le pronom affixe (phr. 1).

A 4 TRADUCTION

1. Écoute-moi bien !
2. Apporte-moi (avec toi) un kilo de pommes.
3. Décroche le combiné (soulève l'écouteur), le téléphone sonne.
4. Dis ce que tu veux, personne ne te croira (croit).
5. Passe (jette)-moi le crayon, s'il te plaît !
6. Réponds à la question.
7. Attendez une minute, car la ligne est occupée.
8. Avancez ! Votre tour est arrivé.

1. ['isma^cnī ğayyid^{an}]. 2. ['iğlib lī ma^caka kīlo tuffāḥ]. 3. ['irfa^ci-s-samā^ca^t 'al-hātif yarinn]. 4. [ḳul mā turīd lā 'aḥad yuṣaddiḳuka]. 5. ['irmi lī 'al-ḳalam min faḍlika]. 6. ['ağib ^cala-s-su'āl]. 7. ['intaẓirū daḳīḳa^t fa-l-ẖaṭṭ mašġūl]. 8. [taḳaddamū 'atā dawrukum].

B 1 PRÉSENTATION

(que nous le laissions à sa guise !)

■ **L'impératif à la 1re et 2e personne** est rendu en arabe ainsi :

لِـ ou فَلْـ + v. inaccompli à l'apocopé

Noter : فَلْـ exprime un ordre plus incisif (phr. 3)

تابَع ، يُتابِع	*poursuivre*	طريقَة ، طُرُق	*manière*
حديث ، أحاديث	*propos*	عامَل ، يُعامِل	*traiter*
ٱحتفَظ ، يَحتَفِظ	*garder*	تحَدَّث ، يتحَدَّث	*s'entretenir*

B 2 APPLICATION (CD)

1. لِنُتابِعْ حديثَنا إذَن !
2. لِنَذهَبْ ، وَداعاً !
3. هناكَ شَخْص يسأَل عنْكَ ! – فَلْيَدخُل !
4. لِيحتفِظْ برأيِه ويترُكْني.
5. فَلْنُتابِعْ بِنفسِ ٱلطّريقة !
6. لِيَسمَحوا لَنا أن نختَلِفَ معَهم.
7. لِنتَحدَّثْ حَديثاً هادِئاً.
8. عامِلوهم مُعامَلةً حسَنة.

B 3 REMARQUES

■ Un arabisme : **le complément absolu**, en arabe مَفعول مُطلَق :
Pour exprimer la manière, l'arabe utilise souvent cette tournure :

Verbe + son **masdar** à l'accusatif indéterminé + épithète.
Elle a bien chanté غنّت غناءً جميلاً
Nous le traitons bien نُعامِلُه مُعامَلةً جيِّدةً

■ **Formation de l'impératif** à partir des verbes de la **forme 1** :

- Remplacer la désinence sujet de l'accompli par [ٱ] si la voyelle de la 2e radicale est [ـُ], et par [ٱِ] partout ailleurs.
- Cet ajout porte une **wasla**, qui ne se prononce pas s'il y a liaison avec le mot d'avant.
- Si la radicale médiane ou finale est une voyelle longue, elle disparaît.

☞ **Ne pas confondre** : لِنترُكْه, *laissons-le* et لِنترُكَه, *pour que nous le laissions.*

B 4 TRADUCTION

1. Poursuivons donc notre discussion.
2. Partons ! Adieu !
3. Il y a là quelqu'un (une personne) qui te demande (demande après toi) ! Qu'il entre !
4. Qu'il garde son opinion et qu'il me laisse [tranquille].
5. Que nous poursuivions de la même façon !
6. Qu'ils nous permettent d'être en désaccord avec eux !
7. Parlons (entretenons-nous) calmement (de manière calme).
8. Traitez-les bien (d'un bon traitement).

1. [li-nutābi^{c} ḥadīṯanā 'iḏan]. 2. [li-naḏhab wadā^{can}]. 3. [hunāka šaḫṣ yas'al ^{c}anka ! – fa-l-yadḫul]. 4. [li-yaḥtafiẓ bi-ra'yihi wa-yatruknī]. 5. [fal-nutābi^{c} bi-nafsi-ṭ-ṭarīḳa^{t}]. 6. [li-yasmaḥū lanā 'an naḫtalifa ma^{c}ahum]. 7. [li-nataḥaddaṯ ḥadīṯ^{an} hādi'^{an}]. 8. [^{c}āmilūhum mu^{c}āmala^{t} ḥasana^{t}].

EXERCICES

C 1 EXERCICES

A. Trouver l'impératif à la forme négative, puis affirmative :

1. يسمَع 2. يعمَل 3. ينزِل 4. يجلِس

5. يقول 6. يمشي 7. ينسى 8. ينام

B. Transformer à la forme négative :

1. تَقَدَّموا 2. تابعوا 3. ٱنتَظِروا 4. ٱذهَبوا

5. ٱحتَفِظوا 6. تَكَلَّمي 7. أُدخُلي 8. أُخرُجوا

C. Traduire : (CD)

1. Avancez un peu, s'il vous plaît.
2. Regardons ce qui se passe * là-bas.
3. Qu'ils viennent et qu'ils voient.

C 2 CORRIGÉ

A. 1. لا تسمَعْ 2. لا تعمَلْ 3. لا تنزِل 4. لا تجلِسْ

ٱسمَعْ ٱعمَل ٱنزِل ٱجلِس

1. لا تقُلْ 2. لا تمشِ 3. لا تَنسَ 4. لا تنَم

قُل ٱمشِ ٱنسَ نَم

B. 1. لا تتَقَدَّموا 2. لا تُتابعوا 3. لا تنتَظِروا 4. لا تذهَبوا

5. لا تحتَفظوا 6. لا تتَكَلَّمي 7. لا تدخُلي 8. لا تَخرُجوا

C. 1. تَقَدَّموا قليلاً مِن فَضلِكم.

2. لِننظُر ما يجري هناك.

3. لِيَأتوا ويَروا.

* *Se passer :* جَرى، يَجري, ou حَدَث، يَحدُث.

C 3 L'INSTITUT DE MONDE ARABE DE PARIS

• Pour permettre une meilleure connaissance de ce vaste ensemble que représente le **monde arabe** et pour favoriser les échanges entre celui-ci et le monde occidental, il fut décidé de créer à Paris un **Institut du Monde Arabe** (IMA), qui ouvrit ses portes au public en 1987. Le bâtiment à lui seul représente une synthèse des cultures arabe et occidentale. Son architecture originale, et notamment les **moucharabieh** qui s'ouvrent et se ferment au gré du soleil sur sa façade Sud attire de nombreux touristes et curieux.

• L'IMA comporte plusieurs unités : tout d'abord une vaste **bibliothèque** de 50.000 ouvrages et 1.000 périodiques qui ouvrent une large fenêtre sur le monde arabe. Dans la partie **musée** sont présentés l'art, la culture et la civilisation arabe islamique des origines à nos jours. Enfin, le **cinéma** organise de nombreuses projections de films arabes, entre autres une biennale des cinémas arabes, depuis 1992.

• Ces structures permanentes sont complétées par de nombreuses activités, telle la "**chaire de l'IMA**" : il s'agit de colloques, séminaires et tables rondes sur les thèmes les plus variés, allant de la littérature arabe à l'économie, en passant par les problèmes d'actualité. Ces manifestations, ainsi que les remarquables expositions (Syrie, Yémen...) attirent un large public.

• À signaler aussi les nombreuses activités menées dans le domaine de l'édition en coopération avec des éditeurs français et enfin la publication de l'IMA, la revue **Qantara**.

Mieux vaut un voisin proche qu'un frère lointain

جارك القريب أفضل من أخيك البعيد

DIALOGUE

D 1 (CD) ■ حادِث

1. نَسْمة ٱنتَبِهْ يا تَوْفيق ! لا تُسرِعْ كثيراً !
2. تَوْفيق عَلى عَيْني، يا حَبيبَتي !
3. نَسْمة ٱبقَ على ٱليَمين، ٱلسَّيّارة ٱلّتي وراءَك تُحاوِلُ ٱلتَجاوُز.
4. تَوْفيق فَلْتَتَجاوَزْ، مَن يمنَعُها ؟ وأنا أُبَطِئ قليلاً.
5. نَسْمة لا تُبطِئْ إلى هذا ٱلحَدّ، أَسرِعْ أكثَر.
6. تَوْفيق أَلا تَرين ٱلشُّرْطة أمامَنا، إِنَّه حادِث.
7. نَسْمة إِنَّها ٱلسَّيّارة ٱلّتي تَجاوَزَتْنا منذُ لَحْظة.
8. ٱلشُّرْطيّ قِفْ ! أَوْراقُكَ مِن فَضلِك !
9. تَوْفيق لكنّي لم أفعَل شيئاً.
10. ٱلشُّرْطيّ لم تُلاحِظْ أنّكَ اجْتَزتَ على ٱلضَّوْءِ ٱلأحمَر؟

D 2 VOCABULAIRE

- أسرَع، يُسرع — *aller vite*
- تجاوَز، يتَجاوز — *doubler*
- منَع، يمنَع — *empêcher, interdire*
- أبطأ، يُبطِئ — *aller lentement*
- حادِث، حَوادِث — *accident*
- لاحَظ، يُلاحِظ — *remarquer*
- اِجتاز، يجتاز — *traverser*

D 3 Un accident

1. Attention, Tawfiq ! ne va pas [trop] vite !
2. Entendu, chérie !
3. Reste à droite, la voiture qui est derrière essaie de doubler.
4. Qu'elle double, qui l'en empêche ? Moi, je ralentis un peu.
5. Ne ralentis pas à ce point ; va [un peu] plus vite.
6. Ne vois-tu pas la police devant nous ? C'est un accident.
7. C'est la voiture qui nous a doublés il y a un instant.
8. Stop ! Vos papiers, s'il vous plaît !
9. Mais je n'ai rien fait.
10. Vous n'avez pas remarqué que vous êtes passé au feu rouge ?

1. ['intabih yā tawfīḳ lā tusri^{c} kaṯīr^{an}]. 2. [^{c}alā ^{c}aynī yā ḥabībatī]. 3. ['ibḳa ^{c}ala-l-yamīn as-sayyāra-l-latī warā'aka tuḥāwilu-t-taǧāwuz]. 4. [fa-l-tataǧāwaz man yamna^{c}uhā wa-'anā 'ubṭi' ḳalīl^{an}]. 5. [lā-tubṭi' 'ilā hāḏa-l-ḥadd 'asri^{c} ḳalīl^{an}]. 6. ['alā tarayna-š-šurṭa^{t} 'amāmanā 'innahu ḥādiṯ]. 7. ['innaha-s-sayyāra-l-latī taǧāwazatnā munḏdu laḥẓa^{t}]. 8. [ḳif 'awrāḳuka min faḍlika]. 9. [lākinnī lam 'af^{c}al šay'^{an}]. 10. [lam tulāḥiẓ 'annaka-ǧtazta ^{c}ala-ḍ-ḍaw'i-l-'aḥmar].

D 4 EXPRESSIONS UTILES

مَوقف باص
[mawḳif bāṣ]

ممْنوع الوُقوف
[mamnū^{c} 'al-wuḳūf]

قِفْ
[ḳif]

اتِجاه ممْنوع
['ittiǧāh mamnū^{c}]

مُشاة
[mušāt]

أشْغال
['ašġāl]

خطَر
[ḫaṭar]

E 1 AU QUOTIDIEN

■ **Circulation et code de la route :**

gardez votre droite/ votre gauche إلْزَم اليَمين/اليَسار

mettez votre ceinture اربِط الحِزام

allumez vos feux أَشعِل الأَضْواء

Interdiction de dépasser مَمنوع التَّجاوُز

mettez les clignotants أَشعِل الوَمّاضات

police شُرْطِيّ، شُرْطة

contravention مُخالَفة، مخالفات

■ **Quelques slogans choc :**

Ne te dépêche pas, la mort est plus rapide, لا تُسرِعْ، المَوْت أَسْرَع

La vitesse est œuvre du diable, العَجَلة مِن الشَّيْطان

■ **Trafic et amulettes.** Placés en haut du pare-brise, le dessin d'un *œil bleu,* عَين زَرْقاء, ou une *perle bleue,* خَرَزة زَرْقاء, servent à repousser le "mauvais œil". Pour attirer la protection divine, on écrit des proverbes tels :

Je reviendrai, avec l'autorisation divine, راجِعة بِٱسْم الله

Dieu est mon seul soutien, وما ٱتِّكالي إلّا على الله

Traite les gens comme tu aimerais qu'ils te traitent

عامِل النَّاس كما تُريد أن يُعامِلوك

Traitez avec miséricorde ceux qui sont sur terre,
vous le serez par Celui qui est au ceil

إرحَموا مَن في الأرض يرحمْكم مَن في السّماء

E 2 PARLER DIALECTAL

■ Le dialectal utilise couramment pour la 2° personne **l'impératif affirmatif** :

إلزم اليمين
Garde la droite

D ẖallīk ᶜa-l-yamīn
C ẖallīk ᶜal-yémīn
A qᶜūd ᶜala-li-yemīn

اجتازي الشارع
Traverse (f) la rue

D 'ṭaᶜī/ğtāzi-š-šāriᶜ
C ᶜaddī eš šāriᶜ
A 'iqṭaᶜi-ṭ-ṭrīq

أجب على السؤال
Réponds à la question

D ğāwib/rudd ᶜa-s-su'āl
C gāweb/rudd ᶜa-s-su'āl
A nredd ᶜla lakestyon/dgāwebnī

• Pour rendre l'impératif **aux 1° et 3° personnes**, le dialecte utilise différentes formules :

لنتابع حديثنا
Poursuivons notre discussion

D ẖallīnā nkammél ḥadīsnā
C netābiᶜ ḥādiṯna
A nkemlū hadertnā

فلنتركه يتكلم
Laissons-le parler

D ẖallīna neterku
C nesībuh yetkallem/yeḥkī
A ẖallīh yehadder

Qu'il écoute bien **D** ẖallīh/lāzem yesmaᶜ mlīḥ

Qu'ils viennent et voient **D** ẖallīhun yeğū we-yešūfū

■ **Expressions à l'impératif** :

	D	C	A
Dépêche-toi	ᶜağğil	ᶜaggil	ġāwél
Ralentis	tmahhal/ šwayyšwayy	bešwēš/ haddī	bi-s-syāsa
Viens !	taᶜal	taᶜal	tᶜā
Vas-t-en !	fill	fill	rūḥ
Allons !	yallā	yallā	ayyā

A 1 PRÉSENTATION

■ La phrase **conditionnelle à hypothèse réalisable** (*si* avec indicatif présent/futur, ou si avec conditionnel présent en français) est rendue en arabe littéraire par :

إن + v. de la condition + v. de la conséquence, tous deux à l'apocopé

إن تصِلْ الآن تجدْهُ

si tu arrivais maintenant, tu le trouverais, ou selon le contexte, *si tu arrives maintenant, tu le trouveras*

أَخبَر، يُخبِر	*informer*	سيجارة، سَجائر	*cigarette*
نصيحة، نَصائِح	*conseil*	نَسيَ، ينسى	*oublier*
ٱستَفاد، يستَفيد	*profiter*	تدَبَّر، يتدَبَّر	*s'arranger*
عَلبة، عُلَب	*boîte, paquet*		

A 2 APPLICATION (CD)

1. إنْ تسأَلوهم يُخبِروكم.
2. إن تسمعْ نصيحَتي تستَفِدْ.
3. إن لم تصِلْني رِسالَتُك أهتِفْ لَكَ هذا ٱلمَساء.
4. إذا وصَلتم قبلَ ٱلظُّهر نذهبُ معاً إلى ٱلمَعرِض.
5. إذا فكَّرتَ ٱجلِب لي عُلْبة سجائِر.
6. وإذا نسيْتَ تَدَبَّرتُ أَمْري.
7. إذا لم تَتَّصِلْ بي فَسَأتَّصِل بِكَ أنا.
8. إذا لم تَتَّصلْ بي أَوَّلاَ فَلَنْ أتَّصِلَ بِك.

A 3 REMARQUES

■ En arabe standard, on privilégie autre tournure :

> إذا + v. inaccompli à l'indicatif
>
> إذا وصَلتَ الآن تجِدُهُ
>
> *Si tu arrivais/arrives maintenant tu le trouverais/trouveras*

■ **Régime de cette conditionnelle** :

• إذا doit être **suivi immédiatement** d'un v. à l'accompli (phr. 4-6) ou, en cas de négation, de لَمْ + inaccompli apocopé (phr. 7)

• À la forme négative, le v. de la conséquence se met **à l'accompli** ou **à l'indicatif** (phr. 4), mais il peut aussi être un accompli (phr. 6), se mettre à l'impératif (phr. 5) et au futur (phr. 7). Dans ce dernier cas, on ajoute souvent فَـ, *alors*.

• Le v. de la conséquence se met à la forme négative avec l'accompli indicatif précédé de لَمْ, ou l'indicatif subjonctif précédé de لَنْ (phr. 8).

A 4 TRADUCTION

1. Si vous les interrogiez [là-dessus], ils vous [en] informeraient.
2. Si tu écoutais mon conseil, tu [en] profiterais [bien].
3. Si ta lettre ne me parvenait pas, je te téléphonerais ce soir.
4. Si vous arriviez/arrivez avant midi, nous irions/irons à l'exposition.
5. Si tu [y] pensais, achète-moi une boîte de cigarettes.
6. Si tu oubliais, je m'arrangerais.
7. Si tu ne me contactes pas, je te contacterai moi-même.
8. Si tu ne me contactes pas le premier, je ne te contacterai pas.

> 1. ['in tas'alūhum yuẖbirūkum]. 2. ['in tasma^{c} naṣīḥatī tastafid]. 4. ['in lam taṣilnī risālatuka 'ahtif laka hāḏa-l-masā']. 5. ['iḏā waṣaltum ḳabla-ẓ-ẓuhr naḏhab ma^{can} 'ila-l-ma^{c}raḍ]. 6. ['iḏā fakkarta 'iğlib lī ^{c}ulbat sağa'ir]. 7. [wa-'iḏā nasiyta tadabartu 'amrī]. 8. ['iḏā lam tattaṣil bī fa-sa'attaṣil bika 'anā]. 9. ['iḏā lam tattaṣil bī 'awwal^{an} fa-lan 'attaṣil bika].

B 1 PRÉSENTATION

■ La phrase **hypothétique, à hypothèse irréalisable** (conditionnel passé en français), est rendue en arabe littéraire par :

> لَوْ + v. de la condition + لَـ + v. de la conséquence, tous deux à l'accompli
>
> لو وصَلتَ البارِحة لَوْجدْتَه
>
> *Si tu étais arrivé hier, tu l'aurais trouvé*

بلَغ، يبلُغ	*atteindre*	حادِث، حَوادِث	*accident*
هدَف، أَهْداف	*but*	حُبّ	*amour*
وقَع، يقَع	*se produire*	أخبَر، يُخبر	*informer/raconter*

B 2 APPLICATION (CD)

1. لَو سأَلتُموهم لأَخبَروكم.
2. لَو سمِعتَ نصيحَتي لَاسْتَفَدتَ.
3. لَو لم تَصِلْني رسالَتُك لَكُنتُ هتَفتُ لك هذا ٱلصَّباح.
4. لَو كان عندنا وَقت لَزُرْنا ٱلمدينة.
5. لَو لم نعمَلْ كما يجِب لَما كُنّا بلَغنا ٱلهدَف.
6. لَو لم أنتَبِهْ لوقَع ٱلحادِث/لكان ٱلحادث قد وقَع.
7. لَولا حُبّي لها لَترَكتُها.
8. آه ! لو تأتينَ معي !

B 3 REMARQUES

■ Pour la phrase hypothétique, l'arabe standard emploie aussi cette autre tournure :
لَوْ + accompli + كان (ou لَكان) + accompli, les deux derniers étant à la même personne

لَوْ وصَلتَ البارِحة كُنتَ وجَدتَه/لَو وصلت البارحة لكُنتَ وجَدتَه

Si tu étais arrivé hier, tu l'aurais trouvé

■ **Régime de cette phrase hypothétique** :

• le v. de **l'hypothèse** doit être **précédé immédiatement** de لو (phr. 1 et 2), et, en cas de négation, de لَوْ لَم + inaccompli apocopé (phr. 3).

• le v. de la **conséquence** est à l'accompli (phr. 4) ; en cas de négation, auxiliaire et v. sont précédés de لما/ما (ph. 5) :

لَو ما وصَلتَ البارحة/لما كُنتَ وجَدتَه

Si tu n'étais pas arrivé hier, tu ne l'aurais pas trouvé

Attention : on utilise لَو + l'inaccompli pour exprimer le souhait (phr. 8) ; tandis que لو + l'accompli exprime le regret.

B 4 TRADUCTION

1. Si vous les aviez interrogés là-dessus, ils vous [en] auraient informés.
2. Si tu avais écouté mon conseil, tu [en] aurais tiré profit.
3. Si ta lettre ne m'était pas parvenue, je t'aurais téléphoné ce matin.
4. Si nous avions eu du temps, nous aurions visité la ville.
5. Si nous n'avions pas travaillé comme il fallait (il faut), nous n'aurions pas atteint le but.
6. Si je n'avais pas fait attention, l'accident aurait eu lieu.
7. N'eût été mon amour pour elle, je l'aurais quittée.
8. Si seulement tu venais avec moi !

1. [law sa'altumūhum la-'ahbarūkum]. 2. [law samiᶜta naṣīḥatī la-stafadta]. 3. [law lam taṣilnī risālatuka la-kuntu hataftu laka hāḏa-l-ṣabāḥ]. 4. [law kāna ᶜindanā waḳt la-zurna-l-madīnaᵗ]. 5. [law lam naᶜmal kamā yağib la-mā kunnā balağna-l-hadaf]. 6. [law lam 'antabih la-waḳaᶜa-l-ḥādiṯ]. 7. [lawlā ḥubbī lahā la-taraktuhā]. 8. ['āh law ta'tīna maᶜī].

C 1 EXERCICES

A. Lire et traduire :

1. لَوْ رأَيتَها لَفَهِمتَ لماذا يُحِبُّها.
2. إن تعمَلْ جَيِّداً تبلُغْ هدَفَكَ.
3. لَوْ ٱِنْتَبهتَ جَيِّداً لَمَا وقَع ٱلحادِث.

B. Transformer les phrases 1 et 2 de l'exercice A en mettant la 1re au conditionnel présent (hypothèse réalisable) et la 2e au conditionnel passé (hypothèse irréalisable).

C. Traduire : (CD)

1. S'il m'avait bien écouté, il aurait compris. 2. Si elle l'avait vraiment aimé, elle l'aurait aidé. 3. Si j'étais sorti ce matin, je lui aurais acheté le livre. 4. Si vous veniez au Caire cet été, nous passerions les vacances ensemble. 5. S'ils travaillent bien, ils atteindront le but.

C 2 CORRIGÉ

A. 1. Si tu l'avais vue, tu aurais compris pourquoi il l'aime. 2. Si tu travaillais bien, tu atteindrais ton but. 3. Si tu avais bien fait attention, l'accident n'aurait pas eu lieu.

B.

1. إن تَرَها تفهمْ لِماذا يُحبُّها
2. لو عمِلتَ جيّداً لَبَلَغتَ هدَفَكَ

C.

1. لو سمعَني جيّداً لَفَهِم.
2. لو أَحَبَّتْهُ حقيقةً لَساعَدَتْهُ.
3. لو خرَجتُ هذا ٱلصّباح لاِشْتَرَيْتُ لَه ٱلكِتاب.
4. إن تأتوا إلى ٱلقاهِرة هذا ٱلصَّيف، نَقْضِ ٱلعُطلْة معاً.
5. إن يعمَلوا جيّداً، يَبلُغوا ٱلهدَف.

C 3 LA PRESSE ARABE

• C'est Napoléon Bonaparte qui, le premier, introduisit la presse dans le monde arabe lors de la Campagne d'Égypte, en 1798. C'est grâce à la presse qu'à partir de la fin du 19° siècle, la culture s'est répandue, la littérature s'est modernisée et que les grands débats politiques et civilisationnels ont été lancés. Dans ce mouvement, la presse arabe à l'étranger, notamment à **Paris** à la fin du 19° siècle, dans les **deux Amériques** au début du 20° siècle, et à **Londres** actuellement, a joué un rôle majeur, d'autant plus qu'elle y disposait de la liberté qu'elle n'avait pas dans le pays.

• Actuellement, la presse arabe est très dynamique. Ce sont probablement les quotidiens égyptiens tels *al-Ahram* (*Les Pyramides*, fondé au siècle dernier) ou *Akhbar al-Yaoum* (*Les Nouvelles du Jour*) et libanais tels *an-Nahar* (*Le Jour*) et *as-Safir* (*L'Ambassadeur*) qui sont les plus répandus.
À l'étranger, notamment à Londres, ce sont *al-Hayat* (*La Vie*) et *ach-Charq al-Awsat* (*Le Moyen-Orient*) qui sont les plus lus.

• Un point noir toutefois dans ce tableau : la presse vraiment libre est plutôt rare. Seule fait exception la presse libanaise, et certains petits quotidiens du Maghreb et du Golfe qui luttent pour leur indépendance, tant les pouvoirs publics, mais aussi les pouvoirs d'argent liés notamment au pétrole, exercent de pesantes contraintes.

• Les **média audiovisuels** qui connaissent une grande expansion actuellement, grâce aux satellites, aussi que les **radios locales** (comme en France) sont confrontés aux mêmes difficultés que la presse écrite.
Malgré cela, cette presse joue déjà un rôle important, et l'exigence de démocratie ne pourra que la renforcer.

D 1 (CD) ■ التَلْفَزَة

1. مَحمود هل تابَعتَ ٱلبارِحة بَرْنامَج ٱلقَناةِ ٱلأولى؟

2. نبيل لا، كُنْتُ أُشاهدُ ٱلمُسَلسَل على ٱلقَناةِ ٱلثانية.

3. محمود لَوْ رأَيتَه لأَعجَبَك كثيراً.

4. عايدة ٱلحَقيقة أنَّه لو كان أَقَلَّ طولاً، لَكان أفضَل.

5. نبيل هل تَعْنِين ٱلمُقابَلة مع سَعْدون ؟

6. ٱلحقيقة، إذا ٱعْتَبَرْنا آراءَه، رَأَيْنا أنَّه تَقْليديّ جِدّاً.

7. عايدة أنتَ، إنْ ينزِلْ جِبْرائيل نَفسُه من ٱلسَّماء لا يُعجِبْك.

8. نبيل إذا أَرَدْتُما رأْيي، فَالقَناةُ ٱلثَّالِثة هي ٱلأَفضَل.

9. فيها بَرامِج شَيِّقة ومُفيدة.

D 2 VOCABULAIRE

- بَرنامِج، بَرامِج — *programme*
- قَناة، قَنَوات (ات) — *canal, chaîne*
- مُسلسَل — *feuilleton*
- رَأْي، آراء m — *opinion*
- تقليدي — *traditionnel*
- مُقَابَلة — *entretien, interview*

D 3 La télévision

1. As-tu suivi hier le programme de la 1re chaîne ?
2. Non, je regardais le feuilleton de la 2e chaîne.
3. Si tu l'avais vu, il t'aurait beaucoup plu.
4. À vrai dire, s'il avait été plus court, il aurait été meilleur.
5. Vous voulez [parler] de l'interview de (la rencontre avec) Saadoun ?
6. À vrai dire si l'on considère ses idées, on verrait qu'il est très traditionaliste.
7. Toi, si Gabriel lui-même descendait du ciel, il ne te plairait pas !
8. Si vous voulez mon avis, la 3e chaîne est la meilleure.
9. Il y a des programmes intéressants et enrichissants.

1. [hal tābaᶜta-l-bāriḥaᵗ barnāmiǧa-l-ḳanāti-l-'ūlā]. 2. [lā kuntu 'ušāhidu-l-musalsal ᶜala-l-ḳanāti-t̠-t̠aniyaᵗ]. 3. [law ra'aytahu la-'aᶜǧabaka kat̠īrᵃⁿ]. 4. ['al-ḥaḳīḳaᵗ 'annahu law kāna 'aḳalla ṭūlᵃⁿ la-kāna 'afḍal]. 5. [hal taᶜnīna-l-muḳābalaᵗ maᶜa saᶜdūn]. 6. ['al-ḥaḳiḳāᵗ 'id̠a-ᶜtabarnā 'ārā'ahu ra'aynā 'annahu taḳlidiyy ǧiddᵃⁿ]. 7. ['anta 'in yanzil ǧibrā'īl nafsuhu mina-s-samā' lā-yuᶜǧibuka]. 8. ['id̠ā 'aradtumā ra'yī fa-l-ḳanātu-t̠-t̠ālit̠aᵗ hiya-l-'afḍall]. 9. [fīha baramiǧ šayyiḳaᵗ wa-mufīdaᵗ].

D 4 EXPRESSIONS UTILES

■ **Gabriel**, جبرائيل, est pour la mentalité sémite le *transmetteur absolu de la vérité*. Pour le musulman, il est le médiateur qui transmet au Prophète le Coran, القُرآن ; pour le chrétien, il est celui qui annonce à Marie, مريم, la naissance du Christ المسيح.

■ **Télévision** se dit en arabe تَلِفزيون, mais aussi تَلْفَزة ou تِلْفاز. Elle comporte plusieurs **chaînes**, قَنَوات ، قِناة, qu'on **ouvre** (فَتَح على) avec une **télécommande**, مِفْتاح عن بُعْد. Celle-ci sert aussi à **changer de chaîne** (غيَّر القناة), **monter ou baisser le son**, رفع/خفَض الصَّوْت. **L'écran**, الشّاشة, est plus ou moins grand.

E 1 AU QUOTIDIEN

■ **Télécommunication, libéralisme et démocratie.**
Les chaînes libres ou privées ne sont pas encore très courantes dans le monde arabe, sauf au Liban, dans les pays du Golfe et en Égypte. La chaîne d'informations la plus connue reste (***Al-Jazeera***) **الجزيرة**, qui diffuse à partir du Qatar, et a acquis ses titres de noblesse lors de la première guerre du Golfe. Elle a été fortement combattue par l'administration américaine pour son indépendance d'esprit.

■ **Quelques termes relatifs à la télévision:**

présentateur/présentatrice **مُذيع/مذيعة ؛ مُقَدِّم/مقدِّمة البِرْنامج**
présenter un programme **قدَّم البرنامج**
faire une interview **أَجْرى مُقابَلة**
feuilleton **مُسَلسَل**

■ **L'internet** est devenu à son tour un instrument d'information, de culture et de communication extrêmement important. S'il est facilement disponible dans certains pays, notamment grâce aux nombreux cafés internet, il reste en revanche peu accessible dans d'autres, et parfois très contrôlé par le pouvoir politique.

■ L'usage des **particules** appelées **أَدَوات الشَّرْط**, et **régissant souvent l'apocopé,** est apprécié en arabe littéraire. Le standard y a moins recours ; non sans dommage, car ce système rend avec beaucoup de concision des modalités qui, autrement, nécessitent de longues paraphrases. En voici quelques proverbes comme exemples :

Qui fait l'effort [de chercher] trouve مَن جَدَّ وَجَد

Qui fait le bien le retrouve un jour مَن يعمَل الخَيْر يجِدْهُ

Mon serviteur, si tu t'y mets, je m'y mets avec toi

يا عَبْدي ، إن تَقُم أَقُم معَك

E 2 PARLER DIALECTAL

■ Le dialectal exprime l'hypothèse **réalisable** par **izā** (Syro-libanais), **law/izā** (Égypte) ou **lukān** (Maghreb) ; et l'hypothèse **irréalisable** par **law** (P-O) ou **lukān** (Maghreb) :

إن تسأله يخبرك	**D** izā sa'altū biḫabbrak
Si tu lui demandais	**C** law sa'altuh ye'ollak
il te raconterait	**A** lukān tseqsih yequllek
إن لم تسمع جيدا لن تفهم	**D** izā mā sme^{c}et mlīḥ mā raḥ tefham
Si tu n'écoutes pas bien,	**C** law masmé^{c}tiš kuwayyés miš ḥa tefham
tu ne comprendras pas	**A** lukān ma sma^{c}tš mlīḥ ma tefhemš
إذا فكرت اجلب له هدية	**D** izā fakkart b-ğeblu hadiyyi
Si j'y pense, je lui	**C** law/izā fakkart ageblu hédéyya
apporterai un cadeau	**A** lukān nfekker ndğiblū hdiyya
لو سألته لأخبرك	**D** law s'altu kān ḫabbarak
Si tu lui avait demandé,	**C** law sa'altū kān ẖabbarak
il t'autait raconté	**A** lukān tseqsih yequn qallek
لو لم أنتبه لوقع الحادث	**D** law mā intabaht kān we'é^{c}e-l- ḥādis
Si je n'avais pas fait attention,	**C** law ma kunteš ẖatt bālī kānét ḥaṣaléte-l ḥādṯa
l'accident aurait eu lieu	

■ **Vocabulaire :**

Il a apporté/apporté le courrier	ğābe-l-barīd	gābe-l-barīd
Il a jeté la clé	zatte-l-meftāḥ	ramā/'adaf el-mftāḥ

A 1 PRÉSENTATION

■ **Le passif** se forme par une transformation vocalique du verbe actif, valable pour toutes les formes verbales :

• à l'accompli, placer une **damma** sur la 1re lettre et une **kasra** sur l'avant-dernière ;
• à l'inaccompli : un **damma** sur la 1re et une **fatha** sur l'avant-dernière lettre.

نَقَل ← نُقِل	ٱعتَبرَ ← أُعتُبِر
يَنقُل ← يُنقَل	يَعتَبِر ← يُعتَبَر

قاتِل، قَتَلَة	*assassin*	صِحافة	*presse*
ٱنفِجار (ات)	*explosion*	مُجرِم (R)	*criminel*
خَطَر، أخْطار	*danger*	أوقَف، يوقِف	*arrêter*

A 2 APPLICATION (CD)

1. لم يُعرَف (عرَف) قاتِلُه.
2. ما بكَ ؟ يُسمَع صوتُك من بعيد.
3. سُمِع (سمِع) ٱنْفِجار قَويّ.
4. نُقِلت إلى ٱلمُستَشفى في حالة خَطَر.
5. ماذا يُكتَب في ٱلصَّحافة هذه الأيّام.
6. لم يُساعَد (ساعَد، يُساعِد) أحَد كما سوعِدت.
7. هل قيلَ (قال) شَيء في ٱلمَوضوع ؟
8. لا يُقالُ (يقول) شيء.
9. ٱلمُجرِم، أوقفتْه ٱلشُّرطة.

A 3 REMARQUES

■ **Une contrainte importante** : Après un v. passif, le sujet réel ne peut être exprimé. Il est supposé **inconnu**, d'où la désingation مَجهول , opposée à مَعلوم , connu, pour actif.

• Il serait alors incorrect de dire, comme en français :
le criminel a été arrêté par la police المجرم أوقِف من قبل الشُرطة
La bonne formulation est celle donnée en A1, phr. 9.

• Souvent le **majhoul** correspond à l'emploi de **on** en français : يُقال إنّ, *on dit que.*

■ Le **sujet apparent** du v. passif se met au nominatif.

■ La **transformation vocalique** induit deux phénomènes :
– La **damma** initiale de l'accompli des formes 5, 6, 7, 8 et 10 s'impose dans la syllabe suivante : اِستَقبَلَ, *il a accueilli,* donne أُستُقبِلَ, *il a été accueilli*, au lieu de أُسْتَقبَلَ.
– **le alif médian ou final** se change en [ū] ou [ī], en fonction du contexte vocalique : قال / يقول ← قِيل / يُقال

A 4 TRADUCTION

1. Son assassin n'a pas été identifié (reconnu).
2. Qu'as-tu ? On t'entend (ta voix est entendue) de loin.
3. On a entendu une forte explosion (fut entendue).
4. Elle fut transportée à l'hôpital dans un état (de gravité).
5. Qu'est-ce qui s'écrit (est écrit) dans la presse, ces jours-ci ?
6. Personne ne fut aidé comme toi (tu fus aidé).
7. A-t-on dit quelque chose sur le sujet ?
8. Non, rien n'est dit (on ne dit rien).
9. Le criminel fut arrêté par la police (la police l'a arrêté).

1. [lam yuᶜraf ḳātilhu]. 2. [mā bika ? yusmaᶜ ṣawtuka min baᶜīd]. 3. [sumiᶜa infiǧār ḳawiyy]. 4. [nuḳilat 'ila-l-mustašfā fī ḥālat ḫaṭar]. 5. [māḏā yuktab fī-ṣ-ṣaḥāfat hāḏihi-l-'ayyām]. 6. [lam yusāᶜad 'aḥad kamā sūᶜidat]. 7. [hal ḳīla šay' fi-l-mawḍūᶜ]. 8. [lā yuḳāl šay']. 9. ['al-muǧrim 'awḳafathu-š-šurṭaᵗ].

B 1 PRÉSENTATION

(la maison d'Omar, la neuve)

■ **L'annexion** : Le compl. de nom, مُضاف إِلَيْهِ, fait bloc avec le nom, مُضاف.

• L'épithète se rapportant au nom se place par conséquent après le complément, tout en se mettant au même cas que le nom.

nom + compl. de nom + épithète du nom au même cas.

• Si un compl. est précédé de plusieurs noms, ceux-ci se mettent après le compl., avec un pronom affixe y renvoyant : *le nom et la nationalité du voyageur* se dira :

اسمُ المُسافِر وجِنسِيَّتُه *(le nom du voyageur et sa nationalité)*

أُغنية، أَغاني	*chanson*	رائِع (R)	*sublime*
أخير (R)	*dernier*	بِكْر، أَبكار (R)	*aîné*
مُعجَب (R)	*admiratif*	رئيسيّ (R)	*principal*

B 2 APPLICATION (CD)

1. هل سمِعتَ أُغْنِيَة فَيروزِ ٱلأَخيرة ؟
2. أنا مُعجَب بِصوتِها ٱلرّائِع.
3. ٱبنة أخي ٱلصّغيرة مريضة.
4. ابنُ أخي ٱلبِكر مُوَظَّف في مكتَبِ ٱلبريدِ ٱلجديد.
5. لا أفهَم : أخوك ٱلبِكر أَمْ ٱبنُه ٱلبكرُ ؟
6. هل مَدخلُ ٱلبيتِ ٱلرَّئيسيّ من هنا ؟
7. ٱلمَدَخلُ ٱلرَّئيسيُّ أم ٱلبيتُ ٱلرَّئيسيُّ ؟
8. أسأَل عن ٱلمدخَلِ ٱلرَّئيسيّ لِلْبيت.

B 3 REMARQUES

■ **Annexion et déclinaison** : Le cas et le genre de l'épithète indiquent à quel terme de l'annexion celui-ci se rapporte. L'arabe standard a volontiers recours à une formule plus explicite (phr. 8) :

nom + épithète + لـ + compl. de nom ٱلمدخلُ ٱلرَّئيسيُّ لِلبيتِ

■ **Régime de l'annexion.**

• Avant un compl., le nom n'est **jamais affecté** l'article ou du possessif. Seul son compl. peut l'être :

la clé de la porte se dit مفتاحُ ٱلبابِ et non pas ٱلمفتاحُ ٱلبابِ

ma chambre à coucher se dit غُرفةُ نَوْمي et non pas غرفتي نوم

• L'épithète du nom se met au **même cas** que lui, alors que celui du compl. est toujours au génitif.

• L'épithète porte l'article lorsque le mot auquel il se rapporte est déterminé.

B 4 TRADUCTION

1. As-tu entendu la dernière chanson de Fayrouz ?
2. J'admire (je suis admiratif de) sa voix sublime.
3. Ma petite nièce (fille de mon frère aîné) est malade.
4. (Le fils de mon frère, l'aîné) est employé au nouveau bureau de poste.
5. Je ne comprends pas [bien] : ton frère aîné ou son fils aîné ?
6. Est-ce que l'entrée de la maison, (la principale) est par là ?
7. L'entrée principale ou la maison principale ?
8. Je demande (à propos de) l'entrée principale (pour la maison).

1. [hal sami^{c}ta 'uġniyat fayrūz al-'aẖīra^{t}]. 2. ['anā mu^{c}ǧab bi-ṣawtiha-r-rā'i^{c}]. 3. ['ibnatu 'aẖi-ṣ-ṣaẖīra^{t} marīḍa^{t}]. 4. ['ibnu 'aẖi-l-bikr muwaẓẓaf fī maktabi-l-barīdi-l-ǧadīd]. 5. [l-'afham 'aẖūka-l-bikr 'am 'ibnuhu-l-bikr]. 6. [hal madẖalu-l-bayti-r-ra'īsiyy min hunā]. 7. ['al-madẖalu-r-ra'īsiyy 'ami-l-baytu-r-ra'īsiyy]. 8. ['as'al ^{c}ani-l-madẖali-r-ra'īsiye li-l-bayt].

39 EXERCICES

C 1 EXERCICES

A. Mettre les verbes suivants à la voix passive :

1. عَلِمَ ‏ 2. أَكَلَ ‏ 3. شَرِبَ

1. يعلَم ‏ 2. يأكُل ‏ 3. يَشرَبُ

B. Lire et traduire :

1. لماذا لا يُسمَعُ صَوتُك ؟

2. كُتِبَ عنهُ في الجَرائد.

3. لا يُعجِبُني لَونُ ٱلسّيَّارة ٱلجديد.

C. Traduire : (CD)

1. Cela a été écrit dans tous les journaux.
2. Je connais le nouveau responsable du bureau.
3. On ne sait rien de (sur) lui.
4. On dit qu'elle est très intelligente.

C 2 CORRIGÉ

A.

1. عُلِمَ ‏ 2. أُكِلَ ‏ 3. شُرِبَ

1. يُعْلَمُ ‏ 2. يُؤكَلُ ‏ 3. يُشرَبُ

B.

1. Pourquoi est-ce qu'on n'entend pas ta voix ?
2. On écrit sur cela (lui) dans tous les journaux.
3. La nouvelle couleur de la voiture ne me plaît pas.

C.

1. كُتِبَ هذا في كُلِّ ٱلجَرائِد.

2. أعرِفُ مسؤولَ ٱلمكتَبِ ٱلجديد.

3. لا يُعْرَفُ شيء عَنْهُ.

4. يُقال عَنْها إنَّها ذكيّة جدّاً.

C 3 LES ARTS FIGURATIFS

■ Il est vrai que l'Islam a théoriquement interdit la peinture et la sculpture, pour couper court à toute tentative de **figuration** de Dieu, dans un contexte de lutte contre le paganisme. La **calligraphie** et l'**enluminure** en tirèrent profit et s'imposèrent comme arts majeurs. Mais cela n'a pas empêché les arts figuratifs de prospérer aussi, depuis le premier siècle de l'Hégire, et dans le palais même du calife. En témoignent les nombreuses œuvres sculpturales de la période omeyyade et les très riches illustrations de la vie du Prophète et du 3e calife Ali, ou encore les scènes de la vie des héros légendaires.

• Cependant, c'est la période moderne qui permit la propagation de ces arts enseignés dans des facultés d'État (sauf dans certains pays de la Péninsule). Ses promoteurs sont des Égyptiens, tels **Mahmoud Mukhtar** (1891-1934) sculpteur de la fameuse œuvre *Le Réveil de l'Égypte* (1928), **Muhammad Nagi** (1888-1956), peintre d'une grande sensibilité, ou **Ramsis Yūnān** qui fut un des premiers surréalistes. Mais les Libanais tels que **Moustafa Farroukh** (1901-1957) ou **Qaysar al-Gemayyel** (1898-1954) jouèrent un grand rôle dans la peinture, tout comme l'Irakien **Jawad Salim**.

• Actuellement les sculpteurs et surtout les peintres sont nombreux et créatifs. **Al-Kacimi** au Maroc ; **Marwan** et **Fatih al-Mudarris** en Syrie ou **Élias Zayyat** cultivent aussi avec bonheur l'art de l'icône ; **Amin al-Bacha**, **Chafiq Abboud** et **Nadia Saykali** au Liban ; **Diā' Azzawi** et **Chakir al-Sa'id** en Iraq, où **Massoudi** a fait de la calligraphie un art très apprécié en Europe. Il faudrait citer aussi les Palestiniens **Kamal Boullata** et **Sleiman Mansour**, les Égyptiens **Adli Rizkallah** et **Adam Hounein**, et bien d'autres encore...

Dieu est beau, il aime la beauté

إنّ الله جميل يحبّ الجمال

D 1 (CD) ■ نَجيب مَحْفوظ

1. أحمَد   دُعيْتُ ٱلبارَحة إلى حفْلَة كوكتيل رائِعة.
2. عيسى   بأَيّ مُناسَبة ؟
3. أحمَد   أَبو خَطيبَتي عُيِّنَ وَزيراً في ٱلحُكومة ٱلجديدة.
4. عيسى   وَطَبْعاً وُضِعَ شُرْطِيّ أَمامَ بيتِه.
5. لن يترُكَكَ تدخُل عندَ خطيبَتِكَ بِسُهولة !
6. أحمَد   واللّٰه، لا أَدْري، مُمكن...
7. عيسى   أُهَنِّئُكَ، ولَكنّي كُنتُ أَسعَد (سعيد) عِندما مُنِحَ نَجيب مَحْفوظ جائزة نوبِل.
8. أحمَد   هذا شَيء آخَر، وآمَل أن يُمنَحَ شاعِر عربيّ نفسَ ٱلجائِزة.
9. عيسى   قريباً، إن شاءَ اللّٰهُ.

D 2 VOCABULAIRE

• دعا ← دُعِيَ	*inviter*	مُناسَبة (ات)	*occasion*
• عيَّن ← عُيِّن	*nommer*	وضَع ← وُضِع	*placer*
• هنَّأ، يُهنِّئ	*féliciter*	مَنَح ← مُنِح	*attribuer*
• أمِل، يأمُل	*espérer*	شَاعر، شُعَراء	*poète*

Tes yeux, deux palmeraies au claire de lune
(Badr-Chaker al-Sayyab, poète iraqien)

عيناكِ غابتا نخيلٍ ساعةَ السَّحَر

D 3 Naguib Mahfouz

1. J'ai été invité hier à un cocktail formidable.
2. À quelle occasion ?
3. Le père de ma fiancée a été nommé ministre dans le nouveau gouvernement.
4. Et naturellement, un policier a été placé devant sa maison.
5. [Qui] ne te laissera pas entrer chez ta fiancée facilement.
6. Vraiment, je ne sais pas, c'est possible.
7. Je te félicite, mais j'étais plus heureux lorsque le prix Nobel fut décerné à Naguib Mahfouz.
8. C'est autre chose ! Et j'espère que l'un de nos poètes sera gratifié du même prix.
9. Prochainement, si Dieu le veut.

1. [du^{c}iytu-l-bāriḥa^{t} 'ilā ḥaflat kūktīl rā'i^{c}a^{t}]. 2. [bi-'ayyi munāsaba^{t}]. 3. ['abū ẖaṭībatī ^{c}uyyina wazīr^{an} fi-l-ḥukūma^{t}-l-ğadīda^{t}]. 4. [wa-ṭab^{can} wuḍi^{c}a šurṭiyy 'amāma baytihi]. 5. [lan yatrukaka tadẖul ^{c}inda ẖaṭībatika bi-suhūla^{t}]. 6. [wa-l-lāhī lā 'adrī mumkin]. 7. ['uhanni'uka wa-lākinnī ḳuntu 'as^{c}ad ^{c}indamā muniḥa nağīb maḥfūẓ ğā'izat nūbil]. 8. [hāḏā šay' 'āẖar wa-'āmal 'an yumnaḥā šā^{c}ir ^{c}arabiyy nafsa-l-ğā'iza^{t}]. 9. [ḳarīb^{an} 'inšā'a-l-lāh].

D 4 EXPRESSIONS UTILES

■ **Naguib Mahfouz** est la figure la plus prestigieuse du roman arabe moderne. Né en 1912 au Caire, ville qu'il n'a jamais quittée, mort en 2006, il a mené une vie de simple fonctionnaire, tout en construisant son œuvre. Sa **trilogie**, publiée dans les années 1950, *Bayna-l-ḳaṣrayn*, *Ḳaṣru-š-šawq* et *As-Sukariyya* (du nom de trois quartiers du Caire), le révèle comme un Zola égyptien. Il touche ensuite à d'autres registres, comme le symbolique avec *Awlād hāratinā*, où il s'attaque à quelques tabous religieux, et il pratique d'autres formes comme la nouvelle. C'est en 1988 qu'il obtint le Nobel pour *Les Fils de la Médina*.

E 1 AU QUOTIDIEN

■ La voix passive

En arabe, l'usage de la voix passive est soumis à une contrainte importante : ne pas citer le sujet réel du verbe. Pour rendre le *on* français, l'arabe a recours à plusieurs formules :

– la voix passive : *il a été dit = on a dit,* قِيلَ إنَّ ; *on a entendu une voix,* سُمِعَ صَوْت

– la 3e personne du pluriel : *ils ont dit = on a dit,* قالوا ; *on a entendu une voix,* سَمعوا صوتا

– la 1re personne du pluriel : *si nous disons = si on dit,* إذا قُلنا ; *si on réfléchit,* إذا فكَّرْنا

– le participe passif : *(il est) interdit de* مَمْنوع ; *(il est) permis de = on peut,* مَسْموح ; *il est connu que = on sait que,* مَعْروف أن

■ L'adjectif épithète intensif

L'arabe dispose de plusieurs schèmes pour préciser les modalités d'un adjectif :

• فَعّال désigne un **état permanent** : كذّاب, *il est menteur*, par opposition à كاذِب, *il ment/il est en train de mentir*. D'où les **noms de métiers que ce schème permet de former** : خبّاز, *boulanger* ; حلّاق, *coiffeur* ; حدّاد, *forgeron...*

• فَعول et فَعيل exprime **l'intensité** :

– غفور, *celui qui ne fait que pardonner* ; رؤوف, *celui qui prend pitié à tout instant* ; حسود, *le jaloux* ;

– سميع, *celui qui écoute (exauce)* ; عليم, *celui qui sait tout* ; قدير, *le tout-puissant.*

On aura remarqué que les **attributs de Dieu** sont justement formés sur ces schèmes.

E 2 PARLER DIALECTAL

■ Le dialectal n'utilise pratiquement **jamais la voix passive.** Il l'exprime généralement par un verbe actif à la 3° personne du pluriel (l'équivalent de *on...*) ou par la forme réflexive du verbe **(formes 3 et 4)** :

نقل إلى المستشفى *Il a été transporé à l'hôpital*	**D** n'alū la-l-mestašfā **C** 'etna'al li-l-mustašfā **A** naqlūh li-l-mustašfā
ماذا يكتب في الصحافة *Qu'est-ce qu'on écrit dans la presse ?*	**D** šū ^{c}am yeketbū/yenketeb bi-ṣ-ṣaḥāfi **C** beyetketeb ēh fi-l-gornāl **A** waš yenketeb fi-ṣ-ṣaḥāfa
هل قيل شيء عن الموضوع *A-t-on dit quelque chose sur le sujet ?*	**D** 'ālū/n'āl šī ^{c}ane-l-mawḍū^{c} **C** 'alū/n'āl ḥāga ^{c}ane-l-mawḍū^{c} **A** waš yequlu
دعيت إلى حفلة (اندعيت) *J'ai été invité à une fête*	**D** nda^{c}ēt la ḥafli **C** 'et^{c}azamt ^{c}alā ḥafla **A** ḍayfūnī ^{c}lā ḥafla
كسر الكأس (انكسر) *Le verre s'est cassé*	**D** nkasare-l-kās **C** nkasare-l-kās **A** enkasaret el kubbāya **B** tkassar-l-kās
سمع صوت (انسمع) *On a entendu une voix*	**D** nsama^{c}e-ṣ-ṣōt **C** ensama eṣ-ṣōt **A** smé^{c}nu ṣōt

40 أَعرف شَخْصاً يتكلَّم خَمْس لُغات ٤٠

A 1 PRÉSENTATION

■ **Un relatif sous-entendu**. L'arabe n'exprime le relatif qu'après un nom déterminé (cf. leçon 32). Sinon, le relatif reste sous-entendu.

عرَض، يعرِض	*projeter*	معرَض، معارِض	*exposition* m
دام، يَدوم	*durer*	دشَّن، يُدشِّن	*inaugurer*
ٱشتَغَل، يشتَغِل	*travailler*	مَركَز، مَراكِز m	*centre*
مجّاناً	*gratuitement*	ثقافي (R)	*culturel*

A 2 APPLICATION (CD)

1. شاهَدتُ ٱلبارِحة فلماً يُعرَض قُرب بيتِنا.
2. قُمنا بِرِحلة دامت أُسبوعَين.
3. هل سَمِعتَ بِإنسان يشتَغِل مجّاناً ؟
4. ذهبوا إلى معرِض عن بيكَاسو دُشِّن مُنذُ يومَين.
5. يدرُس ٱلعربيّة في مركَز ثقافيّ يقَع في ٱلحيّ.
6. هل هو ٱلمركزُ ٱلثَّقافي ٱلمِصْريّ الّذي يقع قُربَنا ؟
7. أرى ٱلنّاس ٱلَّذين يركُضون.
8. أرى ٱلنَّاس يركُضون.

A 3 REMARQUES

Rappel : Le relatif en arabe renvoie forcément à un référent **déterminé** : soit un **nom affecté** de l'artcile (phr. 6), du possessif ou d'un compl. de nom ; soit un **nom propre** (*c'est Sami [celui] dont je t'ai parlé,* هذا سامي الذي حدّثتك عنهُ) ; ou encore un **pronom** : *C'est lui qui m'a parlé,* هو الذي كلّمني.

■ **Proposition infinitive et proposition relative.** L'arabe distingue la proposition compl. de manière, indiquant une **action en cours** (rendue en français par l'infinitif) de la proposition relative. Dans le premier cas, il ne met jamais le relatif, même après un référent déterminé (comparer phr. 7 et 8).

A 4 TRADUCTION

1. J'ai vu hier un film [qui] est projeté à côté de chez nous.
2. Nous avons fait un voyage [qui] a duré deux semaines.
3. As-tu [jamais] entendu [parler] de quelqu'un [qui] travaille gratuitement ?
4. Ils sont allés à une exposition sur Picasso [qui] a été inaugurée il y a deux jours.
5. Il étudie l'arabe dans un centre culturel qui se trouve dans le quartier.
6. Est-ce le centre culturel égyptien [qui] se trouve à côté de [chez] nous ?
7. Je vois les gens [qui] courent.
8. Je vois les gens courir.

1. [šāhadtu-l-bāriḥa^{t} film^{an} yu^{c}raḍ ḳurba baytinā]. 2. [ḳumnā bi-riḥla^{t} dāmat 'usbū^{c}ayn]. 3. [hal sami^{c}ta bi 'insān ya^{c}mal maǧǧān^{an}]. 4. [d̠ahabū 'ilā ma^{c}rid ^{c}an picasso duššina mund̠u yawmayn]. 5. [yadrusu-l-^{c}arabiyya^{t} fī markaz ṯaḳāfiyy yaḳa^{c} fi-l-ḥayy]. 6. [hal huwa-l-markarzu-ṯ-ṯaḳāfiyyu-l-miṣriyyu-l-lad̠ī yaḳa^{c} ḳurbanā]. 7. ['ara-n-nāsa-l-lad̠īna yarkuḍūn]. 8. ['ara-n-nās yarkuḍūn].

B 1 PRÉSENTATION

■ Pour exprimer la **négation absolue**, *il n'y a aucun(e)*, l'arabe emploie cette tournure :

لا + nom singulier indéterminé et sans **tanwin**

• Cette construction est souvent utilisée pour exprimer une vérité générale, un slogan ou un aphorisme (phr. 4).

intérêt	مَصلَحة، مصالِح	*science* m	عِلم، عُلوم
différence m	فَرْق، فُروق	*sans*	بِلا
doute	شَكّ، شُكوك	*éthique*	أَخْلاق
courageux	شُجاع، شُجْعان	*espoir*	أَمَل، آمال

B 2 APPLICATION (CD)

1. لا مصلَحةَ لَهُ في ذلِك.
2. لا فَرقَ بينَ هاتَيْن ٱلصّورَتَين.
3. لا شكَّ أنَّها ٱمْرأَة شُجاعة.
4. لا عِلمَ بلا أَخْلاق.
5. لا إلهَ إلّا اللّه.
6. سمِعتُها تقول إنَّها ستَتزَوَّج قَريباً.
7. خرَج يبكي ويقول : لا أمَلَ لي في ٱلشِّفاء.

B 3 REMARQUES

■ Le mot objet de la négation porte une **fatha**, mais **jamais de tanwin** : لا مانِعاً من هذا serait incorrecte.

■ **La proposition compl. de manière**. Rendue en français par une phrase infinitive (phr. 6), ou un participe présent (phr. 7), elle indique toujours un **procès**, une action en cours.

☞ **Prononciation** : Après une **damma** ou une **fatha**, le **lam** qui vient après l’article dans اللّٰه, al-Lāh (phr. 4), se prononce avec emphase.

Profession de foi du musulman.

Je proclame qu'il n'y a de dieu que Dieu

أَشْهَدُ أَنْ لَا إِلٰهَ إِلَّا اللّٰه

B 4 TRADUCTION

1. Il n’a aucun intérêt (aucun intérêt pour lui) à cela.
2. Il n’y a aucune différence entre ces deux photos.
3. Il n’y a aucun doute qu’elle est une femme courageuse.
4. Pas de science sans éthique.
5. Il n’y a de dieu que Dieu.
6. Je l’ai entendu dire qu’elle se marierait bientôt.
7. Il est sorti pleurer en disant : "Il n’y a aucun espoir pour moi de guérir".

1. [lā maṣlaḥa^{t} lahu fī ḏālik]. 2. [lā farḳa bayna hātayni-ṣ-ṣuratayn]. 3. [lā šakka ’annaha-mra’a^{t} šuğā^{c}a^{t}]. 4. [lā ^{c}ilma bilā ’aẖlāḳ]. 5. [lā ’ilāh ’illa-l-lāh]. 6. [sami^{c}tuhā taḳūl ’innahā sa-tatazawwağ ḳarīb^{an}]. 7. [ẖarağa yabkī wa-yaḳūl : lā ’amala lī fi-š-šifā’].

40 EXERCICES

C 1 EXERCICES

A. Mettre le relatif qui convient, s'il y a lieu :

1. رأَيتُ ٱلفِلم .... يُعرَض.
2. سمعتُ مُغنّياً .... صَوته جميل.
3. أسمع ٱلبِنتَ .... تُغَنّي.

B. Lire et traduire :

1. رأيتُ شَخْصاً يدخُلُ ٱلبَيت منذُ لَحْظة.
2. سمِعتُ وَلداً يبْكي.
3. لا صَديقَ لي.
4. هل سمعتَ ٱلهاتِف يرِنّ.

C. Traduire : (CD)

1. Tu n'as aucun intérêt à (faire) cela.
2. Il n'y a absolument personne dans la maison.
3. Elle a fait un voyage qui a duré un mois et demi.
4. Il a entendu des gens crier.
5. J'ai lu un roman intéressant que m'a offert un ami.

C 2 CORRIGÉ

A. 1. ٱلّذي 2. rien 3. ٱلَّتي

B. 1. J'ai vu quelqu'un qui entrait dans la maison il y a un instant. 2. J'ai entendu un enfant pleurer. 3. Je n'ai aucun ami . 4. As-tu entendu le téléphone sonner ?

C.

1. لا مَصلَحةَ لَكَ في ذلك.
2. لا أحَدَ في ٱلبيت.
3. قامَت بِرِحْلة دامَت شهراً ونِصْف.
4. سمِعَ ناساً يصرُخون.
5. قرَأتُ رِواية شيِّقة قدَّمَها لي صديق.

C 3 LES ARABES ET L'OCCIDENT

■ Pour dire **Arabe** et **Occident**, l'arabe utilise deux mots qui ne diffèrent pratiquement que par un point sur la première lettre : عَرَب [ᶜarab] et غَرْب [ġarb]. Est-ce là un symbole de leurs rapports mutuels, un effet de reflet permettant aussi bien la communication par la ressemblance que le conflit par la symétrie ?

• **Communication** : car, après avoir transmis à l'Occident la philosophie grecque et leurs **découvertes propres** dans les domaines des mathématiques (chiffres, système décimal, algèbre...), de la médecine, de la cosmologie, de l'architecture, de la navigation, de la cuisine, les Arabes ne cessent depuis le XIXe siècle de lui emprunter aussi bien ses institutions politiques et sociales que sa technologie, tout en forgeant à son contact leurs outils littéraires et artistiques tout comme leur idéologie politique.

• **Conflit** : au souvenir vivace de 732 et des **Sarrasins** qui hante l'Occident répond le souvenir non moins vivace des **Croisades** et de l'ère coloniale. Les oppositions actuelles sont parfois d'intérêts économiques et politiques, souvent cristallisés autour du sort fait aux Palestiniens depuis 1948. Elles sont gonflées artificiellement par l'**ignorance mutuelle** (croyances religieuses, culture, vision des choses).

• Mais il faut espérer que les communications humaines, politiques et culturelles entre les deux blocs amèneront à une vraie **reconnaissance réciproque**. Ce manuel voudrait y contribuer. Après tout, la différence entre les deux ne tient... qu'à un fil.

"Recherche le savoir, fût-ce en Chine" : (Propos du Prophète)

أُطلب العلم ولَوْ في الصّين

D 1 (CD) ■ شَرْق وغَرْب

1. خالِد نعم تخَصَّصْتُ في ٱلجِراحة في إِنْكلتَرا.
2. جَميل وهل أَعجَبتْكَ ٱلحَياة في أُوروبّا ؟
3. خالِد طَبعاً، ولكنّ عالَمَهُم غير عالَمِنا. أنا أُؤْمِن بالأَصالة.
4. جَميل ولكنَّنا نأخُذ مِنهم ٱلعُلوم وٱلتِّقَنيَّات وٱلفَلْسَفة،
5. ماذا يبْقى لَنا منَ ٱلأَصالة غير ٱلنَّرْجيلة وٱلبُرنُس ؟
6. خالِد أنتَ تُبالغ. حياتُنا ٱلاجْتماعيّة أفضَل.
7. ولا تَنسَ أنَّنا نحن أَصْلُ ٱلدِّيانات !
8. جميل ٱلأُصول لا تَكفي فلا أَصالَةَ بِدون إنْتاج وبِدون ٱنْفِتاح.
9. خالِد ولكِن لا ٱنْفِتاحَ حقيقيّ بِدون أصالة !

D 2 VOCABULAIRE

- تَخَصَّص *se spécialiser* • جِراحة *chirurgie*
- عالَم، عَوالِم *monde* • آمَن، يُؤمن *croire, avoir foi*
- أَصالة *spécificité* • بالَغ، يُبالِغ *exagérer*
- اِجْتماعيّ (R) *social* • دِيانة *religion*

Sagesse : *Rien de nouveau sous le soleil*

لا شيءَ جديدَ تحت الشّمس

D 3 Orient et Occident

1. Je me suis spécialisé en chirurgie en Angleterre.
2. Et la vie en Europe t'a-t-elle plu ?
3. Naturellement, mais leur monde n'est pas le nôtre. Moi, je crois à l'authenticité.
4. Mais nous leur prenons sciences, technologies et philosophie.
5. Que nous reste-t-il de l'authenticité à part le narguilé et le burnous ?
6. Tu exagères. Notre vie sociale est meilleure.
7. Et n'oublie pas que nous sommes [à] l'origine des religions.
8. Les origines ne suffisent pas. Pas d'authenticité sans production et sans ouverture !
9. Mais pas d'ouverture réelle sans authenticité !

1. [na^{c}am taẖaṣṣaṣtu fi-l-ğirāḥa^{t} fī 'inglaterrā]. 2. [wa-hal 'a^{c}ğabatka-l-ḥayāt fī 'ūrūpā]. 3. [ṭab^{can} wa-lākinna ^{c}ālamahum ġayr ^{c}ālaminā 'anā 'u'min bi-l-'aṣāla^{t}]. 4. [wa-lākinnanā na'ẖuḏ minhum 'al-^{c}ulūm wa-t-tiḳaniyyāt wa-l-falsafa^{t}]. 5. [māḏā yabḳā lanā mina-l-'aṣāla^{t} ġayru-n-narğīla^{t} wa-l-burnus]. 6. ['anta tubāliġ ḥayātuna-l-iğtimā^{c}iyya^{t} 'afḍal]. 7. [wa-lā tansā 'annanā naḥnu 'aṣlu-d-diyānāt]. 8. ['al-'uṣūl lā takfī fa-lā 'aṣāla bi-dūn 'intāğ wa-bi-dūni-l-infitāḥ]. 9. [wa-lākin la-nfitāḥ ḥaḳīḳiyy bi-dūn 'aṣāla^{t}].

D 4 EXPRESSIONS UTILES

■ **Identité et altérité.** Ce débat ne cesse de remuer la société arabe depuis deux siècles. Face à **l'Autre**, الآخَر, quel **dialogue**, حِوار, instaurer ? **L'identité** culturelle, الهُويّة, doit intégrer la **modernité**, الحداثة, tout en respectant la spécificité, notion rendue en arabe par **authenticité**, الأصالة. Rendu difficile par des **conflits**, صِراع, d'intérêts et d'**hégémonie**, هَيمَنة, ce dialogue a bien fonctionné pour le **développement**, التَنمية. Reputé impossible par le théorie du **conflit des civilisations**, صِراع الحضارات, ou des **religions**, صِراع الديانات, il reste vital et doit éviter de se focaliser sur le religieux.

E 1 L'IDENTITÉ ET L'ALTÉRITÉ

■ **Expressions courantes uitlisant la négation absolue :**

Point de vainqueur à part Dieu لا غالِبَ إلّا اللّٰه

Cette phrase, inscrite en boucle sur les murs de l'Alhambra de Grenade, symbole de puissance et de raffinement, a une valeur plus profonde que la simple résignation, attitude passive trop souvent attribuée à la mentalité arabe.

Il n'y a de puissance et de force qu'en Dieu لا حَوْلَ ولا قُوَّةَ إلّا بِاللّٰه

Se dit au moment des épreuves.

Pas de justice sans paix لا عَدلَ بِدون سَلام

Pas de fumée sans feu لا دُخانَ بِلا نار

■ **Le patrimoine**, التُراث. Depuis la **Renaissance arabe**, النهضة, cette notion occupe une place centrale dans le débat ; elle renvoie essentiellement à **culutre**, ثقافة , dimension universelle affirmée par la civilisation arabe classique qui est, à la pensée arabe, ce que fut **l'Antiquité** grecque à la Renaissance européenne. Patrimoine représente, dans ce sens, une dynamique de créativité et d'ouverture à l'universel. C'est seulement à la suite de l'échec de la modernisation, taraudée par des conflits incessants avec l'Occident cristallisés autour de la question palestinienne, qu'il a commencé à prendre un contenu religieux, **fondamentaliste**, poussé à l'extrême par l'islamisme.

C'est à ce courant fondamentaliste que, en héritier de la **Nahda**, le grand poète palestinien محمود درويش rappelle que :

التُّراثُ ليسَ ما نَرِثُهُ بل ما نُورِثُهُ

Le patrimoine (l'héritage) n'est pas ce que nous héritons, mais ce que nous donnons en héritage.

E 2 PARLER DIALECTAL

■ **Une passion discrète** (chanson iraqienne)

mā lī šuġl bi-s-sug marrēt lāšūfak

Je n'avais rien à faire au marché, je suis passé rien que pour te voir.

■ **Rester debout** (chanson égyptienne, du film Le destin de Youssef Chahine)

ᶜallī ṣōtak bi-l-ġinā, lissa-l-aġānī mumkina

Chante, chante à voix haute, il te sera toujours possible de chanter.

■ **Attendre le retour de l'amoureux** (Fayrouz)

yawm we-yamayn we-ğemᶜa, šahr wešahrēn,

teᶜbet bi-ᶜayni-damᶜa wēn ġāyeb wēn ?

Déjà un jour, deux, une semaine, un mois et même deux ;

se fatigue la larme que retiennent mes yeux ; jusques à quand ?

■ **Savent-ils aimer ?** (Fayrouz)

bekteb 'ismak yā ḥabībī ᶜa-l-ḥōre-l-ᶜatī', btektub 'ismī yā ḥabībī ᶜa ramle-ṭ-ṭarī' ; webukrā betaštti-d-dinī... byeb'ā 'ismak yā ḥabībī w'ismī byenmaḥā.

J'écris ton nom, mon amour, sur les vieux peupliers ; tu écris mon nom, mon amour, sur le sable du chemin ; et lorsque demain il pleuvra..., ton nom restera et le mien s'effacera.

we-hdītnī wardi, farğētā la-ṣ-ṣḥābī, ḥaṭṭētā bektābī, zraᶜtā ᶜal-mḥaddi ; we hdīatk mazhariyyi, mā kint tdārīhā, welā teᶜtnī fīhā la-rāḥet l-hdiyyi. we baᶜdak bet'ellī beteḥebbnī ma bta'rif 'addēš ?

Tu m'as offert une rose, l'ai montrée à mes amis, je l'ai plantée sur mon oreiller ; je t'ai offert un rosier, tu t'en es si peu occupé, si peu pris soin que le cadeau a disparu. Tu continues pourtant à me dire que tu m'aimes tant et tant ?

■ **Aimer l'amour** (Oumm Kouthoum)

min agli ᶜaynayka ᶜašiqtu-l-hawā... allāḥ maḥabba !

A cause de tes yeux, j'ai aimé l'amour... Dieu est amou !

■ **Proverbe arabe.** *Une langue apprise vaut une vie d'homme*

كُلُّ لِسانٍ بِإنسان

TESTS DE CONTRÔLE – LEÇONS 31 À 40

Compléter avec a, b ou c :
(il y a une seule réponse par phrase)

31.

– **خالِد ونبيل ...** [ḫālid wa-nabīl ...]

a. **يدخُلون** [yadḫulūn]

b. **يدخُل** [yadḫul]

c. **يدخُلان** [yadḫulān]

32.

– **أعرِف الرَّجُل ... يدخُل الآن** ['acrifu-r-rağul... yadḫulu-l-'ān]

a. Ø

b. **الّذي** ['allaḏī]

c. **الّتي** ['allatī]

33.

– **الكِتاب ... أقرَأ شيّق ...** ['al kitāb... 'aḳra'a šayyiḳ ...]

a. **الّتي – ها** ['allatī]

b. **الّذي – ه** ['allaḏī]

c. Ø – Ø

34.

– **أعتقد أنّكَ ... يا عمر** ['actaḳidu 'annaka... yā cumar]

a. **مخلصاً** [muḫliṣan]

b. **مخلصٌ** [muḫliṣun]

c. **مخلصٍ** [muḫliṣin]

35.

– **لا يحِبُّ ...** [lā yuḥibbu ...]

a. **التَّدخين** ['at-tadḫīn]

b. **يُدخِّن** [yudaḫḫin]

c. **تَدخين** [tadḫīn]

Voir **corrigé**, page 445.

36.

– سُعاد أقلّ ... من ليلى [su^cād 'aḳallu ... laylā]

a· أجمَل ['aǧmal]
b· جمالاً [ǧamāl[an]]
c· جميلةٌ [ǧamīlat[un]]

37.

– يا ليلى ... [yā laylā ...]

a· اذهَبي ['id̲habī]
b· اذهبوا ['id̲habū]
c· إذهَب ['id̲hab]

38.

– إن ... اليوم ... معاً إلى السّينما
['in ... 'al-yawma ... ma[c]an 'ilā-s-sīnamā]

a· تأتي – نذهبُ [ta'tī – nad̲habu]
b· تأتِ – نذهبْ [ta'ti – nad̲hab]
c· تأتِ – نذهبُ [ta'ti – nad̲habu]

39.

– نُقلَتْ ... إلى المستشفى [nuḳilat ... 'ilā-l-mustašfā]

a· المريضةَ ['al-marīḍata]
b· المريضةِ ['al-marīḍati]
c· المريضةُ ['al-marīḍatu]

40.

– أعرف رجلاً ... يتكلّم الرّوسيّة
['a[c]rifu raǧul[an] ... yatakallamu-r-rūsiyya[t]]

a· الّذي ['allad̲ī]
b· Ø
c· الّتي ['allatī]

Voir **corrigé**, page 445.

SOMMAIRE
DU PRÉCIS GRAMMATICAL

A. L'alphabet ['al-abğadiyya[t]] الأبجدية

1. L'alphabet arabe compte 29 lettres (consonnes et voyelles longues), plus quelques variantes, des signes de voyelles brèves et de redoublement.

a. Tableau alphabétique. Le nom de la lettre est à droite, suivi des 4 formes correspondant aux 4 positions puis de la transcription.

[ٱ]					وصلة	wasla
[']				ء	همزة	hamza
[ā]	ا/ى	ـا/ى	ـا	ا	ألف	alif
[b]	ب	ـب	ـبـ	بـ	باء	bā'
[t]	ت	ـت	ـتـ	تـ	تاء	tā'
[ṯ]	ث	ـث	ـثـ	ثـ	ثاء	ṯā'
[ğ]	ج	ـج	ـجـ	جـ	جيم	ğīm
[ḥ]	ح	ـح	ـحـ	حـ	حاء	ḥā'
[ḫ]	خ	ـخ	ـخـ	خـ	خاء	ḫā'
[d]	د	ـد	ـد	د	دال	dāl
[ḏ]	ذ	ـذ	ـذ	ذ	ذال	ḏāl
[r]	ر	ـر	ـر	ر	راء	rā'
[z]	ز	ـز	ـز	ز	زاء	zā'
[s]	س	ـس	ـسـ	سـ	سين	sīn
[š]	ش	ـش	ـشـ	شـ	شين	šīn
[ṣ]	ص	ـص	ـصـ	صـ	صاد	ṣād
[ḍ]	ض	ـض	ـضـ	ضـ	ضاد	ḍād
[ṭ]	ط	ـط	ـطـ	طـ	طاء	ṭā'
[ẓ]	ظ	ـظ	ـظـ	ظـ	ظاء	ẓā'
[ᶜ]	ع	ـع	ـعـ	عـ	عين	ᶜayn
[ġ]	غ	ـغ	ـغـ	غـ	غين	ġayn

[f]	ف	ـف	ـفـ	فـ	فاء	fā’
[ḳ]	ق	ـق	ـقـ	قـ	قاف	ḳaf
[k]	ك	ـك	ـكـ	كـ	كاف	kaf
[l]	ل	ـل	ـلـ	لـ	لام	lām
[m]	م	ـم	ـمـ	مـ	ميم	mīm
[n]	ن	ـن	ـنـ	نـ	نون	nūn
[h]	ه	ـه	ـهـ	هـ	هاء	hā’
[ū] [w]	و	ـو	ـو	و	واو	wā
[ī] [y]	ي	ـي	ـيـ	يـ	ياء	yā’

b. Variantes et autres signes.

• Deux signes, le *yā’*, ي et le *wāw*, و peuvent avoir deux valeurs, selon le contexte :

– voyelle longue : ي = *i* très long, et و = *ou* très long.

– semi-voyelle : ي = *y* (comme dans *voyage*) et و = *w* (comme dans *Waterloo*).

• Variantes :

– Le **alif** final peut s’écrire ا/ـا ou ى/ـى , appelé **alif maksuūra.**

– La **ta marbouta,** qui ne se trouve qu’en fin de mot : ة/ـة

• Autres signes :

– La **chadda :** ـّـ, qui vaut redoublement de la consonne sur laquelle elle se place.

– La **madda** : آ, qui vaut une hamza suivie de la voyelle longue alif.

– La **wasla** : ٱ, qui se prononce comme une hamza au début d’une phrase ou après un arrêt, et ne se prononce pas lorsqu’elle fait ensemble avec ce qui précède.

• Les voyelles brèves sont :

– La **damma** : ـُـ [u] (prononcez : **ou**).

– La **fatha** : ـَـ [a]

– La **kasra** ـِ [i]. Notez que la **kasra** accompagnant une **chadda** s'écrit au-dessous de la **chadda** ou bien au-dessous de la consonne. Ainsi [suǧǧila] peut s'écrire : سُجِّلَ ou سُجِّل

• Commodité : Lorsque la **hamza** et la **wasla** sont affectées d'une **kasra**, elles s'écrivent souvent sous le **alif** : اِسم pour ['ism] et إِنْ pour ['in].

2. Lettres solaires et lettres lunaires.

a. Liste :

Lettres lunaires		Lettres solaires	
[']	ء	[t]	ت
[b]	ب	[ṯ]	ث
[ǧ]	ج	[d]	د
[ḥ]	ح	[ḏ]	ذ
[ḫ]	خ	[r]	ر
[ʿ]	ع	[z]	ز
[ġ]	غ	[s]	س
[f]	ف	[š]	ش
[ḳ]	ق	[ṣ]	ص
[k]	ك	[ḍ]	ض
[m]	م	[ṭ]	ط
[h]	هـ	[ẓ]	ظ
[w]	و	[l]	ل
[y]	ي	[n]	ن

b. Les lettres solaires sont celles auxquelles le ل [l] de l'article **s'assimile** dans la prononciation, entraînant un **redoublement** de la lettre. Ainsi, le mot اَلشَّمس, *soleil*, ne se prononce pas ['al-šams], mais ['aš-šams] . La **chadda**, ـّ, placée sur la première lettre d'un mot affecté de l'article, est signe de ce phénomène **d'assimilation** et indique que la lettre est solaire.

• Par convention, on considère que toutes les lettres qui fonctionnent comme le ش sont dites **solaires**, à cause du mot شَمس. Les autres lettres sont dites **lunaires**, car elles fonctionnent comme le [ق] de قَمَر [ḳamar], *lune*, qui ne connaît pas ce phénomène d'**assimilation** après l'article. En effet, اَلقمر, *la lune*, se prononce ['al-ḳamar] et non ['aḳ-ḳamar].

3. Les lettres et les points d'articulation.

a. Les lettres dites emphatiques se prononcent en arrondissant le haut du palais. Ce sont :

ص [ṣ] se prononce س [s] en relevant le haut du palais
ض [ḍ] se prononce د [d] en relevant le haut du palais
ط [ṭ] se prononce ت [t] en relevant le haut du palais
ق [ḳ] se prononce ك [k] en relevant le haut du palais
ظ [ẓ] se prononce ذ [ḏ] en relevant le haut du palais

• Une lettre emphatique a tendance à mettre une note d'emphase sur les lettres avoisinantes.

b. Les lettres interdentales se prononcent en mettant la pointe de la langue entre les dents. Ce sont :

- ث [ṯ], prononcer س [s] avec la pointe de la langue entre les dents
- ذ [ḏ], prononcer ذ [z] avec la pointe de la langue entre les dents (penser au [th] anglais de **the**).
- ظ [ẓ], prononcer ض [ḍ] avec la pointe de la langue entre les dents

c. Lettres gutturales, et il faut bien les distinguer, sont :

ح [ḥ], خ [ẖ], ه [h], [ᶜ] ع et ء [']

4. Problèmes de prononciation.

• La **ta marbouta** se prononce obligatoirement comme un *t* normal, lorsqu'elle est suivie d'un complément de nom. On dira قِطْعَة كَبِيرَة [ḳiṭᶜaᵗ kabīraᵗ], *une grande part*, mais قِطْعَة حَلوى [ḳiṭᶜat ḥalwā], *une part de gâteau.*

• Devant l'article, les voyelles longues se prononcent comme des voyelles brèves. On dira في بيت [fī bayt], *dans une maison*, et في ٱلبَيت [fil-bayt], *dans la maison.*

• La **wasla**, ٱ, se prononce comme une **hamza** en début de phrase ou après un arrêt. Sinon, elle ne se prononce pas du tout.

La wasla peut se trouve sur l'article ٱلـ, mais aussi au début de quelques mots dont les plus courants sont : ٱِسم ['ism], *nom* ; ٱِبن ['ibn], *fils* ; ٱِبنة ['ibnaᵗ], *fille*, et au début de certaines formes verbales à l'accompli et au masdar (cf. Gram. G. 3).

5. Problèmes d'écriture.

a. La hamza. Elle se prononce quelle que soit sa place dans le mot. Mais elle peut s'écrire seule ou sur un support.

• En début du mot, son support est toujours le **alif** [ا] → أ. Mais lorsque la voyelle qui l'accompagne est une **kasra**, elle peut s'écrire sous le **alif** إ.

• En milieu et en fin de mot, elle peut s'écrire seule : ساءَل [sā'ala], ماء [mā'], ou sur un support qui peut être :

- Le **wāw**, و , comme : مَسؤول [mas'ūl].
- Le **alif**, ا, comme : سَأَل [sa'ala].
- Le **yā'**, ي, privé de ses deux points comme : سُئِل [su'ila], سائِل [sā'il], ou قارئ [ḳāri'].

• Si elle est suivie de la voyelle longue **alif**, elle devient une **madda**, آ. Ainsi, أاسِف ['āsif], *désolé*, s'écrit آسِف.

• Certaines lettres (م , ح , ج et خ) s'écrivent parfois sous la lettre précédente. Vous pouvez le constater dans les textes écrits en calligraphie dans les parties D et E.

B. Noms et adjectifs : le nombre

• **Règle absolue** : en arabe l'adjectif qualificatif se met toujours après le nom.

• L'arabe utilise, en plus du singulier et du pluriel, le duel, quand il s'agit de deux personnes, choses...

1. Le duel se forme systématiquement, pour les noms et les adjectifs (pour les pronoms et les verbes, cf. Gram. J et E), par l'ajout d'un suffixe انِ, [āni] ou ـيْنِ [ayni], selon le cas (la fonction du mot dans la phrase). Ainsi, كتاب جميل [kitāb ġamīl], *un beau livre*, devient au duel : كِتابانِ جَميلانِ [kitābāni ġamīlāni] ou كتابَيْنِ جَميلَيْنِ [kitābayni ġamīlayni], selon le contexte, et زَهْرَة [zahra[t]], *fleur*, devient زَهرَتانِ [zahratāni], ou زَهْرَتَيْنِ [zahratayni] (cf. Gram. D. 3).

2. Le pluriel régulier.
Certains noms et adjectifs se mettent au pluriel par l'ajout d'un suffixe (ce procédé est appelé pluriel régulier) et d'autres par une transformation interne du mot (appelé pluriel « **brisé** »).

a. Le pluriel régulier peut être masculin ou féminin.

• Le **pluriel régulier masculin** se forme par l'ajout du suffixe ونَ [ūna] ou ـينَ [īna], selon le cas (la fonction du mot dans la phrase). Ainsi, مَسؤول [mas'ūl], *responsable*, devient مَسؤولونَ [mas'ūlūna] ou مَسؤولينَ [mas'ūlīna], selon le cas (cf. Gram. D).

Attention : Ce pluriel ne s'utilise que dans les mots (noms ou adjectifs) se rapportant à des humains de sexe masculin.

b. Le pluriel régulier féminin se forme en ajoutant le suffixe ات [āt] au mot. Si celui-ci se termine par une **ta marbouta**, comme طاوِلَة [ṭāwila^t], *table*, celle-ci disparaît. Le pluriel est alors طاوِلات [ṭāwilāt].

Attention : Ce pluriel peut être utilisé pour les noms renvoyant à des humains ou non. Ainsi, le pluriel de حَيَوان [ḥayawān], *animal*, est حَيَوانات [ḥayawānāt]. Mais pour l'adjectif, seul celui qui se rapportent à des humains de sexe féminin peut se mettre à cette forme. On dira جَميلات [ğamīlāt], *jolies*, s'agissant de femmes, mais جَميلَة [ġamīla^t], s'agissant de non-humains (cf. leçon 24 A et B), objets, animaux, sentiments...

3. Le pluriel « brisé » (à flexion interne). Il s'utilise pour certains mots (noms et adjectifs) de genre masculin ou féminin et renvoyant à des humains comme à des non-humains. Ses formes sont nombreuses, mais les plus courantes sont :

a. Certains mots composés de 3 lettres (non comprise la **ta marbouta**) ont un pluriel brisé, construit selon l'un de ces 2 procédés :

- Le procédé de la forme أَفْعال ['af^cāl]. Il consiste à ajouter un أ ['a] au début du mot et un **alif** avant la dernière lettre (après avoir supprimé la **ta marbouta**, s'il y a lieu).

['awlād]	أَوْلاد	←	وَلَد	[walad]	*enfant*
['ašğār]	أَشْجار	←	شَجَرَة	[šağara^t]	*arbre*
['aḍwā']	أَضْواء	←	ضَوْء	[ḍaw']	*lumière*

☞ La voyelle de la 1re lettre d'origine est le **soukoun**.

- Le procédé de la forme فُعول. Il consiste à ajouter un **wāw** [ū] avant la dernière lettre, et affecter la première lettre d'une **damma** (en supprimant la **ta marbouta**).

[ḳulūb]	قُلوب	←	قَلْب	[ḳalb]	*cœur*
[^culūm]	عُلوم	←	عِلْم	[^cilm]	*science*
[nuğūm]	نُجوم	←	نَجْمَة	[nağma^t]	*étoile*

b. Certains mots composés de 4 lettres (non comprise la **ta marbouta**), débutant par un مَـ [ma], se mettent au pluriel selon la forme مَفاعِل. On ajoute un alif après la 2e lettre et on affecte la 3e d'une **kasra**.

[macāmil]	مَعامِل	←	مَعْمَل	[macmal]	*usine*
[maḫāzin]	مَخازِن	←	مَخْزَن	[maḫzan]	*magasin*
[madāris]	مَدارِس	←	مَدْرَسة	[madrasat]	*école*

c. Certains adjectifs formés de 4 lettres dont l'avant-dernière est un ي [ī], se mettent au pluriel selon le procédé de la forme فِعال. Le ي [ī] est transformé en ا [ā] et la première lettre est affectée d'une **kasra**.

[kibār]	كِبار	←	كَبير	[kabīr]	*grand*
[ṭiwāl]	طِوَال	←	طَويل	[ṭawīl]	*long*

C. Nom et adjectif : la détermination.

1. La détermination du nom.
Un nom est considéré comme déterminé (on dit aussi *défini*) dans l'un des quatre cas suivants :

- S'il est affecté de **l'article** : اَلْكِتاب ['al-kitāb], *le livre.*
- S'il est suivi du **pronom affixe** faisant fonction de possessif كِتابي [kitābī], *mon livre.*
- S'il est un nom propre : مُحَمَّد [muḥammad], *Muhammad.*
- S'il est **suivi** d'un complément de nom, lui-même déterminé par l'article (كِتابُ ٱلْمُعَلِّم [kitābu-l-mucallim, *le livre du professeur*) ou le possessif (كِتابُ أَخي [kitābu 'aḫī], *le livre de mon frère*), ou qui soit un nom propre (كِتابُ مُحَمَّد [kitābu muḥammad], *le livre de Muhammad*).

2. La détermination de l'adjectif. L'adjectif est considéré comme déterminé lorsqu'il est affecté de l'article : كَبير [kabīr], *grand*, et الكَبير ['al-kabīr], *le grand.*

Note : L'adjectif épithète s'accorde en détermination avec le nom, mais s'il est attribut, il reste toujours indéterminé (cf. Gram. D).

D. Nom et adjectif : la déclinaison ou إعراب ['iʿrāb]

1. Définition.

Selon la **fonction** qu'ils occupent dans la phrase, les noms et les adjectifs changent de **voyelle finale** (s'ils sont au singulier, au pluriel régulier féminin ou au pluriel brisé) ou de **suffixe** (s'ils sont au pluriel régulier masculin ou au duel).

• Concernant les mots portant la voyelle finale, soit les exemples suivants :

1. *Le médecin est là* ['aṭ-ṭabību hunā] الطَّبيبُ هُنا
2. *Je vois le médecin* ['ara-ṭ-ṭabīb] أرى الطَّبيبَ
3. *Je vais chez le médecin* ['aḏha 'ilā-ṭ-ṭabīb] أذهب إلى الطَّبيبِ

Le mot الطَّبيب ['aṭ-ṭabīb], *le médecin*, reçoit la **damma** ـُ lorsqu'il est sujet (phr. 1), la **fatha** ـَ lorsqu'il est complément direct (phr. 2) et la **kasra** ـِ lorsqu'il est précédé par une préposition (phr. 3). En changeant de voyelle finale, le nom se décline.

En **arabe littéraire**, la voyelle de la déclinaison doit toujours apparaître. En **arabe standard** elle n'apparaît que pour faciliter la prononciation. C'est le cas :

- lorsque le nom est suivi par un mot portant l'article et avec lequel il forme un seul ensemble sémantique, un adjectif épithète (الطَّبيبُ الجَديد هُنا ['aṭ-ṭabību-l-ǧadīd hunā], *le nouveau médecin est là*) ou un complément de nom (عمر طَبيبُ العائِلة [ʿumar ṭabību-l-ʿā'ila^{t}) *Omar est le médecin de la famille*). Dans ces deux exemples, le nom الطَّبيبُ ['aṭ-ṭabīb] doit se prononcer lié aux mot suivant ; ce qui est plus facile si la voyelle finale est prononcée ;
- lorsque le nom porte le possessif (sauf celui de la 1re pers. sing.). Ex. : اسمُكَ جميل ['ismuka ǧamīl] *ton nom est joli.*

2. Les cas et les marques.

Il y a trois formes de déclinaison (ou **cas**) en arabe. Ce sont :

- Le **nominatif** ou مَرفُوع [marfūᶜ].
- L'**accusatif** ou مَنصوب [manṣūb].
- Le **génitif-datif** ou مَجرور [mağrūr].

Les marques de ces cas sont :

a. Au nominatif, le nom (et l'adjectif) reçoit :

- ـُ s'il est déterminé et ـٌ s'il est indéterminé, à condition qu'il ne soit ni un pluriel masculin régulier ni un duel.
- ان s'il est au duel (cf. 29 A et B).
- ـونَ s'il est au pluriel masculin régulier (cf. 22 A et B).

b. À l'accusatif, il reçoit :

- ـَ s'il est déterminé et ـاً s'il est indéterminé, à condition qu'il ne soit ni un duel ni un pluriel masculin régulier.
- ـَيْنِ [ayni] s'il est au duel.
- ـِينَ [īna] s'il est au pluriel masculin régulier.
- ـِ pour le déterminé et ـٍ pour l'indéterminé s'il est pluriel féminin régulier.

c. Au génitif-datif, il reçoit :

- ـِ s'il est déterminé et ـٍ s'il est indéterminé, et ce à condition qu'il ne soit ni un duel ni un pluriel masculin régulier.
- ـَيْنِ [ayni] au duel.
- ـِينَ [īna] au pluriel masculin régulier.

Attention : Au duel et au pluriel masculin régulier, la désinence perd son ن [n] final si le nom est suivi par un complément de nom.

• En arabe standard, le ـٌ et le ـٍ n'apparaissent pratiquement jamais. Seul le ـاً apparaît (sauf sur la **ta marbouta**).

3. Les fonctions et les cas.

Selon leur fonction dans la phrase, le nom et l'adjectif se mettent à l'un des trois cas.

a. Se mettent au nominatif (مَرفوع [marfūᶜ]) :

- Le sujet de la phrase verbale (فاعل [fāᶜil]).
- Le sujet de la phrase nominale (même introduite par ليس) appellé مُبتَدأ [mubtada'] (cf. leçons 8, 20, 26, 33 et 34).
- L'attribut non précédé de préposition de la phrase nominale (خبر [ẖabar]).

b. Se mettent à l'accusatif (منصوب [manṣūb]) :

- Le complément direct (مَفعول بِهِ [mafᶜūl bihi]).
- Le sujet de la phrase nominale introduite par إنّ (cf. 31B).
- L'attribut de la phrase nominale introduite par لَيس [laysa] (cf. 20B), كان [kāna] et ses « soeurs » (cf. 26A).
- Le complément de manière (ou حال [ḥāl] (cf. 2B)).
- Le mot placé après l'interrogatif كَم [kam] *combien* ? (cf. 27A).

c. Se mettent au génitif-datif (مَجرور [mağrūr]) :

- Le nom précédé par une préposition ou un adverbe (cf. 18A).
- Le compl. de nom (مُضاف إليه [muḍāf 'ilayhi] (cf. 14B)).

d. Tableau récapitulatif.

génitif-datif مجرور indét dét.	accusatif منصوب indét dét.	nominatif مرفوع indét dét.	
ـٍ ـِ	ـاً ـَ	ـٌ ـُ	sing. et pl. non-rég.
ـَينِ	ـَيْنِ	ـانِ	duel
ـِينَ	ـِينَ	ـُونَ	pl. masc. rég.
ـاتٍ ـاتِ	ـاتٍ ـاتِ	ـاتٌ ـاتُ	pl. fém. rég.

4. Cas spéciaux.

d. Mots défectifs المنقوص : modèle [kāfī] **كافي**

génitif-datif indét dét.	accusatif indét dét.	nominatif indét dét.	
كافي كافٍ	كافيَ كافياً	كافي كافٍ	sing. mas.
كافينَ	كافينَ	كافونَ	pl. masc.

• Le ي [y] disparaît quelquefois devant le **tanwin** dont il ne reste que 2 formes, et devant la désinence du pluriel. Le ـُ et le ـٌ n'apparaissent pas. Au duel et au pluriel féminin régulier aucun changement n'intervient.

Ex. : *c'est suffisant* se dira هذا كافٍ [hāḏā kāfī] et non هذا كافيٌ [hāḏā kāfiyu^{N}].

• Au duel, aucun changement n'intervient.

b. *Père* أب ['ab] et *frère* أخ ['aḫ]

génitif-datif indét dét.	accusatif indét dét.	nominatif indét dét.	
أبي أبٍ ['abi^{N}] ['abī]	أبا أباً ['aba^{an}]['abā]	أبو أبٌ ['abu^{N}] ['abū]	أب
أخي أخٍ ['aḫi^{N}] ['aḫī]	أخا أخاً ['aḫ^{an}] ['aḫā]	أخو أخٌ ['aḫu^{N}] ['aḫū]	أب

Ex. : *C'est le frère de mon ami* se dira هذا أخو صديقي [hāḏā 'aḫū ṣadīḳī].

• Suivis du possessif de la 1re personne du singulier, ces mots ont une seule forme : أبي ['abī], *mon père* et أخي ['aḫī], *mon frère.*

• Au duel : أب devient أبوانِ ou أبَوَيْنِ et أخ devient أخَوانِ ou أخَوَيْنِ.

5. Déclinables et non-déclinables, ou مُعْرَب [mu^{c}rab] et مَبنيّ [mabniyy].

• Seuls se déclinent le nom et l'adjectif (et certains adverbes dans des situations précises).

• Ne se déclinent pas : les pronoms personnels, les démonstratifs, les adverbes (sauf dans certaines situations), les prépositions, les conjonctions, les particules et certaines désinences qui s'attachent au verbe à l'inaccompli (le ونَ [ūna] de يعملونَ [ya^{c}malūna], *ils travaillent*), ainsi que les marques du duel (انِ [āni] et يْنَ [ayna]) ou du pluriel masculin régulier (cf. leçon 22). Ils sont indéclinables (en arabe مَبنيٌّ [mabniyy]).

• Dans tous ces mots, la voyelle finale, lorsqu'elle existe, fait partie du mot et, par conséquent, ne change pas : أمامَ ['amāma], *devant*. Les mots n'ayant pas de voyelle finale (comme مِنْ, *de*) en acquièrent une en cas de liaison (مِنَ البَيت [mina-l-bayt], *de la maison*, cf. leçon 10B) ; mais ce phénomène est sans relation avec la déclinaison.

• L'arabe standard, qui a tendance à négliger la voyelle finale, agit de même avec ces noms : عِنْدَ [^{c}inda], *chez*, se dira souvent عِنْدْ [^{c}ind] et يعملونَ, *ils travaillent* se dira souvent [ya^{c}malūn].

Rappel : L'adjectif épithète s'accorde avec le nom qu'il qualifie en cas.

E. Le verbe

■ Le verbe n'a que deux conjugaisons : **l'accompli**, ou ماضي [māḍī] et **l'inaccompli** ou مُضارِع [muḍāri^c]. Ces deux formes sont appelées **aspects**. Noter que l'aspect ne correspond au temps que dans une proposition simple (sans modalisation). Les nuances de temps sont encore obtenus grâce à des auxiliaires comme كانَ [kāna], *être*, ou à des particules ou conjonctions précises.

• En effet, le temps n'est exprimé exactement que par le contexte du verbe et notamment par les particules qui l'accompagnent. C'est ainsi que l'inaccompli précédé par لَم [lam] exprime le passé (cf. 29A), précédé par لَن [lan] le futur (cf. 25B), précédé par كانَ [kāna] l'imparfait (cf. 34A et B). De même pour l'inaccompli : précédé par إِنْ ['in], il exprime le futur (cf. 38A), par لَو [law] le passé lointain (cf. 38B). C'est pourquoi accompli et inaccompli sont appelés **aspects** et non pas temps. Ceux-ci, dans toute leur diversité, existent bien en arabe, mais seront obtenus par la combinaison des particules et des auxiliaires avec chacun de ces deux aspects.

1. Conjugaison de l'inaccompli.

a. Forme régulière (verbe dont les radicales sont toutes des consonnes).

Pluriel	Duel	Singulier	
نَعرفُ		أعرفُ	1re pers.
تَعرفونَ		تَعرفُ	masc.
	تَعرفانِ		2e pers.
تَعرفْنَ		تَعرفينَ	fém.
يَعرفونَ	يَعرفانِ	يعرفُ	masc.
			3e pers.
يَعرفْنَ	تَعرفانِ	تَعرفُ	fém.

• La voyelle du préfixe (désinence-sujet) qui est ici ـَـ peut être ـُـ dans d'autres verbe (أُحِبّ ['uḥibb] *j'aime*).

• La voyelle finale (sur la 3e radicale), qui est ـُـ [u] lorsque le verbe est à l'indicatif, n'apparaît en arabe standard qu'en cas de liaison.

b. Verbes se terminant par un ي (يشتري [yaštarī] *acheter*).

Pluriel	Duel	Singulier	
نَشتري		أَشتري	1re pers.
تَشترونَ تَشترينَ	تَشتريانِ	تَشتَري تَشترينَ	masc. 2e pers. fém.
يَشْتَرونَ تَشترينَ	يَشتريانِ تَشتريانِ	يشتَري تَشتَري	masc. 3e pers. fém.

c. Verbes se terminant par un و (يدعو [yadʿū] *inviter*).

Pluriel	Duel	Singulier	
نَدعو		أَدعو	1re pers.
تَدعونَ تَدعُونَ	تَدعوانِ	تَدعو تَدعينَ	masc. 2e pers. fém.
يدعونَ يدعونَ	يدعوانِ تدعوانِ	يدعو تَدعو	masc. 3e pers. fém.

• La voyelle ـُ ne peut apparaître sur la dernière radicale qui est une voyelle longue. Celle-ci disparaît devant certaines désinences finales et se prononce comme une semi-voyelle (ou une consonne) au duel.

d. Les verbes se terminant par un ى [a] (يرى [yarā] *voir*).

Pluriel	Duel	Singulier	
نَرى		أَرى	1re pers.
تَرَوْنَ تَرَيْنَ	تَرَيانِ	تَرى تَرَيْنَ	masc. 2e pers. fém.
يَرَوْنَ تَرَيْنَ	يَرَيانِ تَرَيانِ	يَرى تَرى	masc. 3e pers. fém.

• La voyelle ne peut apparaître sur la dernière radicale qui est une voyelle longue. Celle-ci disparaît devant les désinences finales sans que la voyelle de la consonne précédente soit modifiée, ce qui oblige à prononcer la 1re partie de ces désinences comme une consonne (semi-voyelle) et non comme une voyelle longue. Cette voyelle longue se transforme au duel en ي [y].

e. Les verbes dont l'avant-dernière radicale est une voyelle longue la perdent au pluriel féminin (نام [nāma], *dormir*).

3e pers. fém. pl.	3e pers. fém. pl.		
يَنَمْنَ	تَنَمْنَ	يَنام	*dormir*
يستطِعْنَ	تَستطِعْنَ	يَستطيع	*dormir*
يَعُدْنَ	تَعُدْنَ	يَعود	*dormir*

2. Les verbes à l'accompli.

a. Forme régulière (verbe dont toute les radicales sont des consonnes : سمع [sami^{c}a], *écouter*).

Pluriel	Duel	Singulier	
سمِعْنا		سَمِعْتُ	1re pers.
سمِعْتُم سمِعْتُنَّ	سَمِعْتُما	سَمِعْتَ سَمِعْتِ	masc. 2e pers. fém.
سمِعُوا سمِعْنَ	سمِعا سمِعَتا	سَمِعَ سَمِعَتْ	masc. 3e pers. fém.

b. Conjugaison du verbe ليس [laysa], *ne pas être.*

Pluriel	Duel	Singulier	
لَسْنا		لَسْتُ	*dormir*
لَسْتُما لَستُنَّ	لَسْتُما	لَسْتَ لَستِ	masc. 2e pers. fém.
لَيسوا لَسْنَ	لَيسَا لَيْسَتا	لَيسَ لَيسَت	masc. 3e pers. fém.

c. Verbes trilitères (à trois radicales) يقول ← قال [ķāla] *dire.*

Pluriel	Duel	Singulier	
قُلْنا		قُلْتُ	1re pers.
قُلْتُمْ قُلْتُنَّ	قُلتُما	قُلْتَ قُلْتِ	masc. 2e pers. fém.
قالوا قُلْنَ	قالا قالَتا	قالَ قالَت	masc. 3e pers. fém.

- Le **alif** disparaît aux 2e et 3e pers. partout et à la 3e pers. du fém. pl. ; la voyelle de la 1re consonne devient ـُـ .

d. Verbes trilitères ينام ← نام [nāma], *dormir* et يسير ← سار [sāra], *marcher.*

Pluriel	Duel	Singulier	
نِمنا		نِمتُ	1re pers.
نِمتُم نِمْتِنَّ	نِمْتُما	نِمْتَ نِمْتِ	masc. 2e pers. fém.
ناموا نِمْنَ	ناما نامَتا	نام نامَت	masc. 3e pers. fém.

• Le **alif** disparaît aux 1re et 2e pers. partout et à la 3e pers. du fém. pl. ; la voyelle de la 1re consonne devient ـِ .

e. Verbes dont l'avant-dernière lettre est un **alif** : اِحتاج ['iḥtāǧa] *avoir besoin.*

Pluriel	Duel	Singulier	
ٱحتَجْنا		ٱحْتَجْتُ	1re pers.
ٱحتَجْتُم ٱحتَجْتُنَّ	ٱحتَجْتُما	ٱحتَجْتَ ٱحتَجْتِ	masc. 2e pers. fém.
ٱحتاجوا ٱحتَجْنَ	ٱحتاجا ٱحتاجَتا	ٱحتاجَ ٱحتاجَت	masc. 3e pers. fém.

Le **alif** tombe aux 1re et 2e pers. partout, et à la 3e pers. du fém. pluriel .

f. Verbes dont le **alif final** à l'inaccompli devient ي à l'inaccompli. يشتري ← ٱشْتَرى ['ištarā], *acheter.*

Pluriel	Duel	Singulier	
ٱشتَرَيْنا		ٱشتَرَيْتُ	1re pers.
ٱشتَرَيْتُم ٱشتَرَيْتُنَّ	ٱشتَرَيْتُما	ٱشتَرَيْتَ ٱشتَرَيْتِ	masc. 2e pers. fém.
ٱشتَرَوْا ٱشتَرَيْنَ	ٱشتَرَيا ٱشتَرَتا	ٱشترى ٱشتَرَتْ	masc. 3e pers. fém.

Le **alif** se transforme le plus souvent en [y], mais il disparaît à la 3e pers. du fém. sing. et du masc. pl. La voyelle de la consonne précédente ne change jamais.

g. Verbes dont le **alif final** devient و. دَعَوْتُ ← دعا [daᶜā], *inviter.*

Pluriel	Duel	Singulier	
دَعَوْنا		دَعَوْتُ	1re pers.
دَعَوْتُم	دعَوتُما	دَعَوْتَ	masc. 2e pers.
دَعَوْتُنَّ		دَعَوْتِ	fém. 2e pers.
دَعَوا	دعَوا	دعا	masc. 3e pers.
دَعَوْنَ	دَعَتا	دَعَت	fém. 3e pers.

h. Verbes dont la dernière lettre est **redoublée**. أَحَبَّ ['aḥabba], *aimer*.

Pluriel	Duel	Singulier	
أحبَبْنَا		أحبَبْتُ	1re pers.
أحبَبْتُم	اَحْبَبْتُما	أَحْبَبْتَ	masc. 2e pers.
أحبَبْتُنَّ		أَحْبَبْتِ	fém. 2e pers.
أَحَبُّوا	أَحَبَّا	أَحَبَّ	masc. 3e pers.
أَحبَبْنَ	أَحَبَّتا	أَحَبَّت	fém. 3e pers.

• La lettre redoublée se **dédouble** aux 1re et 2e pers. partout, comme à la 3e pers. du fém. pl. ; la première des deux lettres reçoit alors le **fatha**.

F. Le verbe : Les modes

• Les modes verbaux ne concernent que l'inaccompli. L'accompli n'a pas de modes. L'inaccompli change de voyelle ou de désinence finales en changeant de **mode**. Le mode est donc au verbe ce qu'est la déclinaison au nom. Les temps, à l'intérieur de chaque mode, s'obtiennent au moyen de particules ou d'auxiliaires placés avant le verbe (cf. 25, 29, 30, 37 et 38).

• L'inaccompli peut se mettre à l'un des trois modes suivants : **l'indicatif**, **le subjonctif** et **l'apocopé**.

1. L'indicatif (مرفوع [marfū[c]], le même terme désigne aussi le nominatif) est le mode de base du verbe, lorsqu'il n'est précédé par aucune particule (conjonction, p. ex.) commandant le subjonctif ou l'apocopé (cf. sections suivantes).

• La marque de l'indicatif est la **damma** sur la dernière radicale du verbe (ex : يذهبُ [yaḏhabu], *s'en aller*) les désinences finales du pluriel ou du féminin restant invariables (يذهبون [yaḏhabūna], *ils s'en vont* ; تذهبينَ [taḏhabīna], *tu* (f) *t'en vas*). Lorsque le verbe se termine par une voyelle longue, la damma finale disparaît : يشتري [yaštarī] et non pas يشتريُ [yaštariyu].

• Toutes les conjugaisons en **E.1** sont données à l'indicatif.

2. L'apocopé (مجزوم [mağzūm])

C'est le mode du verbe à l'inaccompli lorsqu'il est précédé par certaines particules :

– لم [lam], *ne... pas* (négation au temps passé, cf. 29A) ;

– لا [lā], *ne... pas* (impératif à la forme négative, cf. 29B) ;

– لِـ [li-] (injonction à la 1re ou la 3e pers., cf. 37B) ;

– إن ['in], *si* (conditionnel ou potentiel, cf. 38A).

• La marque de l'apocopé est le soukoun ـْ sur la dernière radicale du verbe et la disparition du ن final des désinences du pluriel et du féminin (sauf du féminin pluriel).
Attention : les verbes des formes dérivées perdent également leur 2[e] radicale si celle-ci est une voyelle longue. يستطيع [yastaṭī'u] devient لم يستطِع [lam yastaṭi[c]], *il n'a pas pu*.

• L'apocopé du verbe ne comportant pas de voyelle longue parmi ses radicales :

Pluriel	Duel	Singulier	
تَسمَعْ		أسمَعْ	1re pers.
تسمعوا	تَسمَعا	تَسمَعْ	masc. 2e pers.
تسمَعْنَ		تسمَعي	fém.
يسمعوا	يسمعا	يسمَعْ	masc. 3e pers.
يسمَعْنَ	تسمعا	تسمَعْ	fém.

Attention : le **alif final** du verbe au masc. pl. ne se prononce pas.

• Les verbes se terminant par une voyelle longue (**يمشي** [yamšī], *marcher*) la perdent sans que soit affectée la voyelle de la consonne précédente.

Pluriel	Duel	Singulier	
نَمشِ		أَمشِ	1re pers.
تَمشوا	تمشِيا	تَمشِ	masc. 2e pers.
تَمشينَ		تمشي	fém.
يمشوا	يَمشِيا	يَمشِ	masc. 3e pers.
يَمشينَ	تمشِيا	تمشِ	fém.

• Les verbes ayant comme 2e radicale une voyelle longue la perdent le plus souvent : **يقول** [yaḳūlu].

Pluriel	Duel	Singulier	
نَقُلْ		أَقُلْ	1re pers.
تقولوا	تقولا	تَقُلْ	masc. 2e pers.
تقُلْنَ		تَقولي	fém.
يقولوا	يقولا	يَقُلْ	masc. 3e pers.
يقُلْنَ	تقولا	تَقُلْ	fém.

3. Le subjonctif (منصوب [manṣūb], désigne également l'accusatif) est le mode du verbe à **l'inaccompli** précédé par certaines particules ;
- **أن** ['an], *que* (à ne pas confondre avec **أنَّ**, cf. 25A) ;
- **لِـ** [li-], **لِكَي** [likay] ou **كَي** [kay] *pour que* ;
- **حتى** [ḥattā] *jusqu'à ce que* ;
- **لن** [lan], *ne pas* (la négation du futur, cf. 25B).

Sa marque est la **fatha** ـَ sur la dernière radicale et la disparition du final des désinences du pluriel et du féminin (sauf au fém. pl.).

Pluriel	Duel	Singulier	
نسمَعَ		أسمَعَ	1re pers.
تسمعوا تسمَعْنَ	تسمَعَا	تَسمَعَ تسمَعي	masc. 2e pers. fém.
يسمعوا يسمَعْنَ	يسمَعا تسمَعا	يسمَعَ تسمَعَ	masc. 3e pers. fém.

• Les verbes se terminant par une **voyelle longue** reçoivent la **fatha**, sauf si cette voyelle est un **alif**. On dira **أن يمشيَ** ['an yamšiya] et **أن يدعوَ** ['an yadᶜuwa], mais **أن ينسى** ['an yansā].

G. Les formes verbales.

1. Qu'est-ce qu'une forme verbale ?

a. Théoriquement, chaque verbe arabe a une forme simple et plusieurs formes dérivées. La forme simple est *trilitère*, c'est-à-dire formée de trois lettres dites **radicales** (les 3 **radicales** de **يعلم** [yaᶜlam], *savoir*, sont **ع**, **ل** et **م**. Les autres formes sont dites dérivées car formées par l'ajout à ces trois radicales d'une ou de plusieurs lettres invariables, placées à des endroits bien précis dans le verbe. Ces ajouts donnent une connotation précise à chaque forme (cf. p. 157 et 160). Les grammairiens arabes ont pris, pour symboliser ces formes verbales, le modèle abstrait formé des 3 radicales sont ف, ع et ل [f, ^{c}, l], ce qui donne à l'accompli le modèle فَعَلَ [fa^{c}ala], (ou فَعِلَ ou فَعُلَ) et à l'inaccompli le modèle يَفْعَلُ [yaf^{c}al] (ou يَفْعِلُ ou encore يَفْعُلُ). À partir de ce modèle, on montre la construction propre à chacune des autres formes de chaque verbe existant.

b. Les grammairiens ont pris comme point de départ l'accompli de chaque forme à partir duquel se construisent d'une manière systématique et spécifique l'**inaccompli**, l'**impératif** et l'**infinitif**.
Nous donnerons ici les formes les plus utilisées à l'accompli, à l'inaccompli, à l'impératif et à l'infinitif.
Nous donnerons également les transformations secondaires les plus importantes qui interviennent lorsque l'une des radicales du verbe se trouve être une voyelle longue.
Toutes ces formes sont données à la 3e pers. du singulier. La conjugaison aux autres personnes subit dans le cas signalé au paragraphe précédent une certaine transformation. Il faudra se reporter alors aux tableaux de conjugaison.

c. Signalons enfin que si théoriquement chaque verbe peut se trouver à toutes ces formes verbales, la pratique a fixé les choses depuis des siècles, de sorte que beaucoup de verbes ne s'utilisent pratiquement qu'à certaines formes et que d'autres n'ont plus de forme simple actuellement utilisée.

2. Tableaux simplifiés des formes.

■ Forme I.

Infinitif	Impératif	Inaccompli	
Variable	اِفْعَلْ اِفْعِلْ اُفْعُلْ	يَفْعَلُ يَفْعِلُ يَفْعُلُ	فَعَلَ فَعِلَ فَعُلَ

• C'est la **forme simple** (trilitère) dont toutes les autres sont dérivées. Mais elle est la plus imprévisible. En effet, la voyelle de la 2e radicale à l'accompli et l'inaccompli est variable. Il faut se référer à chaque fois aux dictionnaires. Exemples :

دَرْس	أُدْرُس	يَدْرُسُ	دَرَسَ	*étudier*
عَمَلْ	اِعْمَلْ	يَعْمَلُ	عَمِلَ	*travailler*

• Par ailleurs, si le verbe compte parmi ses radicales un ا, un و ou un ي, celui-ci peut se transformer en une autre voyelle longue ou disparaître. Voici quelques modèles :

a. À la 1re radicale : elle disparaît :

وُصول	صِلْ	يَصِلُ	وَصَلَ	*arriver*

b. À la 2e radicale : elle disparaît à l'impératif, mais peut se transformer à l'inaccompli :

قَوْل	قُلْ	يَقولُ	قالَ	*dire*
سَيْر	سِرْ	يَسيرُ	سارَ	*marcher*
نَوْم	نَمْ	يَنامُ	نامَ	*dormir*

c. À la 3e radicale : cela fonctionne comme en **b** :

دُعاء	أُدْعُ	يَدعو	دَعا	*appeler*
مَشْي	اِمشِ	يمشِي	مَشى	*marcher*

Il en résulte certaines transformations mineures dans les conjugaisons : se reporter à Grammaire E.

Attention : Partout, l'impératif peut être déduit à partir de l'inaccompli, avec disparition systématique des voyelles longues.

■ **Forme II.** Redoublement de la 2e radicale ; modification vocalique à l'inaccompli et à l'impératif.

تَفْعيل	فَعِّل	يُفَعِّلُ	فَعَّلَ	
تدخين	دَخِّنْ	يُدَخِّنُ	دَخَّنَ	*fumer*

■ **Forme III**. Ajout d'un **alif** après la 1re radicale ; modification vocalique.

مُفاعَلَة	فاعِلْ	يُفاعِلُ	فاعَلَ	
مُساعَدَة	ساعِدْ	يُساعِدُ	سَاعَدَ	*aider*

■ **Forme IV**. Ajout de أ avant la 1re radicale, à l'accompli ; il disparaît à l'inaccompli en entraînant une modification vocalique.

إفْعال	أَفْعِل	يُفْعِلُ	أفْعَلَ	
إغْلاق	أَغْلِقْ	يُغْلِقُ	أَغْلَقَ	*fermer*

• Si la 2e radicale est ا [ā], elle devient ي [ī] à l'inaccompli et disparaît à l'impératif : comme pour le verbe *vouloir*.

إرادة	أَرِدْ	يُرِيدُ	أَرَادَ	*vouloir*

• Si la 2e et la 3e radicales sont similaires, il se conjugue comme *aimer* (sauf pour le **masdar**).

مَحَبَّة	أَحْبِبْ	يُحِبُّ	أَحَبَّ	*aimer*

■ **Forme V**. Ajout de تـ avant la 1re radicale et redoublement de la 2e. Aucune modification vocalique à l'inaccompli.

تَفَعُّل	تَفَعَّلْ	يَتَفَعَّلُ	تَفَعَّلَ	
تَعَلُّم	تَعَلَّمْ	يَتَعَلَّمُ	تَعَلَّمَ	*apprendre*

■ **Forme VI**. Ajout de تـ avant la 1re radicale et de ا ; après celle-ci. Aucune modification vocalique.

تَفاعُل	تَفاعَلْ	يَتَفاعَلُ	تَفاعَلَ	
تَتابُع	تَتابَعْ	يَتَتابَعُ	تَتَابَعَ	*se suivre*

■ **Forme VII**. Ajout de انـ avant la 1re radicale. À l'inaccompli disparition de la **wasla** et transformation vocalique.

ٱنْفِعَال	ٱنْفَعِلْ	يَنْفَعِلُ	ٱنْفَعَلَ	
ٱنْكِسَار	ٱنْكَسِرْ	يَنْكَسِرُ	ٱنْكَسَرَ	*se casser*

■ **Forme VIII**. Ajout de ا avant la 1re radicale et de تـ après. À l'inaccompli, disparition de la **wasla** et transformation vocalique.

ٱفْتِعَال	ٱفْتَعِلْ	يَفْتَعِلُ	ٱفْتَعَلَ	
ٱسْتِلَام	ٱسْتَلِمْ	يَسْتَلِمُ	ٱسْتَلَمَ	*recevoir*

• Si la 2e radicale est un **alif**, elle disparaît à l'impératif, comme dans le verbe *avoir besoin* :

ٱحْتِيَاج	ٱحْتَجْ	يَحْتَاجُ	ٱحْتَاجَ	*avoir besoin*

• Si la 3e radicale est un ي , elle se transforme comme dans *acheter*.

ٱشْتِرَاء	ٱشْتَرِ	يَشْتَرِي	ٱشْتَرَى	*acheter*

■ **Forme IX**. Ajout de ا avant la 1re radicale et redoublement de la 3e. Aucune modification vocalique à l'inaccompli. C'est la forme des verbes exprimant la couleur.

ٱفْعِلَال	ٱفْعَلَّ	يَفْعَلُّ	ٱفْعَلَّ	
ٱحْمِرَار	ٱحْمَرَّ	يَحْمَرُّ	ٱحْمَرَّ	*rougir*

■ **Forme X.** Ajout de اِسْتـ avant la 1re radicale. Disparition de la **wasla** à l'inaccompli et transformation vocalique.

اِسْتِفْعال	اِسْتَفْعِلْ	يَسْتَفْعِلُ	اِسْتَفْعَلَ	
اِسْتِعْمال	اِسْتَعْمِلْ	يَسْتَعْمِلُ	اِسْتَعْمَلَ	*utiliser*

• Si la 2e radicale est un ا , elle devient ي à l'inaccompli et disparaît à l'impératif comme dans *pouvoir*.

اِسْتِطاعة	اِسْتَطِعْ	يَسْتَطِيعُ	اِسْتَطاعَ	*pouvoir*

3. L'impératif.

• La forme donnée ici est l'impératif affirmatif, appelé أمر ['amr], ordre. Exemple : اِذْهَب ['iḏhab], *va*, ou اِسْمَعْ ['ismac], *écoute*. Il concerne uniquement la 2e personne.
En voici le tableau exhaustif :

Pluriel		Duel	Singulier	
Fém.	Masc.		Fém.	Masc.
اِسمَعْنَ	اِسمَعوا	اِسمَعْا	اِسمَعي	اِسمَعْ

• Pour exprimer la **défense** (*ne fais pas*), appelé نَهي [nahiy], l'arabe n'utilise pas l'impératif, mais le verbe à l'inaccompli, au mode acopopé, précédé par لا [lā].

Pluriel		Duel	Singulier	
Fém.	Masc.		Fém.	Masc.
لا تسمَعْنَ	لا تَسمَعوا	لا تَسمَعا	لا تَسمَعي	لا تَسْمَعْ

Voir leçon 31B.

4. Formes verbales : tableau complet (voir page suivante).

Nous avons donné plus haut uniquement l'**accompli**, l'**inaccompli**, l'**impératif** et le **masdar**. Pour être complet, nous y ajoutons :

– Le participe présent ou **اسم فاعِل** ['ism fā^c^il].

– Le participe passé ou **اسم مَفعول** [['ism maf^c^ūl].

– L'accompli à la voix passive ou **ماضي مَجهول** [māḍī maǧhūl].

– L'inaccompli à la voix passive ou **مُضارِع مَجهول** [muḍāri^c^ maǧhūl].

Note concernant la forme I.

* À l'accompli comme à l'inaccompli, la voyelle de la 2e radicale est **imprévisible**. Il faudrait la retenir pour chaque verbe, ou la vérifier dans un dictionnaire en cas de doute. On peut cependant faire remarquer que :

– le verbe qui a son accompli en **فعُل** aura toujours l'inaccompli en **يفعُل** ;

– le verbe qui a son accompli en **فعَل** ou **فعِل** peut avoir l'inaccompli en **يفعَل**, **يفعِل** ou **يفعُل**.

* À l'**impératif,** la voyelle de la 2e radicale est la même que celle de l'inaccompli.

Inaccompli passif	Accompli passif	Participe passé اسم المفعول	Participe présent اسم الفاعل	masdar مصدر	Impératif أمر	Inaccompli مُضارع	Accompli ماضي
يُفْعَلُ	فُعِلَ	مَفْعول	فاعِل	variable	ٱفْعل	يفعل	فعل
يُفَعَّل	فُعِّلَ	مُفَعَّل	مُفَعِّل	تفعيل/تَفْعِلة	فَعِّلْ	يُفَعِّلُ	فَعَّلَ
يُفاعَل	فوعِلَ	مُفاعَل	مُفاعِل	مُفاعَلة/فِعال	فاعِلْ	يُفاعِلُ	فاعَلَ
يُفْعَلُ	أُفْعِلَ	مُفْعَل	مُفْعِل	إفْعال	أَفْعِل	يُفْعِلُ	أَفْعَلَ
يُتَفَعَّلُ	تُفُعِّلَ	مُتَفَعَّل	مُتَفَعِّل	تَفَعُّل	تَفَعَّلْ	يَتَفَعَّلُ	تَفَعَّلَ
يُتَفاعَلُ	تُفوعِلَ	مُتَفاعَل	مُتَفاعِل	تَفاعُل	تَفاعَلْ	يَتَفاعَلُ	تَفاعَلَ
يُنْفَعَلُ	ٱنْفُعِلَ	مُنْفَعَل	مُنْفَعِل	ٱنْفِعال	ٱنْفَعِلْ	يَنْفَعِلُ	ٱنْفَعَلَ
يُفْتَعَلُ	ٱفْتُعِلَ	مُفْتَعَل	مُفْتَعِل	ٱفْتِعال	ٱفْتَعِلْ	يَفْتَعِلُ	ٱفْتَعَلَ
—	—	—	مُفْعَلّ	ٱفْعِلال	ٱفْعَلَّ	يَفْعَلُّ	ٱفْعَلَّ
يُسْتَفْعَلُ	ٱسْتُفْعِلَ	مُسْتَفْعَل	مُسْتَفْعِل	ٱسْتِفْعال	ٱسْتَفْعِل	يَسْتَفْعِلُ	ٱسْتَفْعَلَ

H. Phrase nominale.

• C'est la phrase qui ne contient pas de verbe, ou plus précisément celle où l'auxiliaire *être* كَانَ [kāna] est **sous-entendu**. Le sujet de la phrase nominale est dénommé **moubtada'** مُبتَدَأ [mubtada'] et l'attribut **khabar** خَبَر [ẖabar].

• Condition du **moubtada'** مُبتَدَأ.

Il peut être un pronom personnel (أنا) ou démonstratif (هذا), un nom propre ou nom commun. Dans ce dernier cas, il doit être déterminé, c'est-à-dire :

- être affecté de l'article : الكتاب هُنا ['al-kitāb hunā].
- ou affecté d'un affixe possessif : كِتابي هُنا [kitābī hunā].
- ou suivi d'un complément de nom qui soit lui-même affecté de l'article (كِتابُ الطّالب هُنا *le livre de l'étudiant est ici*) ou de possessif (كِتابُ أَخي هُنا *le livre de mon frère est ici*).

• Condition du **khabar** خَبَر.

Son domaine est plus large que l'attribut du français. Il peut être :

- Un nom commun ou nom propre : أنا حَسَن.
- Un adverbe : أنا هُنا.
- Un complément de lieu : أنا في البَيْت.
- Un complément de temps : السَّفَر غدا.
- Un adjectif qualificatif : dans ce cas l'adjectif doit rester **indéterminé**, c'est-à-dire ne pas porter l'article : الكِتابُ جَميل.
- Un verbe conjugué (cf. plus loin).

I. Phrase verbale.

1. C'est une phrase débutant par un verbe, suivi par un sujet et le complément direct, les autres compléments (indirect, de lieu, de manière...) venant après.

يَأخُذ ٱلمُسافِرون ٱلطَّائِرَة إلى بَغْداد هذا ٱلمَساء

[ya'ẖuḏu-l-musāfirūna-ṭ-ṭā'ira[t] 'ilā baġdād hāḏa-l-masā']

Les voyageurs prennent l'avion pour Bagdad ce soir.

Attention : le complément de temps (*ce soir*) n'a pas de place fixe : il peut être à la fin comme les autres compléments circonstanciels, mais aussi au début ou au milieu de la phrase, selon l'importance qu'on lui accorde.

• Dans une telle phrase, le verbe s'accorde avec son sujet en **genre** uniquement et jamais en nombre.

2. Pour mettre le sujet en relief on peut le placer au début, avant le verbe ; la phrase devient alors **nominale** ; le verbe s'accorde alors avec son sujet en genre et en nombre :

المُسافِرون يَنْزِلونَ منَ الطَّائِرَة
['al-musāfirūn yanzilūna mina-ṭ-ṭā'ira^{t}]
Les voyageurs descendent de l'avion.

• C'est pour cela que l'arabe fait une distinction entre le **sujet de la phrase verbale** appelé **فاعل** [fā^{c}il] et **celui de la phrase nominale** appelé **مُبتَدَأ** [mubtada'].

3. Remarquer que les auxiliaires (**كانَ** [kāna], *être*, **لَيْسَ** [laysa], *ne pas être*, **إنَّ** ['inna], *certes*), ne sont pas considérés comme des verbes. Ils introduisent toujours une phrase nominale, dont l'attribut peut être un verbe :

إنَّ المُسافِرين يَنْزِلونَ منَ الطَّائِرَة
['inna-l-musāfirīn yanzilūna mina-ṭ-ṭā'ira^{t}]
Les voyageurs descendent de l'avion.

J. Les pronoms personnels.

• Les pronoms personnels dit **isolés.**

	3e pers.		2e pers.		1re pers.
	(f)	(m)	(f)	(m)	
sing.	هيَ	هوَ	أنتِ	أنتَ	أنا
plur.	هُنَّ	هُم	أنتُنَّ	أنتُم	نَحنُ

• Les pronoms personnels **affixes.**

	3e pers.		2e pers.		1re pers.
	(f)	(m)	(f)	(m)	
sing.	ـها	ـهُ/ـهِ	ـكِ	ـكَ	ني
plur.	هُنَّ	هُم/هِم	كُنَّ	كُم	نا

• Affixés au nom, ils expriment le **possessif** : كِتابُه [kitābuhu], *son livre.*

• Affixés au verbe, ils remplissent une fonction de **complément d'objet direct** : أعرِفُهُ ['a^{c}rifuhu], *je le connais.*

• Affixés aux adverbes et prépositions, ils remplissent une fonction de **complément indirect** : عِندَهُ [^{c}indahu], *chez lui,* مَعَهُ [ma^{c}ahu], *avec lui.*

K. Les démonstratifs.

Pluriel	Duel		Singulier		
	(f)	(m)	(f)	(m)	
هؤلاء هؤلاء	هاتان هاتين	هذان هذين	هذه	هذا	de proximité
أولئِكَ	ذاكان / ذاكين ذلكان / ذلكين		تلك	ذاك ذلك	d'éloignement

Noter que ces formes se déclinent uniquement au duel.

• Ces démonstratifs expriment l'**adjectif démonstratif** français (ce, cette, ces...) s'ils sont suivis immédiatement de l'article : هذا الكِتاب, *ce livre-ci* ; ذلك الكِتاب, *ce livre-là !* (pour mettre un exemple des démonstratifs d'éloignement. Sinon, ils expriment le **pronom démonstratif** : هذا جَيِّد [hāḏā jayyid], *ceci/celui-ci/c'est bon.*

• Dans : هذا, هذه, ذلكَ, هذان, هذين, ذلكان, ذلكين et هؤلاء, il faut supposer après la 1re lettre un **alif**, dans la prononciation. Ainsi, هذا et ذلِكَ se prononcent en fait هاذا et ذالِكَ.

L. Les pronoms relatifs.

Pluriel		Duel		Singulier	
Fém.	Masc.	Fém.	Masc.	Fém.	Masc.
ٱللواتي	ٱلّذين	ٱللتان ٱللّتين	ٱللذان ٱللذين	ٱلّتي	ٱلّذي

• Noter que ces pronoms se déclinent uniquement au duel.

M. Le complément circonstanciel de temps.

• S'il est précédé par une préposition ou un adverbe, il se met au génitif : في ٱلمساء [fī-l-masā'i], *au soir, le soir* ; قَبلَ الفجرِ [ḳabla-l-faǧri], *avant l'aurore*.

• S'il est seul, il se met à l'accusatif :
- avec une **fatha finale**, s'il est déterminé اليومَ ['al-yawma], *aujourd'hui* ; صباحَ ٱلأحد [ṣabāḥa-l-'aḥad], *le dimanche matin* (mot à mot, *le matin du dimanche*).
- avec un **tanwin**, double **fatha**, s'il est indéterminé : يصل مساءً [yaṣil masā'an], *il arrive le soir* ; غداً [ġadan], *demain*.

• S'il est précédé par des termes comme كُلّ [kull], *chaque/tout*, بعض [baᶜḍ], *quelque*, نِصف [niṣf], *la moitié*... ce sont ces termes qui se mettent à l'**accusatif**, tandis que le terme désignant le temps se met au **génitif** comme complément de nom :

- يَنام كُلَّ ٱلنّهارِ [yanām kulla-n-nahāri], *il dort toute la journée.*
- قضى بعضَ الوقتِ [ḳaḍā ba^cḍa-l-waḳti], *il a passé un certain temps.*
- عمل نِصفَ ٱلنّهارِ [^camila niṣfa-n-nahāri], *il a travaillé la moitié de la journée.*

• S'il est précédé par un nombre, celui-ci se met lui aussi à l'accusatif :

- نامَ ثلاثَ ساعاتٍ [nāma ṯalāṯa sā^cāti^N], *il a dormi trois heures.*
- دَرَسَ خَمسَ سنواتٍ [darasa ẖamsa sanawāti^N], *il a étudié cinq ans.*

N. Les nombres.

1. De 1 à 10.

[sitta^t]	٦ سِتّة	.6	[wāḥid^t]	١ وَاحد	.1
[sab^ca^t]	٧ سَبْعَة	.7	['iṯnān]	٢ إثنان	.2
[ṯamāniya^t]	٨ ثَمانية	.8	[ṯalāṯa^t]	٣ ثَلاثة	.3
[tis^ca^t]	٩ تِسْعَة	.9	['arba^ca^t]	٤ أرْبَعة	.4
[^cašara^t]	١٠ عَشرة	.10	[ẖamsa^t]	٥ خَمْسة	.5

• Le *zéro* se dit صِفر [ṣifr] et s'écrit comme un point : [٠] (Ne pas confondre avec le [٥] = 5, *cinq*).

• Pour dire **un**, l'arabe met واحد [wāḥid] après le nom : كِتاب واحِد [kitāb wāḥid], *un [seul] livre.*

• Pour exprimer le **deux**, l'arabe utilise le genre du *duel* : كتابان [kitābān], *deux livres*, plutôt que le chiffre correspondant.

• De **3 à 10** : le nom placé après le nombre se met au pluriel. Si le nom est masculin, le nombre prend la **ta marbouta.**

Si le nom est féminin, le nombre est privé de la **ta marbouta**. On dira donc :

أربعة كُتُبٍ ['arba^{c}atu kutub^{in}], *quatre livres* ;

mais **أربع طاولاتٍ** ['arba^{c}u ṭāwilāti^{in}], *quatre tables.*

• Le nombre prend la voyelle finale adaptée à sa fonction et le nom se met toujours au génitif :

عندي أربعةُ كتبٍ [^{c}indī 'arba^{c}atu kutubi^{N}], *j'ai quatre livres.*

اشتريت أربعَ طاولاتٍ ['ištaraytu 'arba^{c}a ṭāwilāti^{N}], *j'ai acheté quatre tables.*

2. De 11 à 19.

['aḥada ^{c}ašar]	أحَدَ عشر	١١	**11**
['iṯnā ^{c}ašar]	إثنا عشر	١٢	**12**
[ṯalāṯata ^{c}ašar]	ثلاثةَ عشر	١٣	**13**
['arba^{c}ata ^{c}ašar]	أربعةَ عشر	١٤	**14**
[ḫamsata ^{c}ašar]	خمسة عشر	١٥	**15**
[sittata ^{c}ašar]	ستّة عشر	١٦	**16**
[sab^{c}ata ^{c}ašar]	سبعة عشر	١٧	**17**
[ṯamāniyata ^{c}ašar]	ثمانية عشر	١٨	**18**
[tis^{c}ata ^{c}ašar]	تِسعة عشر	١٩	**19**

• Le nom placé après le nombre reste au **singulier** et se met à l'**accusatif**. Le nombre lui-même ne se décline pas, il garde comme voyelle finale la **fatha** :

عندي أربعةَ عشرَ كتاباً [^{c}indī 'arba^{c}ata ^{c}ašara kitāb^{an}], *j'ai quatorze livres.*

اشتريت أربَعَ عشرةَ طاولةً ['ištataraytu 'arba^{c}a ^{c}ašarata ṭāwilat^{an}], *j'ai acheté quatorze tables.*

• Le nombre *douze* obéit aux règles du duel.

3. De 21 à 99.

[wāḥid wa-ᶜišrūn]	واحِد وعِشرون	٢١	**21**
['iṯnān wa-ᶜišrūn]	إثنا وعِشرون	٢٢	**22**
[ṯalāṯaᵗ wa-ᶜišrūn]	ثلاثةَ وعِشرون	٢٣	**23**
['arbaᶜaᵗ wa-ᶜišrūn]	أربعةَ وعِشرون	٢٤	**24**
[ḫamsaᵗ wa-ᶜišrūn]	خمسة وعِشرون	٢٥	**25**

• Le nom placé après le nombre reste au singulier et se met à l'accusatif, comme après les nombres de 11 à 19.
Le nombre lui-même prend la marque de sa fonction :

وعشرون كتاباً [wa-ᶜašrūn kitāb^{an}], *j'ai vingt-quatre livres.*

أشتريت خمسَةً وعشرين طاولةً ['ištataraytu ḫamsat^{an} wa-ᶜišrīna ṭāwilat^{an}], *j'ai acheté vingt-quatre tables.*

Dans le 1er exemple, le nombre est au nominatif ; d'où le ـُ dans أربعُ et la marque du pluriel ون dans عِشرون. Dans le deuxième, le nombre est à l'accusatif.

• Le « deux » de 22, 32... obéit aux règles du duel.

4. 100 et 1000.

• Le nom placé après ces nombres reste au singulier, mais se met au génitif. Le nombre prend la voyelle finale de sa fonction :

عندي مِئةُ كتابٍ [ᶜindī mi'atu kitāb^{in}], *j'ai cent livres.*

أشتريت مِئةَ طاولةٍ ['ištataraytu mi'ata ṭāwilat^{in}], *j'ai acheté cent tables.*

Réponses aux tests de contrôle - Leçon 1-40

■ RÉPONSES AUX TESTS

10 bis (p. 92-93)

1 a)	2 a)	3 b)	4 c)	5 c)
6 b)	7 c)	8 b)	9 c)	10 a)

20 bis (p. 174-175)

11 b)	12 a)	13 c)	14 c)	15 b)
16 c)	17 b)	18 c)	19 c)	20 b)

30 bis (p. 256-257)

21 c)	22 b)	23 c)	24 b)	25 c)
26 b)	27 b)	28 c)	29 b)	30 b)

40 bis (p. 338-339)

31 c)	32 b)	33 b)	34 b)	35 a)
36 b)	37 a)	38 b)	39 c)	40 b)

■ CALCULEZ VOTRE SCORE ☐

■ RÉSULTATS ET DIAGNOSTIC

→ 36 à 40 Très bonnes connaissances (ou nouvelles acquisitions), bravo!

→ 30 à 35 Bonnes connaissances (ou acquisitions)

→ 25 à 29 Des connaissances, mais encore des points à maîtriser

→ 20 à 24 La moyenne! Mais il faut reprendre les points non maîtrisés

→ 15 à 19 Encore du chemin à parcourir ; reprenez tous les points non maîtrisés!

→ 10 à 14 Beaucoup de lacunes ; reprenez tous les points non maîtrisés!

→ 0 à 09 Ne vous découragez pas et reprenez depuis le début !

LEXIQUE

Mode d'emploi

Lexique arabe-français.

1. Le verbe est donné à l'accompli, puis à l'inaccompli.

- Pour la **forme I**, seule la voyelle de la 2e radicale est indiquée : ـَ , سمِع doit être lu : سَمِعَ، يَسْمَعُ.
- Si ce verbe comporte une voyelle longue, l'inaccompli est signalé sans voyelles : قال، يقول.
- Pour la **forme V**, la seule voyelle utilisée est la **fatha**,
- l'inaccompli est signalé par la désinence sujet يـَ :
  تعَلّم doit être lu : تَعَلَّمَ، يَتَعَلَّمُ.
- Les autres formes sont données normalement avec les voyelles spécifiques :
  - عَلّم، يُعلّم doit être lu : عَلَّمَ، يُعَلِّمُ
  - ٱستقبل، يستقبِل doit être lu : ٱِسْتَقْبَلَ، يَسْتَقْبِلُ ...

2. Le nom. Après le singulier, le pluriel est ainsi indiqué :

- (ون) pour le pluriel masculin régulier ; (ات) pour le pluriel féminin régulier.
- Le pluriel « brisé » est signalé : أخ، إِخوَة
- Si le **genre** du nom n'est pas évident, on le signale par (m) pour masculin et (f) pour féminin.

3. L'adjectif est suivi de :

- sa forme au féminin, au cas où celle-ci ne s'obtient pas par l'adjonction de **ta marbouta** : أحمَر، حمراء.
- une indication pour former le **pluriel** : – (ون) pour pluriel masculin régulier ; – (ات) pour pluriel féminin régulier ; – ou un (R) pour pluriel régulier masculin et féminin à la fois.
- Le **pluriel brisé** est donné entièrement.

Note : Seules les voyelles spécifiques sont signalées. La **fatha** en début de mot n'est jamais signalée.

Lexique français-arabe.

- Le chiffre, qui suit chaque mot français, renvoie au mot arabe correspondant dans le lexique arabe-français.

Lexique arabe-français

	ـ ا ـ	
1	آب	août
1a	آخَر (ون)	autre
	أُخرى، أخريات	autre (f)
1b	آخِر m	fin (adj)
2	آذار	mars
2a	آسِف r	désolé
3	آسيا	Asie
4	آمَن، يؤمِن	croire
4a	آنِسة (ات)	demoiselle
5	أب، آباء	père
6	ابتَعَدَ، يبتَعِد	s'éloigner
7	إبريق، أباريق m	cruche
8	أبطَأ، يُبطِئ	ralentir
9	ابن، أبناء	fils
10	– عمّ	cousin (pater.)
	– عمّة	
	– خال	– (mater.)
	– خالة	
11	– أخ	neveu
	– أُخت	
12	ابنة، بنات	fille
13	– عمّ	cousine (pater.)
	– عمّة	
	– خال	
	– خالة	– (mater.)
14	– أخ	nièce
	– أُخت	

15	أبيَض، بيض	blanc
	بيضاء	blanche
16	أتى، يأتي	venir
17	اِتَّصَل بـ، يتَّصِل	contacter
18	إثنَين	lundi
19	أجاب، يُجيب	répondre
20	آجار	loyer
21	اِجتاز، يجتاز	traverser
22	اِجتِماع (ات)	réunion
23	اِجتِماعيّ R	social
24	أجنَبيّ R	étranger
25	أحَبَّ، يُحِبّ	aimer
26	اِحتاج، يحتاج	avoir besoin
27	اِحتَفَظ، يحتَفظ	conserver
28	اِحتَفَل، يحتَفِل	célébrer
29	أحَد	dimanche
30	أحدَث، يُحدِث	produire
31	أحمَر، حُمر	rouge
	حمْراء	rouge (f)
32	أَحسَن	mieux, meilleur
33	أحْياناً	parfois
34	أخبَر، يُخبِر	informer
35	أُخْت، أَخَوات	sœur
36	اِختار، يختار	choisir
37	اِختَلَف، يختَلِف	diverger
38	أخ، إخْوَة	frère
41/39	أخَذ، ـُـ	prendre
42	أخضَر، خُضر	vert

	خضْراء	verte
43	أخلاق ج	morale (n.)
44	أخير R	dernier
45	أذَّن، يُؤَذِّن	appeler à la prière
46	أُذُن f آذان	oreille
47	أراد، يُريد	vouloir
48	إرادة (ات)	volonté
49	أربِعاء	mercredi
50	ارتَفَع، يرتَفِع	monter
51	أُردُنّ، الـ ــ	Jordanie
52	أرسَل. يُرسل	envoyer
53	أرمَلة، أرامِل	veuve
54	أزعج، يُزعِج	déranger
55	أزرَق، زُرق	bleu
	زرْقاء	bleue
56	أُسبوع، أُسابيع m	semaine
57	اِستَأجَر،يستَأجِر	louer(payer)
58	أُسْتاذ، أساتِذة	maître
59	اُستَطاع، يستَطيع	pouvoir
60	اِستَحى، يستَحي	être timide
61	اِستعجَل، يستَعجِل	se presser
62	اِستِعلامات	renseignement
63	اِستعمَل، يستَعمِل	utiliser
64	اِستَفاد، يستَفيد	profiter
65	اُستقبل، يستَقبِل	recevoir, accueillir
66	اِستَلم، يستَلم	recevoir
67	اِستَهلَك، يستَهلِك	consommer
68	اِستَيقَظ، يستَيقِظ	se réveiller
70/69	أسرَع، يُسرِع	se dépêcher

71	اِسم، أَسْماء	nom
72	أَسمَر، سُمْر	brun
	سَمْراء	brune
73	أَسْوَد، سود	noir
	سوْداء	noire
74	أشبَه، يُشبِه	ressembler
75	اِشْتِراكي R	socialiste
76	اِشتَرى، يشتَري	acheter
77	اِشتَغَل، يشتَغِل	travailler
78	أشعَل، يُشعِل	allumer
79	أَشقَر، شُقر	blond
	شَقراء	blonde
80	أصالة	authenticité
81	أصبَح، يُصبِح	devenir
82	أصْفر، صُفْر	jaune
	صفْراء	jaune (f)
83	أصْل، أُصول m	origine
84	إطلاقاً	absolument
85	أطفأ، يُطفِئ	éteindre
86	أعان، يُعين	aider
87	اِعتبَر، يعتَبِر	considérer
88	اِعتَذَر، يعتَذِر	s’excuser
89	اِعتَقَد، يعتَقِد	croire
90	أعجَب، يُعجِب	plaire
91	أعطى، يُعطي	donner
92	أُغنية، أغاني	chanson
93	أفْضَل	mieux
94	إفْريقيا	Afrique
95	إقامة (ات)	séjour
96	اِقتَرَب، يقتَرِب	s’approcher

97	اِقترَح، يقترِح	proposer
98	إقتِصاد m	économie
99	أقرَض، يُقرِض	prêter
100	أقلّ	moins
101	أقنَع، يُقنِع	persuader
102	أكثَر	plus
103	أكَل، ـُـ	manger
104	أكيد R	sûr
105	إلى	à, vers
106	الآن	maintenant
107	إلا	sauf
108	الّتي	qui (rel. f.)
109	اِلتَقى، يلتَقي	rencontrer
110	الّذي	qui (rel. m.)
111	أَلْغى، يُلغي	annuler
112	أَلْف، أُلوف	mille
113	أَلَم، آلام m	douleur
114	اليَوم	aujourd'hui
115	إمارة (ات)	émirat
116	إمارات عرَبيّة	Émirats arabes
117	أُمّ، أمَّهات	mère
118	أمامَ	devant
119	اِمْرَأة، نِساء	femme
120	أمْس	hier
121	أُمسِية	soirée
122	أمَل، أمال	espoir
123	أمْن m	sécurité
124	أمير، أمَراء	prince
125	أمريكا	Amérique
126	أمين سِرّ m	secrétaire
127	أنانيّ r	égoïste
128	أنانيّة	égoïsme
129	إِنتاج m	production
130	اِنتَبَه، ينتَبه	faire attention
131	اِنتَظَر، ينتَظِر	attendre
132	اِنتَهى، ينتَهي	se terminer
134/133	إنْسان، ناس	homme
135	اِنشِغال m	occupation
136	اِنفِتاح m	ouverture
137	اِنفِجار m	explosion
138	اِنقَطَع، ينقَطِع	se rompre
139	اِنكَسَر، ينكَسِر	se casser
140	اِنطَلَق، ينطَلِق	partir
141	أَنْهى، يُنهي	terminer
142	اِهتَمَّ، يهتَمّ	s'occuper
143	أهْل ج	parenté/parents
144	أهلاً وسهلاً	bienvenue
145	أوْ	ou
146	أوتوبيس (ات)	autobus
147	أوتيل (ات)	hôtel
148	أوروبّا	Europe
149	أوْقَف، يوقِف	arrêter
150	أوَّلاً	d'abord
151	أوّل أمْس	avant-hier
152	أيّ	c'est-à-dire
153	أيْضاً	aussi, encore
154	إيقاع (ات)	rythme
155	أيْلول	septembre
155a	أينَ	où
156	إيوان (ات)	divan

157	أيّار	mai

– ب –

158	باب، أبْواب m	porte
159	باحة (ات)	cour
160	بارِد R	froid (adj.)
161	باريس	Paris
162	باص، باصات m	bus
163	باكِراً	tôt
164	بالِغ R	adulte
165	بالعَكْس	au contraire
166	بَحْر، بُحور m	mer
167	بحْرَين، الـ	Bahrein
168	بحَث، ـَـ عن	chercher
169	بخشيش	bakchich
169a	بدَأ، يَبدأ	bakchich
170	بدا، يبدو	paraître
171	بِدون	sans
172	بَرْنامِج، برامِج	programme
173	بريد m	poste
174	– مُستَعجَل	– urgent
175	– مضمُون	– recommandé
176	بِسَبَب	à cause
177	بِسُرعة	vite
178	بسيط، بُسَطاء	simple (m)
	بسيطة (ات)	simple (f)
179	بسيطة !	pas grave
180	بِشَكْل	de façon
181	بِضاعة (ات)	marchandise
182	بِطاقة (ات)	billet
183	بَطَل، أَبْطال (ات)	champion
184	بطيء R	lent
185	بعْدَ غد	après-demain
186	بعْض	quelques
187	بعيد R	loin
188	بقّال R	épicier
189	بقِيَ، يبقى	reste
190	بِكْر، أبكار	aîné
191	بكى، يبكي	pleurer
192	بِلا	sans
193	بلَغ، ـُـ	atteindre
194	بَلْ	plutôt
195	بِناية (ات)	bâtiment
196	بِنت، بنات	fille
197	بِنطال، بَناطيل	pantalon
198	بيْت، بُيوت m	maison
199	بيرة	bière
200	بيْنَ	entre (prép.)

– ت –

201	تابَع، يُتابِع	poursuivre
202	تاريخ، تَواريخ m	date
203	تأَخَّر، يَـ...	être en retard
204	تأمين (ات) m	assurance
205	تِجارة (ات)	commerce
206	تجاوَز، يَـ...	dépasser
207	تحْتَ	sous, au-dessous de
208	تحَدَّث، يَـ...	parler
209	تحَرَّك، يَـ...	bouger
210	تحَسَّن، يَـ...	s'améliorer
211	تحَمَّل، يَـ...	supporter
212	تخَصَّص، يَـ...	se spécialiser

s'arranger ...تدبّر أمرَه، يَـ 213
laisser تَرَك، ـُـ 214
laisser faire تَرَكه وشأنَه 215
se marier تزَوَّج، يَـ... 216
loisir تسْلية (ات) 217
enchanté(s) تشَرَّفْنا 218
octobre تِشرين ١ 219
novembre تِشرين ٢ 220
se conduire تصَرَّف، يَـ... 221
faire connaissance...تعارَف، يَـ 222
viens تعالَ 223
viens (f) تعالَيْ...
dîner (v.) تعَشّى، يَـ... 224
tomber en panne...تعَطَّل، يَـ 225
déjeuner (v.) تغَذّى، يَـ... 226
déjeuner تغَدّى، يَـ... a226
changer تغَيَّر، يَـ... 227
pomme تُفاحة (ات) 228
coupe تفْصيل m 229
à peu près تقريباً 230
avancer تقَدَّم، يَـ... 231
technique تِقنِية (ات) 232
répétitif تِكراريّ R 233
parler تكَلَّم، يَـ... 234
télévision m تِلفِزيون (ات) 235
celle-là تِلْك 236
exactement تماماً 237
souhaiter تمَنّى، يَـ... 238
juillet تمّوز 239
aller doucement...تمَهَّل، يَـ 240
se promener تنَزَّه، يَـ... 241
Tunis, Tunisie تونِس 242

– ث –

sein ثدْي، أثْداء m 243
culture ثقافة (ات) 244
culturel ثقافيّ R 245
lourd ثقيل R 246
mardi ثُلاثاء 247
tiers ثُلْث، أثْلاث 248
neige ثَلْج، ثُلوج m 249
ensuite ثُمَّ 250
habit ثَوب، ثياب 251

– ج –

voisin جار، جيران 252
récompenser جازى، يُجازي 253
assis جالِس R 254
mosquée جامِع، جَوامِع R 255
université جامِعة (ات) 256
prêt (adj.) جاهز R 257
prix جائِزة، جَوائِز 258
ayant faim جائِع R 259
montagne جبَل، جِبال m 260
grand-père جدّ، جُدود 261
grand-mère جدّة (ات) 262
très جِداً 263
neuf/nouveau جديد، جُدُد 264
neuve جديدة (ات)
cloche جرَس، أجراس m 265
garçon جرسون (ات) m 266
journal جريدة، جرائد 267

268	جرى، يجري	se passer
269	جزائِر، الـ ـ	Algérie
270	جزائِريّ R	algérien
271	جلَب، ـِـ	apporter
272	جَمال (ات) m	beauté
273	جُمْعة	vendredi
274	جمَل	chameau
275	جُمهور، جماهير m	public
276	جُمهوريّة (ات)	république
277	جميل m	beau
278	جميع، جميعاً	tous
278a	جِراحة	chirurgie
279	جنْبَ	à côté de
280	جِنْسيّة (ات)	nationalité
281	جنوب	sud
282	جِهاز، أجْهِزة	appareil
283	جَوّ، أجواء	atmosphère
284	جواب، أجوِبة m	réponse
285	جواز سفَر	passeport
286	جَوعان، جَوعى	ayant faim
287	جوع m	faim
288	جَيب، جُيوب	poche
289	جيبوتي	Djibouti
290	جَيِّد R	bon, bien
291	جَيِّداً	bien (adv.)
292	جيل، أجيال m	génération
	– ح –	
293	حادِث، حَوادِث	accident
294	حارّ R	chaud
295	حارة (ات)	quartier
296	حاضِر R	présent
297	حافلة (ات)	autobus
298	حال	état
299	حالة، أحْوال	situation
300	حالياً	actuellement
301	حاوَل، يُحاوِل	essayer
302	حُبّ	amour
303	حجَز، ـِـ	réserver
304	حدَث، ـُـ	se produire
305	حدَّد، يُحَدِّد	fixer
306	حديث R	moderne
307	حديث، أحاديث	propos
308	حِذاء، أَحْذية m	chaussure
309	حُرّ، أحرار	libre
	حرّة (ات)	libre (f)
310	حرارة (ات)	chaleur
311	حزين، حزانى	triste
312	حُزيران	juin
313	حِساب (ات)	compte
314	حسَناً	bien
315	حِصان، أحْصِنة	cheval
316	حضَر، ـُـ	assister à
317	حَطّ، يحُطّ	se poser
318	حظّ، حُظوظ m	chance
319	حفلة (ات)	cérémonie
320	حقيبة، حقائب	valise
321	حقيقة، حقائق	vérité
322	حقيقيّ R	vrai
323	حكَواتيّ	conteur public
324	حُكومة (ات)	gouvernement

coiffeur	حلّاق R	325
gâteau	حَلوى، حُلْويات	326
bain public	حمّام (ات) m	327
porter	حمَل، ـِـ	328
intime	حميم R	329
environ	حَوالَي	330
autour	حَوْلَ	331
vie	حياة، حَيَوات	332
	– خ –	
craindre	خاف، يخاف من	333
oncle	خال، أخْوال	334
tante	خالة (ات)	335
boulanger	خبّاز R	336
nouvelle(n.)	خبَر، أخْبار m	337
pain	خُبْز	338
joue	خدّ، خُدود	339
service	خِدْمة، خَدَمات	340
sortir	خرَج، ـُـ	341
automne	خريف	342
mouton	خروف، خِراف	343
perdre	خسِر، ـَـ	344
faute	خطَأ، أخطاء m	345
ligne	خطّ، خُطوط m	346
danger	خطَر، أخطار	347
fiancé(e)	خطيب/ـة	348
dangereux	خطير R	349
jeudi	خميس	350
bien	خَيْر	351
	– د –	
durer	دام، يدوم	352

toujours	دائماً	353
entrer	دخَل، ـُـ	354
entrée	دُخول m	355
fumer	دخَّن، يُدخِّن	356
degré	درَجة (ات)	357
escalier	درَج، أدْراج	358
étudier	درَس، ـُـ	359
inviter	دعا، يدعو	360
cahier	دَفتَر، دفاتِر	361
payer	دفَع، ـَـ	362
boutique	دُكّان، دكاكين	363
indiquer	دَلَّ، يدُلّ	364
médicament	دَواء، أدوية	365
tour	دَور، أدوار	366
religion	دِيانة (ات)	367
divan	ديوان، دَواوين	368
	– ذ –	
allant	ذاهِب R	369
se rappeler	ذكَر، ـُـ	370
intelligent	ذكيّ، أذكياء	371
intelligente	ذكية (ات)	
celui-là	ذَلِكَ	371a
aller	ذهَب، ـَـ	372
goût	ذَوق، أذْواق	373
	– ر –	
principal	رئيسيّ R	374
capitalisme	رأسماليّة R	375
opinion	رأْي، آراء m	376
président	رئيس، رُؤساء	377
salaire	راتِب، رَواتِب	378

revenant	راجِع R	379
satisfait	راضي R	380
accompagner	رافَق، يرافِق	381
contempler	راقَب، يُراقِب	382
passager	راكِب، رُكّاب	384/383
splendide	رائِع R	385
peut-être	رُبَّما	386
patron	ربّ عمَل، أرباب، ـُـ	387
gagner	ربِح، يربَح	388
quart	رُبْع، أرباع	389
colis	رَبْطة (ات)	390
printemps	ربيع	391
souhaiter, prier	رَجا، يرجو	392
homme	رَجُل، رِجال	393
pied	رِجل، أرْجُل	394
revenir	رجِع، ـِـ	395
voyage	رِحلة (ات)	396
bon marché	رخيص	397
lettre(courrier)	رِسالة، رسائِل	398
refuser	رفَض، ـُـ	399
lever	رفَع، ـَـ	400
danser	رقَص، ـُـ	401
mince, fin	رقيق	402
courir	ركَض، ـُـ	403
ramadan	رمَضان	404
jeter	رمى، يرمي	405
sonner	رنّ، يرِنّ	406
roman	رِواية (ات)	407
sport	رياضة (ات)	408
campagne	m ريف، أرْياف	409

– ز –

visiter	زار، يزور	410
plus	زائِد R	411
beurre	زُبْدة	412
client	زُبون، زبائِن	413
bouteille	زُجاجَة (ات)	414
agriculture	زِراعة	415
planter	زرَع، ـَـ	416
collègue	زميل، زُمَلاء	417
	زميلة (ات)	
fleur	زهْرة، أزْهار	418
époux	زَوْج، أزْواج	419
épouse	زوجة (ات)	

– س –

demander/ interroger	سأَل، ـَـ عن	420
chauffeur	سائِق R	421
précédent	سابِق R	422
place (publique)	ساحة (ات)	423
marcher	سار، يسير	424
réjouissant	سارّ R	425
heure/montre	ساعة (ات)	426
aider	ساعَد، يُساعِد	427
voyager	سافَر، يُسافِر	428
pardonner	سامَح، يُسامِح	429
entendant	سامِع R	430
valoir	ساوى، يُساوي	431
samedi	سبْت	432
fontaine	سبيل، أسبِلة R	433
enregistrer	سجَّل، يُسَجِّل	434

435	سحَب، ـَـ	tirer
436	سَرير، أَسِرَّة	lit
437	سريع R	rapide
438	سِعْر، أسْعار	prix
439	سعيد، سُعَداء	heureux
	سعيدة (ات)	heureuse
440	سفَر، أسفار	voyage
441	سقَط، ـُـ	tomber
442	سقْف، سُقوف	plafond
443	سكَت، ـُـ	se taire
444	سُكَّر	sucre
445	سكرتيرة (ات)	secrétaire
446	سكَن، ـُـ	habiter
447	سِكّين، سكاكين	couteau
448	سلام	paix/salut
449	سلَّم، يُسَلِّم	saluer
450	سمَح، ـَـ	permettre
451	سمِع، ـَـ	entendre
452	سميك R	épais
453	سنة، سنَوات	année
454	سنَويّ R	annuel
455	سُؤال، أسْئِلة m	question
456	سوريّة	Syrie
457	سوق، أسْواق	marché
458	سَهْرة (ات)	soirée
459	سيّارة (ات)	voiture
460	سِياحيّ R	touristique
461	سِياسيّ R	politique
462	سيجارة، سَجائِر	cigarette
463	سَيِّد، سادة	monsieur

464	سَيِّدة (ات)	madame
	– ش –	
465	شاء، يشاء	vouloir
466	شاحِنة (ات)	camion
467	شارب، شَوارِب	moustache
468	شارِع، شوارِع m	rue
469	شاشة (ات)	écran
470	شاعِر، شُعَراء	poète
471	شاهَد، يُشاهِد	regarder
472	شاي	thé
473	شُباط	février
474	شبيبة	jeunesse
475	شجَرة، أشجار	arbre
476	شجَّع، يُشَجِّع	encourager
477	شخْص، أشْخاص	personne
478	شخْصيّة (ات)	personnalité
479	شخْصيّاً	personnellement
480	شرِب، ـَـ	boire
481	شرْق	orient
482	شرْقيّ R	oriental
483	شعَر، ـُـ	sentir
484	شِعْر، أَشْعار	poésie, poème
485	شغَّل، يُشَغِّل	faire fonctionner
486	شُغْل، أَشْغال	travail
487	شفة، شِفاه	lèvre
488	شقّة، شُقَق	appartement
489	شُكْراً	merci
	– جزيلاً	merci bien
490	شمال	nord

491	شمْس f	soleil
492	شمْسيّ R	solaire
493	شهْر، شُهور	mois
494	شهيَّة	appétit
495	شهير R	célèbre
496	شيِّق R	intéressant
497	شَوكة (ات)	fourchette
	– ص –	
498	صار، يصير	devenir
499	صالون (ات) m	salon
500	صادِق R	sincère
500a	صاعِد r	montant
501	صامِت R	silencieux
502	صباح	matin
503	– الخَير	bonjour
504	صبَر، ـِـ	patienter
505	صبْر m	patience
506	صبيّ، صِبيان	garçon
507	صِحافة	presse
508	صَحيفة، صُحُف	journal
509	صِحافي R	journaliste
510	صِحّة	santé
511	صحْن، صُحون m	assiette
512	صحيح	vrai
513	صُدْفة، صُدَف	hasard
514	صدَّق، يُصَدِّق	croire
515	صديق، أصْدِقاء	ami
	صديقة (ات)	amie
516	صِرافة	monnaie
517	صرَّح، يُصَرِّح	déclarer

518	صرَخ، ـُـ	crier
520/519	صعْب / صعْبة	difficile
521	صعَد، ـَـ	monter
522	صُعوبة (ات)	difficulté
523	صغير، صِغار	petit
	صغيرة (ات)	petite
524	صفّ، صُفوف	file
525	صفَّق، يُصَفِّق	applaudir
526	صلّى، يُصلّي	prier
527	صلَّح، يُصلِّح	réparer
528	صِناعة (ات)	industrie
529	صَوْت، أصْوات m	voix
530	صورة، صُوَر	image
531	صومال، الـ –	Somalie
532	صَيدَليَّة (ات)	pharmacie
533	صيْف	été
	– ض –	
534	ضحِك، ـَـ	rire
535	ضُحى	milieu de la matinée
536	ضِدّ، أضْداد	contraire (n.)
537	ضَروريّ	nécessaire
538	ضعيف، ضُعَفاء	faible
	ضعيفة (ات)	
539	ضَيْف، ضُيوف	hôte (invité)
540	ضَوء، أضْواء m	lumière
	– ط –	
541	طائِرة (ات)	avion
542	طابِع، طَوابِع	timbre
543	طابِق، طَوابِق	étage
544	طالِب، طُلّاب	étudiant

étudiante	طالِبة (ات)	
lire	طالَع، يُطالع	545
table	طاولة (ات)	546
naturellement	طبْعاً	547
plat	طبَق، أطباق	548
médecin	طبيب، أطِبّاء	549
tadjine	طجين	550
façon	طريقة، طُرق	551
chemin	طريق، طُرُقات	552
nourriture	طعام، أطْعِمة	553
petit enfant, bébé	طِفْل، أطفال	554
climat, temps	طقْس	555
costume	طقْم، طُقوم	556
demander	طلَب، ـُـ	557
allonger	طوّل، يُطوِّل	558
long	طَويل، طِوال	559
longue	طَويلة (ات)	
longtemps	طَويلاً	560
bon !	طَيِّب!	561

– ظ –

penser	ظنَّ، يظُنّ	562
midi	ظُهْر	563
après –	بعد الـ –	564
avant –	قبل الـ –	565

– ع –

revenir	عاد، يعود	566
habitude	عادة (ات)	567
d'habitude	عادةً	568
vivre	عاش، يعيش	569
capitale	عاصمة، عَواصِم	570
sentiment	عاطِفة، عَواطِف	571
en panne	عاطِل R	572
haut	عالي R	573
savant	عالِم R	574
monde	عالَم، عَوالِم	575
ouvrier	عامِل، عُمّال	576
traiter	عامَل، يُعامِل	577
famille	عائِلة (ات)	578
pneu/roue	عجَلة (ات)	579
vieux	عجوز، عجائِز	580
compter	عدَّ، يعُدّ	581
compteur	عدّاد (ات) m	582
nombre	عدَد، أعْداد	583
excuser	عذَر، ـُـ	584
pardon	عُذراً	585
Irak	عِراق، الـ –	586
arabe	عرَبيّ، عرَب	587
arabe f	عرَبيّة (ات)	
Arabie-Saoudite	عرَبيّة سعوديّة، الـ – –	588
exposer	عرَض، ـِـ	589
passer (film)	– فلما	590
connaître, savoir	عرَف، ـِـ	591
faire connaître	عرّف، يُعَرّف على	592
large	عريض، عِراض	593
large	عريضة (ات)	594
cher (aimé)	عزيز	595
dîner (le)	عَشاء	596

597	عِشاء	prière du soir
598	عصْر	milieu de l'après-midi
599	عصْرونيّة	goûter (n.)
600	عصير	jus
601	عُطْل، أعْطال m	panne
602	عُطلة، عُطَل	congé
603	عَفْواً	pas de quoi
604	على	sur
605	علاقة (ات)	rapport, relation
606	عُلبة، عُلَب	boîte
607	عِلم، ـَـ	savoir
608	عِلم، عُلوم m	science
609	عِليّة، علالي	pièce à l'étage
610	عُمْر، أَعْمار	âge
611	عمِل، ـَـ	faire
612	عمَل، أعمال	travail
613	عمّ، أعْمام	oncle (pat.)
614	عمّة (ات)	tante (pat.)
615	عنى، يعني	signifier
616	عِنْدَ	chez
617	عُنْوان، عناوين m	adresse
618	عيادة (ات)	cabinet médical
619	عيد، أعْياد m	fête
620	– الأضْحى	– du sacrifice
621	– رأس السّنة	– jour de l'an
622	– الفِصح	– de Pâques
623	– الفِطر	– du Fitr
624	– المَوْلِد	– du Mouled
625	– الميلاد	– de Noël
626	عَيْن، عُيون	œil
627	عيَّن، يُعَيِّن	nommer
	– غ –	
628	غائِب R	absent
629	غابة (ات)	forêt
630	غالِب R	vainqueur
631	غالِباً	souvent
632	غالي R	cher (prix)
633	غداً	demain
634	غداء	déjeuner (le)
635	غرْب	occident
636	غُرفة، غُرَف	pièce (salle)
637	غُروب	coucher du soleil
638	غريب، غُربَاء غريبة (ات)	étrange
639	غِناء	chant
640	غنّى، يُغَنّي	chanter
641	غنيّ، أغْنياء	riche
642	غيَّر، يُغَيِّر	changer
	– ف –	
643	فائدة، فَوائِد	utilité
644	فاتورة، فَواتير	facture
645	فاكس (ات)	fax
646	فتاة، فتَيات	jeune fille
647	فتَح، ـَـ	ouvrir
648	فحَص، ـَـ	examiner
649	فرامِل	freins
650	فرْد، أفْراد	membre, individu
651	فرَنسيّ R	français
652	فريق، فِرَق m	équipe
653	فُستان، فساتين m	robe

654	فضَّل، يُفضِّل	préférer
655	فطَر، ـِـ	prendre le p.-déjeuner
656	فُطور	petit-déjeuner
657	فعَل، ـَـ	faire
658	فقَط	seulement
659	فِكْرة، أفكار	idée
660	فكَّر، يُفكِّر	penser
661	فلّاح R	paysan
662	فِلَسطين	Palestine
663	فِلَسطينيّ R	palestinien
664	فلْسفة (ات)	philosophie
665	فِلم، أفْلام	film
666	فُندُق، فنادِق	hôtel
667	فنّ، فُنون	art
668	فهِم، ـَـ	comprendre
669	فوراً	tout de suite
670	فَوقَ	au-dessus
671	في	dans, en, à
	– ق –	
672	قابَل، يُقابِل	rencontrer
673	قاتَل، يُقاتِل	combattre
674	قاد، يقود	conduire
675	قادِر R	capable
676	قادِم R	prochain
677	قاسي، قُساة	dur
	قاسية (ات)	dure
678	قال، يقول	dire
679	قامة (ات)	taille
680	قام، يقوم بِـ	faire qqc
681	قاعة (ات)	hall
682	قُبَّعة (ات)	chapeau
683	قديم، قُدَماء	ancien
684	قديمة (ات)	ancienne
685	قدَّم، يُقدِّم	offrir, présenter
686	قرَأ، ـَـ	lire
687	قِراءة (ات)	lecture
688	قرار (ات)	décision
689	قُربَ	près de
690	قرَّر، يُقرِّر	décider
691	قريب R	proche
692	قريباً	prochainement
693	قِصّة، قِصَص	histoire (récit)
694	قصَد، ـُـ	vouloir dire
695	قضى، يقضي	passer
696	قِطّ، قِطط	chat
697	قِطار (ات) m	train
698	قطَر	Qatar
699	قِطْعة، قِطَع	morceau
700	قلْب، قُلوب	cœur
701	قلَق m	inquiétude
702	قلَم، أقْلام	crayon
703	قليلاً	un peu
704	قليل الأدَب	impoli
705	قِماش، أقْمِشة	étoffe
706	قمَر، أقْمار m	lune
707	قمَريّ R	lunaire
708	قناة، قنَوات	chaîne (tél.)
709	قِنّينة (ات)	bouteille
710	قهْوة	café (boisson)

fort	قَويّ، أَقْوِياء	711
forte	قَويَّة (ات)	712
	– ك –	
verre	كَأْس، كُؤوس	713
écrivain	كاتِب، كُتّاب	714
écrivain f	كاتِبة (ات)	
garage	كاراج (ات) m	715
récompenser	كافَأ، يُكافِئ	716
complet	كامِل R	718
être	كان، يكون	719
décembre	كانون أوَّل	720
janvier	كانون ثاني	721
grandir	كبُر، ـُـ	722
grand	كبير، كِبار	723
grande	كبيرة (ات)	
livre	كِتاب، كُتُب	724
beaucoup	كثيراً	725
nombreux	كثير R	726
mentir	كذَب، ـِـ	727
également	كذَلِك	728
balle	كُرة (ات)	729
basket-ball	– سلّة	730
football	– قدَم	731
chaise	كُرسيّ، كراسي m	732
paresseux	كسول، كسالى	733
suffire	كفى، يكفي	734
chaque	كُلّ	735
tout(e)	كلّ الـ	736
mot	كلِمة (ات)	737
entièrement, complétement	كُلّيّا	738
faculté	كُلّيّة (ات)	739
comme	كما	740
combien ?	كم ؟	741
Koweit	كُوَيْت	742
comment ?	كَيفَ ؟	743
	– ل –	
non, ne pas	لا	744
ne... que	لا... إلا	745
personne	لا أحَد	746
rien ne...	لا... شيء	747
ne... que	لم... إلا	748
pas mal	لا... بأس	749
pas encore	لا... بعْد	750
remarquer	لاحَظ، يُلاحِظ	751
suivant	لاحِق R	752
rien	لا شَيء	753
joueur	لاعِب R	754
vêtir	لبِس، ـَـ	755
Liban	لُبْنان	756
boucher	لحّام R	757
viande	لحْم، لُحوم m	758
instant	لَحْظة (ات)	759
garder	لزِم، ـَـ	760
gentil	لطيف، لُطَفاء	761
gentille	لطيفة (ات)	
jouer	لعِب، ـَـ	762
langue	لُغة (ات)	763

rencontre	لِقاء (ات) m	764
pourquoi ?	لِماذا ؟	765
couleur	لَون، ألْوان m	766
Libye	ليبيا	767
livre (argent)	ليرة (ات)	768
ne pas être	لَيْسَ	769
nuit	لَيلة، لَيالي	770
bonne nuit	– سعيدة	771

– م –

qu'est-ce que ?	ما	772
personne ne...	ما... أحَد	773
ne... que	ما... إلا	774
rien ne...	ما... شَيْء	775
eau	ماء، مياه	776
cent	مِئة	777
qu'est-ce que ?	ماذا ؟	778
mezzé	مازات	779
ne pas cesser	مازال، لا يزال	780
passé	ماضي R	781
argent	مال، أمْوال	782
inconvénient	مانِع، مَوانِع	783
match	مُباراة، مبارَيات	784
souriant	مُبتَسِم R	785
quand ?	متى ؟	786
sûr	مُتأكِّد R	787
continuant	مُتابِع R	788
marié	مُتزَوِّج R	789
optimiste	مُتفائِل R	790
à bord	مَتْن، على –	791
solide	متين R	792
cultivé (intell.)	مُثَقَّف R	793
par exemple	مَثَلاً	794
comme	مِثْل	795
duel (gramm.)	مُثَنّى	796
gratuitement	مجّاناً	797
société	مُجتَمَع (ات) m	798
criminel	مُجرِم R	799
magazine	مجَلّة (ات)	800
total	مجموع	801
fou	مجْنون، مجانين	802
moteur	مُحَرِّك (ات)	803
gare	محَطّة (ات)	804
boutique	محَلّ (ات)	805
parlement	مجْلِس نُوّاب	806
différent	مُختَلِف R	807
fautif	مُخطِئ R	808
sincère	مُخلِص	809
entrée	مدْخل، مداخِل m	810
école	مدرَسة، مدارِس	811
étonnant	مُدهِش R	812
directeur	مُدير، مُدَراء	813
directrice	مُديرة (ات)	
ville	مدينة، مُدُن	814
speaker, présentateur	مُذيع R	815
étape	مرحَلة، مراحِل	816
garage	مِرْآب	817
contemplation	مُراقَبة	818
passer	مرَّ، يمُرّ	819

fois	مرّة (ات)	820
élevé	مُرتَفِع R	821
salut, bienvenue	مرْحَبا	822
maladie m	مرَض، أمْراض	823
dancing	مَرْقَص، مَراقِص	824
centre	مرْكَز، مراكِز	825
confortable	مُريح R	826
agriculteur	مُزارِع R	827
malade	مريض، مرْضى	828
soir	مساء	829
bonsoir	– الخَير	830
responsable	مسْؤول R	831
collaborateur	مُساعِد R	832
voyageur	مُسافِر R	833
piscine	مسْبَح، مسابِح	834
mécontent	مُسْتاء R	835
locataire	مُستأجِر R	836
impossible	مُستَحيل	837
hôpital	مُستَشفى، مُستشفيات	838
pressé	مُستَعْجِل R	839
prêt (adj.)	مُستَعِدّ R	840
usité	مُستَعمَل R	841
mosquée m	مسْجِد، مساجِد	842
théâtre	مسْرَح، مسارِح	843
pièce de –	مسرَحيّة (ات)	844
allant vite	مُسرِع R	845
content	مسْرور R	846
feuilleton	مُسَلسَل (ات)	847
musulman	مُسلِم R	848
chrétien	مسيحيّ	849
marcher	مشى، يمشي	849a
spectateur	مُشاهِد R	850
grillades	مشاوي	851
moucharabieh	مُشْرَبية	852
Machreq	مشْرِق	853
projet	مشْروع، مشاريع	854
occupé	مشغول R	855
problème	مُشكِلة، مشاكِل	856
connu/célèbre	مشْهور R	857
Égypte	مِصْر	858
égyptien	مِصْري	859
ascenseur	مصْعَد، مصاعِد	860
banque	مصرَف، مصارِف	861
réparateur	مُصلِّح	862
intérêt	مصْلحة، مصالِح	863
usine m	مصنَع، مصانِع	864
contenu	مضمون، مضامين	865
steward	مُضيف (ون)	866
hôtesse	مُضيفة (ات)	867
aéroport m	مطار (ات)	868
cuisine	مطْبَخ، مطابِخ	869
restaurant	مطْعَم، مطاعِم	870
avec	مَعَ	871
ensemble	معاً	872
admiratif	مُعجَب بـ R	873
exposition m	معرَض، معارِض	874
manteau	مِعطَف، معاطِف	875
raisonnable	معقول	876
usine m	معمَل، معامِل	877
institut	معْهَد، معاهد	878

partant	مُغادِر R	879
Maghreb	مغرِب	880
Maghrébin	مغرِبي R	881
fermé	مُغلَق	882
chanteur	مُغَنّي R	883
clé	مِفتاح، مفاتيح m	884
ouvert	مفتوح	885
utile	مُفيد R	886
prochain	مُقبِل R	887
en face de	مُقابِل	888
siège/place	مقْعَد، مقاعِد	889
café/bar	مقْهى، مقاهي	890
volant (n.)	مِقوَد، مقاوِد m	891
résidant	مُقيم R	892
place, lieu	مكان، أمْكِنة	893
haut-parleur	مُكَبِّر (ات)	894
bureau	مكْتَب، مكاتِب	895
complet	مُكتَمِل R	896
pilote	ملّاح R	897
remarque	مُلاحظة (ات)	898
propriétaire	مالِك R	899
vêtements	ملبوسات	900
sel	مِلْح	901
cuillère	مِلْعَقة، ملاعِق	902
posséder	مَلَك، ـُـ	903
roi	ملِك، مُلوك	904
cabaret	ملْهى، ملاهي	905
excellent	مُمْتاز R	906
agréable	مُمْتِع R	907
acteur	مُمَثِّل R	908
possible	مُمْكِن	909
ennuyeux	مُمِلّ R	910
royaume	ممْلَكة، ممالِك	911
interdit	ممْنوع	912
qui ?	مَن ؟	913
de (provenance)	مِن	914
convenable	مُناسِب R	915
occasion	مُناسَبة (ات)	916
accorder	منَح، ـَـ	917
organisé	مُنَظَّم R	918
bien éduqué	مُهَذَّب R	919
délai	مُهْلة، مُهَل	920
important	مُهِمّ R	921
profession	مِهْنة، مِهَن	922
transports	مُواصَلات	923
d'accord	مُوافِق R	924
Mauritanie	موريتانيا	925
étant là, présent	مَوجود R	926
sujet,thème	مَوْضوع ،مواضيع	927
employé	مُوَظَّف R	928
rendez-vous	موْعِد، مَواعيد	929
arrêt	مَوقِف	930
muezzin	مُؤَذِّن (ون)	931
s'il te plaît	من فضْلِك	932
de temps à autre	مِن وَقت لآخِرَ	933
mort	مَيِّت، أمْوات	934
	– ن –	
député	نائِب، نُوّاب	935
appeler qq	نادى، يُنادي	936
club	نادي، نَوادي	937

garçon (café)	R نادِل	938
descendant	R نازِل	939
convenir	ناسَب، يُناسِب	940
gens	ناس ج	941
fenêtre	نافِذة، نَوافِذ	942
dormir	نام، ينام	943
vin	نبيذ	944
menuisier	R نجّار	945
étoile	نَجْمة، نُجوم	946
descendre	نزَل، ـِـ	947
promenade	نُزْهة (ات)	948
oublier	نسِي، ينْسى	949
moitié, demi m	نِصْف، أنْصاف	950
minuit	– اللَيْل	951
conseil	نصيحة، نصائِح	952
lunettes	نظّارات	953
régime (pol.)	نِظام، أنْظِمة	954
propre (net)	R نظيف	955
sommeillant	R نعْسان	956
oui	نعَم	957
âme	نفْس، أنْفُس	958
soi-même	نفسُه	958a
discussion	نِقاش (ات)	959
transporter	نقَل، ـُـ	960
journée	m نهار (ات)	961
bonne journée	– سعيد	962
fin (n.)	نِهاية (ات)	963
avril	نيسان	964
intention	نيَّة، نَوايا	965

– هـ –

téléphone	هاتِف، هَواتِف	966
calme (adj.)	R هادئ	967
téléphoner	هتَف، ـِـ	968
but	هدَف، أهْداف	969
cadeau	هدِيَّة، هدايا	970
celui-ci	هذا	971
celle-ci	هذه	972
ainsi	هكذا	973
est-ce que ?	هل ؟	974
féliciter	هنَّأ، يُهَنِّئ	975
ici	هُنا	976
là-bas	هُناكَ	977

– و –

un, seul	واحِد	978
spacieux	R واسِع	979
clair	R واضِح	980
debout	R واقِف	981
père	والِد (ون)	982
mère	والدة (ات)	983
avoir confiance	وثِق، يَثِق بِـ	984
document	وَثيقة، وَثائِق	985
douleur	m وجَع، أوجاع	986
trouver	وجَد، يَجِد	987
seul	وحْدَه	988
esseulé, unique	R وحيد	989
adieu (un)	وَداع	990
adieu !	وَداعاً	991
dire adieu	ودَّع، يُودِّع	992
derrière	وراءَ	993

feuille	ورَقة، ورَق	994
ministre	وَزير، وُزراء	995
sale	R وسِخ	996
centre	وسَط، أوْساط	997
arriver	وصَل، يصِل	998
situation	m وَضْع، أوْضاع	999
national	R وطنيّ	1000
temps	وقْت، أوْقات	1001
tomber	وقَع، يَقَع	1002
signer	وقَّع، يُوَقِّع	1003
enfant	ولَد، أوْلاد	1004

– ي –

ô !	يا	1005
jasmin	ياسَمين	1006
il faut	يجِب	1006
main	يَد، أيْدي	1007
gauche	يسار	1008
gauche (adj. f)	يُسرى	1009
il se situe	يَقَع	1010
droite (à -)	يَمين	1011
droit(e)	يَمين، يُمنى	1012
il y a	يوجَد	1013
jour	يَوْم، أيّام	1014
aujourd'hui	اليوم	1015
quotidien	R يَوْميّ	1016
quotidiennement	يَوْمياً	1017

Lexique français-arabe

(les chiffres renvoient aux pages)

INDEX GRAMMATICAL

(le chiffre en gras renvoie à la leçon, l'autre à la page)

Cet ouvrage a été composé par
Boutros Hallaq, Lina Khanmé-Sberna et Déclinaisons

Impression réalisée par

CPI
Brodard & Taupin

52489 – La Flèche (Sarthe), le 09-04-2009
Dépôt légal : mai 2009

POCKET – 12, avenue d'Italie - 75627 Paris cedex 13

Imprimé en France

Les pays de la Ligue arabe

Algérie ['al-ǧazā'ir] • Alger ['al-ǧazā'ir]	الجزائِر • الجزائِر العاصمة
Arabie saoudite ['al-mamlaka-l-^{c}arabiyya-s-sa^{c}ūdiyya^{t}] • Riyad ['ar-riyāḍ]	المَمْلَكة العَربيَّة السَّعودية • الرياض
Bahrein ['al-baḥrayn] • Manama ['al-manāma^{t}]	البَحرَين • المنامة
Comores [ǧuzur 'al-ḳamar] • Moroni [mūrūnī]	جُزُر القَمَر • موروني
Djibouti [ǧībūtī] • Djibouti [ǧībūtī]	جيبوتي • جيبوتي
Égypte [miṣr] • Le Caire ['al-ḳāhira^{t}]	مِصر • القاهِرة
Émirats Arabes Unis ['al-'imāratu-l-^{c}arabiyya-l-muttaḥida^{t}] • Abou-Dhabi ['abū ẓabiyy]	الإمارات العرَبيّة المُتَّحِدة • أبو ظبيّ
Irak ['al-^{c}irāḳ] • Bagdad [baġdād]	العِراق • بغْداد
Jordanie ['al-'urdunn] • Amman [^{c}ammān]	الأُرْدنّ • عمّان
Koweit ['al-kuwayt] • Koweit ['al-kuwayt]	الكُوَيت • الكُوَيت
Liban [lubnān] • Beyrouth [bayrūt]	لُبنان • بَيروت
Libye [lībyā] • Tripoli [ṭarāblus]	ليبْيا • طرابلُس
Maroc ['al-mamlaka-l-maġribiyya^{t}] • Rabat ['ar-rabāṭ]	المَمْلَكة المغْربيّة • الرّباط
Mauritanie [mūritāniyā] • Nouakchott [nuwākšūṭ]	موريتانيا • نواكشوط
Oman [^{c}umān] • Mascate ['masḳaṭ]	عُمان • مسقَط
Palestine [filasṭīn] • Jérusalem ['al-ḳuds]	فِلَسطين • القُدْس
Qatar [ḳaṭar] • Doha ['ad-dawḥa^{t}]	قَطَر • الدَّوحة
Somalie ['aṣ-ṣūmāl] • Moadiscio [maḳadīšū]	الصّومال • مقَديشو
Soudan ['as-sūdān] • Khartoum ['al-ḫurṭūm]	السودان • الخرطوم
Syrie [sūriyya^{t}] • Damas [dimašḳ]	سوريَّة • دِمَشْق
Tunisie [tūnis] • Tunis [tūnis]	تونِس • تونِس العاصِمة
Yémen ['al-yaman] • Sanaa [ṣan^{c}ā']	اليَمَن • صنْعاء